미래를 찾아
과거 속으로

미래를 찾아 과거 속으로

발행일	2022년 11월 11일

지은이	문세화		
펴낸이	손형국		
펴낸곳	(주)북랩		
편집인	선일영	편집	정두철, 배진용, 김현아, 류휘석, 김가람
디자인	이현수, 김민하, 김영주, 안유경	제작	박기성, 황동현, 구성우, 권태련
마케팅	김회란, 박진관		
출판등록	2004. 12. 1(제2012-000051호)		
주소	서울특별시 금천구 가산디지털 1로 168, 우림라이온스밸리 B동 B113~114호, C동 B101호		
홈페이지	www.book.co.kr		
전화번호	(02)2026-5777	팩스	(02)3159-9637

ISBN	979-11-6836-569-8 03190 (종이책)	979-11-6836-570-4 05190 (전자책)

(주)북랩 성공출판의 파트너

북랩 홈페이지와 패밀리 사이트에서 다양한 출판 솔루션을 만나 보세요!

홈페이지 book.co.kr • **블로그** blog.naver.com/essaybook • **출판문의** book@book.co.kr

작가 연락처 문의 ▸ ask.book.co.kr

작가 연락처는 개인정보이므로 북랩에서 알려드릴 수 없습니다.

以人傳人 인터뷰

미래를 찾아
과거 속으로

문세화 지음

역사 속 뒤안길로 사라져 간 이들의

무덤가를 헤매며 남긴 역사 탐방 기록

북랩

'역사는 되풀이된다'라는 말은 과거에 있었던 일이 현재와 미래에도 계속 일어날 수 있다는 의미이다. 같은 일이 계속 반복해서 일어난다면 과거 역사 속으로 들어가서 그때 그런 일이 일어난 이유와 결과를 알아보고 현재에 도움이 되게 적용한다면 과거의 원치 않았던 일을 현재나 미래에서 피해갈 수 있지 않을까? 역사는 이미 지나가 버린 옛이야기가 아니라 반드시 되돌아올 미래이다. 그 미래를 찾고자 필자는 우리 조상들과의 대화를 위해 그들의 무덤가를 헤매며 과거 속으로 들어가 보았다.

경기도 용인 처인구의 허균(許筠) 무덤가는 길엔 안내판도 없고, 벌초한 지 오래된 듯한 선생의 묘역은 쑥부쟁이, 도깨비바늘 잡초가 무성해 발목은 가시에 긁히고 뱀 나올까 두려웠소. 양천 허씨(陽川 許氏) 문중에는 묘역 관리할 후손 하나 없소이까? 능지처참 처형 전, "나 할 말 있소(欲有所言)!"라고 외치셨는데, 그때 도대체 무슨 말씀을 하고자 하셨소? (본문 허균과의 대화 중에서)

If history repeats itself,

and the unexpected always happens,

how incapable must Man be of learning from experience.

만약 역사가 되풀이되어 예상치 못한 일이 계속 반복해서 일어난다면

인간은 얼마나 경험에서 배울 줄 모르는 존재인가?

조지 버나드 쇼, 아일랜드 극작가 (1856~1950)

오호(嗚呼)라 석재(惜哉)라!
삭탈관직 백의종군 홀어머님 사별하고
백전백승 이긴 죄로 아들마저 사별하니
저승이 따로 없네 이승이 저승이네.

필사(必死)면 즉생(卽生)이오,
필생(必生)이면 즉사(則死)이니
생사(生死)가 한 몸이네.

나라와 백성을 위해 몸을 바치신
민족의 성웅 충무공 이순신 장군의 호국영령을
영원히 추모합니다.

고이 잠드소서.

(충무공 靈前에 옷깃을 여미며, 一華, 2022년 음력 3월 8일)

충청남도 아산시 음봉면

이 책에 관하여

　이 책은 역사나 인문학을 전공한 적이 없는 비전문가인 필자가 역
사적 인물들이 묻혀있는 왕릉(王陵), 원(園), 묘(墓), 부도(浮屠) 서른네
곳과 사적(史蹟) 세 곳 등을 포함해 총 서른일곱 곳을 지난 일 년간 방
문하며 써 내려간 개인적 소회문(所懷文)이며 그곳에 묻힌 역사적 인
물들의 행적의 공과(功過)에 관한 필자의 주관적 해석과 자의적(恣意
的) 평가에 관한 글이다. 시간관계상 역사적 자료를 충분히 다루지 못
했고, 역사 비전문가인 필자의 주관적 해석에 이견(異見)이나 반론(反
論)이 있을 수도 있어, 이 책은 공부하는 학생들이나 역사 전문가들이
참고할 만한 좋은 책은 못 된다. 그러나 역사 해석과 평가에는 불가
역적(不可逆的) 정답은 있을 수 없다는 것이 필자의 소견이다. 그때 그
역사적 현장에 우리는 존재하지 않았기 때문에, 당시 상황의 정확한
판단이나 이해가 불가능하기 때문이다. 더욱이 우리나라 역사 해석
의 기준이 되는『조선왕조실록』혹은『승정원일기』와 같은 정사(正史)
를 기록한 사관(史官)들이 집권세력의 눈치를 보지 않을 수 없었을 터
이니, 사관들의 주관적 판단이나 편향적 해석이 있을 수밖에 없었다
고 판단한다. 현재 집권세력은 이전 정권이나 체제를 부정하고 적폐
세력으로 몰면 몰수록 자신들 집권의 당위성과 정당성은 더욱 확보
되기 때문이다. 원컨 원치 않건 우리는 소설이나 TV 연속극 등을 통
해 역사 속 인물의 업적이나 행적의 편향적 묘사에 수동적으로 익숙

해지고, 세뇌되어, 듣고 보는 모든 것을 실제로 있었던 사실(史實)로 믿고 받아들인다. 주관적 해석과 평가로 과장되고 폄하될 수 있다는 근본적 오류의 가능성에 관한 고민이 전혀 없다. 이런 관점에서 필자는 역사적 인물들의 인간적 고뇌와 슬픔을 필자의 주관적 견해로 상상하고 유추도 해보며 그때 그 역사적 상황을 현재로 소급해 재해석해보았다. '그때 그 상황에 그러지 말고 이래야 하지 않았소?', '왕이란 자가 맏아들까지 꼭 죽여야만 했소?', '나라가 위급한 상황에 허구한 날 도망만 다녔지 재위 41년 동안 당신이 왕으로 한 게 도대체 뭐요?' 필자 나름대로 '나 홀로 독백'일 수도 있고, 무덤 속 묘주(墓主)와의 '상상 인터뷰'일 수도 있는 대화 내용의 글을 무덤가에서 써 내려갔다. 묘주들의 역사적 평가가 충신이건 역신이건, 애국자이건 매국노이건, 그들 모두 우리들의 조상이다. 훌륭한 업적은 본보기 삼고, 나쁜 행적은 반면교사로 삼아 같은 실수를 반복하지 않고 미래로 나아가면 되는 것이다. 가면 갈수록 정치·사회 이념적 대치와 충돌이 심각해져 나라 앞날이 걱정된다. 늦었지만 이제라도 상대방을 향한 무조건 저주와 비방을 멈추고, 감싸주고 포용하며, 역사와의 통 큰 화해가 절실하다는 필자의 심정을 묘주들과의 '상상 인터뷰'를 통해 독자에게 전하고자 했다.

필자와 같은 역사 비전문가의 주관적 해석과 평가들이 모여 수렴 과정을 통해 객관적 타당성이 있는 역사관으로 추출될 수 있다면, 그것 또한 우리 역사의 올바른 이해와 평가에 도움이 될 수 있다고 판단한다. 주관을 거치지 않은 객관은 존재하지 않는다. 주관적 해석과 평가가 많으면 많을수록 객관화 과정의 보편타당성은 강화되고, 나아가 우리나라의 바람직한 역사 해석과 이해에도 도움이 될 수 있다는 점을 알리기 위함이 이 책을 집필한 목적이다.

미래를 찾아 과거 속으로

프롤로그

들어가며

신은 인간이 신처럼 되지 못하게 인간의 뇌에 오류 회로를 의도적으로 하나 심어 놓지는 않았을까? 그래서 인간은 과거를 반성하거나 배우지 못하고 불행한 과거 역사를 계속 되풀이할 수밖에 없는 게 아닌가? 그래서 온갖 근심 걱정으로 고통받을 수밖에 없는 인간은 갈 길 인도하시는 신의 발길을 따라갈 수밖에 없는 게 아닌가? 인간의 지성 개발과 확장으로 인간의 문명과 과학이 발전하면 할수록 그 오류 회로의 작동으로 인한 피해는 더욱 심각해진다. 인간은 지성이 없을 때 낙원에 살 수 있었지만, 지성의 눈이 밝아지매 선악과를 따먹고 낙원에서 쫓겨났다. 과학 문명의 발달로 생활이 편해지면 편해질수록 인간은 나태해지고 인간 뇌의 오류 회로 작동으로 기후변화, 핵전쟁, 금융위기, 코로나 판데믹(pandemic) 등 수많은 천재(天災)·인재(人災) 위기에 대처하기 위해 뇌 회로가 마치 스파게티처럼 얽혀 인간은 자신의 지성으로 얽어놓은 실타래 속에 갇혀 영원히 탈출할 수 없는 미궁 속으로 빠져드는 불길함을 안고 살아간다. 고려 말 부패와 혼돈의 질서를 없애고 조선이라는 희망찬 선비의 나라로 출발한 지 630년이 지난 지금의 21세기에도 원치 않는 역사는 계속 되풀이되고 있고 세상은 또 다른 혼돈과 미궁 속으로 빠져들고 있다. 이런 미래가 불확실한 혼돈의 시대를 벗어나 더 나은 미래를 위한 역사적 사회적 소명과 희망을 과거 역사적 유산에서 배울 수는 없을까?

1392년 태조 이성계가 조선을 건국한 지 450년쯤 지난 어느 날, 괴나리봇짐 하나 등에 걸친 김삿갓이 산 넘고 물 건너며 음풍영월(吟風咏月) 시를 읊으며 걸식 유랑하던 조선 팔도의 삼천리 금수강산이 더는 우리 것이 아닌 세상이 된 적이 있었다. 36년이란 기나긴 굴욕의 세월 동안.

1910년 8월 29일 경술국치(庚戌國恥) 날 우리가 '대한제국'이라고 부르던 우리나라는 역사 속으로 영원히 사라졌다. 대한제국이라는 우리나라는 사라져 일본의 신하국 영토가 되었으며 마지막 군주 순종황제(純宗皇帝)의 명칭도 '창덕궁이왕(昌德宮李王, 쇼도쿠큐 리오우, しょうとくきゅう りおう)'으로 격하되었다. 당시 풀뿌리 민초(民草)들은 어떤 생각을 했을까?

"누가 왕이 되건 누가 나라를 지배하건, 나라가 망한들 흥한들, 헐벗고 굶주린 우리네 삶과 뭔 상관?"

"히로히토(裕仁) 새끼가 땅이고 쌀이고 다 뺏어가 조선 땅에선 아이들 주둥이에 풀칠도 못 하겠네! 나라는 망해 신분 상승의 기회는 고사하고 먹고 사는 일조차 막막한 미래가 없는 조선 땅에서 빈곤에 허덕이며 굳이 살 필요가 있나?"

"가자! 부라쿠민(部落民)[1]과 야쿠자들이 우글거리는 오사카(大阪대판) 빈민가도, 눈보라 몰아치는 만주 벌판에서 얼어붙은 감자 캐 먹고 살아도, 뙤약볕 하와이 사탕수수밭에서 노동하며 양놈 피 섞인 '하파(Hapa)[2]' 애 낳고 살아도 여기보다야 낫겠지. 길거리 행상 엽전(葉錢)[3]들이 짱깨나 쪽바리, 양놈한테 밥 빌어먹고 돼지우리 칸에서 쪽잠 자더라도 여기처럼 왜놈 눈치 보며 굽신대며 굶고 살진 않겠지."

'파친코'라는 애플TV 드라마에서 한 여인이 덩실덩실 춤을 춘다. '입에 풀칠이라도 하고 한 평 돼지우리 헛간이라도 있어 아이를 품에 안고 누워 잘 수만 있다면 뭐가 문제냐?'라며, 한 여인이 노란 치마저고리를 입고 어깨춤 덩실덩실 춤을 춘다. 아니, 춤이 아니라 빼앗긴 삼천리 금수강산 조선조 오백 년 역사 속 슬픔과 한(恨)으로 응어리진 가슴을 부여잡고 말없이 어깨만 들썩이는 통곡의 몸부림이다. 여인의 어깨춤 춤사위에 맞춰 유럽 복고풍 음악 슐라거(schlager)[4] 장르의 팝송, 'Let's live for tomorrow(미국 Grass Roots풀뿌리 록밴드 음악)'의 배경음향이 드라마 시작 전 1920년대 부산 영도다리 앞바다 흑백 스틸 샷과 함께 점점 커지다 본 영화가 시작되며 페이드아웃한다.

---

1   부라쿠민(部落民): 근대 일본의 신분제도 하에서 최하층 천민계급 혹은 불가촉천민을 지칭.

2   하파(Hapa): 반쪽(half)을 뜻하는 하와이 단어로 아시아인과 백인의 피가 섞인 다인종 혈통을 가진 사람을 지칭. 중국인들은 '夏播(하파, 무더운 여름에 씨를 뿌렸다)'라 번역해 1900년대 하와이로 이주한 사탕수수밭 노동자들의 후손을 지칭하기도 함.

3   엽전(葉錢): 둥근 모양에 가운데 사각형의 구멍이 있는 조선 시대 주화. 일제(日帝)강점기에 엔화 사용으로 쓸모없게 된 조선의 엽전을 빗대어 우리 민족을 폄하하여 부른 명칭.

4   슐라거(schlager): 스위스, 오스트리아 등 독일어권의 대중가요. 단순하면서도 쉬운 멜로디에 달콤하면서도 정서적인 발라드풍 장르의 음악으로 프랑스의 샹송, 이탈리아의 칸초네, 포르투칼의 파두와 유사한 유럽 독일어권의 민속 음악.

돈 쫓아다니며 실현될 수 없는 꿈을 쫓아다니며
세상 사람들은 온갖 근심·걱정 거리뿐입니다.
난 그렇지 않아 참 다행입니다.
뭔가 다른 걸 찾기를 바라요.
난 당신들 사랑하기도 바쁜걸요.

하나, 둘, 셋, 넷
샤 라라라, 오늘을 위해 삽시다, 여러분

When I think of all the worries

That people seem to find

And how they're in a hurry

To complicate their minds

By chasing after money

And dreams that can't come true

I'm glad that we are different

We've better things to do

May others plan their future

I'm busy loving you

One, two, three, four

Sha-la-la-la, live for today, hey, hey, hey

재미 이민진 작가의 소설 『Pachinko』와 그 내용을 바탕으로 만든 애
플TV '파친코' 드라마 영상을 본 후 느낀 소회를 옮겨본다.

　　　　　　　　　　　미래를 찾아 과거 속으로

이민진 작가가 주장하듯 부패해 자멸한 조선과 침략국 일본에 모든 것을 수탈당하고 간도, 만주, 일본 등 해외로 이주한 조선인들에게 민족, 이념, 사상이 뭐 그리 중요했겠나? 나라 잃은 헐벗고 가난한 민초(民草)들에겐 굶은 아이들 먹일 따뜻한 밥 한 그릇이 조선 독립보다 더 중요했을지도 모른다. 나라가 허약해 역사가 그네들 삶을 송두리째 망쳐놓았어도, 아이들을 배고픔에서 벗어나게 해주는 일은 멈출 수 없었다.

소설 『Pachinko』는 배고픔과 굴욕적 생활 속에서 생존을 위해 발버둥 치면서도 꿈과 희망을 버리지 않고 견뎌낸 코리안 디아스포라(diaspora)[5] 가족이 1910년부터 1989년까지 79년간의 네 세대를 거치며 겪는 우리나라 역사 속의 가족 서사시(敍事詩)와 같은 작품이다. 조선 역사는 이 이주 가족을 포함해 이 땅의 수많은 풀뿌리 인생의 삶을 처참하게 짓밟아 놓았지만, 그들은 꿈과 희망을 버리지 않았다. 역사는 때로는 우리를 힘들게 하고 때로는 우리의 삶을 회복시켜주며 말없이 흘러간다. 지도자가 무능하고 지배세력이 부패해 나라가 설사 망하더라도 풀뿌리 민초(民草)들이 꿈과 희망의 생명줄에 매달려 끝까지 살아남는다면 그 나라는 반드시 회복된다. 518년 조선 역사 속에는 성군, 암군, 충신, 역신, 애국자, 매국노, 우국, 순국 지사, 지식인 등 우리가 기억해야 할 여러 부류의 수많은 역사적 인물이 혼재한다. 애국자건 매국노건 싫건 좋건 우리는 과거의 모든 역사적 인물의 유전적 DNA를 물려받은 후예이며 그들이 일구어 놓은 땅의 역사 속에서 한국인이라는 특수한 민족적, 문화적 토양의 자양분을 먹고 자라

---

5 디아스포라(diaspora): 특정 민족이 스스로 혹은 강제로 조국 땅을 떠나 타국으로 이동하여 이주민 공동체를 형성하는 것, 또는 그러한 공동체.

며 오늘이라는 현재의 역사 속 한 공간을 지나가는 중이다. 우리는 소설이나 영화, 드라마를 보며 충신과 애국자를 칭송하고 추앙하며, 때로는 역적과 매국노의 더러운 악업(惡業)과 불의(不義)에 분노하며 침을 뱉는다. 역적과 매국노로 낙인찍힌 역사적 인물들은 무덤 속에서도 후세 사람들의 비난을 받으며 그들의 넋은 지금도 구천을 떠돌고 있다. 그런데 말이다. 우리는 역사가 기록하는 역적과 매국노를 비난할 자격이 있는가? 우리는 그때 뭘 했나? 그때 그곳에 있기나 했나? 승자(勝者)의 편향적 기록인 정사(正史)『조선왕조실록(朝鮮王朝實錄)』과 『연려실기술(燃藜室記述)』 혹은 『매천야록(梅泉野錄)』과 같은 야사(野史)는 같은 역사적 사실을 놓고 다르게 기록하고 평가하기도 한다. 우리는 역사적 현장에 있지도 않았고 역사적 기록이 존재하더라도 그 정확성이나 신뢰도에 여백이 있는 한, 정사(正史)와 야사(野史)를 좀 들춰봤다고 역사적 인물들을 불가역(不可逆)⁶적 역적과 매국노로 호도하는 것은 옳지도 않고 바람직하지도 않다. 역사적 인물들의 훌륭한 업적을 본보기 삼고, 나쁜 행적은 반면교사로 삼아 같은 실수를 반복하지 않고 미래로 나아가면 되는 것이다. 역사는 어디로 튀어 갈지 알 수 없는 럭비공과도 같다. 한 가지 분명한 것은 역사는 실패건 성공이건 같거나 유사한 성격의 사실(史實)이 현재와 미래에 계속 되풀이된다는 사실이다. 역사가 실패하더라도 위에서 예를 들은 작품 '파친코' 속 코리안 디아스포라와 같이, 밟으면 밟을수록 생명력이 더욱 강해지는 우리 풀뿌리 인생 민초(民草)들이 꿈과 희망을 잃지 않고 끈질기게 매달리면, 그 실패한 역사의 럭비공은 결국 폴대를 넘어 성공의 길로 가는 것이다. 구한말 때 그 어떤 훌륭한 군주나 충신, 애국자가 있었더라

---

6   불가역(不可逆): 변화를 일으킨 사건이나 물질이 원래 상태로 돌아갈 수 없음.

미래를 찾아 과거 속으로

도 나라는 망할 수밖에 없었다. 일본에 침탈당하지 않았더라도 500년간 누적된 실정(失政)과 부패의 염증이 피고름이 되어 구한말에는 결국 불치(不治)의 암이 되어 죽을 수밖에 없었다. 고종이 무능하지 않고 천재나 성군이었더라도 조선은 죽을 수밖에 없었다. 그러나 역사는 되풀이된다. 1910년 나라를 뺏긴 이후 100여 년 세월이 흐른 지금 대한민국은 문화적, 기술적, 경제적 글로벌 리더로 거듭 태어났다. 과거의 오랜 역사적 사실(史實)들의 수렴 결과가 지금의 대한민국과 우리임을 상기하며, 우리는 우리의 역사가 실패했건 성공했건, 끊임없이 연구하고 평가하며 더 나은 미래의 역사를 만들기 위한 꿈과 희망을 키워나가야 한다.

싫든 좋든 우리의 역사는 조상들로부터 물려받은 소중한 유산이다. 아무리 외면하고 싶고 굴욕적인 역사라 하더라도.

공자의 글 논어에 '덕 있는 사람 곁에는 늘 사람이 모여 외롭지 않다'라는 그럴듯한 지혜의 가르침이 있다. '덕불고 필유린(德不孤 必有鄰)'이라! 덕을 베풀고 사랑을 주는데 사람들이 왜 멀리하겠나? 당연한 말 같지만, 요즘 세상에 그게 어디 그렇게 마음대로 되는가? 단군 이래 처음 경험해보는 코로나19와 오미크론 변이 팬데믹(Pandemic) 현상은 기존의 사고방식과 생활 습관을 송두리째 바꿔놓았다. 우선 사회적 거리 두기와 비대면 소통의 생활화로 사람이 가까이 오는 것조차 회피한다. 친구를 만나 반가워 악수라도 할라치면 주먹부터 내미는 통에 기분 잡치고, 마스크 미착용이면 정신 나간 놈 취급이다. 지하철이나 식당 등 공공장소에서 대화라도 할라치면 옆에서 모두 째려본다. 가상공간 속 언택트(Untact) 소통이 증가하며 외출은 줄고 재택근무 등 비대면 생활방식이 장기화하면서 사람들의 우울증과 스트레스가 누적돼 '코로나 블루(Corona Blue)'라는 병명까지 생긴 지 이미 오래다. 유모차의 조그만 아기 입에 마스크를 씌운 건지 숨 막히게 얼굴을 아예 통째로 뒤집어 덮은 건지 모르겠다. 아기가 웃는 건지 우는 건지 옹알이하는 건지 도대체 알 수 없다. 아기가 예뻐 가까이 다가가 쓰다듬어주고 싶어도, '이상한 사람 다 보겠네' 하며 노려보는 아기 엄마의 눈초리가 험악해 마음 놓고 덕과 사랑을 베푸는 사람 되기도 힘든 참 이상한 세상이 되었다.

"상황이 이쯤 되면 내게도 생각이 있다! 곁에 사람이 꼭 있어야 외롭지 않나?"

"없어도 된다!"

이제는 '덕불고 필무린(德不孤 必無隣)'이라는 역발상(逆發想)을 코로나 시대를 살아가는 나의 생존 전략으로 삼아 곁에 사람이 없어도 외롭지 않기로 했다. 제향(祭享)용 술과 술잔, 향과 향로, 주머니 속의 브리태니커(Britannica)백과사전인 스마트폰을 확인하고 집을 나서 평소 관심 있었던 역사적 인물들이 잠들어 있는 곳으로 가자! 코로나 시대에 왕릉(王陵)이나 원(園), 묘(墓) 등은 어차피 무덤 참배객도 드물어 사회적 거리 두기 걱정 없고, 묏자리도 풍수지리에서 흔히 길지(吉地)에 해당하니 심신 수양에 좋고, 칠순 넘은 나이에 세상사 온갖 잡념을 잠시 멈출 수 있는 정지(靜止)된 정적(靜寂)의 장소이다. '필유린(必有隣)'은 이제 필요 없다. 나 홀로 '덕불고(德不孤)'다. 나이 들어 홀로 있게 됨(獨居, 독거)은 외로움을 의미하지 않는다. 독거(獨居)의 시간적 공간적

미래를 찾아 과거 속으로

여백은 세상사에 오염되며 살아온 나의 몸과 마음을 씻어주기 위해 신이 내게 특별히 선사하는 귀중한 선물이며 은혜이다.

　허구한 날 음산한 무덤가만 헤매고 다니다 밤늦게 돌아온다며 흰 눈으로 질책하는 마누라에게 감히 말대답 못 한 채 혼잣말로 중얼대며 집을 나선다.

　"종심소욕불유구(從心所欲不踰矩), 내 마음이 하고자 하는 대로 따라 해도 결코 법도를 벗어나지 않는 나이는 이미 지나지 않았소? 비에 젖은 낙엽처럼 자네 몸에 딱 달라붙어 졸졸 따라다니며 귀찮게 하고 프지 않아 그러니 너그러이 용서해 주길 바라오."

머리말

우리나라 반만년 역사가 끊임없이 전개되면서 왕권(王權)과 신권(臣權)의 세력 다툼, 지배세력의 권력투쟁, 붕당(朋黨) 파벌싸움 등으로 역사 속 주요 인물들의 칼에 피가 마를 때가 없을 만큼 우리의 역사는 태평하고 평화로울 때보다 잔혹하고 처절한 역사적 사건이 끊임없이 되풀이된 때가 더 많았다. 역사적 사건이 종결된 후 어떤 인물은 성군(聖君)과 충신(忠臣)으로 평가되어 소위 '신들의 정원'이라고 일컬을 정도로 아름다운 능원(陵園)에 품위 있게 묻혀 후세에도 추앙을 받는가 하면, 또 어떤 인물은 폭군(暴君) 혹은 역신(逆臣)이라는 낙인이 찍혀 허름한 묘에 누운 채 지금도 그들의 넋은 구천(九泉)을 떠돌며 통곡하고 있는 듯하다. 그런데 성군·충신과 폭군·역적이라는 판결은 도대체 누가 언제 어떻게 내리는 건가? 당시 집권세력이나 사관(史官)인가? 아니면 그때나 지금의 영향력 있는 소수 지식인 혹은 민중의 여론인가? 여론을 주도한 지식인들이나 민중의 여론이라면 그 형성과정이 정당하고 합법적인가? 광우병 촛불집회, 박근혜 정부 국정농단과 세월호 침몰 이후 정치와 언론에 끊임없이 회자하였던 '적폐청산(積幣淸算)'의 실행 주체와 대상 설정은 불가역적(不可逆的)으로 정당하며 누구나 다 인정하는가? 흑백논리의 이분법적 해석으로 사초(史草)나 실록(實錄), 야사(野史) 등에 충신과 역적에 관한 사관(史官), 지식인, 세도가문(勢道家門)의 기록들은 많지만, 집권한 세력과 가문의 정

미래를 찾아 과거 속으로

당성을 강변하기 위해 충신과 역적의 행적이 왜곡되거나 다소 부풀려지고 축소됐을 가능성도 전혀 배제할 수는 없다. 충신과 역적, 애국자와 매국노에 대한 집단이기주의적 여론몰이식 평가는 예나 지금이나 변한 게 없는 듯하다. 민심(民心)에 의한 집권자 혹은 지도세력의 축출은 민주주의 체제하에서 항상 정당한가? 국민을 위해서라는 말을 입버릇처럼 내세우지만, 공정과 정의의 잣대를 자신들의 정치세력을 위해 제멋대로 바꾸고, 내가 아닌 타자에게만 일방적으로 적용되는 '내로남불'[7]식 적폐청산 논리로 무지몽매(無知蒙昧)[8]한 민심을 호도해 정부와 집권세력을 갈아 치우는 것은 정당한가? 플라톤의 스승 소크라테스가 독배를 마시고 죽게 된 것도 예수님이 십자가에 못 박혀 죽게 된 것도 모두 우매하고 몽매한 민심(民心)의 분노 때문이 아니었던가? 민심(民心)이 천심(天心)이 아니고 정권 전복을 원하는 일부 정치세력에 의해 선동·조작된 민심(民心)이라면, 그것은 나라에는 관심이 없고 오로지 사리사욕과 집권에 집착하는 세력의 중우정치(衆愚政治, mobocracy)[9] 선동에 민심이 이용당해 나라가 폭민(暴民)세력의 주도하에 놓이게 됨을 의미한다. 우리는 과거 역사가 그렇게 전개되어왔다고 현재와 미래에도 동일하거나 유사한 방식으로 전개되길 바라지 않는다.

20세기 초 신문학 시대로부터 지금에 이르기까지 오랜 세월 소설이나 언론, 드라마를 통해 충신과 역적의 역사적 행적이 때로는 주입식으로 왜곡 부연 설명되어 오는 과정에서 역사적으로 기록된 사실

---

7   내로남불: '내가 하면 로맨스, 남이 하면 불륜'의 줄임말. 이중잣대를 비판적으로 일컫는 한국어 신조어

8   무지몽매(無知蒙昧): 세상 물정을 잘 모르고 세상 돌아가는 이치에도 어두움.

9   중우정치(衆愚政治, mobocracy): 다수의 어리석은 민중이 이끄는 정치. 민주주의의 단점을 지칭.

(史實)이 당시 실제로 있었던 사실(事實)과 다르게 객관화되고 상식화되었을 수도 있다고 판단한다. 고려의 개혁 군주 공민왕은 변태 양성애자(兩性愛者)였으며 동성(同性)애인인 젊은 무사 홍륜(洪倫)에게 시해되었다는 영화 '쌍화점(雙花店)'[10] 의 시나리오는 사실인가? 정사(正史)로 우리가 받아들이는 정인지(鄭麟趾)[11]의『고려사(高麗史)』에는 자제위(子弟衛)[12] 호위무사 홍륜이 아닌 환관 최만생(崔萬生)이 공민왕을 직접 시해했다고 기록하고 있고(高麗史 列傳 44 卷 131),『고려사』그 어디에도 공민왕이 게이(Gay)[13]였다는 기록은 없다. 우리가 알고 있는 영화 〈왕의 남자〉광해군(光海君)은 진정 폭군이었나? 임진왜란으로 나라가 위기에 처했을 때 국가대표급 뺑소니 달인(達人)인 부왕 선조(宣祖)는 개성, 평양, 의주로 도망 다니며 명나라의 요동으로 망명할 궁리만 하며, 말이 '분조(分朝)[14]'이지 임진왜란으로 나라가 무너지기 일보 직전, "에라, 나도 모르겠다. 나는 맏아들 임해군(臨海君) 데리고 명나라로 피하겠으니, 이제부터 나랏일은 모두 네가 책임지고 다 알아서 해!"라는 식으로 나라를 18세 어린 나이의 광해군에게 떠맡겼지만, 다행히 광해군은 조선 역사상 전장(戰場)에서 싸운 유일한 왕세자로 전란을 훌륭히 수습하고 풍전등화(風前燈火)의 위급했던 처지에 놓였던 나라를 구해냈다. 오죽하면 조정 대신들과 명나라에서 왕위를 광해군에게 양위하라고까지 무능한 선조에게 요구했을까? 전후에도 주위 강국인

---

10 쌍화점(雙花店): 고려 시대 때 만두 모양의 과자 쌍화(雙花)를 파는 가게를 가리키는 말. 고려가요 중 한 곡. 배우 조인성과 송지효 주연으로 2008년 상영된 '쌍화점(雙花店)' 영화가 있다.

11 정인지(鄭麟趾, 1396~1478): 조선 초기의 문신·성리학자이며 한글학자, 역사가, 정치인.

12 자제위(子弟衛): 고려 공민왕이 왕권을 강화하기 위해 설치한 왕실 호위 부대.

13 게이(Gay): 남녀 무관하게 동성애자를 일컫는 말. '남성 동성애자'라는 의미로 한정해서 사용하기도 함.

14 분조(分朝): 국가의 비상사태 때 국왕이 다스리는 조정(大朝, 行宮)과 왕세자가 직접 다스리는 조정(分朝)으로 조정을 둘로 나눔. 조선 역사에서 분조(分朝)는 두 번 있었으며 임진왜란 때 광해군의 분조(分朝), 정묘호란 때 소현세자의 분조(分朝)이다.

명·청과 등거리 중립실리외교를 효과적으로 펼치면서, 파괴된 한양의 궁궐 등 문화유산의 복원, 대동법(大同法)[15] 등을 시행해 민생과 국가 재정까지 보살핀 광해군을 폐모살제(廢母殺弟)[16] 이유 하나만으로 폭군(暴君)으로 매도(罵倒)하는 것은 옳은 일인가? 급하면 조정을 둘로 쪼개 왕 자신은 대조(大朝)의 왕이라며 도망 다니기 바빴고, 나라는 어린 아들 18세 광해군, 16세 소현세자에게 떠맡기며 "이제부터 네가 분조(分朝)의 왕이니 다 알아서 해!"라고 한 선조(宣祖)와 인조(仁祖)를 아무리 생각해도 긍정적으로 이해하고 평가하기는 어렵다.

조선 시대 분조(分朝)는 임진왜란 때 광해분조(光海分朝)와 정묘호란 때 소현분조(昭顯分朝) 두 차례 있었다. 외침을 피해 임금이 파천한 대조(大朝, 行宮)가 무너지는 것에 대비해 후방에 분조(分朝)를 두어 민심을 안정시키고 대조(大朝)를 대신해 종묘사직을 잇기 위함이었으니, 국가 위기관리 차원에서 지극히 당연한 조처라 볼 수 있지만, 자신은 도망 다니며 20세도 안 된 미성년 왕세자들에게 국가 운영을 맡기는 왕을 호의적으로 평가하긴 힘들 것 같다.

1627년 정묘호란 때 후금(後金)의 공격을 피해 강화도에 들어가 대조(大朝)를 이끌던 인조(仁祖)는 대신들을 불러 분조(分朝)의 계책을 전교하였다.

---

15 대동법(大同法): 조선 후기 각 지방의 세금을 지역특산물로 바치던 공납제(貢納制)의 폐단을 없애기 위해 쌀로 대신 바치도록 한 조세제도.

16 폐모살제(廢母殺弟): 계모인 인목대비를 폐하고 10년간이나 덕수궁에 유폐시킨 죄와 8살짜리 이복동생(영창대군)을 죽인 죄. 광해군 폐위 명분 중 하나.

"(소현)세자는 남쪽으로 내려가 호패법과 유생의 고강 등 모든 일을 금지하도록 하라…(하략)"

'傳曰, 世子下歸南方, 號牌之法[17], 儒生考講[18]等事, 一切罷之…(下略)'

(昭顯分朝日記, 1627年 1月 21日, 天啓 7年, 丁卯)

이에 호란(胡亂)으로 어수선한 삼남(三南)[19]의 민심을 수습하고 의병을 모집하기 위해 16세 어린 나이의 왕세자 소현세자는 분조(分朝)를 이끌고 전주(全州)로 가서, 대신들에게 이른다.

"왕세자가 이르노라. 국운이 어려워져 군진(軍陣)도 위험하니 종놈 같은 오랑캐들까지 창궐하여 우리의 큰 진영을 연이어 무너뜨리매 졸지에 나라 안까지 육박해 들어오게 되었다..(중략)....바라건대 민심을 결속하고 의병을 불러모아 움직이게 함으로써 어려움을 겪고 있는 부왕(父王)을 구원하고 국세(國勢)를 만회하겠노라…. (하략)"

王世子若曰, 國運屯難[20], 奴夷猖獗, 連陷大鎭, 猝遇內地…(中略)…
庶幾[21]維繫民心, 鼓動[22]義旅, 拯君父[23]於艱危, 回國勢於顚隮…(下略)

---

17 號牌之法(호패지법): 호패법. 호구(戶口)를 파악하고 백성을 효율적으로 관리 감독하기 위한 조선 시대의 정책. 지금의 주민등록증과 같은 목적으로 운행했지만, 거주 이전의 자유를 통제해 백성들이 기근, 가난, 전란 등을 피해 삶의 터전을 옮기지도 못하고, 과도한 군역 징발, 부역 등 백성들의 불만만 초래해 호패법 제도는 항상 유보적이고 유명무실하게 시행되었다.

18 考講(고강): 과거(科擧)시험을 보기 위해 경서(經書)를 외우고 가르치는 강의.

19 삼남(三南): 충청도, 전라도, 경상도.

20 屯難(둔난): 군 진영이 위험하고 어려움에 처함.

21 庶幾(서기): 바라건대, 거의.

22 鼓動(고동): 북치고 격려하여 움직이게 함.

23 拯君父(증군부): 부왕(父王)을 구조함. 부왕은 아버지 인조(仁祖)를 말함.

(昭顯分朝日記, 1627年 2月 2日, 天啓 7年, 丁卯)

　　1623년 인조반정(仁祖反正)을 일으켜 광해군을 폐위시킨 이유가 '군주의 잘못된 바를 바로 되돌리기 위한다.'라는 '반정(反正)'이라는 명분(名分)은 설득력도 없고 정당하지도 않다. 세력이 약화한 서인(西人) 붕당 세력이 대북파 세력을 몰아내고 권력을 되찾기 위한 당리당략(黨利黨略)적 이해관계, 인목대비의 개인적 복수심 때문이었는지는 알 수는 없지만, 이유야 어찌 되었든 결과적으로 임진왜란을 잘 마무리하고 국방외교 훌륭히 잘 수행하던 광해군을 폐위시켜야 할 명분으로 폐모살제(廢母殺弟)를 들기에는 턱없이 부족하고 석연치도 않다. 인조반정은 단지 서인 세력의 재집권을 위한 군사쿠데타에 지나지 않았다고 이해할 수밖에 없다.

　　1637년 병자호란 결과 청나라 심양에 8년간 볼모로 가 있었지만, 실용주의·개혁 사상으로 청나라에서 오히려 추앙받고 돌아와 조선의 원대한 개혁을 꿈꿨던 소현세자는 귀국하자마자 시샘 많은 졸군(拙君) 아버지 인조(仁祖)에 의해 억울하게 사사(賜死)되었다 (추정). 그의 부인이자 인조의 맏며느리인 민회빈 강씨(愍懷嬪 姜氏) 또한 사사(賜死)되었다. 인조의 맏아들이며 왕세자인 소현세자는 후금(後金)이 침입했을 때 (정묘호란丁卯胡亂, 1627) 강화도로 피신한 부왕 인조(仁祖)를 위해 전주(全州)에서 남도(南道) 지방의 민심을 수습하고 의병을 모집하여 전선에 보내며, 광해군이 임진왜란 때 했듯이 전란(戰亂) 시대에 분조(分朝)를 훌륭히 경영하며 위기를 극복했으며[24], 병자호란(丙子胡亂,

---

24　정묘호란 당시 소현세자의 61일간 분조 활동은 『소현분조일기(昭顯分朝日記)』에 자세히 기록돼 있음.

1636) 때는 남한산성에 포위된 후 달포 만에 청(淸)나라 홍타이지에게 항복하고 잠실 나루터로 나와 이마를 땅바닥에 두드리며 절하는 굴욕적 고두례(叩頭禮)[25]의 예(禮)를 행하라 했을 때 소현세자가 몸소 성 밖에 나가 부왕 인조(仁祖)를 대신해 항복의 예(禮)를 치르겠다고 자청했지만, 청나라 측에서 소현세자가 아닌 부왕 인조(仁祖)가 직접 항복의 의례를 행해야 한다고 해서 거절당했다.

(소현)세자가 봉서(封書)를 비국에 내렸다.
"태산(泰山)이 이미 새알(鳥卵) 위에 드리워졌는데, 국가의 운명을 누가 경돌(磐石)처럼 굳건하게 하겠는가. 일이 매우 급해졌다. 나에게는 일단 동생이 있고 또 아들도 하나 있으니 종사(宗社)를 이어 받들 수 있다. 내가 적에게 죽는다고 하더라도 무슨 유감이 있겠는가? 내가 성에서 나가겠다는 뜻을 말하라."

世子下封書[26]于備局[27]曰:
泰山旣垂於鳥卵之上, 國步誰措於磐石[28]之堅? 事已急矣. 予旣有弟二人, 又有一子, 亦可奉宗社. 予雖死於賊, 尙何憾焉? 其以予出城之意, 言之.
(仁祖實錄 34卷, 仁祖 15年 1月 22日, 太白山史庫本 34冊 34卷 13章)

홍서봉, 최명길, 김신국이 오랑캐 진영에 가서 소현세자가 나온다는 뜻을 알리니, 용골대가 말하기를, "지금은 국왕이 직접 나오지 않는 한

---

25 고두례(叩頭禮): '꿇어엎드려 머리를 조아린다'라는 의미. 세 번 절하고 한 번 절할 때마다 세 번 머리를 땅바닥에 찧는 청나라 황제에게 절하는 禮. 삼궤구고두례(三跪九叩頭禮) 또는 삼배구고두례(三拜九叩頭禮)라고도 하며, 병자호란 때 인조가 땅바닥에 엎드려 항복문서를 바치며 청태종에게 올렸던 굴욕적 禮.

26 封書(봉서): 겉봉을 봉한 편지로 '봉함 편지'를 의미. 임금이나 왕실에서 근신(近臣)에게 내리던 사서(私書).

27 備局(비국): 조선 시대 군국기무(軍國機務) 국정의 핵심 업무를 담당했던 최고 의결기관인 비변사(備邊司)의 약칭, 주사(籌司) 혹은 묘당(廟堂)이라고도 불렀음.

28 磐石(반석): 아주 견고하고 안전한 돌. 경돌, 경석과 같은 의미.

결단코 들어줄 수 없다."

洪瑞鳳, 崔鳴吉, 金藎國出往虜營[29], 諭以世子出來之意° 龍將[30]曰,
"今則非國王親出, 決不可聽...(下略)"

(仁祖實錄 34卷, 仁祖 15年 1月 26日, 太白山史庫本 34冊 34卷 19章)

할 수 없이 인조(仁祖)는 경술국치(庚戌國恥)보다 더 국치(國恥)인 고
두례(叩頭禮) 항복을 자청했다. 그나마 인조는 청태종 홍타이지가 치
욕적 반합(飯哈)[31]의 항복 의례 요구를 거두어주고 고두례(叩頭禮) 요구
를 받아준 것만도 고마울 따름이었다. 패전 후 淸 나라 심양(瀋陽)에 끌
려가 8년간이나 굴욕적 볼모 생활을 마치고 돌아온 맏아들 소현세자
를 죽이고(추정) 맏며느리 민회빈 강씨(愍懷嬪 姜氏)에게 구추(狗雛, 개새
끼)[32]라는 욕설까지 내뱉으며 죽인 시아버지도 시아버지인가? 그런 왕
도 왕인가? 끝내 소현세자를 참혹하게 죽이고(추정) 며느리, 손자 모두
죽인 인조(仁祖)의 무덤에 한 번 가보라. 경기도 파주 장릉(坡州 長陵) 인
조(仁祖)의 무덤은 '신들의 정원'으로 불릴 만큼 경관이 수려해 유네스
코 세계유산으로 등재되었다. "정말 이래도 되나?" 하는 생각이 절로
든다. 국난(國難)의 위기에 몸과 마음을 바쳐 분조(分朝)를 훌륭히 경영
했고 8년간 굴욕적 볼모 생활을 견뎌내며 실천적 개혁주의자로 조선
의 변화를 꿈꿨던 소현세자와 민회빈 강씨는 졸군(拙君) 인조(仁祖)에

---

29   虜營(로영): 오랑캐 진영, 여기서는 남한산성을 포위한 청태종 홍타이지 부대의 진영(陣營)을 말함.

30   龍將(용장): 병자호란 당시 조선에 침입하여, 남한산성에 피신한 인조의 항복을 받아낸 용골대(龍骨大)
      라는 淸 나라 장수를 지칭.

31   반합(飯哈)의 禮: 죽은 사람의 시신을 염습할 때 노잣돈의 용도로 물리는 반함(飯含)의 구슬을 입에 물
      고 빈 관(棺)을 끌고 가며 청 태종에게 항복하는 굴욕적 의식.

32   구추(狗雛, 개새끼): "狗雛强倂以君上之子, 此非侮辱而何? - 개새끼 같은 것을 억지로 임금의 자식이라
      고 칭하니, 이것이 모욕이 아니고 무엇인가?"(仁祖實錄, 仁祖 24年, 1646年 2月 9日)

의해 억울하게 목숨을 잃었다는 역사적 사실(史實)은 어째서 우리 기억 속에서 사라져 가야 하는가? 그들이 잠들어 있는 경기도 고양시의 소경원(昭慶園)과 광명시의 영회원(永懷園)에 한 번 가보라. 지금도 철책으로 둘러싸여 있어 일반인 출입이 금지되어 참배조차 자유로이 할 수 없다. 도대체 우리는 어째서 이러한 훌륭했던 역사적 인물들을 사후에도 외면해야 하는가?

광해군 자신이 총애하던 신하를 조정에서 처형하겠다고 하니 "내가 직접 친국(親鞫)[33]해 반역 여부를 자세히 알아나 본 후에 처형하고 싶다."라고 했는데도 조정 간신들은 가로막았고, "나 할 말 있소(欲有所言)!"라 울부짖으며 최후 진술도 못 한 채 오체분시(五體分屍)[34] 능지처참 처형을 당한 최초의 한글 소설 『홍길동전』의 저자 허균은 진정 대역죄인(大逆罪人)이었나? 당시 상황을 기록한 『光海君日記(광해군일기)』 그 어디에도 허균이 국가 모반·혁명의 주동자였음을 확인할 수 있는 기록이나 증거는 없다. 천주교와 서얼(庶孼, 첩, 천민의 자식)을 가까이하고, 임진왜란 당시 서산대사 휴정(西山大師 休靜)과 승병(僧兵)을 일으켜 싸운 불교 승려 사명대사 유정(泗溟大師 惟政)과 절친으로 불경을 읽고 목탁을 두드리니, 당시 완고한 성리학 시대사조(時代思潮)에서 이단아 취급을 당했을 수밖에 없었겠지만, 그래도 허균은 시문(詩文)을 서로 주고받으며 국가 간 대사를 논의하는 수창외교(酬唱外交)[35]의 대가(大家)라고 명나라에서도 인정한 조선 제일의 천재 시인 외교가였으

---

33 친국(親鞫): 임금이 중죄인을 친히 국문(鞫問, 심문)하는 제도.

34 오체분시(五體分屍): 머리와 양쪽 팔, 양쪽 다리를 다섯 마리의 소나 말에 묶어 서로 다른 방향으로 당겨 찢어 죽이는 처형법. 거열(車裂)형이 공식 명칭.

35 수창외교(酬唱外交): 시문(詩文)를 서로 주고받으며 했던 일종의 필담(筆談) 외교 방식. 조선 시대 중국과의 외교 방식의 일종.

미래를 찾아 과거 속으로

며, '천하에 두려워해야 할 바는 임금이 아니라 백성'이라고 주장한 호민(豪民)[36] 사상의 허균이 어째서 역적으로 낙인찍혀 우리의 기억에서 사라져 가야만 하는가? 허균에 관한 역사적 평가에 관해 논란이 있긴 하지만, 그래도 경기도 용인 처인구에 안내판 하나 없어 찾기도 힘든 허름한 허균의 무덤에 한 번 가보라. 조선 역사상 가장 어리석고 무능하고 찌질했던 군주였다고 생각되는 조선 16대 임금 인조(仁祖)의 왕릉은 '신들의 정원'이라 불리기에 부족함이 없을 정도로 그 경관이 수려하고, 개혁주의자 허균(許筠)의 무덤은 도깨비바늘, 쑥부쟁이, 야생잡초가 발목을 긁어 발 딛기조차 힘들고 멧돼지, 뱀 나올까 두려운 폐허 속에 그대로 방치되어 있었다. 어떤 역사적 인물은 죽어서도 성군, 충신, 애국자로 후세에 추앙을 받고 있지만, 또 어떤 인물들은 폭군, 역적, 매국노라는 불가역적(不可逆的) 부정 평가 속에 그들의 넋은 폐허 속에서 저승이나 스올(Sheol)[37]로도 못 가고 오랜 세월 구천을 떠돌며 통곡하고 있는 듯하다. 시대를 잘못 만나 태어나 비운(悲運)의 삶을 살다간 천재 문인이자 개혁주의자였던 허균은 아직도 역적이란 역사적 평가의 굴레에서 벗어나지 못하고 구천(九泉)을 떠돌며 통곡하고 있는 듯해서 마음이 아프다.

일제는 순종(純宗)에게 1910년 8월 20일 한일병합조약에 서명하라고 강요했지만, 순종은 끝까지 거부하고, 8월 22일 대한제국 학부대

---

36   호민(豪民): 허균은 그의 논설문 『호민론(豪民論)』에서 백성을 항민(恒民), 원민(怨民), 호민(豪民)으로 나눠 설명하고 있음: 항민(恒民) - 노예처럼 지배자에게 순응하며 사는 백성, 원민(怨民) - 지배자에게 순응하며 살면서 부당하고 억울함을 원망하지만 저항하거나 개선을 위한 시도 능력이 없는 백성, 호민(豪民) - 노예처럼 살면서 부당한 취급과 대우를 개선하기 위해 조직력을 갖추고 때가 이르면 행동으로 실천하며 권리를 되찾는 백성.

37   스올(Sheol): 구약성경에 나오는 히브리어로 '보이지 않는 세계', '죽은 자들의 세계'라는 의미.

신 이완용이 대신 서명했다. 일주일간 조정의 여론과 동정을 살핀 후 경술국치(庚戌國恥) 8월 29일에 조약을 조선팔도에 공표하며 국가의 주권은 완전히 박탈되어 일제의 식민지로 전락하게 되었다. 서명 당시 이완용의 입장을 한번 상상해보자. 나라가 망할 때 무력 항쟁, 망명, 순국 자결, 이 세 가지 이외에는 선택의 여지가 없었을 것이다. 전쟁에 이미 패배해 경복궁까지 점령당하고 무장해제까지 당한 마당에 무력 항쟁을 위한 시도는 무의미하고, 나라를 버리고 피하거나 자결하는 것 또한 일국의 최고위 관료로서 택할 수 있는 구국(救國)의 길은 될 수 없다고 판단할 수도 있지 않았을까? 이미 일본에 군사력에 저항할 힘이 없다면 현실을 받아들이고 작전상 일시적으로 무릎을 꿇을 수도 있지 않은가? 이완용의 친일매국행위의 역사적 사실을 현재로 가져와 한번 상상해보자. 힘이 없는 약소국이 망하기 일보 직전 절체절명(絕體絕命)의 마지막 상황에서 점령국 일본의 데라우치 마사다케(寺內正毅) 총독이 목에 칼을 들이대고 한일병합조약에 서명을 강요했다면 당신이라면 어찌했을까? 나라가 사라지고 식민지로 전락하는 위기에 처했을 때 붓을 든 지식인이 꼭 죽을 의무는 없지만 남이 안 죽으니 나라도 목숨을 바친다며 생을 마감한 매천 황현(梅泉 黃玹, 1855~1910) 선생이나 민충정공(閔忠正公, 1861~1905)은 순국충절로 항거한 선비나 충신으로 그들의 충절(忠節)을 마음 깊이 새기며 길이 추모해야겠지만 그들의 죽음이 일본의 강압에 의한 굴욕적 양국(讓國) 상황의 반전을 위해 도움 된 바가 그때 당시에 있었는가? 전쟁에서 '작전상 후퇴'도 전법(戰法)의 하나이다. 이완용은 "사세부족(事勢不足)으로 어쩔 수 없어 지금은 비록 내가 무릎을 꿇지만, 힘을 길러 훗날 반드시 데라우치 네 놈의 목을 내리치리라"라는 절치부심(切齒腐心)의 비통한 마음으로 한일병합조약(韓日倂合條約)에 순종 대신 서명하지

미래를 찾아 과거 속으로

는 않았을까? 그럴 리야 없었겠지만, 세상사 알 수 없는 일이다. 격변의 시대에 친미파, 친러파, 친일파 인사로 변신을 거듭하며 애오라지 개인적 사리사욕에만 눈이 멀어 나라를 팔아먹었다는 그에 대한 불가역적 낙인(不可逆的 烙印)은 정당한가? 한일병합을 위해 을사늑약 체결에 앞장섰으며 친일 식민사관(親日 植民史觀) 정립의 선봉으로 3·1만세운동까지 저지하기 위해 협박성 경고를 매일신문에 세 번이나 발표한 이완용을 을사오적(乙巳五賊)[38]의 한 사람으로 낙인찍는 데 이견(異見)이 있을 수는 없다. 그러나 드러나지 못한 개인적 사연은 없었을까? 잘한 일은 하나도 없었을까? 후세에 극우 민족주의자들과 남북 분열 이후 탄생한 자유당 정권이 집권 체제의 정당성을 위한 과거 지우기 정책으로 이완용을 만고(萬古)의 역적으로 마녀사냥식 비판을 한 건 아닐까? 필자는 2021년 겨울, 방랑시인 김병연(金炳淵, 김삿갓)에 관한 평역서[39]를 발간한 바 있다. 조선 23대 임금 순조(純祖) 때 홍경래 반란군에 투항한 대역죄인으로 참수당한 김삿갓의 조부(祖父) 김익순(金益淳)이 1908년 총리대신 이완용에 의해 복권되지 않았다면 친손자 김삿갓도 역적 자손으로 우리의 기억 속에서 영원히 사라질 뻔했다. 1964년 KBS 라디오 연속극 「김삿갓 북한방랑기」의 '어이타 북녘 땅은 핏빛으로 물들었나?' 대사나 김삿갓에 관한 필자의 평역서 발간도 없었을지 모를 일이다. 정조(正祖)의 고명대신(顧命大臣)[40] 김조순(金祖淳)이 딸 순원왕후를 순조의 왕비로 책봉하면서 어린 순조를 도와

---

38 을사오적(乙巳五賊): 1905년 11월 대한제국 말기 일제의 외교권 박탈을 위한 을사늑약(乙巳勒約)의 체결을 찬성했던 학부대신 이완용, 군부대신 이근택, 내부대신 이지용, 외부대신 박제순, 농상공부대신 권중현의 다섯 명의 친일반민족행위자 매국노를 일컫는 말.

39 평역서: 『이응수 金笠詩集 小考』 문세화, 2021, 북랩

40 고명대신(顧命大臣): 임금의 유언과 나라의 뒷일을 부탁받은 대신.

막강한 국구(國舅)[41]의 신분으로 30년간 안동 김씨(安東 金氏)의 세도 정권을 휘두른 시대에도 김익순에 대한 복권이나 사면은 거론조차 못했는데, 이완용은 무슨 재주로 김삿갓 가문을 복권 시킬 수 있었을까? 만고(萬古)의 역적 이완용도 공(功)이 전혀 없었던 건 아닌듯싶다. 중국 신하를 영접하기 위해 세운 사대주의 모화사상(事大主義 慕華思想)의 상징인 서울 서대문의 영은문(迎恩門)을 헐고 독립문을 세운 후 이완용은 독립문 상단에 한글로 '독립문'이라고 써 태극기와 함께 석각 편액(石刻扁額)[42]을 설치했다. 독립문 건축이 애당초 일본이 아닌 중국으로부터의 독립선언을 위한 목적이었다 해도, 서대문형무소가 바로 옆에 있는 독립문을 그렇게 생각하는 사람은 별로 없는 듯하다. 역사적 문화적으로 중국의 영향권 안에 있었다 하더라도 침탈당해 일본에처럼 나라를 통째로 뺏겨 양위(讓位)[43]를 하고 식민지가 된 적도 없으니 중국으로부터의 '독립'이라는 말 자체가 마음에 와닿지도 않는다. 설사 독립문이 애당초 중국으로부터의 독립을 상징하기 위해 세워졌더라도 3.1운동 이후 독립문과 태극기가 일본으로부터의 독립을 위한 상징으로 큰 역할을 했다 하니, 이토히로부미(伊藤博文이등박문)의 하수인 역할을 한 이완용의 독립문 건축과 '독립문' 석각편액이 이완용의 본의가 아니었더라도 결과적으로는 공(功)이 되었음을 인정하지 않을 수 없을 듯하다. 매국노 이완용에게도 공(功)과 과(過)의 행적이 있었다는 불편한 진실이 있었음을 기억해야 한다. 이완용과 마찬가지로 우리 역사 속에 등장하는 충신과 역적에 대한 선악(善惡)과 공과(功過)의 충분한 이해 없는 일방적 이분법적 확정판결은 온당치 못하다.

---

41 국구(國舅): 임금의 장인, 왕비의 아버지.

42 석각 편액(石刻扁額): 돌로 세워진 건축물의 높은 곳에 새긴 건축물 명칭의 액자 또는 판.

43 양위(讓位): 임금의 자리를 넘겨줌.

미래를 찾아 과거 속으로

충신(忠臣)은 충신대로 허물과 과(過)가 있을 수 있으며 역신(逆臣)은 역신대로 선업(善業)과 공(功)이 있을 수 있다. 세계적으로 가장 독창적이고 과학적인 훈민정음(訓民正音, 한글)을 창제하여 성군(聖君)으로 추앙받고 있는 세종대왕은 흠결이 하나도 없었을까? 삼국시대 때부터 이어온 우리나라의 전통혼례 풍습은 신랑이 장가(丈家, 장인 집)에 가서 신부와 혼례를 치르고 일정 기간 신부가 친정에 계속 사는 '친정살이' 방식이었지만, 세종 때 이르러 본격적으로 왕실과 민가의 혼례를 중국의 친영(親迎, 시집살이) 방식으로 시행했다. 친영(親迎) 혼례방식은 중국의 남송(南宋) 시대 주희(朱熹)가 만든 주자가례(朱子家禮) 혼례법에 따라 신랑이 장인댁에서 신부를 데려와 신랑집에서 혼례를 치르고 사는 방식이다. 말이 좋아 '며느리 사랑은 시아버지'이지 이때부터 한국 여인들의 한(恨) 많은 '시집살이'가 시작되었다. 고부갈등, 시누이 타박, 불임(不姙)이 남편 탓인데도 대를 이을 아들 출산 못 한 죄, 아들 생산 후 여성으로서 가치 소멸, 양반은 물론 상놈까지 첩을 거느리고 사는 합법적 처첩(妻妾)제도, 여자를 보호하기 위한다는 구실로 여자의 자유를 구속했던 전근대적 여성 관리 관습인 삼종지도(三從之道)[44], 합법적 이혼 사유인 칠거지악(七去之惡)[45] 등 여인들을 부려

---

44 삼종지도(三從之道): 조선 시대 남성 위주의 전근대적인 가부장적 문화 관습.

재가종부(在家從父) - 시집가기 전에는 아버지를 따른다.
적인종부(適人從夫) - 시집가서는 남편을 따른다.
부사종자(夫死從子) - 남편이 죽으면 아들을 따른다.

45 칠거지악(七去之惡): 조선 시대 유교의 남존여비 관습으로 행실을 문제 삼아 아내를 내쫓을 수 있다는 일곱 가지 잘못'이라는 의미.

무자(無子) - 자식(아들)을 생산하지 못하는 것
불순구고(不順舅姑) - 시아버지(舅)와 시어머니(姑)에게 순종하지 않는 것
질투(嫉妬) - 남을 시기하는 것
음행(淫行) - 행실이 음탕한 것
악질(惡疾) - 극심한 병이 있는 것
구설(口舌) - 말이 많은 것

먹고 내쫓을 구실만 찾았으니, 여인들의 시집살이 고통과 한(恨)은 이루 다 헤아릴 수도 없었으며 지금까지도 그 시집살이 DNA 일부가 끈질기게 살아남아 이어져 내려왔다. 인도의 불가촉천민(不可觸賤民, The Untouchables) 이나 수드라(Sudra) 노예들에게는 최소한 이름이라도 있었다. 호(號)는커녕 이름조차 가질 수 없었던 조선의 여인은 수드라 천민계급보다 나을 게 없지 않은가? 이러한 여인들의 시집살이 고통과 한(恨)의 DNA 창제도 알고 보면 훈민정음을 창제한 세종대왕에서 비롯된 게 아닐까?

우리나라는 국민이 국가정책에 대해 직접 투표권을 행사하지 않고 대표자를 선출해 정부나 의회를 구성해 정책문제를 대신 처리하도록 한다. 대의민주주의(Representative Democracy) 체제로 대표자는 오로지 선거를 통해서만이 선출되며, 현명한 지식인이나 어리석은 자나 똑같이 투표용지 한 장를 부여받아 대표자를 선출한다. 대표 입후보자들이 모든 수단과 방법을 동원하고 진실을 왜곡·선동하면 우매한 민심(民心)도 얻어 선출되고 정권도 뒤집힐 수 있다는 대의민주주의의 불편한 진실을 우리는 언제나 받아들일 수밖에 없는가? 민심(民心)을 올바르게 교화(敎化)[46]해 지연(地緣), 학연(學緣), 혈연(血緣) 등 집단 이기주의를 초월한 민도(民度)[47] 수준으로 끌어올리지 않는 한 받아들일 수밖에 없다.

도절(盜竊) - 도둑질을 하는 것

칠거지악에 해당한다고 하더라도 부모의 삼년상을 치른 경우, 가난한 시절을 함께한 조강지처 등의 경우엔 남편이 아내를 내쫓을 수 없었다.

46 교화(敎化): 가르치고 이끌어서 올바른 방향으로 나가게 함.

47 민도(民度): 국민의 문화·경제·사회·정치 등에 관한 이해 수준의 정도.

미래를 찾아 과거 속으로

1970년 박정희 군사정권을 비판한 저항시 「오적(五賊)」[48]을 발표하며 독재에 항거하다 필화(筆禍)를 입고, 1974년 민청학련사건(民靑學聯事件)[49]에 연루되어 사형까지 선고받았다가 1980년에 석방된 반정부 좌익이념의 상징이었던 고 김지하(金芝河, 1941~2022) 시인이 훗날 고 박정희 전 대통령에게 사과하고 새누리당 박근혜 대통령 후보를 지지했다. 세월호 특별법과 전 문재인 정부를 비난한 김지하 시인은 변절자이고 배신자인가? "좌파의 색채는 여럿이다. 순수한 사람도 많지만, 종북주의자도, 간첩도 있다."라고 일갈했으며, 젊은이들의 분신자살이 이어진 1991년에 '죽음의 굿판을 걷어치워라'라는 글을 발표한 후 좌익 운동권과 진보진영으로부터 변절자의 낙인이 찍힌 고 김지하 시인은 고문 후유증으로 2022년 5월 세상을 떠났다.

좌파·우파 가리지 않고 "이게 뭡니까?"라며 위정자들에게 쓴소리 돌직구 비판을 날리며 평생을 보낸 나비넥타이 콧수염 김동길(金東吉, 1928~2022년) 교수도 2022년 10월 세상을 떠났다. 민청학련사건에 연루되어 징역 15년 형을 선고받은 바 있다. 그는 이승만 전 대통령이 없었다면 지금의 대한민국은 존재할 수 없다며 건국 대통령으로서의 이승만 전 대통령을 높이 평가했다. 자신이 한때 대한민국에서 가장 미워한 사람이 박정희 전 대통령이었으며 전두환 전 대통령 때문에 고생도 많이 했지만, 잘못한 건 잘못한 것이고, 보릿고개 가난을 벗어나 경제발전 초석을 쌓은 박정희 전 대통령의 공적과 그 초석 위에 단

---

48 「오적(五賊)」: 고 김지하 시인이 1970년 사상계(思想界)에 발표한 풍자시. 박정희 군사정권의 재벌, 국회의원, 고급 공무원, 장성, 장·차관을 을사오적(乙巳五賊)에 빗대어 당시 한국 사회에 만연했던 부정부패와 비리를 비판한 풍자시.

49 민청학련사건(民靑學聯事件): 1974년 박정희 유신정권이 반정권 세력을 탄압하기 위해서 만들어낸 용공(容共) 조작사건.

군 이래 제일 큰 경제도약을 이룬 전두환 전 대통령의 업적도 인정해야 한다고 강변했다. '백성을 이끌고 섶 더미를 지고 불 속으로 들어간다'며 종북(從北)의 위험성을 비판했다. 고 김동길 선생은 그의 시신을 연세대 의과대학생의 해부용 교육을 위해, 남은 전 재산 그의 자택은 이화여대에 기증하라는 유서를 남기고 홀연히 우리 곁을 떠났다.

고 김지하 시인과 고 김동길 교수는 2022년 모두 세상을 떠났다. 이들은 정치적 좌익인사였다가 우익으로 변신한 변절자이고 배신자였던가? 아니면 좌파·우파 관계없이 불의(不義)에 침묵하지 않고, 불화살 양심의 소리로 햇불을 들고 나라를 더 나은 자유·민주주의 세상으로 이끌기 위해 민도(民度)를 끌어 올리며 살다 간 선구자였나?

충신인지 역신인지에 대해 지금도 정치적 사회적 논란이 끊이지 않는 일제강점기 때의 두 장군이 있다. 백선엽(白善燁, 1920~2020) 장군과 홍범도(洪範圖, 1868~1943) 장군이다.

전우의 시체를 넘고 넘어 앞으로 앞으로
낙동강아 잘 있거라 우리는 전진한다
원한이야 피에 맺힌 적군을 무찌르고서
꽃잎처럼 사라져 간 전우야 잘 자라

통일을 바로 앞둔 1950년 10월 당시 경향신문 문화부 기자였던 유호(俞湖)가 작곡가 박시춘(朴是春)의 필동(筆洞) 집에서 서울 수복의 감격과 환희에 벅차 술기운에 단숨에 지은 「전우야 잘 자라」라는 진중가요(陣中歌謠)[50]이다.

---

50 진중가요(陣中歌謠): '군부대 진을 친 가운데 부르는 노래라는 의미이다. 군가는 아니지만, 군대에서 많

1950년 6월 25일 북한군이 기습적으로 남침한 지 40일 만에 대한민국은 낙동강 전선 요충지인 경상북도 구미시 다부동까지 후퇴했다. 8월 15일에 김일성은 남침 북한군 사령관 김책에게 다음과 같이 명령한다.

"조선인민군은 미국 간섭자들의 군대와 리승만 괴뢰군 패잔 부대들을 종국적으로 격멸 소탕하고 1950년 8월을 우리 조국 강토의 완전한 해방을 위한 달로 되게 하라."

(김일성 명령 제82호, 1950년 8월 15일)

다부동 전투에서 밀려 낙동강 전선이 무너지면 북한 김일성 명령대로 임시수도 부산도 광복절 이전에 함락되어 한반도가 적화통일되는 것은 시간문제였다. 최후의 혈전에 임하기 전 8월 21일 새벽 대대장 백선엽은 다부동 전투 결사대를 모아놓고 다음과 같이 정훈교육을 실시했다.

"내가 앞장선다. 절대로 물러서지 말라.

돌격하다 엎드리면 그 장소가 우리들의 무덤이 될 것이다. 만약 내가 돌격을 주저하면 나를 쏘고 앞장서라. 전우들이 흘린 피를 헛되게 하지 말자."

8월 3일부터 29일까지 밤낮없이 싸우며 피아간 34,000명 이상의 사상자를 내며 6·25 전쟁 중 가장 치열했던 전투로 꼽히는 다부동 전투

이 불리는 가요임.

는 백선엽 국군 제1사단장이 미8군의 지원을 받아 극적으로 승리하며 낙동강 전선을 방어했다. 북한군은 패배하여 북으로 후퇴하지만, 맥아더 장군의 인천상륙작전으로 북한군 점령지역인 경인 수도권 지역을 탈환하며 북한군의 북상 퇴로를 막아 많은 사상자를 내며 전세를 역전시켰다.

만약 백선엽 사단장이 다부동 전투에서 패배했다고 가정하면, 김일성의 명령대로 열흘 안에 부산을 점령해 8월 중 한반도 적화통일은 가능했을 것이고 지금의 대한민국은 존재할 수 없었을 것이다.

2022년 7월 말 대전국립현충원의 백선엽 장군 묘역에 참배 드리러 가서 보니 장군의 묘비 앞에 놓인 국화꽃 조화(弔花)를 누군가 뜯어 놓아 볼썽사납게 흩어져있었다. 백선엽 장군의 현충사 국립묘지 안장을 반대하고 묘역 훼손을 원하는 사람들이 진정 바라는 게 도대체 무엇일까? 망국(亡國)의 위기에서 나라를 구해 지금의 대한민국을 있게 한 백선엽 장군이 차라리 다부동 전투에서 패배해 낙동강 전선이 무너져 김일성 명령대로 1950년 8월에 적화통일되어 조선인민공화국의 인민이 돼야 했는데 그렇게 되지 못해 한풀이라도 하는 건가? 용서와 화해가 없는 세상에는 저주와 증오만 존재하는 역사만 되풀이되고, '오징어게임'과 같은 암울한 디스토피아(dystopia)[51] 세상이 될 뿐이다. '기생충'과 '오징어게임'이 아카데미상(Academy Awards)과 에미상(Emmy Award)[52]을 수상하고, 강남스타일과 BTS가 온 세상을 열광하게 하고,

---

51 디스토피아(dystopia): 현대 사회의 부정적인 측면들이 극단화되어 초래할지도 모르는 암울한 미래상. 역유토피아(逆 Utopia).

52 에미상(Emmy Awards): 미국 TV계 최고 권위의 상. 음악계에 그래미상(Grammy Awards)이 있고 영화계에 아카데미상(Academy Awards, 일명 오스카상)이 있다면 방송계에는 에미상이 있다.

미래를 찾아 과거 속으로

세계 어느 곳에서도 문화 콘텐츠를 언급할 때 한국 빼고는 얘기가 안 되는 세상에, 오로지 정치판만 과거 친일적폐, 친북적폐 인사 채굴과 공격에만 몰두한다. 역사와의 화해를 거부하며 내편 네편 갈라치기를 일생의 업(業)으로 삼는 듯하다. 정치판 선전. 선동에 휩쓸려 시민사회도 덩달아 좌파·우파, 진보·보수로 분열되는 모습이 마치 조선 멸망의 원인이 된 붕당(朋黨) 당파싸움을 보는 듯해 마음이 착잡하다.

일제 식민지배하에서 군사·행정·금융 부서에서 부역한 사람은 모두 친일파 매국노이며 토착왜구인가? '알아야 면장도 한다'라는 말이 있다. 일제의 식민지에서 해방되었을 때 누가 무너진 나라를 복구하고 회복할 수 있었겠나? 기회와 능력이 없어 한숨만 짓고 굴종과 가난을 숙명(宿命)으로 삼고 살아온 풀뿌리 민초(民草)에게 맡겼어야 옳았나? 해방 후 무너진 나라의 복구를 책임진 사람은 대부분 남한 북한에서 일본과 러시아에 부역하며 군사, 경제, 정치 지식을 얻은 군인이나 지식인이 아니었나? 그들의 노력과 헌신이 없었다면 지금의 대한민국과 조선민주주의인민공화국은 존재할 수 없다. 해방 전후의 역사적 인물을 지금의 정치적·이념적 잣대로 소급해 벌이는 '엿장수 맘대로'식 친일파 친북파 적폐 몰이는 힘센 자들이 자기 위로를 위해 벌이는 '오징어게임'과 다를 바 없다. 모든 역사적 인물의 공(功)은 애써 외면하면서 그들의 과(過)를 무리하게 부풀려 토착왜구와 종북좌파의 낙인을 찍기에 노심초사하는 자들은 그때 무엇을 했나? 존재도 하지 않았으니 당시 역사적 인물들의 정신적 고뇌와 계획을 알 리가 없다. 나라가 일제로부터 독립한 지 77년이 지난 지금 세상 변해도 참 많이 변했고 계속 변할 것이다. 지금은 그때가 아니다. '멍청아, 문제는 경제야[53] 끝도 없고 답도 없는 좌파(左派)·우파(右派) 이념논쟁과 적폐 인사 채굴에 황금같이 귀중한 시간 낭비하지 말고 먹고 사는 문제, 나라 경제 생각에 여념(餘念)이 없는 그런 세상이 빨리 왔으면 좋겠다.

필자가 존경하는 김형석 교수가 홍범도 장군 유해 귀환에 대한 문재인 전 대통령의 정성과 극진한 예우를 비판했다. "국민들은 그의 환국을 거론하지 않는다. 그러나 홍 장군 후반기 행적과 민족주의 독립군에게 어떤 가해를 입혔는지 알려지면, 역사가들은 물론 대한민국 국민들도 문 대통령의 진심이 무엇이었는지 묻게 될 것이다"(김형석[54] 칼럼, 동아일보, 2021.08.27.) 일제에서 해방된 지 80년 가까이 흐른 지금 친일과 항일로 국민을 분열시키며 "항일운동을 하듯이 애국자로 존경받고 싶다는 생각에 사로잡혀 있다"라고 일갈했다.

몰락한 조선왕조 대물림 권력으로부터 고통받고, 일제로부터 수탈당하고 있을 때 레닌이 하사한 '마우저C96' 권총을 허리에 차고 프롤레타리아(Proletariat)[55] 무산계급 혁명의 붉은 깃발 아래 차별과 계급이 없는 인민들의 유토피아 공산국가 사회를 염원한 홍범도의 세상이 도래했다면 어떠했을까? 일제에 항거한 독립군도 궤멸당한 처지에 권력자나 지도자가 없는 민중이 주인인 공산주의나 아나키스트 국가가 세워졌다면 어떠했을까? 부르주아(bourgeois)[56] 유산계급의 대물림도 없고, 반상(班常) 차별이나 가난하거나 부자인 사람 모두 편안하

---

53 '멍청아, 문제는 경제야(It's the economy, stupid)': 1992년 미국 대통령 선거에서 민주당의 빌 클린턴 후보 진영에서 내걸어 선거의 승리 요인이 된 선거 운동 문구.

54 김형석: 2022년 현재 102세인 대한민국의 최고령 철학자. 연세대학교의 명예교수

55 프롤레타리아(Proletariat): 사회적으로 하위층의 무산자(無産者) 계급을 지칭.

56 부르주아(bourgeois): 사회·정치·경제적 입지를 가진, 상위층의 유산자(有産者) 계급을 지칭.

미래를 찾아 과거 속으로

게 살 수 있는 이상적인 공산주의 국가 건설이 가능했을까? 만에 하나 그런 세상이 왔더라도 프롤레타리아 민중 속에서 또 다른 독재자와 지배자가 나오는 것을 우리는 세계 역사 속에서 무수히 목격해왔다. 1920년 일제강점기 때 홍범도 장군이 독립운동을 한 애국자였음을 인정하더라도 공산주의 사상을 추종(追從)한 그의 과거 행적은 부정할 수가 없다. 그의 묘역 상석에 쌓여있는 소주병과 백선엽 장군 묘역에 뜯겨 흩어져있는 국화꽃 조화(弔花) 이파리의 두 상반된 모습 잔영(殘影)이 필자의 기억 속에 오래도록 오버랩되며 남아 있어 마음을 아프게 한다.

일제강점기 시대 아나키스트 계열의 독립운동가였던 우당 이회영(友堂 李會榮) 선생은 조국의 독립 후 조선조와 같은 부패하고 무능한 군주와 정치 관료에 의해 나라가 통치되는 걸 원치 않았고, 인민을 위한다는 말뿐인 독재자의 권위주의적 공산주의도 배척했지만, 홍범도 장군은 그의 삶 후반부 여생을 초지일관 소비에트 공산주의자로서의 삶을 선택했다.

백선엽 장군은 대한민국 최초의 대장으로 육군참모총장을 지낸 군인으로 6·25 전쟁 때 낙동강 전선에서 "이제 더는 물러설 곳이 없다. 여기서 밀리면 바다에 빠져야 한다. 내가 밀려 물러서면 뒤에서 나를 쏴라."라고 부하들에게 외치며 앞장서 싸우며 전세(戰勢)를 역전시키고, 다부동 전투와 인천상륙작전 등 치열한 전투에서도 온 힘을 다해 공산주의 침략을 물리치며 나라를 구한 애국자이다. 그러나 일제강점기 때 만주군관 학교를 거쳐 일본 만주군 간도특설대 소속으로 항일 독립군 토벌 작전으로 동포에게 총을 겨눈 반민족 친일행위로 현충원 안장 시 논란이 많았다. 6·25 전쟁을 통해 나라를 구했지만, 독립군 토벌 친일행위를 한 공과(功過)가 병존(竝存)하는 역사적 인물이다. 당신은 어떻게 평가하는가? 백선엽 장군은 애국자인가? 아니면 친일 반민족적 적폐청산(積幣淸算) 대상인가?

홍범도 장군은 조선 말기의 의병장이며, 1910년 한일병합으로 일제에 의해 국권을 박탈당한 후 만주에서 독립군을 이끈 독립운동가이자 군인이다. 봉오동 전투에서 일본군을 섬멸하고 청산리대첩에서 김좌진 장군과 협공으로 일본군을 대파했다. 1920년 일본의 대규모 독립군 토벌, 간도참변(間島慘變)과 1921년 자유시사변(自由市事變)으로 독립군은 사실상 괴멸되었으며, 1922년 홍범도 장군은 독립운동 당시 국제적 차원의 공산주의 확산을 위한 국제조직 대회인 코민테른(Communist International, 국제공산당 연합체) 모스크바 국제대회에 참가하며 공산당 볼셰비키 혁명가로 변신하였으며, 레닌으로부터 권총과 100루블의 지원금도 받았고, 자유시사변(自由市事變) 당시 소련의 '붉은 군대(赤軍)'를 도와 독립군 학살을 주도적으로 지휘했다는 논란도 있다. 1937년 스탈린의 조선인 강제이주정책으로 연해주 조선인들은 카자흐스탄으로 강제로 이주당했다. 볼셰비키 지역공산당 당원으로 살다 말년에는 극장의 관리인으로 일하며 여생을 보내다가 1943년에 타계했다. 카자흐스탄 남부의 한 공동묘지에 안장되었다가 2021년에 대한민국으로 그의 유해가 봉환되어 대전현충원에 안장되었다.

백선엽 장군은 6·25전쟁 때 나라를 위해 싸운 공(功)이 있지만, 일본군 간도특설대 복무의 친일(親日) 반민족적 행적의 과(過)가 있다. 홍범도 장군 또한 독립운동가로 싸운 공(功)이 있지만, 공산주의 신봉자로 소련군 편에 서서 독립군을 학살한 친소련(親蘇聯) 반민족적 과(過)가 있다. 그의 후반부 삶의 정치적 정체성이 공산주의건 민족적 정체성이 소비에트 고려인이건, 대한해협 건너와 주인 행세하던 섬나라 하이에나 무리를 두만강 강가 봉오동 계곡에서 단칼에 베어버린 해동청(海東靑)[57] 보라매였다는 역사적 사실 또한 외면하면 안 된다. 두 장군의 역사적 평가는 충신인가 역적인가? 당신은 그들을 어떻게 생각하는가? 애국자인가? 아니면 '친일파(親日波)' 혹은 '종북좌파' 적폐청산(積弊淸算) 대상인가? 혹시 당신은 조선 시대 조상 묘 신도비에 '명나라 신하 조선국'이라는 의미의 '유명조선국(有明朝鮮國)' 아무개의 묘라 적으며 으스댔던 사대주의 '친중파(親中波)' 세도 가문의 후손인가? 아니면 일제강점기 때 '나카무라(中村)'상이라고 불리며 친일행위를 일삼다가, 6, 25전쟁 후에는 '제임스'로 개명해 재산깨나 모은 '친일파(親日波)', '친미파(親美波)', '토착왜구(土着倭寇) 기회주의자'의 후손이면서 지금에 와서는 죽창가(竹槍歌)와 미군 한반도 철수를 부르짖는 '반일반미파(反日反美波)' 혹은 '친북파(親北波)'로 상대방은 무조건 적폐청산(積弊淸算)의 대상이라고 부르짖고 있는 건 아닌지?

역사란 지나간 일 즉 과거지사(過去之事)이다. 돌이킬 수 없다는 말이다. 과거의 사건이나 인물을 평가함에 지금 우리는 정치적으로 왜곡되고 편향된 여론몰이의 도구가 되고 피해자가 될 수 있는 위험이 있다. 그렇게 되면 역사는 고사하고 역사적 인물 평가도 제대로 이루어질 수 없다.

---

57 해동청(海東靑): 황해도 해주 바닷가 인근에서 서식하던 보라매로 청색을 띤 맹금류 매. 송골매라고도 불렸으며 호랑이와 곰과 함께 한반도의 대표 맹수로 여겼음. 보라색은 남색과 자주색이 섞여 청색으로 보이기도 해서 청매(靑鷹)라고도 불렀음.

결론적으로 충신과 애국자의 충절(忠節)과 선업(善業)의 행적은 마음 속 깊이 새겨 이어받고, 역적과 매국노의 불의(不義)와 악업(惡業) 행적은 반면교사(半面敎師)[58]의 교훈으로 삼아, 원치 않는 역사를 되풀이하지 않으면 되는 것이다. 정도전, 남이장군, 허균은 능지처사 되었으니 어차피 시신도 존재하지 않고 이완용의 무덤은 파헤쳐 없어져 그의 관뚜껑조차 볼 수 없지만, 우리 모두 이들 충신과 역적의 후손임을 부정할 수는 없으며, 우리는 당시 시대적 상황에 없었으므로 그들의 역사적 소명과 인간적 고뇌를 알 수도 없다. 따라서 그들의 과거 행적을 현실로 불러와 주관적 잣대로 충신과 역적으로 평가하는 것은 옳지 않다. 충신과 역적 모두에게 공(功)과 과(過)는 병존하며, 공과(功過) 어느 쪽으로의 편향적 이분법적 불가역적 확정판결은 바람직하지 않다. 그들은 모두 선악(善惡) 혹은 적폐청산(積幣淸算)의 대상이 아니라 추모해야 할 우리의 조상들이며, 그들이 있었기에 오늘의 우리 역사와 우리가 존재한다는 사실을 잊어서는 안 된다. 지금 우리 얼굴 뒤에는 우리나라 반만년 역사 속 모든 인물의 얼굴이 있으며, 그들은 우리의 삶을 망쳐놓은 역사와 화해하며 우리가 더 밝고 정의로운 길로 나아가기를 간절히 소망하며 지켜보고 있음을 기억하자.

一華 文世和

2022년 늦가을 어느 날

58　반면교사(半面敎師): 따르거나 되풀이해서는 안 될 나쁜 본보기. 부정적인 면에서 얻는 깨달음.

　　　　　　　　　　　　　　미래를 찾아 과거 속으로

과거 속으로의 시간 여행

　서기(西紀) 2022년은 단기(檀紀) 4355년이다. 단기(檀紀)는 단군기원(檀君紀元)의 약자로 우리나라 국가 역사가 시작되는 시점을 의미한다. 우리나라 국조(國祖)인 단군(檀君)의 고조선(古朝鮮) 건국 연호인 단기(檀紀)는 1948년 해방 후 이승만 제헌국회인 대한민국 새 정부에서 제정하였으나, 1962년 박정희 국가재건최고회의의 국가 연호에 관한 법률 결정에 따라 서기(西紀)로 바뀌었다. 중국이나 일본을 포함해 대부분 나라의 건국 기원 대부분이 신화적으로 후대에 만들어졌듯이 우리나라 건국신화도 역사적 실존 여부를 시대적으로 정확히 고증(考證)하기는 불가능하다. 신화적 인물인 단군왕검의 생몰(生歿)연대조차 정확히 알 수도 없고 그의 고조선 건국에 관한 기록도 고려 말기 충렬왕 때 (1281) 승려 일연(一然)이 『삼국유사(三國遺事)』에서 처음으로 언급했으니 기원전 2333년에 존재했다고 우리가 알고 있는 단군의 고조선은 3,614년이 지난 후에야 우리나라 역사의 출발점이 된 셈이다. 45억 년 지구 역사에서 인류 출현 시기를 400만 년 전으로 보는 학계 이론도 있다. 하나님의 천지창조로부터 아담 창조 때까지는 선사(先史, prehistory)시대로 추정하며 대부분의 성경 연대표에서는 아담의 창조를 기원전 4100년경으로 보니, 인류가 지구상에 퍼져나가 씨족·부족 사회·국가의 형태로 역사가 이루어진 것은 인류 출현 이후부터 따지면 400분의 1 미만의 기껏해야 만년도 안되는 아주 짧은 시간적 공간의 역사가 된다. 이렇게 짧은 시간적 공간 속에서 "역사는 늘 되풀이 되는데, 인간은 무능해서 그 역사적 경험을 배울 줄 모른다."라는 조지 버나드 쇼(George Bernard Shaw)[59]의 경고가 무슨 말인지 우리는 잘 알고 있다. 그런데 잔혹하고 슬픈 역사는 왜 계속 반복되는가? 원치 않는 과거의 역사를 되풀이하지 않기 위해서 가끔 미래가 아닌 과거 속으로 들어가 "그때 그 역사적 인물 꼭 그래야 했었나?", "그때 그러지 말고 이랬으면 역사가 완전히 다르게 전개되지 않았을까?"라며 우리는 흔히 상상해본다. 미래의 역사는 우리 앞에 펼쳐지는 게 아니라 우리 역사 과거 속에 이미 존재했다는 믿음을 갖고, 미래를 찾아 과거 속으로 역주행 환상여행에 관한 발상은 전혀 쓸데없는 시간 낭비인가? 과거·현재·미래라는 시간(時間)적 개념은 인간이 편의상 설정해 놓은 수학적·과학적 가설 위에서 존재하며 보거나 만져 확인할 수 있는 실체는 없다. 우주의 시작과 끝을 알 수 없듯이 시간의 시작과 끝도 알 수 없지만, 시작과 끝 사이에는 시대의 변화를 만들어 낸 수많은 과정이 분명히 존재했다는 사실(史實)이 기록과 설화로 남아 있고 우리는 그것을 역사(歷史)라고 부른다. 그러면 역사는 이미 지나가 되돌릴 수 없는 과거의 일이기 때문에, '만약' 또는 '그때 그랬더라면'이라는 가정하에 과거로의 '시간 여행'은 불가능하고 무의미하다는 '시간의 역설(time paradox)' 이론에 머리를 숙여야 하나? 1985년 스티븐 스필버그가 제작한 '백투더퓨처(Back to the future, 미래로의 회귀)'라는 흥행에 대박을 터트린 '시간 여행' SF영화가 있다. 타임머신을 타고 과거로 돌아가 미래를 바꾼다는 영화 내용이 말도 안 되는 망상이라 여길지 모르지만, 그게 꼭 그렇지만은 않은듯하다. "나중에 어떻게 될지 누가

---

59 조지 버나드 쇼(George Bernard Shaw, 1856~1950): 아일랜드의 소설가 겸 비평가로 1925년 노벨 문학상을 수상.

알겠냐? 일단 집어넣고 보자"라며 당시 말도 안 되는 상상으로 당시 과학 기술 수준으로는 황당무계한 미래기술을 이것저것 막 집어넣고 봤는데, 일이십 년도 안 되어 황당무계한 그 미래기술들이 대부분 현실화되고 상용화되었다. 디지털카메라, 홀로그램, 벽걸이용 스마트TV, 화상 전화, 성형기술, 지문결제시스템, 제조, 의료용 로봇, 무인 비행체 드론(Drone), 가상현실(VR, Virtual Reality) 기술, 인공지능 AI(Artificial Intelligence) 기술, 인공지능 AI의 윤리적 평화적 사용을 위한 인공지성 AI(Artilect)[60] 기술 …. 이루 다 헤아릴 수 없는 과거로의 '역주행 시간 여행' 때 가정했던 무수한 '만약'들이 현재의 '실제 상황'이 되었음을 부인할 수가 없다.

1960년대 초반 까까머리 중학생이었던 필자가 수업 빼먹고 훈육주임(訓育主任) 유도 선생님 눈을 피해 '땡땡이' 친 후 지금의 조선호텔 인근에 있던 허름한 어떤 영화관에서 'Fantastic Voyage(한국 영화 제목: 마이크로 決死隊결사대)'라는 외국 영화 한 편을 몰래 본 적이 있다. 영화관은 당시 서울 소공동에 있던 반도호텔(지금의 롯데호텔 서울 위치)에서 지금의 프레지던트호텔 사이에 어딘가 있었던 것으로 기억한다. 40년 오랜 세월 흐른 2000년대 초반 어느 날 필자가 해외에서 읽던 책에 그 영화 내용이 언급되어 기억을 더듬어 조사해 봤다. 말도 안 되는 미래 첨단 기술을 이용해 환자의 신체 혈관 속에 눈에 뵈지도 않는 극소형 나노봇을 주입해 역주행 환상여행을 하며 병을 고친 후 현재로 귀환한다는 얘기다.

---

60 AI(Artilect): 'artificial(인공)'과 'intellect(지성)'의 합성어. 인간을 위협할 수 있는 미래 인공지능 AI(Artificial Intelligence) 기술의 윤리적 평화적 사용을 위한 기술.

러시아 출신 미국 작가 아이작 아시모프(Isaac Asimov)[61]의 공상과학 소설『환상여행(Fantastic Voyage)』[62] 이야기는 환상이 아니라 실제 상황이 된 지 이미 오래다. 인체 내 막힌 혈전을 파괴하기 위해 인체과학자, 전투비행사 등 특수요원을 태운 요격형 잠수함 '프로테우스(Proteus)[63]'를 나노봇(nanobot, 10억 분의 1미터 크기의 로봇)의 적혈구 크기의 마이크로 칩으로 축소하여 몸속으로 주입해 혈관 속을 환상적으로 종횡무진 여행하며 뭉치고 막힌 혈전을 파괴하여, 결국 환자의 생명을 구한다는『환상여행(Fantastic Voyage)』의 가상현실(VR, Virtual Reality)이 21세기 이르러 의료·군사·산업용은 물론 청소기, 암 수술, 심지어는 식당의 음식 나르는 일에 이르기까지 인공지능(AI) 로봇의 실용화는 환상이 아닌 실제 상황이 된 지 이미 오래다.

인공지능 과학자이자 미래학자인 레이 커즈와일(Ray Kurzweil)[64]이 2004년에 발간한 의학 정보 과학서적,『Radical Life Extension Fantastic Voyage(혁신적 수명 연장을 위한 환상여행)』에서 그는 1996년 상영된『환상여행(Fantastic Voyage)』영화 속 첨단미래기술을 언급하며 인간 수명의 무한대 연장이 이론적으로 가능함을 주장했다. '인간 수명

---

61 아이작 아시모프(Isaac Asimov, 1920~1992): 러시아 태생으로 화학박사이며 생화학 교수였으며 미국의 SF소설 거장이다.

62 환상여행 (Fantastic Voyage): 아이작 아시모프가 1988년에 발간한 공상과학소설.

63 프로테우스(Proteus): 그리스 신화의 해신(海神) 포세이돈(Poseidon)을 위해 바다 생물을 지킨 변신이 가능한 바다의 신.

64 레이 커즈와일(Ray Kurzweil): 스티븐 보이드와 라켈 웰치가 출연한 1966년 SF 과학모험 영화『환상여행(Fantastic Voyage, 한국 영화명: 마이크로 결사대 혹은 바디 캡슐)』의 나노봇 적혈구 크기의 마이크로 칩으로 축소된 요격형 잠수함 '프로테우스(Protesus)'를 인용하며, 미래기술에 의해 인간 수명을 얼마든지 연장할 수 있다고 주장했다.

(壽命)의 영생불멸(永生不滅)'을 암시하는 책 부제(副題) 자체가 환상을 넘어서 망상에 가깝다고 여기면서도 한편으로는 재미있을 것 같아서 읽던 책이 이젠 필자에게 건강관리 의학 지식에 도움을 주는 승려들의 소의경전(所依經典)[65]과도 같이 없어서는 안 될 필수 서적이 되었다. (부재: 「Live Long Enough to Live Forever, 영원히 살 만큼 오래 살자」)

날로 진화하는 나노봇의 몸속 주입을 통해 모든 질병 퇴치가 가능하며 수명의 영생불멸(永生不滅)도 이론적으로 가능하다는 그의 생명공학 예언은 신(神)에 관한 필자의 종교관과 충돌하고 생명공학 지식도 깊지 못해 선뜻 동의하긴 어려워도, AI(Artificial Intelligence) 인공지능(人工知能)과 인간의 두뇌가 자연스럽게 하나가 되어 인간은 점점 기계처럼 될 것이고, 기계는 점점 인간처럼 될 것이며, 자율주행 자동차가 도로를 점령해 고속도로에서 인간이 운전하는 것은 금지될 것이라는 그의 예언은 맞을 것 같다는 생각도 든다. 오스트리아 출신 유대인 아버지와 나치의 박해를 피해 미국으로 이주한 커즈와일은 나노공학, 로봇공학, 생명공학을 통해 인류를 위한 많은 업적을 일궈낸 MIT(Massachusetts Institute of Technology, 매사추세츠 공과대학) 출신 학자로 그의 이름은 2002년 미국의 발명가 명예의 전당에도 등재되었다.

아이작 아시모프와 레이 커즈와일 두 사람 모두 과거로의 환상여행을 통해 미래를 예언한 과학자이며 필자의 삼세(三世)[66] 공간 환상여행의 길을 열어준 멘토이기도 하다.

---

65   소의경전(所依經典): 몸에 지니며 의지하는 불교의 근본 경전. 대한불교 조계종의 소의경전은 『금강경(金剛經)』과 『전등법어(傳燈法語)』. 소의(所依)'는 '의지할 바 대상(對象)'을 가리킴.

66   삼세(三世): 과거, 현재, 미래. 전세(前世), 현세(現世), 내세(來世)

과거로의 시간 여행이 이론적으로 불가능하다는 '시간의 역설(time paradox)'의 명제가 설사 옳더라도 아이작 아시모프와 레이 커즈와일의 예언대로 과거로의 역주행 여행은 전혀 비현실적이거나 무의미하지는 않다는 믿음을 갖고 우리의 과거를 좀 더 자세히 알아보기 위해서 선조들에 관한 역사 자료를 공부하고 그들의 무덤가를 찾아 헤맸다. 무덤가에서 추모하고 배회하며 느낀 개인적 소회(所懷)를 적어 관련 역사 자료와 함께 비교 분석·판단한 후 과거 그때 '만약 이랬다면'이라는 가정도 해보며 나름대로 합리적으로 추론하며 과거를 현재와 미래로 연결해 보는 것도 큰 의미 있는 일이라 생각하며 실행에 옮긴지 일 년여 지났다. 이제 무덤가 '역주행 시간 여행'을 멈추고 필자의 소회를 독자들과 함께 나누고자 한다.

미래를 찾아 과거 속으로

집필에 들어가며

오늘이라는 역사 속 공간의 한 페이지를 넘기며 뒤를 돌아본다. 우리 선조들은 역사 속에서 어떤 삶을 살며 웃고 울다 떠나갔을까? 작년 겨울 『이응수 金笠詩集 小考』의 출간을 끝내고, "이제는 또 무슨 공부를 하며 칠순 넘은 나이의 무위고(無爲苦)를 달래며 살아야 하나?" 하는 상념에 젖다 느닷없이 "그런데 내가 우리나라 역사에 관해 뭘 제대로 알고 있기나 하나?" "내가 접한 고증(考證)자료와 사실(史實)은 불가역적(不可逆的)으로 진실인가?", "충신과 역적에 관한 나의 역사적 지식과 평가는 올바른가?", "그 역사적 인물은 그때 왜 그랬을까?"라는 등 먹고 사는 게 중요한 시대에 어떻게 보면 '뱃속 편한' 거창한 의문과 삶에 보탬이 안 되는 고민을 갖곤 했다. 역사학자도 인문학자도 아닌 필자가 주제넘게 과거 역사적 사실(史實)을 현재의 고민과 대화의 장으로 불러오는 자체가 몽상가(夢想家)나 몽유병(夢遊病) 환자의 행태 같아 가까운 지인들한테조차 속 시원히 얘기도 못 꺼냈다. 개인적으로 어느 정도의 무위고(無爲苦)를 달랠 수 있을는지는 모르지만, 현재를 미래 지향적으로 연결하는 긍정적이고 생산적 의미가 있는지도 고민해 보았다. "나이 들어 안혼(眼昏)으로 눈도 잘 안 보이는데 글은 인제 그만 쓰소!"라고 뒤통수에 쓴소리 던지는 마누라 몰래 노트북 키보드를 '독수리타법'으로 한 자 한 자 써 내려가다 현실로 돌아오면 쓸데없는 자책도 해본다. "대장동 개발로 어떤 사람은 800만 원투자해 100억을 벌었다는데 칠순 넘어 망팔(望八) 나이 지나도록 난 도대체 무얼 하고 살았나?" 취미랍시고 역사 공부하고 글이나 쓰며 현실을 너무 회피하며 산 건 아닌가? 늙어 음식이나 축내고 세상에 보탬이 전혀 안 되는 글이나 긁적이다 인생을 끝낼 참인가?

"빈둥빈둥 세월만 보내다 언젠가는 내가 이 꼴 날 줄 알았지."
I knew if I stayed around long enough, something like this would happen.

나이가 드니 아일랜드의 극작가 버나드 쇼의 묘비에 적혀있다는 글 귀가 자주 머릿속을 스친다. 조선 말기 연암 박지원의 한문 소설인 『열하일기(熱河日記)』에 「호질(虎叱, 호랑이가 꾸짖다)」이라는 단편소설이 있다. 세상은 어지러운데 글이나 쓰며 지식인 노릇을 하는 선비들을 꾸짖는 글이다. 호랑이가 배가 고파 오늘 저녁 식사로 사람이나 잡아먹을 요량이었는데, 의원(醫員, 의사)은 쥐뿔도 모르면서 의(疑)심스러운 처방으로 사람을 많이 죽여, 죽은 자의 원혼(冤魂)이 골수에 가득 차 있어 무서워서 못 먹겠고, 선비를 잡아먹자니 선비 '유(儒)'란 글자가 '아첨할 유(諛)'와 비슷하여 평소에는 대가리 빳빳이 세우다가도 제 목숨 위험해지면 넙죽 조아리니 비열해서 차마 못 먹겠고, 수절과부 겁탈하고 도망가다 똥통에 빠진 학자(學者)는 기어 나와 호랑이 보고 한 번만 살려달라고 애걸하지만, 냄새가 구린내 나고 사람 고기는 질겨 못 먹겠다며 호랑이는 그날 저녁 식사를 아예 포기했다는 얘기이다. 한마디로 세상이 힘들 때 글 쓰고 공부만 하는 글쟁이나 선비는 대가리 빳빳이 세우며 밥이나 축내고 구린내 나서 호랑이도 안 잡아먹었다는 재미있는 글이다. 글을 가까이하면서도 그림자처럼 늘 내 몸에

미래를 찾아 과거 속으로

붙어 따라다니는 자아비판 잠재의식이다.

7년 전 30년 가까이 오랜 해외 생활을 끝내고 2015년에 귀국하니 한국인으로서 역사성과 정체성을 잃은 듯하여 현지 적응에 다소 힘들어 한동안 어리바리 세월 보냈다.

인간은 불공평하고 편향적이지만 하나님은 공평한가 보다. 6·25 전쟁통에 이쑤시개 하나 가진 것 없이 피난 길에 오른 어머니 등에 업혀 월남한 필자는 집안도 풍비박산 나 가난하고 재능도 없는 빈민(貧民) 출신 필부(匹夫)로 살아왔는데, 그래도 하나님이 불쌍히 여기셨는지 칠순 넘은 나이에도 열정을 쏟을 일거리는 계속 주셨다. 감사한 마음으로 매일 아침 경부·영동고속도로를 질주하며 경기도 여주에 있는 일터로 출퇴근한다. 430년 전 임진왜란 때 근왕병(勤王兵)이라 으스대던 조선의 오합지졸 팔만 명이 용인의 문소산(文小山)[67]에 매복해 있던 왜장 와키자카 야스하루(脇坂安治)가 이끄는 일본군 천 육백 명에게 몰살당했다는 사초(史草)[68] 기록 내용에 비분강개(悲憤慷慨)[69]하며 시신이 지천으로 널려 있었을 당시 슬픈 역사의 용인 길을 상상하며 출퇴근 길에 매일 왔다 갔다 한다. 시간이 나면 평소 취미 삼아 보던 한시(漢詩)와 역사 서적을 뒤적이다 정인지의 『고려사(高麗史)』도 번역해보고 『김립시집(金笠詩集)』도 평역해보았다. 그렇게 지내던 어느 날 한 소식(消息)이 느닷없이 머리를 스쳤다. "우리나라 역사와 문화를 제대

---

67 문소산(文小山): 지금의 용인 상현동 인근 소실봉(昭室峰)으로 추정.

68 사초(史草): 사관(史官)의 기초 자료. 실록(實錄)의 원고에 해당. 여기서 조선군과 왜군 숫자는 선조 때 사관 박동량(朴東亮, 1569~1635)이 편술한 병서인 『기재사초(寄齋史草)』에 근거함.

69 비분강개(悲憤慷慨): 슬프고 분해서 마음이 북받침.

로 알기 위해 선조들의 무덤 앞 상석에 술이라도 한잔 올리며 나름대로 영모(永慕)의 제(祭)를 올려 보면 어떨까? 머리를 숙이고 묘주에게 말이라도 한번 걸어보면 어떨까?" 나이 들어 생존 각축장에서 밀려나 서재에 틀어박혀 난해한 한시(漢詩)나 역사책이나 쳐다보고 있으면 종이가 돈이 되고, 명문(名文)을 조금 해득할 수 있다고 세상에 보탬이 되기나 하나? 조선이 명문(名文) 읽고 쓰는 선비가 없어서 망했는가? 1910년 8월 29일 경술국치 날 나라가 망해 없어졌음에도 불구하고 조선왕조 500년 넘게 키워온 선비, 그 어느 하나 비분을 참지 못해 순국 자결하는 자가 없음을 한탄하며, 조선의 마지막 선비 황현(黃玹, 1855~1910)은 구례 매천사 대월헌(待月軒)에서 목숨을 끊었다. 연암 박지원(燕巖 朴趾源)이 꾸짖듯이 칼쌈이나 활도 못 쏘고 농사일도 못 하는 글쟁이가 나라가 망하는데 무슨 도움이 되겠나? 글을 가까이하며 아는 척하는 사람은 호랑이도 고기가 질기고 더러워서 안 잡아먹는다니, 글 읽고 쓰는 취미에 종종 자족감을 잃기도 한다. 씁쓸한 미소를 머금으며 나의 소중한 길동무이자 브리태니커(Britannica)백과사전인 주머니 속의 스마트폰을 재차 확인하고 길을 나선다. 성군, 폭군, 충신, 역적 가리지 않고 그들의 능(陵), 원(園), 묘(墓) 무덤가를 찾아 헤매며 묘주(墓主)에게 막걸리 한잔 올리고 참배도 드리며 소회문도 쓰다 보니 일 년이란 세월이 훌쩍 지나갔다. 인생 낭비한 것 같지도 않고 무위고(無爲苦)를 느낄 만큼 한가하지도 않았다고 스스로 위로했다. 허균의 무덤 앞에 머리 숙여 참배하며, "돌아가시기 전, '나 할 말 있소(欲有所言)!'라며 울부짖으셨는데, 그때 하고 싶으셨던 말씀이 도대체 무엇이었소?"라고 물어도 보았고, 태종 이방원이 누워 있던 헌릉에 무릎 꿇고 참배하며 "아버지한테 칼 겨누고 처가댁 식구와 피붙이 형제까지 닥치는 대로 모두 죽인 이유가 도대체 뭐요? 당신도 사람이오?

　　　　　　　　　　　미래를 찾아 과거 속으로

인면수심(人面獸心)이지, 아니, 꼭 그리 사람을 많이 죽여야만 했소?"라고 삿대질하듯 따져 물으며 무어라 답하나 무덤에 귀를 기울여도 보고 질책성 야유도 퍼부었다. "부친이 아끼는 포은(圃隱) 정몽주 선생과 삼봉(三峯) 정도전 선생을 그리 무참히 살육하고 강남 금싸라기땅 서초구 헌릉(獻陵)에 누워 도대체 잠이 옵니까?" 포은(圃隱) 정몽주 선생 묘 상석 앞에서 따지듯 여쭤봤다. "위화도 회군도 이성계와 뜻을 함께할 정도로 절친이었고, '삼촌, 삼촌!' 하며 따르는 방원이가 '이런들 어떠하리, 저런들 어떠하리' 하며 애써 회유하면, 못 이기는 척하며 그냥 받아주시지, 왜 막판에 가서 이성계와 정도전의 역성혁명을 통한 조선 건국에 '안티조선(Anti-朝鮮), 헬조선(Hell朝鮮)[70], 고려국 만세, 만만세!'를 외치시다 맞아 죽었소? 왕(王)씨 성도 아닌 우왕, 창왕(禑王昌王)의 고려왕조는 어차피 가짜 아니오? 그렇다면 차라리 '가짜를 버리고 진짜를 선택한다.'라는 '폐가입진(廢假立眞)'의 명분으로 새 나라 조선을 위해 충성하는 것이 올바른 선택이 아니었겠소?"

세조 수양대군의 능에서 참배하며 질책성 인터뷰도 감행했다. "당신은 어린 조카 단종을 죽인 정말 피도 눈물도 없는 비정한 삼촌 아니오? 충신 사육신을 한강 변 새남터에서 어찌 그리 잔인하게 죽였어야만 했소? 그 이유나 한번 들어봅시다." 임진왜란 때 일본군에게 나라 통째로 뺏기고 의주까지 도망간 선조가 어떤 변명을 하나 귀도 기울여봤다. "그래도 난 소 잃고 외양간 고치는 일은 많이 했소!"라고 항변하는 선조에게 삿대질하며, "외양간 고치는 일? 그게 어째 당신이 한 일이오? 임진왜란 후 전후 경제복구, 파괴된 궁궐 중건, 명·청과의 외

---

70   헬조선(Hell朝鮮): 대한민국의 2010년대 인터넷 신조어. 지옥(Hell)과 조선(朝鮮)의 합성어로 '한국이 지옥에 가깝고 희망이 없는 사회'라는 비관적 의미.

교 관계 복구, 뒤치다꺼리 모두 한 군주는 당신 아들 광해군이지 어째 당신이란 말이오?"

"밴댕이 소갈딱지처럼 남자가 왜 그리 속 좁고 옹졸하오? 견문발검 (見蚊拔劍)[71]이라, 모기만 보면 칼 빼 들고 휘두르다, 정작 왜놈 쳐들어오니, '다리야, 나 살려라!' 압록강 강가 의주까지 도망친 당신도 왕이오? 이순신 장군을 삼도수군통제사 자리에서 삭탈관직(削奪官職)[72]하고 투옥한 후 칠천량해전에서 원균의 조선 수군이 전멸하니 그때 가서야 정신이 번쩍 들더이까? 자신의 실수를 솔직히 인정하고 이순신 장군에게 계급장을 진작 돌려줬어야 하지 않았소?"

"1597년 정유재란(丁酉再亂) 때 고니시 유키나가(小西行長)의 첩자 요시라(要時羅)의 거짓 정보에 귀가 솔깃해 가토 기요마사(加藤清正)의 공격이 임박했다고 믿었던 당신은 정말 돌대가리요. 이순신 장군을 부산진 앞바다로 유인해 격파하기 위한 고니시의 반간계(反間計)[73] 거짓 정보란 의심은 전혀 안 듭디까? 반간계(反間計)를 역이용해 고니시와 첩자 요시라(要時羅)를 궁지에 빠뜨릴 생각은 전혀 안 듭디까? 다행히 이순신 장군은 적의 속임수를 간파하고 움직이지 않았소. 만약 움직여 노출되었다면 10배가 넘는 일본 수군에게 참패하는 건 불을 보듯 뻔한 거 아니오? 이순신 장군은 싸워서 이길 수 있다고 확신한 전

---

71 견문발검(見蚊拔劍): 모기 보고 칼을 빼다. 하찮은 일에 호들갑을 떨며 화를 냄.

72 삭탈관직(削奪官職): 관리의 벼슬과 품계를 빼앗고 관리 명부에서 아예 이름을 삭제해 버림. 한 가문의 파멸을 의미하는 가장 엄격한 조선 시대 때 징벌.

73 반간계(反間計): 중국 춘추시대 때 손무(孫武)가 쓴 손자병법(孫子兵法)인 36계 가운데 33번째 계책. 아군을 이간하려는 적의 계략을 역이용하여 적을 이간한다는 의미. 적의 첩자를 역이용하여 적을 속이는 기만전술.

쟁 이외에는 관심이 없었소. 그 전쟁터가 바로 명량(鳴梁) 울돌목이었소. 당신은 불철주야 전쟁 준비에 여념이 없는 장군을 체포해 끌고 가 열흘 남짓 가두고 고문까지 했습니다. 의금부 장형(杖刑)은 두 번째 고신(拷訊)[74]을 받기 전에 장독(杖毒)과 근육 파열 고통으로 대부분 죽소. 우의정 약포 정탁(藥圃 鄭琢) 선생께서 이순신 장군을 구명하기 위해 1차 고문이 끝난 직후 상소문을 올리지 않았다면, 이순신 장군은 2차 고문에서 사망했을 것이고, 조선도 망해 당신은 일본에 끌려가 도요토미 히데요시(豊臣秀吉) 앞에 무릎 꿇고 할복 참수(割腹 斬首)형을 면치 못했을 것이오. 1910년 경술국치(庚戌國恥)보다 300년 이상 앞서 정유재란(丁酉再亂)이 일어난 1597년에 '정유국치(丁酉國恥)'로 조선이 이미 일본의 식민지가 될 뻔했소. 정탁(鄭琢) 선생의 이순신 구명 상소문을 제대로 읽어보기나 했소?"

'지금 이순신과 같은 자는 얻기가 쉽지 않습니다. 이순신은 오래도록 수군을 거느려서 변방의 정세를 자세히 알고 있고, 일찍이 극악한 왜적을 무찔러 위엄과 명성이 꽤 있습니다. 왜놈들이 (우리) 수군 장수를 가장 두려워하는 것도 반드시 여기에 있습니다. 적들 가운데 이순신을 도모하려는 자는 진실로 하루도 마음에서 잊은 적이 없는데, 몇 냥의 황금도 쓰지 않고 하루아침에 가만히 앉아서 우리나라가 갑자기 현륙(顯戮)을 가하는 것을 보게 된다면, 적들의 행운이 될까 두렵습니다. (중략) 다시 그가 공이 있고 재능이 있다는 의론으로 특명을 내려 사형을 감해 주어 그에게 공을 세워 스스로 보답하게 함은 곧 조정에서 처리하는 도리가 마땅함을 의미합니다. 아뢰옵기 황송하오나 신이

---

74   고신(拷訊): 자백을 받기 위해 고문함.

부질없는 소견으로 감히 이렇게 (주상의 마음을) 번거롭게 하고 더럽혀 황공하기 그지없습니다.

엎드려 저의 의론(議論)을 올리오니, 바라건대 주상 전하께서 재가하여 주십시오.'

今如舜臣者 未易多得. 臣久將舟 備諳邊情 挫劇賊頗有威聲. 倭奴之最怕舟師者 未必不在於此. 敵人之欲圖舜臣者 固未嘗一日忘于心, 而不費數兩黃金 而一朝坐見我國遽加顯戮 恐爲敵人之幸也. (中略) 復以其有功有能之議 特命減死 使之立功自效 則朝家處置之道. 似不失宜 臣有妄見敢此煩瀆 惶恐不已.
伏惟上裁 議上.

「李舜臣獄事議」, 이순신 구명을 위한 鄭琢정탁의 상소문, 1597년 7월, 출처: 의병 정신선양회, 백두대간 의병 전쟁 답사회, https://blog.daum.net/kumho1983/1092)

주해

의론(議論): 의견을 주장하거나 논의하는 것
挫(좌): 꺾다, 창피를 주다.
頗(파): 매우, 몹시, 자못.
固(고): 한결같이. 嘗(상): 일찍이.
顯戮(현륙): 살육하는 모습을 보이다.
似不失宜(사불실의): 마땅하지 못한 듯하다.

정탁의 의(議, 議論, 상소문)가 올라가자 '사형을 감면하라(特命減死).'라는 선조(宣祖) 어명이 내려졌다.

이순신을 죽이길 원했던 선조(宣祖)의 고집에 권율 장군이나 한양의

　　　　　　　　　　　　　　미래를 찾아 과거 속으로

같은 동네 형으로 가까웠던 류성룡[75]조차 눈치만 보고 있을 때 우의정 정탁이 이순신 구명을 위한 상소문인 「이순신옥사의(李舜臣獄事議)」를 올리지 않았더라면 이순신은 죽었을 것이고 조선의 미래도 없었을 것이다.

"사람에 충성하지 않고 나라와 백성만을 위해 싸운 이순신 장군은 당신에게 전투 보고 장계(狀啓)를 올릴 시간적 여유조차 없이 싸워 명량해전에서 대승했소. 이때라도 당신은 이순신 장군의 승리에 대한 공훈을 치하(致賀)했어야 했는데, 당신은 오히려 이순신 장군의 功을 폄하하고 개무시했소. 이순신 장군의 功을 인정하면 자신의 실수를 인정하는 것이라고 판단했던 모양인데, 그래서 당신은 실수를 계속 되풀이할 수밖에 없었고 졸군(拙君)이라는 역사적 평가에서 벗어날 수밖에 없는게요."

"21세기 지금의 대한민국 정치인들이 실수 인정이나 사과 못 하는 못된 버릇을 선조(宣祖) 당신에게서 배운듯합니다. 자신의 실수를 인정하면 정치판에서 영원히 밀린다는 생각으로 실수를 저질러 놓고도 절대로 실수를 인정하거나 사과하는 법이 없소. 그래서 그들의 실수는 되풀이되는 것이오. 이 모두가 당신 탓이오."

"후세에 이순신 장군을 '영웅(英雄)'으로 부르는 사람은 없소. 세상에 성현(聖賢, saint, sage), 성군(聖君), 성자(聖者) 얘기는 많이 들어 봤어

---

75 류성룡(柳成龍, 1542~1607): 조선 선조 때 재상으로 『징비록(懲毖錄)』의 저자. 어린 시절 한양 남산 아래 충무로 필동 인근 같은 지역에 살았던 이순신에게는 가까운 형으로 멘토로 친밀한 관계였음. 그의 호 '서애(西厓)'를 기억하기 위해 지금도 충무로 필동에는 '서애길'이 조성되어 있다.

도 성웅(聖雄) 얘기는 못 들어 봤소. 일본에서조차 적장이었던 이순신 장군을 바다의 신(神)이나 성웅(聖雄)으로 추앙하고 있소. 우리나라 역사상 영웅 위의 '성웅(聖雄, sacred hero)'으로 부르는 사람은 오로지 한 사람뿐이오. 그분이 바로 당신이 그렇게 미워하고 죽이고 싶어 했던 성웅 충무공 이순신(聖雄 忠武公 李舜臣)이란 말이오."

숙부 광해군을 폐위시켜 유배 보내 죽게 한 인조(仁祖)에게도 대들었다.

"나라를 세웠거나 큰 공(功)도 없는 당신의 묘호(廟號)[76]가 인종(仁宗)도 과분한데 어째서 인조(仁祖)요? 부끄럽지도 않소?

왕이 무능해 이괄(李适)의 난으로 한양을 통째로 뺏기질 않았나, 정묘호란, 병자호란으로 도망만 다니다 남한산성에서 붙잡혀 이마빼기 피 터지게 땅바닥 두들기며 고두례(叩頭禮)[77]한 삼전도의 굴욕을 당한 것도 모자라, 8년간 볼모 생활 끝내고 청나라에서 돌아온 맏며느리 민회빈 강씨(愍懷嬪 姜氏)에게 구추(狗雛, 개새끼)[78]라며 욕설을 퍼붓지 않았나(仁祖實錄, 仁祖 24年, 1646年 2月 9日), 광해군이 제주도 위리안치

---

76 묘호(廟號): 왕 혹은 왕족과 충신들에게게만 내려지는 시호(諡號). 시호(諡號)는 죽은 사람에게 나라 혹은 후세의 군주가 올리는 이름으로 임금, 군주와 부인, 공신 등 나라에 큰 공이나 명성을 남긴 인물이 시호를 받았다.

77 고두례(叩頭禮): '꿇어엎드려 머리를 조아린다.'라는 의미. 세 번 절하고 한 번 절할 때마다 세 번 머리를 땅바닥에 찧는 청나라 황제에게 절하는 禮. 삼궤구고두례(三跪九叩頭禮) 또는 삼배구고두례(三拜九叩頭禮)라고도 하며, 병자호란 때 인조가 땅바닥에 엎드려 항복문서를 바치며 청태종에게 올렸던 굴욕적 禮.

78 구추(狗雛, 개새끼): 狗(구): 개, 雛(추): 병아리, 새끼. 狗雛(구추): 개새끼, 죽은 아들 소현세자의 부인 민회빈 강씨를 향한 욕설.

미래를 찾아 과거 속으로

(圍籬安置)[79] 유폐 시 사망하기 전, 바깥바람이라도 쐬게 눈치 봐서 가끔 문이라도 좀 열어주게 하지, 그래도 임진왜란 잘 마무리한 일국의 왕을 강화도에 15년간이나 유배 보낸 것도 모자라 비바람 몰아치는 날 제주도까지 끌고 가 탱자 가시덤불로 둘러쳐서 막아놓은 골방에 4년간이나 가둬놓아, 죽은 후 시신 염습(殮襲)[80]도 제때 못 하게 한 당신이야말로 진짜 구추(狗雛)라 부르지 않을 수 없소이다! 뭐, 못 할 말 했소? 나를 불경죄(不敬罪)[81]나 비속어 사용죄로 한강 노들강변 새남터로 끌고 가 능지처참해도 좋고 광화문 한복판에 효수(梟首)[82]해 머리를 매달아 놔도 좋소! 할 말 있으면 어디 한번 해보시오, 구추(狗雛, 개새끼) 양반!"

조선의 마지막 선비 매천(梅泉) 황현(黃玹) 선생의 무덤 상석(床石) 앞에 무릎 꿇고 술 따르며 여쭤도 봤다.

"나라가 망하는 절체절명의 위급한 상황에 망국의 슬픔이 아무리 컸기로서니 독약을 마시고 홀로 눈을 감으시면 나라 잃은 민초(民草)들은 어떡합니까?"

황현 선생의 답변이 역사의 시공을 건너뛰어 이심전심(以心傳心) 내 마음속으로 전해진다.

"문필보국(文筆保國) 한다고 뺏긴 나라 되찾을 수 있나? 조국을 잃은

---

79 위리안치(圍籬安置): 죄인이 도망가지 못하게 방문 걸어 잠그고 탱자나무 가시 울타리를 집 주위에 둘러쳐서 막아놓은 것으로 중범죄자나 왕족, 고위직 벼슬, 정치범 등에게 적용.

80 염습(殮襲): 입관(入棺) 전 죽은 자의 시신을 깨끗이 닦고 수의를 입히는 장례절차.

81 불경죄(不敬罪): 군주의 명예와 존엄을 해치는 언행을 범한 죄.

82 효수(梟首): 죄인의 목을 베어 높은 곳에 매달아 놓음.

선비의 죽음은 필연적(必然的)이어야 하오. 사라진 조선의 마지막 선비로서 '참을 수 없는 존재의 가벼움(Unbearable Lightness)[83]'을 피할 길이 없었소. 노블레스 오블리주[84]! 나라가 망하는데 지식인이라는 작자가 사회적 도의적 책임을 지고 죽는 놈 하나도 없으니, 나라도 죽어야하지 않겠소?"

서울 종로구 견지동을 거닐다 보니 조계사의 일주문(一株門)에 다음과 같은 깨달음을 주는 칠언선구(七言禪句) 주련(柱聯) 글귀가 눈에 번쩍 들어온다.

以心傳心是何法 … 이심전심시하법
佛佛祖祖唯此傳 … 불불조조유차전

마음과 마음으로 전하는 이것이 무슨 법이냐?
부처와 스님들 모두 이렇게 서로 마음을 전하였느니라.

이제 기억나는 대로 필자의 무덤가 참배 소회(所懷)와 묘주(墓主)들과의 내 나름대로 인터뷰 내용을 곁들여 써 내려가도록 하겠다. 물론 필자 홀로 주고받은 자문자답(自問自答) 독백 글이긴 하지만, 필자의 머릿속에 느닷없이 묘주와의 대화가 생뚱맞게 떠올라 오고 갔을 리도 만무하고, 설명하긴 어려워도 뭔가 묘주(墓主)로부터의 혼백(魂魄)이나 영기(靈氣)의 흐름이 전달되지 않았나 믿고 싶다. '묘주는 이승에서

---

83 『참을 수 없는 존재의 가벼움(Unbearable Lightness)』: 체코 출신 작가 밀란 쿤데라(Milan Kundera)의 1982년 소설. 1988년 영화 「프라하의 봄」으로 제작됨.

84 노블레스 오블리주(noblesse oblige): 프랑스어로 사회지도층 인사의 명성과 부는 국가를 위한 사회적 책임이나 도덕적 의무가 뒤따라야 한다는 의미.

못다 한 말 저승에서 실컷 하고, 필자는 저승에서 할 말 이승에서 미리 다 하는구나.' 하고 너그럽게 봐주면 좋겠다. 묘역에서의 자문자답 인터뷰는 조계사 주련(柱聯) 글귀처럼 묘주와 필자 간의 묵언하심(默言下心), 문자를 세우지 않는 이심전심(以心傳心) 마음을 서로 주고받는 방식이니 그 사실의 진위(眞僞)는 묻지 말자. 궁금하면 독자 여러분도 한번 시도해 보면 알게 되리라.

목차

이 책에 관하여   007

프롤로그   009

머리말   018

과거 속으로의 시간 여행   043

집필에 들어가며   049

1장_071

1. 역사의 가정법은 무의미한가?   072

2. 조선 역사 속으로 역행 체험을 위하여   082

3. 신분에 따른 조선 시대의 무덤(능陵, 원園, 묘墓)   096

4. 일러두기   102

5. 참고문헌   104

2장_105

1. 오랜 세월 흐른 후 내 무덤에 표할 때는 꿈꾸다 죽은 늙은이라 써 주시게나

  百歲標余壙 當書夢死老   106

  (매월당 김시습梅月堂 金時習의 시 중에서)

2. 차라리 스스로 목숨을 버릴지언정 남의 손에 죽지는 않겠다   120

  寧自盡 不死於他人手

  (삼국유사三國遺事, 백제고기百濟古記 중에서 낙화암落花巖 관련 글 중에서)

3. 조사(祖師) 대대로 이어온 법등(法燈)을 밝혀 전할 사람 없어

  마음이 아프구나   129

  恨無人導祖燈傳

  (매월당 김시습梅月堂 金時習의 매월당집사유록梅月堂集四遊錄 중에서)

4. 제주도 파도 소리 나그네 꿈 자주 깨워 놀라게 하는구나   141

  滄海怒濤來薄暮

  (광해군光海君이 유배지 제주도에서 지은 시 중에서)

5. 이런들 어떠하리 저런들 어떠하리

  성황당 뒷담이 무너진들 어떠하리   158

  如此亦如何 如彼亦如何

  城隍堂後苑 頹圮亦何如

  (태종 이방원太宗 李芳遠의 하여가何如歌 중에서)

6. 나 할 말 있소   **167**

欲有所言

(처형 전 허균許筠의 마지막 한마디)

7. 부용 꽃 스물일곱 송이 붉게 떨어지니

달빛 서리 위에 차갑기만 하구나   **189**

芙蓉三九朶 紅墮月霜寒

(세상과의 사별을 예견하며 읊은 허난설헌許蘭雪軒의 시 중에서)

8. 눈앞에 펼쳐진 땅이 모두 내 땅이라면

중국 중원과 강남땅인들 어이 마다하리오   **203**

若將眼界爲吾土 楚越江南豈不容

(태조 이성계太祖李成桂가 북한산 백운대에 올라 한강을 바라보며 읊은 시 중에서)

9. 물 흐르듯 구름 떠돌 듯 모든 곳을 내 집처럼 다녔노라   **212**

水性雲心家四方

(김삿갓이 임종 전 읊은 시, 난고평생시蘭皐平生詩 중에서)

10. 임금 사랑이 아버지 사랑과 같았고

나라 걱정이 내 집 걱정 같았네   **223**

愛君如愛夫 憂國如憂家

(조광조趙光祖의 절명시絶命詩 중에서)

11. 하늘은 귀가 멀었는가? 슬픈 사연은 듣지도 못하고

어찌 깊은 수심은 내 귀에만 들려오는가?   **230**

天聾尙未聞哀訴何乃愁人耳獨聽

(단종端宗이 유배지 영월 관풍헌觀風軒 앞마당 매죽루梅竹樓에서 읊은

자규시子規詩 중에서)

12. 나는 우는 듯 웃으며 죽었습니다

    이젠 여든두 살의 백발노인이 되어버린 나를

    행여 당신이 알지 못할까 하는 것뿐입니다   241

    (단종비端宗妃 정순定順왕후의 죽기 전 남긴 시 중에서)

13. 풀잎 끝에 맺힌 이슬처럼 내 인생 다시 만나기 어렵겠지   247

    人生如草露 會合不多時

    (연산군燕山君이 중종반정中宗反正으로 폐위되기 며칠 전 남긴 시 중에서)

14. 형세가 이리 좋은데 지킬 줄 몰랐다니

    신립은 지략이 없다고 할 수밖에 없구나   258

    有如此形勢, 而不知守, 申撝兵可謂無謀矣

    (명나라 장수 이여송李如松이 문경새재 조령고개를 지나다 탄식한 말)

15. 논공(論功)이 있어도 순신(純信)에게만 미치지 못하니

    유전지공(有戰之功) 무전지상(無戰之賞)이라는

    군심(軍心)의 원망이 있습니다   265

    (충무공 이순신忠武公 李舜臣 장군이 벗이며 부하인

    무의공 이순신武毅公 李純信 장군의 전공을 알리는 장계狀啓 중에서)

16. 나를 이순신 제독에게 비유하는 것은 신에 대한 모독입니다.

    당신 나라의 이순신 장군은 나의 스승입니다   271

    (러일전쟁에서 마지막 쓰시마 해전에서 승리한 일본 해군 제독

    도고헤이하치로東鄉平八郎의 말, 이순신각서李舜臣覺書 중에서)

17. 털 하나, 머리카락 하나까지 뭐 하나 병들지 않은 것이 없구나   300

    一毛一髮無非病耳

    (다산 정약용茶山 丁若鏞의 경세유표經世遺表 序文 중에서)

18. 황천 가는 길에는 주막도 없다던데

　　오늘 밤은 뉘 집에서 쉬어갈거나　　　　　　　　　　311

　　黃泉無一店 今夜宿誰家

　　(형장으로 끌려가며 읊었다는 성삼문成三問의 오언절구 절명시絶命詩 중에서)

19. 노산군은 스스로 목을 매어 죽으니 예로써 장사를 지냈노라　　316

　　魯山聞之 亦自縊而卒 以禮葬之

　　(단종端宗이 왕위 2년 만에 폐위되어 교살絞殺된 후의

　　세조실록世祖實錄 기록 중에서)

20. 사나이 스무 살에 나라를 평정하지 못한다면

　　후세에 누가 대장부라 불러 주리오.　　　　　　　　　　327

　　男兒二十未平國 後世誰稱大丈夫

　　(남이南怡장군의 시 북정가北征歌 중에서)

21. 이 몸이 죽고 죽어 일백 번 고쳐 죽어

　　백골이 티끌과 흙이 되어 넋이라도 있고

　　임 향한 일편단심이야 가실 줄이 있으랴　　　　　　　336

　　此身死了死了 一百番更死了 白骨爲塵土

　　魂魄有也無 向主一片丹心 寧有改理與之

　　(포은 정몽주圃隱 鄭夢周의 단심가丹心歌)

22. 삼십 년 긴 세월 고난 속에 이룬 업적

　　송현방(松峴房) 정자 한잔 술에 모두가 허사로다　　　　343

　　三十年來勤苦業 松亭一醉竟成空

　　(삼봉 정도전三峰 鄭道傳의 절명시絶命詩, 자조自嘲, 삼봉집三峯集 중에서)

23. 오동나무(로 만든 뒤주)여 오동나무여!

　　내가 사도세자 죽인 것을 후회하며 돌아오길 기다리노라　　　　354

　　桐兮桐兮 余悔望思之臺

　　(아버지 영조英祖가 아들 사도세자를 죽인 후 작성해 봉인한

　　금등지사金縢之詞 글 중에서)

24. 아~ 과인은 사도세자(思悼世子)의 아들이노라　　　　367

　　嗚呼! 寡人思悼世子之子也

　　(정조正祖가 경희궁 숭정전慶熙宮 崇政殿에서 즉위하자마자 대신들에게 선포한 말)

25. 무슨 할 말이 있으리오, 무슨 할 말이 있으리오　　　　384

　　尚何言哉 尚何言哉

　　(선조宣祖가 관직 박탈 후 투옥한 이순신 장군에게 백의종군을 명하며 한 말,

　　기복수직교서起復授職敎書 중에서)

　　나는 그대를 버렸건만 그대는 나를 버리지 않았구나

　　予實負卿 卿不負予

　　(선조宣祖가 노량해전에서 이순신 장군 전사한 후 작성한 사제문賜祭文 중에서)

26. 개새끼 같은 것을 억지로 임금의 자식이라고 칭하니

　　이것이 모욕이 아니고 무엇인가?　　　　395

　　狗雛强稱以君上之子, 此非侮辱而何?

　　(인조실록仁祖實錄, 仁祖 24年, 1646年 2月 9日)

27. 세자는 조선에 돌아온 지 얼마 안 되어 병을 얻었고

　　병이 난 지 며칠 만에 죽었는데, 온몸이 전부 검은 빛이었고

　　이목구비의 일곱 구멍에서는 모두 선혈이 흘러나오니　　　　404

　　世子東還未幾, 得疾數日而薨 擧體盡黑, 七竅皆出鮮血

　　(인조실록仁祖實錄, 仁祖 23年, 1645年 6月 27日, 太白山史庫本 46卷)

28. 내가 죽어야 할 의무는 없지만

　　나라가 선비를 기른 지 오백 년에 나라가 망하는 날

　　한 사람도 죽는 사람이 없어서야 어찌 슬프지 않겠는가?　　　　419

　　吾無可死之義 但國家養士五百年

　　國亡之日 無一人死難者 寧不痛哉

　　(매천梅泉 황현黃玹이 제자들 앞에서 독약을 마시며 남긴 말, 1910년 9월 7일,

　　8월 29일 경술국치庚戌國恥 열흘 後)

29. 누구나 단 한 번 살고, 단 한 번 죽는 인생.

　　그 한 번의 삶을 어찌 살아야 하는가?

　　또, 그 삶에 주어진 한 번의 젊음을 어찌 보내야 하는가?　　　　430

　　(을사늑약 국치에 울분을 토하며 자신에게 던진 비장한 이회영李會榮의 각오)

30. 한 번 죽음으로써 우러러 임금님의 은혜에 보답하고

　　우리 이천만 동포 형제에게 사죄하노라　　　　　　　　　　　438

　　泳煥徒以一死仰報皇恩以謝我二千萬同胞兄弟

　　(1905년 11월 30일 충정공 민영환閔泳煥이 자결하기 전에 남긴 유서,

　　'대한제국 이천만 동포에게 고함訣告我大韓帝國二千萬同胞'에 나오는 구절 중)

31. 고종은 나라를 망친 무능한 군주였나, 국권 회복과 근대화에 힘쓴

　　비운의 황제였나?　　　　　　　　　　　　　　　　　　　456

　　아! 애당초 임금이 된 것은 하늘의 도움을 받은 것이고,

　　황제의 칭호를 선포한 것은 온 나라 백성들의 마음에 부합한 것이다.

　　낡은 것을 없애고 새로운 것을 도모하며 교화를 시행하여

　　풍속을 아름답게 하려고 하니, 세상에 선포하여 모두 듣고 알게 하라.

　　(고종이 황제 즉위 시 한 말, 고종실록 광무 1년, 고종 34년, 1897년 10월 13일)

32. 이이제이(以夷制夷), 오랑캐는 오랑캐로 제압한다 470

일본을 제압하기 위해 러시아를 끌어들이겠노라

(명성황후의 구국방책)

33. 이제 더는 물러설 곳이 없다.

여기서 밀리면 바다에 빠져야 한다…

사단장인 내가 앞장서겠다.

내가 두려움에 밀려 물러서면 나를 쏴라 479

(6·25전쟁 낙동강 전선에서, 백선엽白善燁 장군)

34. 잘못을 저지르지 않는 사람은 없다.

잘못을 깨닫지 못하는 것이 잘못이다 489

[홍범도(洪範圖), 독립운동가]

35. 수없이 침략을 당해 쓰러져도

변두리 신하국을 계속 일으켜 세워주네 502

(조종암朝宗巖의 암각문, 경기도 가평군 하면 대보리)

36. 부귀는 뜬 연기와 같고 명예는 나는 파리와 같다 507

(퇴계 이황退溪 李滉)

37. 지상의 평등한 인간 생활을 유린하고 있는 권력이라는 악마의 대표는

천황이며 황태자다 522

(가네코 후미코金子文子, 재판기록 61쪽)

에필로그 533

1장

1. 역사의 가정법은 무의미한가?

역사(歷史, history)의 사전적 의미는 인류 사회의 변천과 흥망성쇠의 과정, 지나간 시대가 남긴 기록을 가리키며, 인간의 과거부터 현재까지의 사건을 알 수 있는 고증자료가 존재하지 않는 선사(先史, prehistory)시대와 구분하여 그 이후 시대의 사건을 총칭하는 단어이다. 이 책에서 언급한 묘주(墓主)들은 모두 조선 시대와 일제강점기의 역사적 인물로 야사(野史) 문헌과 정사(正史)인『조선왕조실록(朝鮮王朝實錄)』에 기록된 내용을 주로 인용했다. 야사(野史)는『삼국유사(三國遺事)』,『연려실기술(燃藜室記述)』,『용재총화(慵齋叢話)』처럼 사관(史官)의 공식적 역사 기록이 아니며 구전으로 전해오는 설화나 민담 내용도 포함된다. 정사(正史)는『삼국사기(三國史記)』,『고려사(高麗史)』,『조선왕조실록(朝鮮王朝實錄)』처럼 국가의 지정된 사고에 보존하고 관리되는 공식 국가 역사 기록물이다.

야사(野史)는 지식인과 선비들이 주관적 관점에서 역사를 기록한 것이니 객관성 검증 과정을 거치지 않아 비현실적이고 뜬금없는 이야기도 포함되지만, 정사(正史)는 정8~9품 벼슬의 사관(史官)에 의해 기록되는 공식 문서이니 야사(野史)보다는 신뢰성이 높은 역사 기록으로 취급된다. 그러나 정사(正史)는 제아무리 춘추필법(春秋筆法)[85]의 논

---

85 춘추필법(春秋筆法): 공자 논어에 나오는 말로 역사의 준엄한 심판과 대의명분을 중시하는 역사 서술 방법이다. '역사는 그대로 서술하되 조작해 쓰면 안 된다(述而不作)'는 필법의 역사 기록 방식.

미래를 찾아 과거 속으로

법으로 쓰였다 해도, 사관이 개인적 주관을 가진 편향적 견해로 역사를 기록했을 수도 있고, 정사(正史)는 어차피 승자(勝者)들의 기록이니 자신들 집권의 당위성과 정당성을 강변하기 위해 역사를 왜곡하여 기록했을 가능성도 배제할 수는 없다. 반면에 야사(野史)는 그 시대를 살아간 인간들의 자유로운 의사 표현이며 실제 증언임으로 신뢰할 수 있는 역사적 문헌으로서의 가치가 오히려 더 높을 수도 있으니, 역사적 사건의 이해와 평가는 정사(正史)와 야사(野史)를 함께 다루며 이루어져야 한다.

그러면 『조선왕조실록』은 누가 편찬했고 어떻게 보존되었는지부터 알아보자. 『조선왕조실록(朝鮮王朝實錄)』은 조선 1대 왕 태조 때부터 25대 철종까지 472년간의 역사를 편찬한 사서(史書)이다. 국보 제151호이자 유네스코 세계기록문화유산이다. 왕이 붕어하면 실록청(實錄廳)이 조성되고 조정 대신들과 유학자 선비 가문의 사초(史草), 관청의 업무일지인 시정기(時政記), 왕명의 출납을 담당하며 오늘날의 대통령비서실 격인 승정원(承政院)의 업무일지인 『승정원일기(承政院日記)』[86]등을 기초 자료로 보며 정8~9품의 문과 급제자 중 필체가 좋고 학문과 도덕성이 높은 사관들이 작성했다. 편년체로 유교의 윤리적 가치, 대의명분, 도덕성을 중요시하는 춘추필법(春秋筆法) 역사관에 근거해 사관들의 주관적 평가까지 추가했으니 왕이나 대신들에게는 사관들이 직급은 낮지만, 항상 두려운 인물들이었으며 견제의 대상이었다. 태종 이방원이 노루 사냥하다 말에서 떨어진 후 창피해 '사관이 알지 못하게 하라(勿令史官知之물령사관지지, 太宗實錄 4年, 2月 8日)'고 명했다는 그 말

---

86 승정원일기(承政院日記): 조선 시대 왕실 행정, 사무, 왕명 출납을 매일 기록하는 승정원(지금의 대통령비서실에 해당)의 업무보고 일지(日誌)로 조선 초기부터 중기(1대 태조~15대 광해군) 기록은 이괄의 난, 임진왜란 등 내외전란으로 대부분 불타 소실돼 없어지고, 16대 1623년(인조) 때부터 조선이 멸망한 순종 때(1910)까지 287년간의 방대한 기록(3,243책)이 서울대 규장각에 보존돼 있다.

까지 기록했을 정도로 조선 초기의 사관은 실록 편찬을 있는 사실 그대로 기록했다. 옳고 그름, 착하고 악함을 판단하는 포폄(褒貶)[87] 기준에 목숨을 걸고 편향적 역사 기록을 배척했다. 정묘호란, 임진왜란, 일본강점기, 6·25 전쟁 등 수많은 수난을 겪은 후『조선왕조실록(朝鮮王朝實錄)』의 사고본은 서울대학교 규장각에『정족산사고본(鼎足山史庫本)』, 국가기록원 부산 기록정보센터에『태백산사고본(太白山史庫本)』, 평양인민대학습당에『리조실록 적상산사고본(李朝實錄 赤裳山史庫)』이 보관되어왔다. 그림 삽화, 한자, 몽골어, 만주어가 뒤섞여 있어 내용이 불충분하고 빈약한 명(明)나라 실록이나 청(淸)나라 실록과 같은 중국 사서(史書)와 달리, 우리나라의『조선왕조실록(朝鮮王朝實錄)』은 그 내용이 자세하고 방대해,『훈민정음(訓民正音)』,『승정원일기(承政院日記)』와 함께 세계 기록 문화유산으로 지정되었으니, 우리나라는 물론 세계가 길이 보존해야 할 보물이다. 중국에서조차 역사 연구에 필수 자료로 여기고 있다. 그런데 이렇게 귀중한『조선왕조실록(朝鮮王朝實錄)』에 기록된 역사를 우리는 어떻게 평가하고 있는가? 영국의 역사학자 에드워드 카(Edward Carr)[88]는, '역사는 과거와 현재의 끊임없는 대화이며. 사실(史實)은 스스로 말하는 것이 아니라 역사가가 말을 걸 때만 말한다.'라는 명언을 남기며, 역사가 성립하려면 역사가의 해석이 있어야 한다고 주장했다. 역사가는 주어진 사실만을 받아 적는 존재가 아니며, 동일한 역사적 사실에 대해서도 역사가의 해석이 다를 수 있다는 역사 해석의 다양성을 인정했다. 에드워드 카의 역사 해석의 다양성을 수용하며『조선왕조실록(朝鮮王朝實錄)』에서 소위 폭군으로 기록

---

87 포폄(褒貶): 시비선악을 판단함. 칭찬과 나무람, 옳고 그름을 판단함.

88 에드워드 핼릿 테드 카(Edward Hallett Ted Carr, 1892년~1982): 영국의 정치학자 역사가로 저서로『역사란 무엇인가?』『20년의 위기』『러시아 혁명사』등이 있다.

미래를 찾아 과거 속으로

하고 있는 광해군(光海君)에 관해 한번 평가해 보자. 광해군을 폐위하기 위한 인조반정(仁祖反正) 명분으로 광해군의 그릇된 배명친후금(背明親後金) 외교정책을 내세웠는데 그게 옳았었나? 광해군을 폐위한 후 일어난 정묘호란과 병자호란, 후금(청)에 의한 명나라 멸망 등을 보더라도 그 명분의 시비는 쉽게 판가름할 수 있다. 계모인 인목대비를 덕수궁에 유폐시키고 영창대군을 제거한 폐모살제(廢母殺弟) 행적이 폐위 명분이 될 수 있을까? 부왕 선조가 피난 다니기 바쁠 때 임진왜란 수습 잘 해냈고 전후 복구사업과 왕권 강화를 위해 소실된 궁궐 재건, 대동법실시로 민생도 보살핀 성군으로 한때는 백성들로부터 칭송이 자자했던 광해군이 훈구파 반대파의 무력에 의해 왕좌를 내놓아야만 했던 이유가 정당한가? 한마디로 명분도 없고 실리도 없는 군사쿠데타를 억지로 정당화하기 위해 광해군을 폭군으로 치부한 실록 내용의 객관적 타당성에 의구심을 갖지 않을 수 없다. 만약 광해군의 반대파 군사쿠데타를 제압했다면 청과의 외교적 우호 관계로 조선의 미래역사는 좀 더 긍정적으로 전개되지 않았을까?

역사 평가 관점에서 이승만 초대 대통령은 대한민국을 자유 민주주의의 시대로 이끈 지도자였나, 아니면 친미, 부정선거로 퇴위한 실패한 지도자였나? 1961년 육군 소장 박정희의 5·16 군사정변(軍事政變)은 경제개발 산업화로 가는 천우신조의 축복이었나, 아니면 인권을 유린하고 민주주의를 후퇴시킨 군사혁명에 지나지 않았나? 이외에도 다양한 수많은 역사적 평가가 있으며, 역사적 평가가 다양하면 할수록 교차토론과 변증법적 수렴 과정을 통해 모두가 보편타당하게 과거 사실을 객관적으로 수용할 수 있는 '합(合)'의 결론에 도달할 수 있지 않을까?

우리는 역사 해석과 평가에 흔히 '그때 그러지 말고 이렇게 했더라
면', '저렇게 했으면' 하며 가정을 해본다. '과거 역사는 이미 결론이 났
으니 타임머신을 타고 옛날로 돌아가 역사를 바꿀 수 없는데 무슨 쓸
데없는 망상인가?'라고 반박할지 모른다. 물론 역사 해석에 어떤 상상
을 해도 역사는 뒤바뀌지 않는다. 우리가 어떤 가정을 해도 이미 성공
이나 실패한 역사는 불가역(不可逆)이니 바꿀 수는 없다. 그런데 성공
한 역사는 나중에 또 실패하게 되고, 훗날 다시 성공한 역사로 탈바꿈
하고…. 역사는 스스로 진행과 반복을 되풀이하니 '만약'이라는 가정
을 해본다고 손해 볼 일도 없다. 과거 역사에 관한 가정은 역사의 반복
성을 고려하면 맞을 수도 있고 틀릴 수도 있지만, 현재와 미래를 위한
반면교사와 교훈적 가치가 충분히 있다고 확신한다.

우리나라 역사 속 성군(聖君)과 성웅(聖雄)을 두 사람을 뽑으라면 필
자는 주저함 없이 백성에게 글을 만들어 깨우치게 한 세종대왕(世宗大
王)과 해전 23전 전승의 불패 신화와 13척의 배로 333척의 일본 군선
을 침몰시킨 충무공 이순신(忠武公 李舜臣) 장군을 뽑겠다. 왕정 시대의
역사 속 영웅은 지나치게 과장되거나 폄하되어 기록될 수 있다. 군사
쿠데타로 집권한 군주는 폐위된 군주를 역적으로 몰면 몰수록 자신
의 왕권 당위성은 힘을 얻고, 신하의 공적이 과대해 백성의 칭송이 자
자하면 훗날 왕권을 위협할 수 있으니 그 신하의 공적은 폄하되어 기
록될 가능성을 고려하면 역사 기록의 객관성이나 정확성은 100% 신
뢰하기 어렵다. 그러나 약소국 조선과 일제강점기 시대를 거치며 우
리나라는 우리나라 역사적 인물의 세계사 속 찬양이나 과장은 고사
하고 설명할 기회조차 얻을 수 없었다. 아마도 우리나라 사람은 체질
적으로 찬양이나 과장하는 자화자찬(自畵自讚)의 능력이 부족하거나

미래를 찾아 과거 속으로

그런데 관심이 없었나 보다. 그러나 우리나라 역사 속 영웅이 그의 능력과 업적으로 세계 여러 나라에서 교차 검증되어 뛰어난 인물로 추앙받고 있다면 얘기는 달라진다. 1905년 러일전쟁 때 마지막 해전인 대마도(對馬島, 쓰시마섬) 해협 해전에서 러시아 발트 함대를 전멸시킨 일본 제독 도고 헤이하치로(東鄕平八郞)는 "나를 이순신 제독에 비교하지 말라. 그분은 전쟁에 관한 한 신(神)의 경지에 오른 분이다. 나를 전쟁의 신이며 바다의 神이신 이순신 제독에게 비유하는 것은 神에 대한 모독이다."라고 언급했으며, 2차 세계대전 때 미드웨이해전에서 패전한 일본 해군 연합사령관 '야마모토 이소로쿠(山本五十六)'는 그가 패배한 미드웨이해전에서 미국의 니미츠함대가 펼친 전법이 바로 한산도 대첩에서 이순신 장군이 펼쳤던 '학익진(鶴翼陣) 전법'이었다고 술회하며, "내가 진작 이순신의 『난중일기(亂中日記)』를 볼 수만 있었다면 절대 패전하지 않았을 것이다."라고 탄식했다고 한다. 해군 제독 넬슨의 업적을 다른 나라 인물과 비교하는 것을 원치 않는 영국에서조차 이순신 장군과 넬슨의 업적을 찬양하고, 페루의 해군사관학교에서는 이순신 장군 흉상을 세울 만큼 이순신 장군은 명성은 우리의 의도적 찬양이나 과장 없이 430년이 지난 지금에도 세계적으로 명성이 드높은 걸 보며 이것이 바로 역사가 아닌가 싶다. 주관적 해석과 왜곡이 제각각인 역사적 사건과 인물에 관해 필자가 또다시 자의적 해석을 추가하며 역사판단 자체를 더욱 혼란스럽게 할 수 있다는 우려도 있다. 이 세상에는 깊은 지식과 통찰력이 있는 훌륭한 역사학자와 인문학자들이 무수히 많은데 굳이 왜 역사에 관한 글을 쓰려고 하는가? 쓰라고 권하는 사람도 없는데 칠순 넘어 늦은 나이에 역사를 전공한 적도 없고 평생 관심도 없었던 필자가 서툴고 부정확한 역사 해석으로 전문가로부터 꾸중과 비판을 들을 위험을 무릅쓰고 왜 써야 하는가? 역사 연구를 나름대로 시도하기 전에 우선 나 자신에게 초등학생처럼 물어봤다. "너는 조국(祖國)을 사랑하는가?" 조국(祖國)을 사랑하지 않는다고 답변할 사람은 아마 없을 것이다. 조국은 할아버지 때부터 우리 조상이 대대로 살아온 나라가 조국이다. 조상도 할아버지, 증조, 고조할아버지, 그렇게 계속 거슬러 올라가다 보면 끝이 없고 그 시작은 알 수도 없다. 그래서 고조선의 단군(檀君)이나 중국의 삼황오제(三皇五帝)의 신화가 만들어지지 않았나 싶다. 기록이나 구전이 존재하는 어느 시점에서 끊어 그때부터 우리는 조상을 기억하고, 그들에 의해 이루어진 행적을 일컬어 역사(歷史)라 부른다. 조상들의 행적으로 기록되거나 전해온 우리나라 역사를 제대로 알지도 못하면서 '조국을 사랑한다.'라고 하는 말은 무슨 이유로 사랑하는지도 모르면서 하는 말이니 믿기가 어렵다. 역사는 역사학자나 평론가의 전유물이 아니다. 우리가 모두 조국을 왜 사랑해야 하는지를 제대로 알기 위해서라도, 우리는 역사 속 과거로 돌아가 우리 조상에 관한 사실(史實)을 현재로 가져와 평가하고 재인식해야 한다. 역사 속 우리 조상들의 업적과 공과(功過)가 후세에 어떤 영향을 미쳤으며, '나라면 그때 어떻게 했을까?'라며 고민도 해보며, 역사적 충신과 역적, 애국자와 매국노의 업적과 행적에 관해 알아봐야 한다. 우리는 우리 조상들이 살았던 역사의 그때 그 현장에 없었다. 따라서 당시의 시대적 상황과 그들의 인간적 고뇌와 정서가 어떠했는지도 모르면서 제멋대로 해석하고 일방적으로 매도하거나 숭상하면 우리 조상들의 업적과 행적을 왜곡하여 해석할 수밖에 없다. 주관 거치지 않은 객관은 존재하지 않는다. 역사학자는 물론 필자와 같은 비전문가의 주관적이고 자의적 역사 해석이 수렴 과정을 통해 여과된 역사를 알게 될 때 우리의 역사관은 객관적 타당성을 지니게 되며, '조국을 사랑한다.'라는 표현도 의미가 있게

미래를 찾아 과거 속으로

된다고 판단한다. 역사 기록을 어렵게 연구하지 않더라도 21세기 정보화 시대를 사는 우리는 우리의 애국심과 역사관을 역사소설, TV 드라마, 신문 기사, 유튜브, 영화 등을 통해 힘 안 들이고 쉽게 형성할 수 있는 게 현실이다. 그러나 우리가 접하는 수많은 역사에 관한 정보에는 안타깝게 가짜도 많아 우리의 애국심과 역사관도 가짜가 될 수 있다는 점을 지적하지 않을 수 없다.

2022년 7월에 ㈜롯데엔터테인먼트에 의해 상영된 〈한산: 용의 출현〉 영화에서 거북선이 조선 수군(水軍)의 주요 돌격선으로 묘사되었다. 1592년 한산대첩에서 2~3척의 거북선이 영화처럼 적 진영을 종횡무진 휘젓고 돌격하며 한산대첩을 승리로 이끈 장면은 도저히 사실(史實)로 보기 어렵다. 거북선 뱃머리 위에 유황 연기를 내뿜으며 적을 위압하는 용머리의 형상이 우리가 흔히 알고 있는 거북선의 구조이다. 그런데 영화에서는 격군(格軍, 노 젓는 군인)이 있는 거북선 뱃머리(船首) 아래 선저(船底) 하층부 전면에 용머리기 자라 목처럼 들락날락하며 화포를 쏘아대며, 적선에 돌진해 왜선을 박살 내는 충파(衝破) 전법은 한마디로 기상천외한 상상력으로 컴퓨터 게임용 21세기 신형 거북선을 새로 개발해 관객의 통쾌한 복수의 감정과 비뚤어진 애국심을 돋우기 위한 상업적 흥행을 위해서라고밖에는 볼 수가 없다. 필자는 거북선 구조에 관한 그런 고증(考證) 자료를 어디에서도 본 적이 없다. '다큐멘터리가 아닌 영화는 영화일 뿐이다.'라는 편협한 생각으로 역사영화를 제작해 상영한다면, 거북선의 구조와 설계도를 임진왜란 때 이미 입수한 일본의 군사 전문가와 역사학자들의 부정적 평가와 공격을 어떻게 감당할 수 있을까? 우리가 역사적 고증자료나 학술자료보다는 소설, TV 드라마, 영화 등을 통해 역사관을 형성하는 현실을 고려한다면, 국내외에 부정적 영향을 주는 역사영화 제작은 지양(止揚)돼야 하며, 역사적 사실(史實)과 고증(考證)자료에 근거해 더욱 신중해야 하지 않을까? 자기만족을 위한 왜곡된 애국심은 일본의 불필요한 반한 감정(反韓感情)을 초래할 수도 있고 외교적 대립으로 이어질 수도 있다.

애국심 고양은 중요하다. 그러나 폐쇄 민족주의와 국수주의 생각에 빠지면 안 된다. '평리원 검사 이준이 네덜란드 헤이그의 만국평화회의장에서 충분(忠憤)한 마음을 이기지 못하여 이에 자결해 만국 사신 앞에 피를 뿌려서 만국을 경동케 하였다더라.'(1907년 7월 19일 자 기사, 대한매일신보)라거나, 헤이그 특사 이준이 '할복자살을 했다.'라는 (1907년 7월 20일 자 기사, 황성신문) 가짜 뉴스까지 동원하며 애국심을 고양할 필요는 없다. 진실은 중요하며 언젠가는 밝혀진다. 당시 특사로 함께 파견됐던 의정부 관리 이상설은 훗날 "순국열사 이준의 병은 약 세 첩이면 간단히 고칠 수 있는 병이었는데 안타깝다"라고 회고한 바 있다. 1962년 국사편찬위원회는 헤이그특사 이준의 사인(死因)은 '분사(憤死)'도 '할복자살'도 아니며 '순국(殉國)'이라는 용어를 사용하기로 했다.

거짓 정보에 의해 미화된 역사적 사실로 애국심을 키우고 역사관을 세우는 건 옳지 않고 오래가지도 않는다. 과거와 현재, 미래는 서로 연결되어 있어 연결고리만 찾으면 진실은 언젠가는 밝혀지기 때문이다.

과거를 통해서 현재를 볼 수도 있지만, 현재를 통해서 과거를 볼 수 있다고 생각한다. 이제 과거와 현재, 미래는 서로 연결되어 상호작용을 한다고 믿고 '만약'이라는 가정법 의문을 갖고 역사 속 미지의 세

미래를 찾아 과거 속으로

계로 한번 들어가 보자. '소 잃고 외양간 고치며 많은 일 했다'라고 항변하는 군주들, '칼에 피는 많이 묻혔지만, 대의를 위해 어쩔 수 없었다'라고 주장하는 군주들, 개혁과 구국을 위해 나라를 살리고 희생·순국한 충신들, '나라보다 내가 먼저'라며 추잡한 삶을 살다 간 역신들, 싫든 좋든 모두 우리의 조상들이다. 이제 '만약'이란 가정법 의문을 갖고 우리들의 조상이 존재했던 시대로 들어가 보자.

2. 조선 역사 속으로 역행 체험을 위하여

조선 역사를 알아보기 위해서 필자는 흔히 정사(正史) 기록으로 평가받는 1차 사료 문서인『조선왕조실록(朝鮮王朝實錄)』,『승정원일기(承政院日記)』,『일성록(日省錄)』을 참고하였고, 2차 사료로 수많은 관료와 선비들이 수집하고 편찬·저술한 개인 야사(野史) 기록 서적 중 조선 초기의『용재총화(慵齋叢話)』, 조선 중기의『어우야담(於于野譚)』, 조선 후기 야사의 총서로 일컫는『연려실기술(燃藜室記述)』, 조선 말기와 일제강점기의『매천야록(梅泉野錄)』,『기려수필(騎驢隨筆)』등을 주로 참고했으며, 정묘호란 당시 소현세자의 61일간 분조 활동 기록인『소현분조일기(昭顯分朝日記)』, 임진왜란 관련 기록인『징비록(懲毖錄)』, 사도세자의 비극적 죽음에 관한 읍혈록(泣血錄)인『한중록(閑中錄)』등 일부 특정 사건에 관한 제한적 기록도 추가 참고하였다.『조선왕조실록(朝鮮王朝實錄)』,『승정원일기(承政院日記)』,『일성록(日省錄)』은 그 내용의 정확성과 높은 신뢰도로 길이 보존해야 할 가치를 인정받아 대한민국 국보로 지정되었으며, 유네스코 세계기록유산에도 등재되었다. 그러나 일제강점기 때 편찬된『고종실록(高宗實錄)』과『순종실록(純宗實錄)』은 이왕직(李王職)[89] 주관하에 경성제국대학의 교수인 오다 쇼고(小田省吾)의 검수와 승인 아래 편찬되어 일제의 의도적 편향적 왜곡이 있을 수밖

---

89 이왕직(李王職, りおうしき): 일제강점기에 조선총독부는 대한제국 황제(皇帝)를 왕(王)으로 격하시키고 이전의 대한제국 황족과 관련된 사무를 담당하던 기구였던 궁내부(宮內府)의 업무를 모두 이왕직으로 이관하였다.

미래를 찾아 과거 속으로

에 없다. 그런 연유로 대한민국 국보로 지정될 때 제외되었고, 유네스코 세계기록유산 등재에도 포함되지 않았다.

1) 조선왕조실록(朝鮮王朝實錄)

『조선왕조실록(朝鮮王朝實錄)』은 1대 왕 태조 이성계(太祖 李成桂)로부터 25대 왕 철종(哲宗) 때까지 472년(1392~1863)간의 조선 역사를 편년체(編年體)[90]로 기록한 책으로 총 1,893권 888책이며, 일제강점기 때 일본에 의한 의도적 왜곡으로 고종(高宗)과 순종(純宗) 때 실록은 빠져 있지만, 중국이 자랑하는『대청역조실록(大淸歷朝實錄)』도 296년간에 걸친 실록에 불과하다는 점과 상대적으로 기록된 정보의 정확성과 높은 객관적 신뢰도로 일본과 중국에서조차 자국의 역사 연구에 소중한 자료로 참고하고 있다.『조선왕조실록(朝鮮王朝實錄)』은 세계적 보물로 그 가치를 인정받아 1997년 10월에 유네스코 세계기록유산으로 등재되었다.

『조선왕조실록(朝鮮王朝實錄)』의 방대한 역사 기록은 고려 마지막 왕 공양왕(恭讓王)의 다음과 같은 글로 시작된다. 남은(南誾)[91]이 공양왕의 폐위를 알리는 교지를 전하자, 공양왕이 부복(俯伏)하여 교지를 듣고 아뢴다.

---

90 편년체(編年體): 역사를 연월일 시간 중심으로 순서대로 편찬한 방식. 인물이나 사건을 중심으로 서술하는 기전체(紀傳體) 편찬방식도 있음.

91 남은(南誾): 고려말 문신. 정도전과 함께 요동 정벌을 계획했다. 태조를 도와 이방석을 세자로 책봉을 도모하다 정도전과 함께 이방원에 의해 살해당함.

'내가 처음부터 임금은 되고 싶지 않았는데, 여러 신하가 나를 억지로 왕으로 세웠습니다. 내가 성품이 불민(不敏)하여 세상사 돌아가는 일을 알지 못하니 어찌 신하의 심정을 거스른 일이 없겠습니까?" 하면서, 이내 울며 눈물을 몇 줄기 흘러내렸다. 마침내 왕위를 물려주고 원주(原州)로 떠나니…'

원문

恭讓俯伏聽命曰, "余本不欲爲君, 群臣強余立之. 余性不敏, 未諳事機, 豈無忤臣下之情乎?" 因泣數行下, 遂遜于原州.

(太祖實錄 1年, 1392.07.17)

주해

俯伏(부복): 고개를 숙이고 엎드리다.
未諳事機(미암사기): 일이 진척되는 기회나 상황을 파악하지 못하다.
忤(오): 거스르다, 거역하다.
遜(손): 왕위를 순순히 양위하고 물러나다.

『조선왕조실록(朝鮮王朝實錄)』은 왕이 죽은 후 왕과 주변 관료들에 관한 기초 자료인 사초(史草)를 모아 춘추관(春秋館)[92]의 구성원과 정승급 고위 인사를 넣은 임시기구인 실록청(實錄廳)에서 사관들이 편찬한 편집본이다. 왕이 무엇을 먹고 누구와 만나 무엇을 했으며 어떤 일을 겪었는 지에 관해 사관이 주관적 견해로 무편집 원칙으로 기술한 조선 역사의 방대한 정사(正史) 기록이다.

---

92 춘추관(春秋館): 고려와 조선의 관청으로 역사 기록 관련 업무를 수행. 지금의 국가기록원, 국사편찬위원회에 해당.

미래를 찾아 과거 속으로

2) 승정원일기(承政院日記)

『승정원일기(承政院日記)』는 승정원(承政院)[93]에서 왕명의 출납, 상소문 처리, 행사 등을 매일 기록한 업무일지(業務日誌)이며 무편집을 원칙으로 기록된 역사서로 평가된다. 조선 16대 왕 인조(仁祖) 때부터 마지막 대한제국(大韓帝國) 2대 황제 순종(純宗) 때까지 288년간의 왕실 행적에 관한 2억 字가 넘는 역사 기록으로 4,770만 자의 『조선왕조실록(朝鮮王朝實錄)』의 다섯 배나 되는 자료이다. 임진왜란 당시 선조가 한양 경복궁을 버리고 의주로 파천(播遷)했을 때(1592), 인조반정 논공행상에 불만을 품은 이괄이 경복궁을 점령(李适의 亂)했을 때(인조 2년, 1624), 영조와 고종 때, 창덕궁 화재 등으로 대부분 불에 타 소실되고 남은 소중한 무편집 역사 기록임에도 불구하고 그 양은 방대하다. 『조선왕조실록(朝鮮王朝實錄)』에 없는 사건 기록이 자세히 포함되어 있어 높은 사료적 가치를 인정받고 있는 史書로 평가받고 있다. 우리가 알고 있는 충무공 이순신 장군이 1598년 12월 16일 노량해전 마지막 전투에서 전사하기 전 남긴 내린 마지막 명령, "싸움이 급하니 나의 죽음을 알리지 말라戰方急慎勿言我死"라는 명언은 류성룡의 개인 회고록인 『징비록(懲毖錄)』에 처음 나타났지만, 그 이후 30년간 『조선왕조실록(朝鮮王朝實錄)』과 야사에는 같은 내용의 글이 전하지 않다가, 1631년 인조 9년 『승정원일기(承政院日記)』에 그 명령의 진위를 유추해 볼 수 있는 충분한 근거가 기록으로 남아 있다.

상이 이르기를, "왜란 당시에 이순신 하나밖에는 인물이 없었다." 하

---

93 승정원(承政院): 조선과 대한제국 시기 왕명의 출납을 담당하던 행정기관으로 지금의 대통령비서실에 해당.

니, 이원익이 아뢰기를, "이순신의 아들 이예(李葀)가 현재 충훈부 도사로 있는데 그도 얻기 어려운 사람입니다. 왜란 때에 이순신이 곧 죽게 되자 이예가 붙들어 안고서 흐느꼈는데, 이순신이 '적과 대적하고 있으니 삼가 발상(發喪)하지 말라.'고 하였습니다. 이에 이예는 일부러 발상하지 않고 아무 일도 없었던 듯이 전투를 독려하였습니다."

원문

上曰, 當時倭亂, 惟舜臣一人而已. 李元翼曰, 舜臣之子葀, 方爲忠勳都事, 而此不易者也. 倭亂時, 舜臣將死, 葀, 扶抱而泣. 舜臣曰, 與賊對陣, 愼勿發喪云云, 則葀, 故不發喪, 擊督戰如常矣.

(承政院日記, 仁祖 9年, 1631.04.05)

주해

李元翼(이원익): 조선 시대 문신으로 인조 때 영의정을 낸 청렴으로 유명했던 청백리(淸白吏).

葀(예): 이순신 장군의 차남 이예(李葀)를 지칭. '이열'로도 불림.

忠勳都事(충훈도사): 나라에 공을 세운 공신(功臣)과 그 후손을 우대하기 위해 설치한 부서 충훈부(忠勳府)에 두었던 종오품(從五品) 관직.

發喪(발상): 초상(初喪), 죽음을 알림.

『승정원일기(承政院日記)』한 달 기록이 한 책(冊) 분량으로 총 3,245책(冊)으로 그 양이 방대하고, 원본이 초서(草書)체로 기록되어 있어 해독하기에 어려운 점이 적지 않아『승정원일기(承政院日記)』의 한글 번역은 2022년 현재 50%도 완료하지 못한 상태이며 앞으로 20년 이상 오랜 세월이 흘러야 완전한『승정원일기(承政院日記)』한글 내용을 검색해 볼 수 있을 것이다.

『승정원일기(承政院日記)』는 1910년 8월 29일 한국의 통치권을 일본

황제에게 양여(讓與)[94]한다는 대한제국 2대 황제 순종(純宗)의 마지막 칙유(勅諭)[95] 기록을 남기며 끝난다.

"황제는 이르노라. 짐(朕)이 부덕(否德)으로 간대(艱大)한 왕업(王業)을 이어 받들어 임어(臨御)한 이후로 오늘에 이르기까지 유신 정령(維新政令)에 관하여 속히 도모하고 여러모로 시험하여 힘써온 것이 일찍이 지극하지 않음이 없었으되 줄곧 쌓인 나약함이 고질을 이루고 피폐(疲弊)가 극도(極度)에 이르러 단시일 사이에 만회(挽回)할 조처를 바랄 수 없으니, 밤중에 우려(憂慮)가 되어 뒷감당을 잘할 계책이 망연(茫然)한지라. 이대로 버려두어 더욱 지리하게 되면 결국에는 수습을 하지 못하는 데에 이르게 될 것이니, 차라리 대임(大任)을 남에게 위탁하여 완전할 방법과 혁신(革新)의 공효(功效)를 이루게 하는 것만 못하겠다. 짐이 이에 구연(瞿然)히 안으로 반성하고, 확연(確然)히 스스로 판단하여 이에 한국의 통치권(統治權)을 종전부터 친근하고 신임(信任)하던 이웃 나라 대일본 황제 폐하께 양여(讓與)하여 밖으로 동양(東洋)의 평화를 공고히 하고, 안으로 팔도 민생(民生)을 보전케 하노니, 오직 그대 대소 신민(大小臣民)들은 나라의 형편과 시기의 적절함을 깊이 살펴서 번거롭게 동요하지 말고, 각각 그 생업에 편안히 하며 일본 제국(日本帝國)의 문명 신정(文明新政)에 복종하여 모두 행복을 받도록 하라. 짐의 오늘 이 거조(擧措)는 그대들을 잊어버린 것이 아니라 그대들을 구활(救活)하자는 지극한 뜻에서 나온 것이니, 그대 신민(臣民) 등은 짐의 이 뜻을 잘 체득하라."

94 양여(讓與): 자기 소유를 남에게 넘겨줌.
95 칙유(勅諭): 임금의 말씀을 적은 포고문. 칙교(勅敎)와 동일.

간대(艱大): 비할 데 없이 힘들고 어려움.

임어(臨御): 임금 자리에 오름, 즉위 함.

유신 정령(維新政令): 개혁을 위한 정치 법령

피폐(疲弊): 지치고 쇠약해짐.

공효(功效): 공을 들인 보람이나 효과

구연(瞿然): 놀라 두근거리다.

거조(擧措): 조치를 취함.

구활(救活): 곤경에 처한 사람을 살려줌.

원문

勅諭, 皇帝若曰, 朕이 否德으로 艱大흔 業을 承ᄒ야 臨御以後로 今日에 至토록 維新政令에 關ᄒ야 亟圖ᄒ고 備試ᄒ야 用力이 未嘗不至로딕 由來로 積弱이 成痼ᄒ고 疲弊가 極處에 到ᄒ야 時日間에 挽回흘 施措無望ᄒ니 中夜憂慮에 善後흘 策이 茫然흔지라 此를 任ᄒ야 支離益甚ᄒ면 終局에 收拾을 不得ᄒ기에 自底흘진 則無寧히 大任을 人에게 托ᄒ야 完全흘 方法과 革新흘 功效를 奏케흠만 不如흔 故로 朕이 於是에 瞿然히 內省ᄒ고 廓然히 自斷ᄒ야 玆에 韓國의 統治權을 從前으로 親信依仰ᄒ든 隣國大日本皇帝陛下끠 讓與ᄒ야 外으로 東洋의 平和를 鞏固케ᄒ고 內으로 八域民生을 保全케ᄒ노니 惟爾大小臣民은 國勢와 時宜를 深察ᄒ야 勿爲煩擾ᄒ고 各安其業ᄒ야 日本帝國文明新政을 服從ᄒ야 幸福을 共受ᄒ라. 朕의 今日此擧는 爾有衆을 忘흠이아니라 爾有衆을 救活ᄒ즈ᄒ는 至意에 亶出흠이니 爾臣民等은 朕의 此意를 克體ᄒ라.

(承政院日記, 純宗 4年, 1910.07.25)

주해

若曰(약왈): 이처럼 이르다.

亟圖(극도): 더할 수 없을 정도

用力(용력)이 未嘗不至(미상부지)로딕: 온갖 힘을 다해 애쓰지 않은 바가 없되

거(舉): 거조(舉措)의 준말.

奏(주): 아뢰다. 모으다.

兹(자)에: 이에

亶出(단출): 믿음에서 나옴.

克體(극체): 참고 이겨내며 체득하다.

"우리가 통치권을 믿고 맡긴 선진 문명 대일본제국이 잘 알아서 보
호해줄 테니 쓸데없이 동요하지 말고 신하의 나라 백성으로 입 다물
고 조용히 있으라"라는 순종의 1910년 7월 25일 자 대국민 성명이다.
대한제국이 일본에 강제로 병합되기 한 달 전 기록으로 일본의 언론
통제하에 있었던 시기의 역사 기록이니 당연히 일본에 호의적인 문
구로 작성되었다고 추론할 수밖에 없다.

명성왕후(明成皇后) 시해(弑害)에 관한 일본의 부정적 역사는 『승정원
일기(承政院日記)』와 『고종실록(高宗實錄)』 기록에 없다. 경복궁 명성왕
후 거처에서 변란이 있었다거나 황후가 죽었다는 기록은 있지만, 내
용이 없다. 반 천년 장구한 세월을 숱한 고난과 시련의 세월을 견뎌내
며 이어온 조선의 국모(國母)가 시해되었는데도 한 줄짜리 단순한 붕
어 소식만 전하고 아무런 내용이 없다.

'일본인과 2훈련대가 곤녕합에 돌입하여 변란이 일어났다.'

日人與二訓鍊隊, 突入坤寧閤[96], 變起創卒

(承政院日記, 高宗 32年 乙未(1895) 8月 20日)

'묘시(卯時)에 왕후(王后)가 곤녕합(坤寧閤)에서 붕서(崩逝)하였다...(중략)...19일 군부 대신(軍部大臣) 안경수(安駉壽)가 훈련대를 해산하자는 의사를 밀지(密旨)로 일본 공사 미우라 고로(三浦梧樓)에게 가서 알렸으며, 훈련대 2대대장 우범선(禹範善)[97]도 같은 날 일본 공사에게 가서 만나보고 알렸다.'

卯時。王后崩逝于坤寧閤...(中略)...
十九日, 軍部大臣安駉壽, 以訓鍊隊解散之意, 因密旨, 往告于日本公使三浦梧樓。訓鍊隊二大隊長禹範善, 亦同日往見日本公使,

(高宗實錄 33卷, 高宗 32年 1895年 8月 20日)

이렇듯 명성황후 시해한 같은 사건을 두고 史料에는 각기 다르게 전하고 있다. 『고종실록(高宗實錄)』과 『순종실록(純宗實錄)』은 일본강점기 때 일본인들의 주도하에 제국주의적 사관에 따라 경성제국대학 교수에 의하여 편찬되었으며 최종 원고는 위원장인 일본인 이왕직(李

---

96 坤寧閤(곤녕합): 경복궁의 건천궁(乾淸宮) 내 명성황후의 거처. 명성황후는 곤녕합 누각의 한 처마 밑 옥호루(玉壺樓) 부근에서 일본 낭인들에게 무참히 살해되었다.

97 우범선(禹範善, 1857~1903): 명성황후 시해(을미사변)에 가담한 대한제국 훈련대장으로 명성왕후 시해 후 암살될까 두려워 일본으로 망명했다. '기타노 잇페이(北野一平)'라는 이름으로 일본 정부로부터 생활비를 보조받고 살았다. 노벨 생물학상을 받은 우장춘(禹長春)의 아버지로 고종의 밀명을 받은 조선인 자객인 대한제국 개화파 무인 고영근(高永根)에 의해 일본에서 살해당함.

미래를 찾아 과거 속으로

王職)[98]의 장관인 시노다지사쿠(篠田治策)와 경성제국대학 교수 오다 쇼고(小田省吾)의 결재를 얻어 간행되었으므로 차라리 일본 사서(史書)로 취급해야 옳다고 판단되며, 참고는 할 수 있겠지만 우리나라 역사적 관점에서 큰 의미를 둘 수 없는 사료(史料)이다. 오히려 야사인 황현의 『매천야록(梅泉野錄)』의 기록에 신뢰감이 간다.

'곤녕합(坤寧閣)에 도착하니 불이 대낮같이 밝아 땅강아지와 개미를 셀 수 있을 만큼 밝았다. 이경직을 만나 왕후의 소재를 물으니, 경직은 모른다고 대답하며 양팔을 들어 왜인들의 진입을 막았지만 팔을 모두 절단당하여 죽고 말았다. 벽장의 옷 속에 숨은 왕후를 왜인들은 머리채를 잡아 끌어내고 '고무라'의 딸이 확인하였으며, 목숨을 구걸하는 왕후를 왜놈 무리가 칼로 내리쳤다. 검은 자루에 담아 석유를 담아 붓고 녹산 아래 숲에서 불태우고 잔해 몇 조각을 주어서 소각한 장소에 매장해 버렸다. 왕후는 총명하고 기민하여 권력을 즐겼고 이십 년 동안 자주 정치에 간여하여 망국의 길을 걷다가, 드디어 만고에 없는 변을 당하였다.'

원문

至坤寧閤, 宮中火炬通明 螻蟻可數, 遇畊稙[99]問, "后何在?" 遇畊曰, "不知", 因擧柚障倭, 左右腕俱斷而死, 后逃壁衣中, 倭捽之出, 小村女[100]審之,

---

98 이왕직(李王職): 일제강점기에 조선총독부에서 대한제국 황족의 의전 및 대한제국 황족과관련된 사무를 담당하던 기구. 李王職의 '왕(王)'은 일본의 황실에서 신하국에 내리는 작위명(爵位名).

99 畊稙(경직): 이경직(李畊稙), 명성황후 시해 때 경복궁 궁내부 대신.

100 小村女(고무라 딸): 명성황후가 평소 아끼던 왜인 딸 첩자로 거사 전 대원군을 앞세워 사 무라이 자객들을 명성황후 거처로 인도한 고무라(小村)의 딸.

后連乞命, 倭衆刀交下, 裹以黑襪衣, 灌石油火之于鹿山[101]下樹林中, 拾幾片殘骸, 卽燒地埋之, 后機警饒權, 數干政二十年馴致亡國, 遂遭千古所無之變.

(梅泉野錄, 黃玹, 1895年, 명성황후 시해 관련 글 인용)

주해

火炬(화거): 횃불.

螻蟻(누의): 땅강아지와 개미, 아주 작고 미세한 것들을 지칭함.

后(후): 명성황후.

腕俱(완구): 두 팔뚝 모두.

捽(졸): 머리채를 잡다.

裹(과): 보자기, 보자기로 싸다.

襪(선, 말): 버선, 주머니.

灌(관): (물을) 붓다, 쏟다.

機警(기경): 민첩하고 재치가 있음.

饒權(요권): 권력을 많이 지니다(무척 좋아하다).

馴致(순치): 차차(점차) 이르다.

은폐하고 싶은 가해자 시각에서 쓴 일본 역사 자료도 있다. 우리에게는 통한의 고통과 슬픔을 주는 자료이다. 치욕적 역사도 외면해서는 안 되는 역사의 한 부분임이라 생각하며 소개한다. 『무궁화 꽃이 피었습니다』의 저자 김진명 작가가 발굴한 「에조 보고서(石塚英藏書簡)」에는 1895년 10월 8일 명성황후 시해 사건인 을미사변(乙未事變) 당시 조선의 내무부 고문으로 와 있던 이시즈카 에조(石塚英藏)가 일본 정부의 법제국 장관인 스에마쓰 가네즈미(末松謙澄)에

---

101 鹿山(녹산): 경복궁 명성황후의 거처 건천궁(乾淸宮)의 북동쪽 궐내 지역 이름.

미래를 찾아 과거 속으로

게 별도로 보낸 장문의 보고서로 일본 낭인들이 왕후가 목숨이 끊어지기 전후 윤간(輪姦)[102]과 시간(屍姦)[103]을 암시하는 '명성황후 시해 능욕설'을 뒷받침해 주는 보고 내용이 있다. 문서 공개를 꺼리고 있는 일본 외무성에게 을미사변이 있은 지 100년이 넘도록 공개 요구를 촉구하지 않는 대한민국 정부를 김진명 작가는 비판했다. "특히 낭인 무리가 안으로 깊숙이 들이닥쳐 왕후를 끌어내어 두세 군데 칼로 베어 상처를 내고, 나아가 왕후를 발가벗긴 후, (웃음도 나오고 화도 나는) 국부검사(局部檢査)를 한 후, 마지막으로 기름을 부어 불태워 없애버렸다."

원문

'殊に野次馬達は深く內部に入り込み王妃を引き出し二三個處刃傷を及し且つ裸體とし局部檢査(可笑又可恕)を爲し最後に油を注ぎ燒失せる.'
(https://wikiacademy.tistory.com/1828, 일본 국립 국회도서관 憲政史編纂會文書 중에서)

주해

野次馬達(야지우마다치, やじうまだち): 자기와는 상관없는 일에 덩달아 떠들어 대는 건달 혹은 깡패무리.
且つ(가츠, かつ): 동시에, 또한.
注ぎ(소소기, そそぎ): (물을) 붓다, 쏟다.

상기 김진명 작가가 에조 보고서 내용을 근거로 일본 낭인들이 왕후를 능욕했다는 주장은 에조가 공무원으로 시해에 직접 관여한 사

---

102 윤간(輪姦): 여러 사람이 돌아가며 한 사람을 강간하는 행위
103 시간(屍姦): 시신(屍身)을 강간하는 행위.

람도 아니며 당시 실제 목격자들의 다양한 증언 내용과 배치되며 비상식적이라는 논란도 있다.

3) 일성록(日省錄)

흔히 왕의 일기라 불리는『일성록(日省錄)』이라는 역사 자료로 왕 자신과 후대 왕들의 통치를 돕기 위해 쓴 일기이다. 조선 21대 왕 영조(英祖) 때부터 대한제국(大韓帝國) 2대 황제 순종(純宗) 때 경술국치(庚戌國恥)일까지의 기록으로 (1760.01~ 1910.08), 조선 후기 151년간의 국정에 관한 제반 사항들이 기록되어 있는 일기체의 연대기(年代記)이다. 정조가 세손 시절부터 매일 쓴 일기『존현각일기(尊賢閣日記)』[104]를 즉위 후에도 계속 썼다. 정조는 즉위 5년 후 정사에 바빠 규장각 관원들을 시켜 '하루를 반성하며 기록한다.'라는 의미로 작성한 개인 일기를『일성록(日省錄)』이라는 국정일기(國政日記)로 그 의미를 바꾸고 정기적으로 보고를 받았다.『조선왕조실록(朝鮮王朝實錄)』과『승정원일기(承政院日記)』와 더불어 조선왕조 3대 왕실 역사 유산으로 2011년 유네스코 세계기록유산에 등재되었다.『조선왕조실록(朝鮮王朝實錄)』은 편찬 후 사고(史庫)에 비장(秘藏)했기 때문에 국왕이라고 해도 함부로 열람할 수 없었으므로 실제 국정 운영에 도움이 될 수 없었으나,『일성록(日省錄)』은 왕의 개인 일기인 동시에 공식적 국정 일기 형식을 갖추며 작성되어『승정원일기(承政院日記)』와 함께 국정 운영과 실록 편찬에 도움이 되었다.

---

104 존현각일기(尊賢閣日記): 정조의 왕세손 시절 일기, 정조는 세손 시절에 주로 경희궁 존현각(慶熙宮 尊賢閣)에서 생활하였기에 붙여진 명칭. 실제 도서는 전해지지 않고 있다.

미래를 찾아 과거 속으로

왕을 3인칭 존칭 '상(上)'으로 표현하며 사관(史官)이 객관적 시각에서 기술한 실록과는 달리,『일성록(日省錄)』은 우리나라 역사서 가운데 유일하게 왕이 자신을 '나(余여, 朕짐)'라 직접 지칭하며 왕의 시각으로 보며 정리한 역사 기록이며, 제목도 주요 사건, 행사에 관해 편년체(編年體) 형식으로 기술한 실록과 달리, 왕의 명령이나, 행사, 주요 사건 등에 관한 주제별 제목인 '강(綱)'과 그에 관한 세부 내용인 '목(目)'으로 나누었다.『승정원일기(承政院日記)』에 기술된 순조(純祖)의 마지막 칙유(勅諭) 기록 내용은 세부 내용 항목인 '목(目)' 아래에 기술했고, 제목 '강(綱)'에는 '諭大小臣民(유대소신민, 모든 백성에게 이르노라)'라고 기술하여 제목 '강(綱)'과 세부 내용 '목(目)'을 일목요연하게 분리 작성하여 후대 왕의 국정 운영에 참고하기 쉽게 작성하여 남겼지만, 그 기록이 1910년 8월 29일 경술국치로 일제에 국권을 뺏기며 518년의 유구한 역사 속 조선이라는 나라는 사라지며『일성록(日省錄)』기록도 영원히 중단됐다.

3. 신분에 따른 조선 시대의 무덤과 왕릉의 구조

묘주(墓主)의 신분에 따라 능(陵), 원(園), 묘(墓)로 구분된다.

- 능(陵): 왕과 왕비의 무덤.
- 원(園): 왕세자와 왕세자빈, 왕세손 등의 무덤.
- 묘(墓): 왕자, 옹주, 공주, 후궁, 사대부와 일반 서민의 무덤. 연산군이
  나 광해군처럼 폐위되어 복권되지 못한 왕의 무덤.
- 부도(浮屠): '붓다(buddha)'의 한자어 '부처'의 음역으로 불교 승려의
  유골인 사리를 안치한 탑.
- 총(塚): 묘주가 누구인지 모르는 무덤.

능(陵), 원(園), 묘(墓), 부도(浮屠)의 관리는 국가 혹은 지방자치단체
지정 문화재로 등록되어 관리되고 있으며 본관 성씨 가문이 관리하
는 묘도 있다.

능(陵)은 산을 등지며 남쪽을 제외한 3면을 곡장(曲墻, 담)으로 두르
고 병풍석과 난간석으로 보호한다. 능 주위에 문석인(文石人), 무석인
(武石人), 혼유석(魂遊石)[105], 석호(石虎), 석양(石羊), 석마(石馬) 등 다양한
수호적 성격의 석물을 배치하며 제례를 위한 정자각(丁字閣)과 신도비
(神道碑)가 안에 있는 비각(碑閣), 제수를 준비하는 제실(祭室) 등 다양한

---

105 혼유석(魂遊石): 봉분 앞 네모난 돌로 된 상으로 무덤에 잠든 영혼이 나와 노니는 돌이라는 의미.

미래를 찾아 과거 속으로

구조물이 도감(都監)[106]에 의해 설치되고 능참봉(陵參奉)[107]에 의해 관리되었다. 조선의 왕릉은 『국조오례의(國朝五禮儀)』[108]에 준하여 조성되었으며 현재 왕, 왕비, 추존왕의 능이 42基 있으며 북한 개성에 있는 제릉(齊陵, 태조의 신의왕후의 능)과 후릉(厚陵, 정종과 정안왕후의 능)을 제외한 40基의 능은 남한에 있다. 남한의 조선왕릉 40基 모두 인류의 문화유산으로서 탁월한 보편적 가치로 인정해 2009년 유네스코 세계 기록문화유산으로 등재되었다.

원(園)은 봉분, 상석, 정자각 등을 갖추고 있으나, 그 규모가 작고, 봉분의 병풍석과 난간석은 대부분 생략한다. 군사를 거느릴 수 없으므로 무석인은 없다. 현재 14基의 원(園)이 경기도 남양주, 고양, 파주, 광명, 서울 동대문에 남아 있고, 역사적 인물의 무덤 64基가 현존한다.

조선 16대 왕 인조의 맏아들 소현세자가 묻힌 경기도 고양시의 소경원(昭慶園)과 소현세자 빈 민회빈 강씨(愍懷嬪 姜氏)가 잠들어 있는 경기도 광명시의 영회원(永懷園)을 포함해 대부분의 원(園)은 사적지 보존과 훼손 방지를 위해 문화재청에서 출입·공개를 제한하고 있다. 학술조사나 취재를 위해 공개제한구역의 출입 허가를 신청할 수 있다.

묘(墓)는 귀족들의 경우 묘비(墓碑), 장명등, 상석, 신도비 등을 배치하며 문인(文人)인가 무인(武人)인가에 따라 문석인, 무석인을 배치하기도 한다.

---

106 도감(都監): 국장(國葬)이나 국혼(國婚)이 있을 때 설치하는 관아.

107 능참봉(陵參奉): 왕릉을 관리하는 종9품 말단직 관리.

108 국조오례의(國朝五禮儀): 조선 9대 왕 성종 때 신숙주가 왕의 명령으로 편찬한 국가의 기본예식에 관에 규정한 책으로 제사와 폐백, 상장(喪葬) 등에 관한 국가적 의례가 포함돼있다. 현재 서울대학교 규장각에서 보관되어 있다.

부도(浮屠)는 승려 혹은 불자의 사리나 유골을 안치한 묘탑(墓塔)으로 대부분 사찰 경내 혹은 인근에 남아 있다.

1) 조선왕릉의 상세도

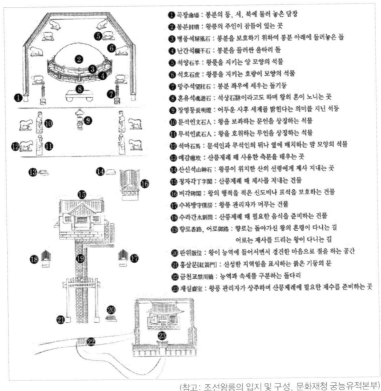

❶ 곡장曲墻 : 봉분의 동, 서, 북에 둘러 놓은 담장
❷ 봉분封墳 : 왕릉의 주인이 잠들어 있는 곳
❸ 병풍석屛風石 : 봉분을 보호하기 위하여 봉분 아래에 돌러놓은 돌
❹ 난간석欄干石 : 봉분을 둘러싼 울타리 돌
❺ 석양石羊 : 왕릉을 지키는 양 모양의 석물
❻ 석호石虎 : 왕릉을 지키는 호랑이 모양의 석물
❼ 망주석望柱石 : 봉분 좌우에 세우는 돌기둥
❽ 혼유석魂遊石 : 석상石床이라고도 하며 왕의 혼이 노니는 곳
❾ 장명등長明燈 : 어두운 사후 세계를 밝힌다는 의미를 지닌 석등
❿ 문석인文石人 : 왕을 보좌하는 문인을 상징하는 석물
⓫ 무석인武石人 : 왕을 호위하는 무인을 상징하는 석물
⓬ 석마石馬 : 문석인과 무석인의 뒤나 옆에 배치하는 말 모양의 석물
⓭ 예감瘞坎 : 산릉제례 때 사용한 축문을 태우는 곳
⓮ 산신석山神石 : 왕릉이 위치한 산의 산령에게 제사 지내는 곳
⓯ 정자각丁字閣 : 산릉제례 때 제사를 지내는 건물
⓰ 비각碑閣 : 왕의 행적을 적은 신도비나 표석을 보호하는 건물
⓱ 수복방守僕房 : 왕릉 관리자가 머무는 건물
⓲ 수라간水刺間 : 산릉제례 때 필요한 음식을 준비하는 건물
⓳ 향로香路, 어로御路 : 향로는 돌아가신 왕의 혼령이 다니는 길
　　　　　　　　　　 어로는 제사를 드리는 왕이 다니는 길
⓴ 판위版位 : 왕이 능역에 들어서면서 경건한 마음으로 절을 하는 공간
㉑ 홍살문紅箭門 : 신성한 지역임을 표시하는 붉은 기둥의 문
㉒ 금천교禁川橋 : 능역과 속세를 구분하는 돌다리
㉓ 재실齋室 : 왕릉 관리자가 상주하며 산릉제례에 필요한 제수를 준비하는 곳

(참고: 조선왕릉의 입지 및 구성, 문화재청 궁능유적본부)

조선왕릉은 봉분(封墳)의 개수와 배치에 따라, 봉분이 하나면 단릉(單陵), 둘이면 쌍릉(雙陵), 왕과 왕비를 봉분 하나에 묻으면 합장릉(合葬陵), 각기 다른 언덕에 조성하면 동원이강릉(同原異岡陵), 왕과 왕비의

미래를 찾아 과거 속으로

봉분을 위아래로 배치하면 동원상하릉(同原上下陵), 봉분 세 개를 나란히 배치한 삼연릉(三連陵)으로 조성했다. 왕릉이 아닌 원(園)과 묘(墓)의 경우 무덤이 둘일 경우 쌍분(雙墳), 합장묘(合葬墓)로 부른다.

봉분 조성에 관한 예

- 단릉(單陵): 왕이나 왕비 둘 중 한 사람만의 봉분이 있는 일봉일실(一封一室)의 능. (예: 태조의 건원릉健元陵)
- 쌍릉(雙陵): 왕과 왕비의 봉분을 나란하게 배치한 이봉이실(二封二室)의 능. (예: 태종의 헌릉獻陵)
- 합장릉(合葬陵): 하나의 봉분에 모두 합장한 동봉이실(同封異室) 또는 동봉삼실(同封三室)의 능. (예: 세종의 영릉英陵, 고종의 홍릉洪陵, 순종의 유릉裕陵)
- 동원이강릉(同原異岡陵): 한 능역에 있지만 서로 다른 언덕에 봉분과 석물을 배치한 이봉이실(二封二室)의 능. (예: 선조의 목릉穆陵)
- 동원상하릉(同原上下陵): 한 언덕 위와 아래에 왕과 왕비의 봉분과 석물을 배치한 이봉이실(二封二室)의 능. (예: 효종의 영릉寧陵)
- 삼연릉(三連陵): 한 언덕에 왕과 왕비, 계비의 세 봉분을 나란히 배치한 삼봉삼실(三封三室). (예: 헌종의 경릉景陵)

2) 조선의 능(陵) 일람표

	능호	능 형식	능주	소재지
1	건원릉 健元陵	단릉單陵	제1대 태조고황제太祖高皇帝	경기도 구리
	제릉齊陵	단릉單陵	원비 신의왕후神懿王后	개성
	정릉貞陵	단릉單陵	계비 신덕왕후神德王后	서울 성북
2	후릉厚陵	쌍릉雙陵	제2대 정종定宗, 정안왕후定安王后	개성
3	헌릉獻陵	쌍릉雙陵	제3대 태종太宗, 원경왕후元敬王后	서울 서초
4	영릉英陵	합장릉合葬陵	제4대 세종世宗, 소헌왕후昭憲王后	경기도 여주
5	현릉顯陵	동원이강릉 同原異岡陵	제5대 문종文宗, 현덕왕후顯德王后	경기도 구리
6	장릉莊陵	단릉單陵	제6대 단종端宗	강원도 영월
	사릉思陵	단릉單陵	단종비 정순왕후定順王后	경기도 남양주
7	광릉光陵	동원이강릉 同原異岡陵	제7대 세조世祖, 정희왕후貞熹王后	경기도 남양주
8	창릉昌陵	동원이강릉 同原異岡陵	제8대 예종睿宗 계비 안순왕후安順王后	경기도 고양
	공릉恭陵	단릉單陵	원비 장순왕후章順王后	경기도 파주
9	선릉宣陵	동원이강릉 同原異岡陵	제9대 성종成宗, 계비 정현왕후貞顯王后	서울 강남
	순릉順陵	단릉單陵	원비 공혜왕후恭惠王后	경기도 파주
10	연산군 燕山君묘	쌍분雙墳	제10대 연산군 거창군부인居昌郡夫人	서울 도봉구
11	정릉靖陵	단릉單陵	제11대 중종中宗	서울 강남
	온릉溫陵	단릉單陵	원비 단경왕후端敬王后	경기도 양주
	희릉禧陵	단릉單陵	제1계비 장경왕후章敬王后	경기도 고양
	태릉泰陵	단릉單陵	제2계비 문정왕후文定王后	서울 노원
12	효릉孝陵	쌍릉雙陵	제12대 인종仁宗, 인성왕후仁聖王后	경기도 고양
13	강릉康陵	쌍릉雙陵	제13대 명종明宗, 인순왕후仁順王后	서울 노원
14	목릉穆陵	동원이강릉 同原異岡陵	제14대 선조宣祖, 원비 의인왕후懿仁王后, 계비 인목왕후仁穆王后	경기도 구리

미래를 찾아 과거 속으로

	능 호	능 형식	능 주	소재지
15	광해군 光海君묘	쌍분雙墳	제15대 광해군光海君 문성군부인文城君夫人	경기도 남양주
16	장릉長陵	합장릉合葬陵	제16대 인조仁祖 원비 인열왕후仁烈王后	경기도 파주
	휘릉徽陵	단릉單陵	계비 장렬왕후莊烈王后	경기도 구리
17	영릉寧陵	동원상하릉 同原上下陵	제17대 효종孝宗 인선왕후仁宣王后	경기도 여주
18	숭릉崇陵	쌍릉雙陵	제18대 현종顯宗 명성왕후明聖王后	경기도 구리
19	명릉明陵	동원이강릉 同原異岡陵	제19대 숙종肅宗 제1계비 인현왕후仁顯王后 제2계비 인원왕후仁元王后	경기도 고양
	익릉翼陵	단릉單陵	원비 인경왕후仁敬王后	경기도 고양
20	의릉懿陵	동원상하릉 同原上下陵	제20대 경종景宗 계비 선의왕후宣懿王后	서울 성북
	혜릉惠陵	단릉單陵	원비 단의왕후端懿王后	경기도 구리
21	원릉元陵	쌍릉雙陵	제21대 영조英祖 계비 정순왕후貞純王后	경기도 구리
	홍릉弘陵	단릉單陵	원비 정성왕후貞聖王后	경기도 고양
22	건릉健陵	합장릉合葬陵	제22대 정조正祖, 효의왕후孝懿王后	경기도 화성
23	인릉仁陵	합장릉合葬陵	제23대 순조純祖, 순원왕후純元王后	서울 서초
24	경릉景陵	삼연릉三連陵	제24대 헌종憲宗 원비 효현왕후孝顯王后 계비 효정왕후孝定王后	경기도 구리
25	예릉睿陵	쌍릉雙陵	제25대 철종哲宗, 철인왕후哲仁王后	경기도 고양
26	홍릉洪陵	합장릉合葬陵	대한제국 제1대 고종태황제高宗太皇帝 명성태황후明成太皇后	경기도 남양주
27	유릉裕陵	합장릉合葬陵	대한제국 제2대 순종純宗 원후 순명효황후純明孝皇后 계후 순정효황후純貞孝皇后	경기도 남양주

4. 일러두기

① 역사적 인물의 이름 앞에 관직(官職)명과 우리에게 익숙한 아호(雅號), 당호(堂號), 군호(君號), 묘호(墓號) 등 호명(號名)을 추가했다.

예 매월당 김시습(梅月堂 金時習), 茶山 정약용, 三道水軍統制使 忠武公 이순신, 鳳林大君 효종

② 모든 호칭에 씨(氏), 선생(先生), 장군(將軍), 대왕(大王) 등 존칭은 가능하면 생략하였다.

③ 묘주(墓主)들의 무덤인 능(陵) 원(園) 묘(墓)의 사진과 함께 역사적 배경을 간추려 기술하였으며 필자의 보충 설명을 「첨언」이라는 제하에 덧붙였다. 이어서 필자와 묘주 간의 상상 인터뷰 내용을 「以心傳心 인터뷰」라는 제하에 추가하였다.

④ 페이지 하단에 본문 내용 중 추가 설명이 필요한 경우를 위해 각주(脚註)를 달았으며, 독자의 이해를 돕기 위해 각주 설명이 반복되더라도 중복해 실었다. 각주(脚註) 설명을 동일 페이지 하단에 수록하기 힘든 경우 다음 페이지에 수록하였다.

⑤ 모든 역사 기록의 문구 인용은 그 출처를 표기하였으며 독자의 이해를 돕기 위해 어려운 한문과 한자들의 간주(間註) 설명을 「주해」라는 제하에 기술했다.

⑥ 인터넷 검색을 해보면 스마트폰으로 쉽게 한자나 한문의 번역을 볼 수 있는데 굳이 간주(間註), 주해(註解), 각주(脚註)를 반복처리한 이유는 뜻글자인 한자(漢字)는 문장 전후 내용에 따라 달리 해석될 수 있기 때문이고,

미래를 찾아 과거 속으로

인터넷 검색의 번거로움을 없애고 독자의 이해를 쉽게 하기 위함이다.

⑦ 연도와 날짜는 음력 기준이다. 필요한 경우 양력으로 표시한 부분도 있다.

⑧ 서적과 영화 등 작품명은 겹낫표『』또는 홑따옴표 ' ', 작품 내 세부제목과 내용 설명은 홑낫표「」, 참고와 인용 자료는 괄호( ) 혹은 홑화살괄호〈〉 질문 대답 등 대화 내용은 겹따옴표 " ", 홑따옴표 ' ' 등으로 표기했다.

⑨ 한글과 한자의 추가설명을 위해 한글(漢字음, 의미) 혹은 漢字(한글음, 의미)로 병기했다. 괄호 안에 한글 音과 漢字音 또는 音訓을 함께 적었다. (예) 화냥년(還鄕년, 환향년) 혹은 환향년還鄕년, 대마도(對馬島, 쓰시마섬), 제릉(齊陵, 태조의 신의왕후의 능, 개성). 한글의 한자, 영어 번역을 함께 표시한 경우도 있다. (예) 성현(聖賢, saint, sage), 불가촉천민(不可觸賤民, The Untouchables).

쉬운 한자의 경우 音訓을 생략하고 漢字 그대로 표기했다.

타인의 저작물 내용을 참고하고 인용한 부분은 그 출처를 최대한 밝혀 명시하려고 노력하였지만, 필자의 부주의로 그 출처를 정확히 명시하지 못한 부분이 있다면 원작자에게 심심한 용서와 이해를 구하며 지적해 주시면 개정·증보판 출판 시 인용 출처를 추가할 것을 약속드린다.

5. 참고문헌

» 『홍재전서(弘齋全書)』 1799~1800, 한국고전종합DB(https://db.itkc.or.kr)

» 『대동기문(大東奇聞)』 강효석 편저, 한양서원, 1926

» 『조선왕조실록 태백산사고본(朝鮮王朝實錄 太白山史庫本)』 국가기록원 역사기록관, 1973

» 『매천야록(梅泉野錄)』 황현 저, 나중현 옮김, 북랩, 2004

» 『Fantastic Voyage』 SF film, directed by Richard Fleischer, 1966

» 『Fantastic Voyage』 novel, Isac Asimov, Bantam Books, 1988

» 『Radical Life Extension Fantastic Voyage』 novel sub-title 「Live Long Enough to Live Forever」 Ray Kurzweil and Terry Grossman, M.D., Penguin Books Ltd., 2004

» 『어우야담(於于野譚)』 유몽인 편저, 신익철 외 3인 옮김, 돌베게, 2006

» 『역주 소현분조일기(昭顯分朝日記)』 성당제, 유연석, 이남종 역주, 奎章閣所藏東宮日記譯註叢書 7, 민속원, 2008

» 『A Study on Sexuality in Late Chosun Period-기이재상담(紀伊齋常談)을 중심으로』 논문, 정병설, 서울대학교 인문학연구원, 2010

» 『징비록(懲毖錄)』 류성용 저, 신태용 정용주 조규남 김태주 박진형 교감역주, 논형, 2016

» 『설민석의 조선왕조실록』 설민석 저, 세계사, 2016

» 『죽지 않는 혼』 민명기 저, 중앙북스, 2018

» 『한중록(閑中錄)』 박병성, 장영재 저, 미르북컴퍼니, 2020

» 『조선의 변방과 반란, 1812년 홍경래 난』 김선주, 김범, 푸른역사, 2020

» 『열하일기(熱河日記)』 박지원 저, 고미숙, 길진숙, 김풍기 편역, 북드라망, 2020

» 『기려수필(騎驢隨筆)』 이도희 저, 대명출판사, 2020

» 『왕릉 가는 길』 신정일 저, 쌤앤파커스, 2021

» 『땅의 역사』 박종인 저, 상상출판, 2021

» 『이응수 金笠詩集 小考』 문세화, 2021

» 『승정원일기(承政院日記)』 한국고전종합DB

» 『조선왕조실록(朝鮮王朝實錄)』 국사편찬위원회(http://sillok.history.go.kr)

» 『澤堂先生別集卷之十五, 雜著』 이식 편저, 한국고전 DB

» 『KBS HD 역사스페셜』 KBS, 93년 만의 귀향

» 『국조오례의(國朝五禮儀)』 조선시대법령자료, 한국사 데이터베이스

» 『PACHINKO』 Min Jin Lee, Grand Central Publishing, NY Boston, 2022

미래를 찾아 과거 속으로

2장

1. 오랜 세월 흐른 후 내 무덤에 표할 때는
   꿈 꾸다 죽은 늙은이라 써주시게나

매월당 김시습(梅月堂 金時習)의 부도

충청남도 부여군 무량사 무진암

百歲標余壙

當書夢死老

庶幾得我心

千載知懷抱

(매월당 김시습의 임종 전 읊은 시, 「아생(我生)」 중에서)

미래를 찾아 과거 속으로

오랜 세월 흐른 후 내 무덤에 표할 때는

꿈꾸다 죽은 늙은이라 써주시게나

어쩌다 내 마음 아는 이 있다면

천년 세월 흐른 뒤에야 내 속마음 알 수 있으리라

　　김시습(金時習, 1435~1493)은 조선 초기의 천재 시인으로 21세 젊은 나이에 속세(俗世)를 떠나 남은 인생을 승려와 처사로 살았다. 단종을 유배 보내고 교살하며 왕위찬탈을 한 수양대군에 불만을 품고 평생 벼슬길도 포기한 채 은둔생활을 한 불교 승려였다. 무인 김일성(金日省)의 아들로 한성부에서 출생하였고 본관은 강릉(江陵), 자(字)는 열경(悅卿), 호는 매월당(梅月堂), 동봉(東峰), 벽산청은(碧山淸隱), 췌세옹(贅世翁)이며, 불교 법명은 설잠(雪岑)이다. 세조 때 단종의 복위를 도모하다 발각되어 죽은 사육신(死六臣)[109]의 시신을 몰래 수습하여 노량진(鷺梁津, 지금의 서울 동작구 사육신 공원)에 안장한 생육신(生六臣)[110] 중의 한 사람으로 전한다. 충청남도 부여군 만수산(萬壽山) 밑자락 무량사(無量寺)에서 세수(歲壽)[111] 59세의 나이에 입적(入寂)했다.

109　사육신(死六臣): 단종의 복위를 도모하다가 발각되어 세조에게 죽임을 당한 여섯 명의 충신: 성삼문(成三問), 박팽년(朴彭年), 이개(李塏), 하위지(河緯地), 유성원(柳誠源), 유응부(兪應孚). 19대 왕 숙종 때 단종의 왕위 복권이 이루어져 '사육신'이라는 명칭이나 개념도 숙종 이후에 등장했음.

110　생육신(生六臣): 세조의 왕위찬탈 후 관직을 그만두거나 아예 관직에 나아가지 않고 세조의 즉위를 부도덕한 찬탈행위로 규정하고 비난하며 살다 죽은 여섯 명의 절의(節義) 충신: 김시습(金時習), 원호(元昊), 이맹전(李孟專), 조려(趙旅), 성담수(成聃壽), 남효온(南孝溫)

111　세수(歲壽): 속인(俗人)으로 태어난 해부터의 나이. 법랍(法臘)은 불교에서 출가하여 승려가 된 해부터의 나이.

첨언

열경(悅卿)이 다섯 살 때 살던 외조부 집이 한성부 성균관 부근에 있었다. 열경이 성균관 일대에 신동(神童)으로 소문이 자자하니 집현전 학사 최치운(崔致雲)이 열경을 불렀다.

"이름이 '열경(悅卿)'이라 하였느냐? 학문이 높다는 소문이 자자하던데, 너는 '學而時習之면, 不亦說呼아 (학이시습지면 불역열호아, 배우고 때때로 익히면 이 또한 기쁘지 아니한가?)'라는 말뜻을 아느냐?"

"열경(悅卿)[112]이라는 제 이름은 훗날 세종대왕께서 벼슬을 제수(除授)[113]하시면 기쁜 마음으로 감사히 받으라는 의미로 아버님께서 지어주셨습니다. '자(字)'는 부모님이나, 스승, 왕 이외엔 함부로 부르면 안 되는 이름이니, 앞으로 조심하세요! 그런데, 논어 학이편(論語 學而篇) 얘기는 느닷없이 왜 꺼내요?

有朋自遠方來면 不亦樂乎아?

(유붕자원방래면 불역락호아, 먼 곳에서 벗이 찾아온다면 이 또한 기쁘지 아니한가?)

케케묵은 공맹(孔孟) 문자 이젠 싫증 나지만 그래도 끝까지 계속 다 암송해 볼까요?"

"아니, 됐다 됐어. 도대체 어디까지 공부하였느냐?"

---

112 열경(悅卿): 김시습의 자(字). 기쁠 열(悅), 벼슬 경(卿)
113 제수(除授): 추천에 의하지 않고 임금이 직접 벼슬을 내림.

미래를 찾아 과거 속으로

"여덟 달 됐을 때 남들 말 알아들었고 세 살 때 글을 엮었으며, 다섯 살 때 사서오경(四書五經), 중용(中庸)과 대학(大學)을 이미 다 깨우쳤어요. 다른 서적들은 봐야 뻔한 내용이라 재미가 없어 이젠 안 읽습니다."

"오~호, 고 녀석, 대단하네! 네 말이 틀리지 않구나. 앞으로 너를 '열경(悅卿)'이라 못 부르면 무어라 부르면 좋을까? 이제부터 너의 속명(俗名)은 '때때로 익히라'라는 의미에서 '시습(時習)'이라고 부르겠으니 그리 알거라. 내 너를 당장 세종대왕에게 보여주고 자랑하고 싶구나."

성격이 까탈스러워 세종대왕도 함부로 대하지 못하던 재상 허조(許稠)가 옆에 있다가 한마디 거든다.

"오~호, 고 녀석 참으로 기특하네. 내가 이제 늙어 매사 의욕이 없어서 그런데, '老' 字로 落韻(낙운)할 테니 成詩(성시) 한번 해볼 수 있겠느냐?"

열경이 씩 웃으며 곧바로 화답(和答)해 읊는다.
"老木開花心不老(노목개화심불로, 늙은 나무에 꽃이 피니 마음은 늙지 않았네)."

세종대왕이 열경을 본 후 이른다.
"시습(時習)은 나라를 위해 크게 쓰일 재목이로구나. 시습(時習)이 이제 겨우 다섯 살이니 '五世'라는 별호(別號)를 내리노라. 네가 아직 어리고 내가 늙어 어떻게 될지 모르나, 네가 학문을 완성한 어른이 될 때까지 내가 살 수 없다면 내 맏아들 문종(文宗) 때에라도 기필코 너에게 큰 벼슬을 내리도록 하리라."

그러나 세상사 마음대로 되지는 않는 법.

세종대왕과 소헌왕후 차남으로 태어난 수양대군은 친형 문종(文宗)이 일찍 병사하고 그의 조카 단종이 즉위하자, 계유정난(癸酉靖難, 1453)을 일으켜 단종을 폐위 교살하고 제7대 군주 세조(世祖)로 왕위에 오른다. 삼각산(三角山)[114] 중흥사(重興寺)에서 공부하던 중 수양대군이 왕위에 올랐다는 소식을 들은 김시습은 천륜(天倫)을 거스르고 왕위에 오른 수양대군을 위해 나랏일을 볼 수 없다며 벼슬길을 포기하고 승려로서 초야(草野)에 묻혀 사는 처사(處士)의 삶을 택했다.

黃泉無一店 (황천무일점, 황천 가는 길엔 주막도 없다던데)
今夜宿誰家 (금야숙수가, 오늘 밤은 뉘 집에서 자고 갈거나)

절명시(絶命詩) 한 수를 읊은 후 한강 모래사장 새남터에서 능자처사(凌遲處死)된 사육신(死六臣) 가운데 성삼문(成三問)의 시신 일부를 밤에 몰래 수습해 한강 건너 노량진 아차고개 마루터기 언덕에 묻어주고 매월당은 떠났다. 설잠(雪岑)이라는 법명(法名)으로 출가하여 부여군 만수산 아래 무량사(無量寺)에서 은거하며 수도하다 그의 세수(歲壽) 59세 되던 해 세상과의 인연(因緣)을 끊었다.

신동(神童) 김시습의 시재(詩才)는 어릴 때부터 관가에서도 이미 소문이 자자했으며, 김시습은 아명(兒名)인 '열경(悅卿)'이나 집현전 학사

---

114 삼각산(三角山): 북한산의 옛 이름. 김시습은 '세 뿔(角)같이 높은 산봉우리가 하늘을 꿰뚫는 듯하다' 했듯이 인수봉, 만경대, 백운봉 세 봉우리가 있음.

미래를 찾아 과거 속으로

최치원이 지어준 '시습(時習)'이라는 이름보다는, 그가 다섯 살 때 지은 훌륭한 시문을 보고 세종대왕이 감탄하며 지어준 '오세(五世)'라는 별칭으로 소문이 더 나 있었고, 부여 무량사 무진암에 있는 그의 무덤인 부도의 표석(表石)에도 '오세(五世)'로 적혀있다. 조선 중기 때 문인(文人) 유몽인(柳夢寅)이 편찬한 한국 최초의 야담집인 『어우야담(於于野談)』에 「김시습의 위천조어도(渭川釣魚島)[115]」라는 시가 수록되어 있다.

1453년 계유정난 때 수양대군을 도와 단종과 사육신을 제거하고 수양대군의 세조 즉위에 일등공신인 한명회(韓明澮)가 강태공이 낚시질하는 모습을 그린 그림인 '위천조어도(渭川釣魚島)'를 한 장 구해놓고 그림에 훌륭한 문장가의 시를 한 수 적어 놓고 싶어 하던 중, 신하들이 "오세(五世)의 시가 아니면 이 작품에 어울리기 힘듭니다."라고 추천하자, 이에 오세(五世)를 개성에서 불러 시를 쓰게 했다.

비바람 쓸쓸히 낚시터에 뿌리니

위천의 새와 물고기 모두 갈 곳을 잃었구나.

어쩌다 늘그막에 송골매 사냥꾼이 되어

백이 숙제로 하여금 고사리 뜯다 굶어 죽게 하였는고.

風雨蕭蕭拂釣磯

渭川魚鳥共忘機

---

115 위천조어도(渭川釣魚圖): 강태공(姜太公)이 위수(渭水)에서 낚시질하는 모습을 그린 그림. 강태공은 주(周)나라 무왕(武王)을 도와 상(商)나라를 멸하고 천하를 통일한 인물이다. 그는 문왕(文王)의 명을 받아 출사하기 전, 은거할 때에 늘 곧은 낚싯바늘을 수면 위 허공에 드리운 채 낚시하고 지냈다 한다.

如何老作鷹揚將

空使夷齊餓採薇

(김시습의 渭川釣魚島, 於于野談, 柳夢寅)

주해

蕭蕭(소소): 바람이나 빗소리가 쓸쓸함.

拂(불): 씻다, 떨다, 불다.

釣磯(조기): 낚시터

渭 川(위천): 강태공이 낚시하던 渭水.

機(기): 기미(機微), 낌새.

鷹揚(응양): 송골매가 날아오르듯 무용(武勇)을 떨침.

空使(공사): 헛된 일을 시키다.

夷齊(이제): 伯夷(백이)와 叔齊(숙제).

餓(아): 굶다.

採薇(채미): 고사리를 캐어 먹으며 굶다.

정조(正祖)가 훗날 '절의(節義)의 시'로 언급한 김시습의 시로 단종을 유배·교살한 후 세조의 왕위찬탈을 도운 한명회를 신랄하게 비판한 시이다.

김시습의 위천조어도(渭川釣魚島)에 관한 또 다른 야사가 하나 전해 오는데, 1453년(단종 1년)에 계유정난(癸酉靖亂) 쿠데타를 일으켜 세종(世宗)의 둘째 아들 세조(世祖)가 조카 단종(端宗)에게서 왕위를 찬탈할 때, 신숙주, 한명회, 정인지와 함께 단종과 사육신을 제거하고, 세조의 왕위찬탈에 일등공신이 된 책사(策士) 권람(權擥)의 집에 어떤 중이 와서 한 번 보기를 청했는데, 권람이 중을 기다리게 하고 오래도록 나오지 않으니, 그 중은 벽에 걸려있는 '위천조어도(渭川釣魚島)'를 보고 시 한 수를 써 놓고 떠나버렸다. 잠시 후 나와서 그림에 써놓는 시를 보고, 조카의 왕위를 찬탈하고 사육신을 죽인 세조와 자신을 포함한 무리를 비판하고 조롱한 '오세(五世)' 김시습의 시임을 뒤늦게 알아챈 권람은 "아뿔싸, 매월당이 왔다 갔구나!" 하며 뒤를 쫓았지만 찾을 수가 없었다.

以心傳心 인터뷰

"이런들 어떠하리 저런들 어떠하리 만수산 드렁칡이 얽혀진들 어떠하리, 부여의 만수산(萬壽山) 끝자락 무량사(無量寺)에 오다 보니 개성의 만수산(萬壽山)[116] 칡넝쿨을 읊으며 포은(圃隱) 선생을 회유하던 이방원의 시조「하여가(何如歌)」가 생각납니다. 몽사노(夢死老) 선생, 500년 세월이 순식간에 흘렀군요. 무량사 입구 비구니 스님들의 수행도량인 무진암(無盡菴) 앞 선생님의 부도를 찾아 영모(永慕)의 예(禮)를 올리려고 멀리 경기도 '널다리' 판교(板橋)에서 미친 나비 꽃 본 듯이 날아 찾아왔습니다. 조상(弔喪)이 좀 늦었다고 꾸짖지는 마시오. 선생을 뵙고자 정월 초하룻날 칠순 늙은 몸 땅바닥 기어 풍찬노숙(風餐露宿)[117] 걸객(乞客) 몰골이 다되어 예까지 왔으니까. 엄동설한 찬바람에 얼어붙은 무량사 극락전(無量寺 極樂殿) 처마 밑 고드름이 따사한 햇살과 함께 찾은 저를 눈물 흘리며 반기더이다. 술과 삼겹살 효선(肴膳)[118]

---

116 개성의 만수산(萬壽山): 개성시 북쪽에 있는 송악산(松岳山)을 지칭.

117 풍찬노숙(風餐露宿): 바람막이도 없는 밖에서 끼니를 때우고 지붕도 없는 곳에서 이슬을 맞으며 잔다는 의미로 힘들고 고통스러운 삶 또는 여정.

118 효선(肴膳): 술안주.

몇 점 가져왔는데 입맛에 맞으실지 모르겠습니다."

"효선(肴膳)? 쓸데없이 경서(經書)[119]로 배나 채우며 문자를 앞세우며 아는 척 마시게나. 몸만 무겁고 모든 게 헛되니. 그 술잔이나 우선 한 잔 올리시게. 명색이 선방(禪房) 승려이니 고기 맛본 지 오래요. 하지만 나는 머리는 깎고 수염은 기른 내가 봐도 참 괴이한 승려로 절간과 속세(俗世)를 오가며 고기도 먹었다 끊었다 했고 승려이면서 후사를 보려고 원효(元曉)[120]대사처럼 혼인도 해봤으니 파계승(破戒僧)이라고 이해해도 좋소. 절간에 오래 있어도 부처는 한 놈도 못 봤고, 속세(俗世)에 내려가 보니, 눈에 뵈는 게 모두 부처이고 스승이더라. 그래도 난 절간이 좋아 여기 무량사(無量寺)에서 죽었소. 머리 아픈 얘기는 그만하고 우선 들고 있는 그 우윳빛 곡차(穀茶)[121]나 한잔 부어 보시오. 곡비즉진(曲臂則盡)[122] 러브샷이나 한 번 합시다."

"소생이 일찍이 북의 6·25남침 때 북녘땅 황해도 사리원에서 어머니 등에 업혀 남녘 땅으로 피난 온 이래 고향이나 모실 조상도 없이 떠돌아다닌 지 칠십여 년 긴 세월이 흘렀소. 허니 추석 때도 성묘할 조상 묘가 없어 차례 지낼 제사용품 하나 제대로 갖추지 못해 죄송하오. 갖고 온 막걸리 한 병 제기(祭器) 접시에 가득 부어 올립니다. 이 막걸리로 말할 것 같으면 신선들이 먹고사는 불노초(不老草)를 누룩에

---

119 경서(經書): 사서오경(四書五經)과 같은 유교의 가르침을 적은 책.

120 원효(元曉): 신라 시대 승려. 무열왕의 딸 요석공주(瑤石公主)와의 사이에서 설총을 낳음. 설총은 한자의 음훈(音訓)을 이용해 우리말을 표기한 이두(吏讀)의 창시자.

121 곡차(穀茶): '막걸리 같은 곡식으로 만든 차'라는 의미로 승려들이 술을 돌려 말할 때 쓴 은어(隱語).

122 곡비즉진(曲臂則盡): '팔뚝을 구부린 채 술을 다 마신다'는 뜻으로 요즘의 '러브샷'과 유사. 경주 안압지에서 발굴된 목제 14면체 주사위(주령구酒令具)에 새겨진 문구로 통일신라 시대 때 상류층 음주문화를 엿볼 수 있다.

　　　　　　　　미래를 찾아 과거 속으로

푹 담갔다가 아침 이슬과 소젖 몇 방울 뿌려 발효해 만든 만병통치 보약으로 녹용 산삼이나 뱀보다 훨씬 약효가 좋다 해 어렵게 구해 가져온 술이오. 흠향(歆饗)[123]하시고 귀한 말씀 내려주시기 바랍니다."

"그런데 몽사노(夢死老) 어른께서는 조카 죽이고 왕위를 찬탈한 수양대군에게 풀지 못한 여한(餘恨)이 아직도 남아 있습니까?"

"아~, 조카 단종 죽이고 왕이 된 그 양반? 칼쌈에 이기면 충신(忠臣)이 되고 지면 역적(逆賊)이 되는 것, 그게 역사(歷史)지. 몹쓸 군주였지만 그래도 수양대군 세조(世祖)는 말년에 이미 죗값을 충분히 치렀소. 피부가 썩어들어가는 나병(癩病) 같은 천형(天刑)을 받아서 그랬는지, 아마 나보다 이십여 년 더 빨리 죽지 않았나 싶소. 극락정토 불국토(佛國土)를 이루려고 회암사(檜巖寺) 중건에 힘을 쓴 정희왕후(貞熹王后) 윤(尹)씨와 함께 경기도 광릉(光陵)에 누워있어 가끔 서로 왕래하고 지냅니다. 경기도 양주 회암사(檜巖寺)에는 바리때[124] 공양으로 끼니 때워가며 지공(指空), 나옹(懶翁), 무학(無學), 삼화상(三和尙) 부도 찾아뵙고 인사드리러 몇 번 가 봤지요. 나 죽은 지 18년쯤 됐을 땐가? 그때 편찬된 나의 유고작(遺稿作)『매월당집사유록(梅月堂集四遊錄)』이라는 문헌이 있는데 「회암사(檜巖寺)」라는 제하(題下)에 내가 읊은 시 한 수를 적어 놓은 적이 있으니 한 번 보시길 바라오. 이승이건 저승이건 극락과 지옥이건 따로 있는 게 아니고 다 내 마음속에 있는 게요. 나는 죽은 후 저쪽 세상 불구덩이에 떨어지지 않게 이쪽 세상에서 죄짓지 말고 살라는 도덕적 윤리적 가르침대로 살다 갔을 뿐이고, 수양대군 세조

---

123 흠향(歆饗): 제사 때 그 차려놓은 음식을 故人의 혼령이 받아서 먹음.
124 바리때: 발우(鉢盂), 승려의 공양 그릇으로 나무나 놋쇠로 만든 식기.

는 저쪽 세상 가기 전에 이쪽 세상에서 죄 실컷 지고 죽기 전에 미리 문둥병 불구덩이에 빠져 속죄하다 살다 갔을 뿐이오. 이제는 다 지난 얘기. 단종(端宗)은 멀리 강원도 영월에 있어 자주는 못 보지요. 매죽헌(梅竹軒) 성삼문 선생과 수양대군 세조께서는 가까이 있어 가끔 서로 만나 담소(德談)와 웃음도 함께 나눈다니 내 마음도 편하오. 인생지사(人生之事) 일장춘몽(一場春夢), 하늘도 갰다 흐렸다 하듯이 어렸을 때는 하늘이 맑게 보이더니 나이 드니 어두워지더이다. 인생이 다 그런 거 아니겠소? 덧없는 인생 내 뜻대로 되는 게 아니니, 그러려니 하며 살라고 시 한 수 남긴 게 있소."

잠깐 갰다 비가 오고 비 오다간 다시 개고
하늘의 이치도 이러한데 하물며 세상 인정이야.
나를 칭찬하다 돌아서서 헐뜯네.
이름나기 싫다면서 외려 유명해지길 바라네.
꽃이 피고 지는 것이 봄과 무슨 상관이뇨?
구름이 왔다 갔다 해도 산은 불평하지 않네.
세상 사람들아 내 말 새겨들으라.
영원히 즐겁고 기쁜 한평생 찾아도 없다는 걸.

乍晴乍雨雨還晴
天道猶然況世情
譽我便是還毁我
逃名却自爲求名
花開花謝春何管

미래를 찾아 과거 속으로

雲去雲來山不爭

寄語世人須記認

取歡無處得平生

(梅月堂 金時習 詩, 乍晴乍雨)

주해

乍(사): 잠깐, 갑자기.

便(변): 편하다, (소, 대)변, 여기서는 부사 '곧'의 의미.

却(각): 물리치다, 그치다. 여기서는 부사 '오히려'의 의미.

謝(사): 사죄하다, 물러나다.

管(관): 피리, 대통, 여기서는 '주관하다'의 의미.

寄語(기어): 멀리 있는 사람에게 전하는 말, 기별.

"그렇다면 이제는 얼굴 찌푸리지 마시고 인상 좀 펴시오. 부여 무량사(無量寺) 경내 청일사(淸逸祠)라는 사당에 매월당 선생 초상화가 봉안되어 있더군요, 손수 그리신 자화상인지는 모르겠지만 패랭이 모자에 의복은 야복(野服)[125]이고 얼굴은 찡그려 양미간(兩眉間)에 '내 천(川)'자 주름이 있더이다. 인상 좀 그만 쓰시고 그놈에 '내 川'자 양미간 주름은 이제 그만 펴시오. 살아생전 출사(出仕)[126]는 원치 않았어도 저승에서 이조판서까지 추증되어 오르시지 않으셨습니까?"

"글쎄 그 초상화 내가 손수 그린 그림인지 아니면 후세 사람들이 제멋대로 그린 내 얼굴인지는 기억이 나질 않소만 개의치 마시오. 인생살이 고통스러워 찡그리며 살았어도 사람은 죽고 나면 모두 얼굴이

---

125 야복(野服): 재야의 사람이나 일반 백성이 입는 소박한 복장.

126 출사(出仕): 벼슬을 해서 관아에 나아감.

평온한 모습으로 되돌아가는 게요. 죽은 사람 얼굴을 한 번 보시오.
어디 찡그린 얼굴 하나 있나?"

"관모(冠帽) 대신 패랭이 모자, 관복(冠服)[127] 대신 허름한 야복(野服)
걸치시고 손에 쥔 것 하나 없이, 살다 가셨어도 몽사노(夢死老) 선생께
서는 후세 사람들에게 큰 가르침을 주셨습니다. 오늘 말씀 마음속 깊
이 새기고 돌아갑니다."

"내가 쓸모없었던 건지 아니면 세상이 쓸모없었던 건지 나도 잘 모
르겠소. 여하튼 나는 췌세옹(贅世翁)[128]이오. 내가 어쩌다 쓸모없는 세
상에 태어나 한평생 살다 노인이 되었는지, 아니면 원래 쓸모없는 내
가 세상을 살다 노인이 되어 죽었는지 나도 잘 모르겠다는 말이오. 속
세(俗世)의 사랑과 증오, 인연을 단칼에 베어 버리고 떠남을 출가(出家)
라 하오. 나는 비록 출가해 '꿈꾸다 죽은 몽사노(夢死老)'로 살다 갔지
만, 당신은 '꿈꾸며 사는 몽생노(夢生老)'가 되어 살다 가길 바라오. 일
화(一華) 선생은 나와 본관도 달라 내 후손도 아닌데 정월 초하룻날
아침부터 이렇게 먼 데까지 와 만병통치 보약인 막걸리까지 헌작(獻
爵)[129]해주니 고마울 따름이오. 훗날 일화(一華) 선생이 주머니 없는 베
적삼 수의(壽衣) 입고 저승길 오실 때 지전(紙錢)[130]이나 반함(飯含) 구슬
[131] 입에 물고 올 걱정일랑 하지 말고 빈손으로 오시오. 옥토끼가 절구

미래를 찾아 과거 속으로

찧어 만든 불로초(不老草)에 진달래 꽃향기 그윽한 두견주(杜鵑酒) 따라 놓고 반가이 맞으리다. 진달래 꽃내음 그윽한 화전(花煎)[132] 부쳐 먹고 달 속이나 거닐어 봅시다."

"내가 있는 부여 무량사(無量寺)에서 귀댁이 있는 경기도 '널다리 잣나무고개(板橋 栢峴, 판교 백현)'까지 300리가 넘는 먼 길인데 가시는 길 편히 살펴 가시길 바라오."

주해

널다리(板橋, 판교): 조선 초기 때부터 부른 지역 이름으로 남쪽 지방에서 한양으로 가는 길목의 운중천(雲中川)에 널빤지를 깔아 놓아 건너는 다리를 말하며 과거에는 흔히 낙생(樂生)으로도 불렀다. 순우리말로는 '널다리'.
잣나무고개(栢峴): 栢(백) 잣나무 峴(현) 고개, 재.

인 죽은 자의 저승길 노잣돈.

132 화전(花煎): 찹쌀가루에 진달래꽃·국화꽃 등을 붙여서 지진 부침개. 일명 '꽃지지미'라고도 함. 우리나라 미풍양속(美風良俗)의 하나로 신라 시대 때부터 이어져 온 '화전(花煎)놀이'라는 나들이 모임이 있었다. 춘삼월 杜鵑花(두견화, 진달래꽃) 만발하면 산 좋고 물 맑은 계곡에 모여 진달래꽃잎 따서 꽃전병 부쳐 먹으며 노는 주로 부녀자들의 봄나들이 모임이었는데, '꽃놀이' 또는 '꽃달임'이라고도 불렀다.

2. 차라리 스스로 목숨을 버릴지언정
   남의 손에 죽지는 않겠노라

낙화암(落花岩)

충청남도 부여군 부소산

扶餘城北角有大岩

下臨江水, 相傳云

義慈王與諸後宮知其未免

相謂曰 "寧自盡, 不死於他人手"

相率至此, 投江而死

故俗云墮死岩 (下略)

[삼국유사(三國遺事) 중 백제고기(百濟古記)에서]

미래를 찾아 과거 속으로

부여성 북쪽 모퉁이에 큰 바위가 있어

그 아래로 강물이 흐르는데 서로 전하기를

의자왕과 여러 후궁은 화를 면치 못할 것을 알고

서로 다짐하며 이르되 "차라리 스스로 목숨을 버릴지언정

남의 손에 죽지 않겠다" 하며

서로 이끌고

강물에 몸을 던져 죽었다 하여

세상 사람들은 타사암(墮死岩)이라고 부르더라

백마강 달밤에 물새가 울어

잃어버린 옛날이 애달프구나

저어라 사공아 일엽편주 두둥실

낙화암 그늘에 울어나 보자

('꿈꾸는 백마강' 가사 2절, 이인권 노래, 1941)

　낙화암(落花岩)은 충청남도 부여군 부소산 위에 있는 바위 이름이다. 고려말 승려 일연(一然)의 『삼국유사(三國遺事)』에도 낙화암의 유래에 대하여 『백제고기(百濟古記)』라는 역사서를 인용하면서 의자왕(義慈王)과 후궁들이 나당(羅唐)연합군에게 화를 당할 것이 두려워 모두 강물에 몸을 던졌다지만 의자왕은 당나라에서 죽었다는 당나라 사서(史書) 기록이 있어 『백제고기(百濟古記)』 내용의 진위 논란도 있다. '삼천궁녀'라는 말도 세종 때 문신 김흔(金訢)이 '삼천가무(三千歌舞, 삼천궁녀)'라는 말을 처음 언급하면서부터 일컫게 되었다.

三千歌舞委沙塵　　　삼천가무위사진
紅殘玉碎隨水逝　　　홍잔옥쇄수수서

삼천궁녀 강모래에 몸을 던져
꽃이 지고 옥이 부서지듯 강물에 떨어져 떠나갔구나

'낙화암(落花巖)'이란 명칭도 일제강점기 때 언론인 이홍직(李鴻稙)이 처음 공식적으로 쓰게 되었음을 고려하면, '삼천궁녀'와 '낙화암' 이야 기는 백제 멸망의 슬픔과 비통함을 극대화하기 위해 후세에 만들어 진 이야기일 수도 있다.

나당(羅唐)연합군에게 항복한 무왕(武王)의 맏아들이며 백제 31대 마지막 왕인 의자왕(義慈王)의 삼천 궁녀들이 백마강(白馬江) 아래로 몸 을 던진 부소산성 낙화암(落花巖) 백마강 건너편에 조선 중종(中宗) 때 의 문인 석벽(石壁) 홍춘경(洪春卿)의 시가 적힌 추모비가 있다.

國破山河異昔時 獨留江月幾盈虧　국파산하이석시 독류강월기영휴
落花岩畔花猶在 風雨當年不盡吹 ... 낙화암반화유재 풍우당년불진취

나라가 이미 망해 사라지고 강산도 변했는데 얼마나 오랜 세월 달은 홀로 떴다 지었는가?
낙화암 물가에 남아 있는 꽃 한 송이 그때 불던 모진 비바람을 이겨낸 넋이런가?

幾(기): 얼마, 어느 정도, 몇.

盈虧(영휴): 달이 차고 이지러짐.

畔花(반화): 물가의 꽃. 여기서는 낙화암 바위에 핀 꽃.

不盡吹(불진취): (비바람이) 아직 다 불지 않았음.

첨언

백마강 아래로 몸을 던진 삼천 궁녀들은 꽃잎처럼 떨어져 백마강 따라 떠내려갔지만, 모진 비바람에도 낙화암의 이끼 낀 바위틈에 자라는 고란초(皐蘭草)가 천년의 세월 보내며 낙화(落花)를 슬퍼한다는 의미이다. 실제로 몸을 던진 궁녀가 삼천 명인지 아닌지는 알 길이 없다. 고려 때 편찬된 일연의 삼국유사나 김부식의 삼국사기에는 그런 기록은 없다.

나당(羅唐)연합군에 항복한 의자왕은 당나라 장수 소정방(蘇定方)에 의해 당나라로 끌려갔다가 병사했다는 얘기도 있으니 백제 멸망의 비장감을 극대화하기 위해 삼천 명의 궁녀만 백마강에 몸을 던졌다는 얘기이다. 여기서 삼천 명인지 이천 명인지 따지는 건 무의미하다. 낙화암 정상 백화정(白花亭)에 오르니 삼천 명은 고사하고 열 명 서기도 비좁다. 그러나 예로부터 무수한 인원을 지칭할 때 '삼천(三千)'이라고 흔히 표현했다. 당나라 시인 백거이(772~846)의 '장한가(長恨歌)'에서 '후궁가려삼천인(後宮佳麗三千人, 후궁은 아름다운 삼천 명 있었지만'이라는 구절이 있고, 이백도 '망여산폭포(望廬山瀑布)'라는 시에서 '날아 흘러 떨어지니 길이가 삼천 척(비류직하삼천척, 飛流直下三千尺)'이라며 폭포가 흘러내리는 모양을 낭만적으로 과장 묘사하였다. 이백의 '추포가

(秋浦歌)'에도 '백발삼천장(白髮三千丈)'이란 표현이 있듯이 '삼천(三千)'이란 단어는 '많고, 크고, 높고, 길다'라는 의미로 흔히 사용한 표현임을 알 수 있다. (백제뉴스, http://www.ebaekje.co.kr) 따라서 '삼천(三千)궁녀'를 수학적 관점에서 볼 게 아니라, 대단히 많은 숫자의 궁녀라고 해석하고 넘어가는 게 옳을 듯하다.

고려 말 문신 목은(牧隱) 이색(李穡)의 아버지인 유학자 이곡(李穀)의 산문 문집인 『가정집(稼亭集)』卷5에 수록된 「주행기(舟行記)」에도 다음과 같은 낙화암 유래에 관한 글이 있다.

> 明日 至扶餘城落花岩下
> 昔唐遣蘇將軍伐前百濟
> 扶餘實其故都也
> 時被圍甚急 君臣棄宮娥而走
> 義不汙于兵 群至此岩墮水而死
> 故以名之
> 扶餘監務設食于岩隈僧舍

다음 날 부여성(扶餘城) 낙화암(落花岩) 아래에 이르렀다.

옛날에 당(唐)나라가 소장군(蘇將軍)을 보내 백제(百濟)를 정벌했는데, 부여는 바로 그때의 도읍이었다. 그때 포위되어 상황이 매우 급박해지자 군신(君臣)이 궁녀들을 놔두고 도망쳤는데, 궁녀들은 당나라 군사들에게 몸을 더럽힐 수 없다고 하여 무리를 지어 이 바위에 이르러 강물에 몸을 던져 죽었다. 그런 연유로 낙화암이라고 이름 지은 것이다.

부여의 감무(監務)가 바위 낭떠러지에 있는 승사(僧舍)에 음식을 차렸다.

주해

소장군(蘇將軍): 소정방(蘇定方), 신라 무열왕 때 나당연합군이 백제를 공격할 때 당나라 장군 소(蘇)정방이 군사를 이끌고 황해(黃海)를 건너와 인천광역시와 경기도 시흥시 경계의 하천 포구(浦口)로 중국 산둥성의 래주(萊州)에서 출발해 상륙한 곳이라 하여 오늘날의 소래포구(蘇萊浦口)라 이름 지어졌다는 설이 있다. (출처: 한국민족문화대백과사전)
감무(監務): 고려 때 군현(郡縣)에 파견되었던 지방관(地方官).
隈(외): 낭떠러지, 소(沼).
승사(僧舍): 사찰, 절. 여기서는 낙화암 절벽 기슭에 있는 사찰 고란사(皐蘭寺)를 의미.

'낙화암 그늘에 울어나 보자'에서 우는 주체는 '고란초'라 보는 게 옳을 듯하다. 낙화암 기슭에 있는 사찰 고란사(皐蘭寺)의 이름을 따라 고란초(皐蘭草)라는 이름이 붙여졌다고 전해진다. 술을 좋아했던 백제 의자왕(義慈王)이 위장병을 고치려고 백마강 낙화암 중턱에 있는 고란사(皐蘭寺)의 고란정(皐蘭井) 샘물에 고란초를 띄워 마셨다 전해지며, 고란초(皐蘭草)가 중국에서 한약재(漢藥材)로 쓰였다는 전설도 있다. 퇴계 이황(退溪 李滉) 선생의 14대손이며 일제 저항 시인인 이육사(李陸史, 1904~1944)도 폐병과 위장병을 고치기 위해 고란초 샘물을 마시기 위해 고란사에 들렀다는 조선총독부 기관지 기록이 있다. (每日新報寫眞旬報매일신보사진순보, 1942년 12월 1일, 제305호)

'고란사(皐蘭寺)'라! 혹시 병연(炳淵) 선생께서도 여기 오셨던 게 아닐까?

김삿갓 김병연(金炳淵)의 아호(雅號) '난고(蘭皐)'를 거꾸로 읽으면 '고란(皐蘭)'이 되니, 김삿갓이 아호를 '난고(蘭皐)'로 짓기 전 고란사(皐蘭寺)에 들러 낙화암 절벽 위에서 백마강을 바라보는 모습이 연상된다. 고란사(皐蘭寺)는 삼천궁녀의 넋을 위로하기 위해 낙화암(落花巖) 중턱 바위 위에 세웠다는 얘기도 전한다.

고란사 종소리 사모치면은
구곡 간장 오로지 찢어지는 듯
누구라 알리요 백마강 탄식을
낙화암 달빛만 옛날 같구나

'꿈꾸는 백마강' 가사 3절, 이인권 노래, 1941

법당(法堂) 뒤 고란정(皐蘭井) 샘물 곁에 1958년 故 우남 이승만(雩南 李承晩, 1875~1965) 대통령과 프란체스카 여사가 함께 이 먼 곳에 추모차 들러 찍은 빛바랜 사진 한 장이 걸려있어 세월의 무상(無常)함을 말해준다. 대한민국 초대 대통령 이승만은 조선 3대 왕 태종의 맏아들이며 세종의 형인 양녕대군의 다섯째 서자의 후손이며, 임진왜란 당시 충무공 이순신(忠武公 李舜臣) 장군의 휘하에서 수군을 지휘하며 왜적을 물리친 무의공 이순신(武毅公 李純信) 장군의 혈족 자손이다.

필자가 까까머리 중학생일 때 다니던 서울 중구 정동에 있던 학교 교정의 수령(樹齡) 8백 년 된 회화나무를 잊을 수가 없다. 유난히 바람이 거세고 비바람이 몰아치던 1965년 7월 19일 둘레가 서너 아름이 넘어 학생들의 놀이터이고 휴식처였던 그 멀쩡하던 천년 세월 고목(枯木) 나무 몸통이 비바람 번개에 두 동강 나 쓰러졌다. 하와이에서

미래를 찾아 과거 속으로

우남 이승만(雩南 李承晚) 대통령이 운명한 바로 그날이다. 배재학당(培材學堂)에서 천자문 대신 ABC와 신문학을 배웠고 독립운동가와 대한민국 건국 대통령으로 나라를 위해 일생을 헌신한 우리들의 우상인 이승만 박사가 운명하는 날 호랑이가 웅크리고 앉아 있는 듯한 천년 고목이 넘어져 쓰러지며 하룻밤 사이에 사라져버렸다. 고목 나무의 쓰러짐과 이승만 박사의 운명이 우연의 일치라고 믿는 학생은 아무도 없었다. 우리들의 우상이며 영웅인 이승만 박사의 유해는 며칠 후, 미 공군 수송기에 의해 하와이에서 김포공항으로 송환되었으며, 정동교회에서 영결식을 가진 후 삼각지 로터리를 지나, 한강 다리를 건너 동작동 국립서울현충원에 안장되었다. 까까머리 중학생이었던 필자도 무거운 만장(挽章)[133]을 들고 운구 차량 뒤 긴 만장 행렬의 뒤를 따라 한강 다리를 건너던 생각이 어제 일 같이 생생하게 떠오른다.

대한민국 건국 대통령의 장례는 국장(國葬)도 아닌 국민장(國民葬)도 아닌 가족장(家族葬)으로 치러졌다. 장례식과 유해 안장이 끝난 후 무거운 만장을 들고 온 어린 학생들에게 삼립크림빵 하나씩 주어 주린 배를 달랠 수 있었다. 우남학관(雩南學館)에서 수학한 필자의 우상 우남 이승만 (雩南 李承晚) 대통령은 백마강 낙화암의 낙화(落花)처럼, 배재학당 회화나무 고목(枯木)처럼 그렇게 우리 곁을 말없이 떠나갔다.

백화정(白花亭) 아래 낙화암(落花巖) 정상에 서서 백마강(白馬江)을 내려보며 몸을 던진 후궁들의 넋을 기리다가 하산(下山)길에 낙화암 중턱의 고란사(皋蘭寺)에 들러 범종(梵鐘)도 한 번 크게 타종(打鐘)해 보니 종소리 끊어질 듯 끊어질 듯하면서도 길게 여운(餘韻)을 남기며 백마강 물결 따라 울려 퍼진다. 범종 소리 여운은 멀리 궁남지(宮南池)의 물

---

133 만장(挽章): 죽은 사람을 슬퍼하고 기리는 글로 비단이나 종이에 적어 장대에 걸고 상여 혹은 운구차를 뒤따르는 깃발.

오리 떼에게도 들리지 않을까? 서동(薯童)이란 목동이 어릴 때 신라 진평왕(眞平王)의 딸 선화(善花) 공주를 배필로 삼아 30대 백제 무왕(武王)이 되어 선화공주와 사랑을 나누었던 사비성의 인공호수 궁남지(宮南池)에서 자맥질하며 노는 물오리 떼는 낙화암의 그때 그 슬픈 사연을 알고 있을까?

3. 조사(祖師) 대대로 이어온 법등(法燈)을 밝혀 전할 사람 없어 마음이 아프구나

회암사지(檜巖寺址)

경기도 양주시 천보산 자락 마루턱

회암사(檜巖寺)

古松藤蔓暗相連	고송등만암상연
一徑深深入洞天	일경심심입동천
勝境宛如那爛寺	승경완여나란사
恨無人導祖燈傳	한무인도조등전

(梅月堂 金時習,『梅月堂集』四遊錄 중에서)

늙은 소나무와 등나무는 보이지 않게 서로 이어져 뻗어 나가고
한 가닥의 길은 깊고 깊어 신선이 사는 곳에 들어가네.
수려한 경관은 인도의 나란타사와 같이 뛰어나건만
조사(祖師) 대대로 이어온 법등(法燈)을 밝혀 전할 사람 없어
마음이 아프구나.

경기도 양주시 천보산 밑자락에 있는 회암사지(檜巖寺址)는 고려 27
대 충숙왕(忠肅王) 때 인도 승려 지공(指空)이 회암사를 266칸의 대형
사찰로 중건(重建)한 절터였으며, 신돈(辛旽) 아들 우왕(禑王) 때 (1376),
지공(指空)의 제자 승려 나옹(懶翁)이 회암사의 주지로 있으면서 절을
중건하였으나, 당시 숭유억불(崇儒抑佛) 정책의 신진 성리학 사대부들
의 탄핵으로 경남 밀양 영원사(靈源寺)로 가던 도중 경기도 여주 신륵
사에서 입적(入寂)했다. 나옹선사의 선시(禪詩), '青山兮要我 而無語(청
산혜요아 이무어, 청산은 나보고 말없이 살다 가라 하네)' 句는 평생 필자 자신
이 스스로 경책하는 자경문(自警文)이 된 지 오래다. 두 번째 句, '蒼空
兮要我 而無垢(창공혜요아 이무구, 창공은 나보고 티 없이 살라 하네)' 의 '창공
(蒼空)'은 스승 '지공(指空)'을 추모하며 쓰지 않았을까 하는 상상도 해
본다. 공식적으로는 숭유억불 정책을 택한 조선왕조 500년이었지만
실제로 왕족들은 불교를 무척 숭상했다. 조선 초기 유학자(儒學者)가
아닌 태조 이성계는 나옹선사의 제자인 무학대사(無學大師)를 회암사
에 머물게 했다. 회암사는 이성계가 왕일 때나 왕위에서 물러난 후에
도 은거와 수도를 했던 일종의 왕사(王寺, 왕실사찰)였다. 건축양식도 법
궁인 경복궁의 남문(光化門)과 중문(興禮門)을 거쳐 근정전(勤政殿)이 있
는 것처럼 남문과 중문을 일직선으로 지나면 근정전이 위치한다. 회

미래를 찾아 과거 속으로

암사지 북쪽 끝에 이성계가 정사를 보던 20평 정도의 정청(正廳) 터에 외로이 남아 있는 초석(礎石)을 바라보며 이성계와 무학대사의 숨결을 느껴보았다. 독실한 불교 신자였던 수양대군 세조, 성종의 대비마마 정희왕후(세조의 왕비), 명종과 문정왕후(명종의 어머니) 등의 불사(佛寺) 중건(重建)을 위한 후원이 지극했지만, 조선 후기로 가면서 유학자(儒學者)들의 압력과 유생들의 지속적 상소와 방화로 지공(指空), 나옹(懶翁), 무학(無學) 삼화상(三和尙)의 비석과 부도 등 보물은 모두 파괴되고, 회암사 건축물과 유물은 거의 소실(燒失)되었다. 회암사가 있던 원래 위치에서 500m 떨어진 천보산 산마루턱에 지금의 회암사가 세워졌으며, 나옹선사의 행적을 새긴 회암사지선각왕사비, 지공과 나옹선사의 부도, 무학대사비, 회암사지부도탑과 원래 회암사의 초석(礎石)들만 남아 있다. 매월당 김시습(梅月堂 金時習, 1535-1593)은 불교 승려이면서 유·불·도(儒·佛·道)교에 정통한 천재 문인으로 패려(悖戾)하고 부도덕하게 단종으로부터 왕위를 찬탈하고 사육신(死六臣)을 죽인 수양대군 세조의 세상에서 벼슬은커녕 살기도 싫다며 동서남북 명승고적(名勝古跡)을 유랑하며 그릇된 세상을 한탄하는 글을 남겼다. 세조는 말년 심한 피부병으로 고생하며 불교에 귀의해 원각사(圓覺寺) 창건, 왕궁사찰 회암사(檜巖寺) 중건에 정성을 들였다.

주해

삼화상(三和尙): 고려말에서 조선 초 명승(名僧). 지공선사(指空禪師), 나옹선사(懶翁禪師), 무학대사(無學大使).

지공선사(指空禪師)(?~1363): 중인도 제국 마갈제국의 왕자로 8세에 나란타(那爛陀寺)에서 출가하여 승려가 되었으며 1324년경 원나라 연경에서 머물다, 고려 충숙왕(1328) 때 인도의 나란타사를 본떠 경기도 양주에 266칸짜리 거대한 사찰인 회암사(檜巖寺)를 창건했다고 전해진다.

나옹선사(懶翁禪師)(1320-1376): 회암사에서 지공으로부터 법을 이어받아 깨달음을 얻었고 우왕 때(1376) 나옹은 회암사의 주지로 있으면서 절을 중창하였으나, 당시 신진사대부 성리학 유생들의 탄핵을 받아 경남 밀양 영원사(靈源寺)로 가던 도중 경기도 여주 신륵사에서 입적했다.

무학대사(無學大師, 1327~1405): 고려 공민왕 때 3년간 원나라 연경에 유학 갔다 지공을 만나고 돌아와 나옹으로부터 의발(衣鉢)을 전수받고 임제간화선(臨濟看話禪)[134] 법맥을 이어 갔다. 태조 이성계의 스승으로 조선왕조 유일의 왕사(王師)였으며 제자인 태조 이성계의 배려로 무학은 회암사에 머물렀으며 태조 이성계가 왕위를 물려주고 난 후에도 회암사에서 수도 생활을 했다. 여주 봉미산 남한강 변 신륵사 경내 조사당(祖師堂) 불단 뒷벽 가운데에 지공, 그 좌우에는 무학과 나옹, 삼화승(三和尙)의 영정이 모셔져 있다.

원각사(圓覺寺): 고려 때 지금의 탑골공원 터에 흥복사(興福寺)라는 이름의 사찰이었으나 세조가 흥복사(興福寺)를 허물고 원각사를 창건했다. 연산군 때 원각사를 연방원(聯芳院)이라는 이름의 기방(妓房)으로 만들었으며, 중종 때 연방원을 헐어 원각사는 역사 속으로 사라졌다. 원각사 범종은 숭례문에 옮겼으며 훗날 지금의 종각(鐘閣)이라 불리는 보신각(普信閣)으로 옮겨졌다. 원각사 자리였던 탑골공원에는 원각사지(圓覺寺址) 십층석탑과 대원각사비가 남아 있다.

30~40대에 김시습은 회암사에 두 차례 이상 들렀다 한다. 회암사는 일반 사찰이 아닌 대형 왕실(王室) 사찰이었으며 승려인 매월당에게도 남다른 의미가 있는 지공, 나옹, 무학(指空, 懶翁, 無學) 삼화상(三和尙)의 사리탑과 영정(影幀)[135]을 모신 사찰이었기 때문이다.

---

134 임제간화선(臨濟看話禪): 불교 수행자의 깨달음을 얻는 방편으로 화두(話頭)를 살펴 깨달음을 얻는 참선 수행법.

135 영정(影幀): 죽은 사람의 죽기 전 얼굴 모습을 그린 초상화 혹은 사진.

봉은사(奉恩寺) 주지였던 보우(普雨, 1509~1565)대사가 명종(明宗)의 어머니인 문정왕후의 도움으로 회암사 중건(重建)을 도모했지만, 문정왕후가 죽자 보우도 유생(儒生)들의 상소와 탄핵으로 죽음을 맞이하여 회암사 왕정사찰의 기능이 소멸했다. 보우가 죽은 뒤 회암사는 유생들에 의해 불에 타 역사 속에서 사라졌다. 매월당은 회암사가 사라지기 전에 여러 번 온 듯하며, 삼화상(三和尙)의 부도를 보며 "이제 법등(法燈)을 이끌어 전할 사람이 없는 것을 안타까워하노라."라며 '회암사(檜巖寺)'라는 시를 남겼다. 262칸 넓은 왕사(王寺)의 건물들은 모두 불에 타 없어지고 초석(楚石)만 쓸쓸히 남아 있는 회암사지(檜巖寺址)를 거닐다 북쪽 천보산 마루턱 '김삿갓 풍류길' 숲속에 오르면 매월당의 '회암사' 시구가 적힌 이정표가 회암사지(檜巖寺址) 황성옛터를 쓸쓸히 내려다보고 있다.

『매월당집(梅月堂集)』 중 「사유록(四遊錄)」에는 '회암사(檜巖寺)'라는 매월당의 시 한 수가 전해지고 있다.

회암사(檜巖寺)

古松藤蔓暗相連　　　고송등만암상연
一徑深深入洞天　　　일경심심입동천

늙은 소나무와 등나무는 보이지 않게 서로 이어져 뻗어 나가고
한 가닥의 길은 깊고 깊어 신선이 사는 곳에 들어가네.

勝境宛如那爛寺　　　승경완여나란사
恨無人導祖燈傳　　　한무인도조등전

(梅月堂 金時習의 「梅月堂集四遊錄」 중에서)

수려한 경관은 인도의 나란타사와 같이 뛰어나건만

조사(祖師) 대대로 이어온 법등(法燈)을 밝혀 전할 사람 없어 마음이 아

프구나.

주해

藤(등): 등나무.

蔓(만) 덩굴, 뻗어 나가다.

宛(완): 완연히, 마치

那爛寺(나란사): 인도의 거대한 나란타사(羅爛陀寺)

회암사지(檜巖寺址) 입구에 박물관이 있으며 그간 발굴된(1998~2012) 귀중한 600년 전 유물이 전시되어 있다. 아버지의 '절대로 손대지 말라'는 명령도 무시한 채 포은 정몽주(圃隱 鄭夢周)를 무참하게 죽인 다섯째 아들 이방원이 동복(同腹) 이복(異腹)형제마저 다 죽이니 부자의 정(情)이나 인연(因緣)에 대한 미련이 조금이라도 남았겠는가? 태조 이성계가 아끼고 자신이 어렸을 때부터 삼촌이라 부르며 따랐던 삼봉 정도전(三峯 鄭道傳)과 나이 어린 세자 방석(芳碩)마저 무참히 죽이니 태조 이성계는 모든 걸 내려놓고 둘째 아들 방과(芳果, 2대 정종定宗)에게 왕위를 물려주고 상왕(上王)으로 물러났다. 이방원이 형 방간(芳幹)마저 죽이고 정종이 방원(芳遠, 太宗)에게 왕위를 물려주니 태조 이성계는 함흥 본궁으로 떠났다 전한다. 회암사는 이성계 제2의 왕궁사찰이었으며 은둔지였다. 발굴된 유물을 보니 대웅전 뒤 정청(正廳) 기와의 용마루와 추녀에 설치한 잡상(雜像)은 용(龍)과 봉황(鳳凰)으로 장식되어 있고 궁궐에서나 쓸 수 있는 청기와 조각이 출토되었다. 북쪽

담장은 화계(花階)[136]터가 있어 창덕궁 낙선재(樂善齋)의 후원(後園)에 있는 층계 모양의 단으로 화초를 심는 아름다운 화계(花階)와 유사하니 왕궁의 모습이 절로 연상된다. 대웅전 터에서 청동 금탁(琴鐸)[137]이 두 점 출토되었는데, 금탁은 처마 끝에 작은 종을 매달아 바람이 불면 그 속의 붕어 모양 추가 흔들리며 소리를 내는 불구(佛具)이다. 붕어처럼 눈을 감지 말고 깨어 있어 수행 정진(修行精進)하라는 의미이다.

출토된 청동제 금탁(金鐸, 풍경) 테두리에는 다음과 같은 글이 새겨져 있다.

天宝山 檜巖寺 王師妙嚴尊者 朝鮮國王 王顯妃 世子 洪武 27年

'王師妙嚴尊者(왕사묘엄존자)'는 무학대사, '조선국왕'은 태조 이성계, '왕현비'는 계비(繼妃)인 신덕왕후 강씨(康氏)를 의미하지만, 신덕왕후는 엄밀히 말해서 이성계가 왕이 되기 전 첩(妾)이었으니, 세자로 책봉된 그녀의 아들 이방석(李芳碩)은 정실에서 태어난 적장자(嫡長子)라 할 수 없었다. '洪武(홍무) 27年'은 태조 3년 (1394년)이 되며 이해 8월 15일에 태조는 회암사에 잠시 머문 적도 있으며 세자 이방석의 왕위 계승을 기원했다고 해석할 수 있다. 금탁(琴鐸, 풍경)에는 정비(正妃)인 신의왕후 한씨(韓氏)와 그의 여섯 아들 이름은 아예 없다. 아버지를 위해 목숨을 걸고 정몽주를 포함한 정적(政敵)을 처단하고 아버지를 조선의 창업 군주로 만든 일등공신인 태종 이방원의 이름도 없다. 금탁(琴鐸)에는 태종이 태조 이성계를 알현했다는 글도 새겨져 있지만, 태

---

136 화계(花階): 궁궐이나 집의 담 아래 층계 모양으로 단(段)을 만들고 단마다 아름다운 화초를 심는 조경 시설.

137 금탁(琴鐸): 처마 끝에 매달아 바람이 불면 소리를 내게 만든 작은 종. 풍탁(風鐸) 풍경(風磬)과 같은 의미.

종 이방원의 이름이 없는 것을 보면 1398년 1차 왕자의 난(亂) 때 세자 방석을 죽인 이방원을 끝까지 외면하고 이방석의 죽음을 슬퍼했음을 알 수 있다.

1400년 2차 왕좌의 난 때 친형 방간마저 축출한 이방원에 환멸을 느낀 이성계는 둘째 아들 방과(芳果, 定宗)에게 왕위를 물려주고 함흥으로 떠났다. 방원이 차사를 보내 달랬다 해서 함흥차사(咸興差使) 얘기가 전해지는데, 스승 무학대사도 없는 함흥 그 먼 곳까지 왜 갔겠나? 함흥 가는 길목인 양주(楊州)에 자신의 스승인 무학대사와 그의 제2의 별궁인 회암사가 있는데 말이다. 조선 시대의 서정(庶政)을 총괄하는 행정관청이며 왕에게 직접 보고했던 최고의결기관 의금부(義禁府)가 바로 옆에 있고, 고려 우왕의 명령을 거부하고 위화도 회군을 했을 때 이성계의 원비이며 태종 이방원의 어머니 신의왕후 한씨(神懿王后 韓氏)가 피신해 살던 포천이 있고, 자신의 스승 무학대사가 수도하고 있는 만여 평 크기의 대형 도읍과 왕사(王寺)가 있는 회암사(檜巖寺)로 이성계가 갔을 거라고 추론하는 게 더 합리적이지 않을까? 함흥차사(咸興差使)가 아니라 양주차사(陽州差使) 혹은 회암차사(檜巖差使)라고 보는 게 옳을 듯하다.

600년 전 두 부자(父子) 영웅호걸, 이성계와 이방원 모두 백골이 진토(塵土) 되어 지금은 경기도 구리시 동구릉 건원릉(健元陵)과 서울 내곡동 헌릉(獻陵)에 각각 잠들어 있고, 이제 초파리도 날지 않고, 아무도 찾지 않는 정적(靜寂) 속 회암사지(檜巖寺址)에는 부자간 영욕과 애증의 초석(楚石)만 홀로 남아 황성옛터를 쓸쓸히 지키고 있다.

아버지를 조선의 창업 군주로 만든 태종 이방원의 이름이 이성계의 왕실사찰인 회암사의 금탁(琴鐸)에서조차 볼 수 없고 함흥차사(咸興差使) 생각에 빠지다 보니, 회암사지 황성옛터 어디선가 부자간 말다툼

미래를 찾아 과거 속으로

소리가 들려오는 듯하다.

"썩어빠진 고려왕조를 버리고 아버지를 역성혁명(易姓革命) 새 나라의 창업 군주로 만들기 위해 저는 목숨까지 걸고 싸웠습니다. 삼봉 정도전 숙부와 저는 누가 뭐래도 조선 건국의 일등공신이 아니었습니까? 어찌 조선 개국공신 책록(冊錄)[138] 명단에 제 이름이 빠져 있고, 녹권(錄券)[139]도 내리지 않으셨습니까? 정실 적장자인 저는 제쳐놓고 무슨 이유로 첩의 자식 이방석에게 세자 책봉을 하셨습니까?"

"네 이놈, 정몽주와 정도전 다 죽여 놓고, 선생이니 숙부니 부르지도 말라! 내가 평생 신의(信義)로 대하던 포은 정몽주 선생과 네 놈이 숙부라 부르며 따르던 삼봉 정도전 선생마저 무참히 살육했고, 세자, 친형제, 너의 힘과 권력의 원천인 여흥(驪興)[140] 민씨(閔氏) 원경왕후 네 부인의 외척 식구들마저 닥치는 대로 몰살시킨 놈이 바로 네 놈이 아니더냐? 네 아들 세종의 장인어른인 영의정 심온(沈溫) 선생마저 죽이지 않았느냐? 너는 술에 취해 미친 듯 칼춤을 추며 무고한 자들의 목에 무참히 칼을 내리치는 참수형 집행 망나니 직분이면 족하였느니라. 나의 왕업을 지키기 위한 게 아니라 너의 자리를 차지하기 위해 휘두른 너의 칼엔 피가 마를 때가 없었노라. 방원이, 나는 너를 버린 지 이미 오래노라. 피도 눈물도 없는 너는 내 아들도 아니니라!"

"세상만사 덧없지요. 올 것은 오게 돼 있고, 갈 것은 가고 마는 법이외다. 부자(父子)의 인연(因緣)을 포함해 이 세상 모든 인연은 세월이 흐른 후 결국은 사라지게 되어있습니다. 오는 인연 막을 수 없고, 떠나는

---

138 책록(冊錄): 혁명이나 전쟁이 끝난 후 功이 있는 자에게 내리는 논공행상(論功行賞).

139 녹권(錄券): 왕명을 받아 개국공신이나 공로가 있는 자에게 功臣임을 증명한다는 내용의 문서.

140 여흥(驪興): 경기도 여주(驪州)시의 옛 명칭. 조선 시대에 3대 태종의 왕비이며 4대 세종의 어머니인 원경왕후를 비롯해 인현왕후(19대 숙종), 명성황후(26대 고종), 순명효황후(27대 순종) 등 여흥을 본관으로 하는 민씨(閔氏) 4명의 왕비가 배출되었음.

인연 또한 붙잡을 수도 없지요. 아들의 연(緣)을 원치 않으신다면 저도 굳이 아버지의 연(緣)에 매달릴 이유가 없소. 저는 단지 빼앗겼던 적장자(嫡長子)의 왕권을 자격과 능력이 없는 첩의 자식 방석으로부터 되찾았을 뿐이오. 제 앞에 밝은 태양이 뜨겁게 빛나는데 처마 끝에 녹아 흐르는 고드름에 매달리는 건 어리석은 일이지요. 그래도 아버님 저승 가시는 길에 아들 된 도리는 게을리하지 않았음을 기억해 주십시오. 아버님 병환이 심해 덕수궁과 청덕궁에 머무르실 때 병문안 거른 적 없었고, 창덕궁 광연루 별전에서 승하하신 후 장례도 아들로서 주자가례(朱子家禮)에 따라 극진히 치러드렸습니다."

太上王薨于別殿... (中略) 上徒步趨至, 進淸心元, 太上不能嚥下, 擧目再視而薨 上王以單騎疾馳而至, 上 辟踊呼泣, 聲聞于外 治喪一依 朱子家禮...(下略)

(太宗實錄, 太白山史庫本 6冊 15卷 29章)

주해

太上王(태상왕): 태조 이성계.

薨(훙): 제후, 왕이 죽다.

上王(상왕): 정종 이방과, 이성계의 차남

上(상): 임금, 태종 이방원, 이성계의 다섯째 아들

趨(추): 달리다, 빨리 가다.

辟(벽): 가슴을 치며 울부짖다.

踊(용): 뛰다, 도약하다.

辟踊(벽용): 가슴을 두드리고 몸부림치며 통곡하다.

미래를 찾아 과거 속으로

태상왕(太上王)이 별전(別殿)에서 승하(昇遐)하였다…. (중략) 병(病)이 급하매 임금이 도보(徒步)로 빨리 달려와 청심원(淸心元)을 드렸지만, 태상왕은 삼키지 못하고 눈을 크게 뜬 후 두 번 쳐다보고 승하하였다. 상왕(上王)이 홀로 급히 말 달려오니, 태종이 가슴을 두드리고 몸부림을 치며 울부짖으니 소리가 밖에까지 들리었다. 장례 절차는 모두 「주자가례(朱子家禮)」에 의하여 치렀고…(하략).

(太宗實錄, 太白山史庫本 6冊 15卷 29章)

아버지 태조 이성계 1408년 5월 24일 72세 나이로 서울 창덕궁 광연루 별전에서 승하하니 아들 태종 이방원은 예(禮)를 갖춰 아버지 장례를 치르며 부자간 모진 애증(愛憎)의 세월은 막을 내렸다.

그 옛날 영웅호걸 간 곳 없고
회암사(檜巖寺) 황성옛터엔 달빛만 고요한데
그 옛날 폐허만 남아 서린 회포를 말하여 주노라.

천보산 밑자락 폐허 회암사지(檜巖寺址)를 뒤로하며 발길을 돌리니, 나옹화상(懶翁和尙)의 선시(禪詩)가 귓전에 울린다.

靑山兮要我以無語
蒼空兮要我以無垢
聊無愛而無憎兮
如水如風而終我
(靑山兮要我청산은 나를 보고, 懶翁禪師나옹선사)

청산은 나를 보고 말없이 살라 하고
창공은 나를 보고 티없이 살라 하네.
사랑도 벗어놓고 미움도 벗어놓고
물같이 바람같이 살다가 가라 하네.

주해

兮(혜): 어조사.
垢(구): 티끌. 때, 때 묻다, 더럽혀지다.
聊(료): 의지하다.

미래를 찾아 과거 속으로

4. 제주도 파도 소리 나그네 꿈 자주 깨워 놀라게 하는구나

광해군(光海君)과 문성군부인 류씨(文城君夫人柳氏)의 쌍묘

경기도 남양주시 진건읍 사능리

歸心厭見王孫草

客夢頻驚帝子洲

故國存亡消息斷

烟波江上臥孤舟

(강화도 교동도에서 제주도로 유배지를 옮길 때 광해군이 읊은 시)

돌아가고 싶어 왕손초를 지겹게 보았고
제주도 파도 소리 나그네 꿈 자주 깨워 놀라게 하는구나.
고국의 존망은 소식조차 끊기고
안개 자욱한 강 위에 홀로 누워있는 돛단배가 외롭구나.

조선 15대 왕 광해군(光海君, 1575~1641)의 이름은 이혼(李琿), 본관은
전주(全州)이며 선조와 후궁이던 공빈 김씨(恭嬪金氏)의 둘째 아들로
후궁 태생의 서자로 왕세자에 책봉된 인물이다. 세자의 신분으로 시
절에는 부왕 선조가 버리고 간 나라에 남아 목숨을 걸고 임진왜란을
승리로 이끌며 명나라와 후금(後金, 淸)과도 등거리 실리외교 관계를
잘 수행한 왕이었다는 긍정적 평가도 있지만, 왕이 된 후 무리한 옥사
(獄事)와 궁궐 건축, 폐모살제(廢母殺弟)[141]의 이유로 서인(西人) 세력이
능양군 이종(李倧, 仁祖)을 옹립하며 광해군의 대북파를 몰아내며 일으
킨 인조반정(仁祖反正)에 의해 폐위되었다.

어릴 때부터 붓과 먹을 가까이했으며 반찬 중에 무엇이 으뜸이냐,
라는 부왕 선조(宣祖)의 물음에 광해군은 온갖 맛을 내는 소금이 가장
으뜸이라고 대답할 정도로 영민했지만, 후궁 태생의 서자로 왕세자에
책봉된 인물이다.

임진왜란 (1592-1598) 당시 왜군은 파죽지세로 북상했다. 4월에 부산
을 점령한 고니시 유키나가(小西行長)는 보름 만에 충주 탄금대 (忠州
彈琴臺)에서 신립(申砬) 장군을 격파하고 개전 20일 만에 한양을 점령

---

141 폐모살제(廢母殺弟): 선조의 계비인 인목왕후를 경운궁(慶運宮, 지금의 덕수궁)에 유폐시키고, 그녀의 아들
   영창대군을 반역 모의로 증살(蒸殺)함.

미래를 찾아 과거 속으로

한다. 한양이 함락되기 직전 선조(宣祖)는 세자책봉식도 없이 광해군(光海君)을 왕세자로 책봉하고 전쟁 뒷수습을 맡기고 한양을 버린 채 평양을 거쳐 의주로 피신했다. 남쪽에 홀로 남은 광해군은 목숨을 걸고 싸워 임진왜란을 잘 마무리했고, 명청(明淸)과의 등거리 중립실리 외교, 대동법(大同法)실시로 농민의 공납(公納) 부담을 덜어주며 전후 민심 수습, 정치·외교·경제를 복구한 큰 업적을 남겼다. 전쟁이 마무리된 후 시기와 견제로 광해군을 멀리하던 부왕 선조가 죽자 15대 왕이 되지만 왕권 강화를 위한 무리한 궁궐 복원 공사와 폐모살제(廢母殺弟)의 이유로 폐위되어 그가 성군인지 폭군인지에 관한 논란은 계속되고 있다.

인조반정(仁祖反正)으로 폐위된 광해군은 강화도의 작은 섬 교동도(喬桐島)에 15년간 유배되었다가 다시 제주도로 압송되었다. 광해군(光海君)은 1641년 7월 1일 제주(濟州)에서 4년간 위리안치(圍籬安置)[142] 유배 생활 중 죽었는데 그때 나이 67세였다(仁祖實錄, 仁祖 19年, 1641年, 7月 10日). 그의 맏아들 이지(李祬)는 이미 사망했으므로, 후궁 귀인 윤씨(貴人 尹氏)가 낳은 옹주(翁主)의 외손자 후손들이 광해군을 왕자의 예(禮)로 장사를 지냈으며, 지금까지 경기도 남양주시 진건읍, 송능리에 있는 광해군과 문성군 부인 류씨의 쌍묘를 돌보며 제사를 지내고 있다. 광해군 사망 후 제주도에 안장했으나, 어머니인 공빈 김씨의 무덤 발치에 묻어달라는 광해군의 유언에 따라 남양주시의 현재 묘역으로 이장되었다.

---

142 위리안치(圍籬安置): 조선 시대 사형 다음의 중형(重刑)으로 유배지 처소에서 달아나지 못하도록 탱자나무 가시로 울타리를 집 주위에 둘러쳐 막아 그 안에 가두어 둠.

비바람 몰아칠 때 (광해군의 시)

風吹飛雨過城頭...풍취비우과성두
瘴氣薰陰百尺樓...장기훈음백척루
滄海怒濤來薄暮...창해노도래박모
碧山愁色帶淸秋...벽산수색대청추
歸心厭見王孫草...귀심염견왕손초
客夢頻驚帝子洲...객몽빈경제자주
故國存亡消息斷...고국존망소식단
烟波江上臥孤舟...연파강상와고주
(仁祖實錄, 仁祖 19年, 1641年 7月 10日)

비바람 몰아칠 때 성문 앞을 지나노라니
후덥지근 역한 공기가 높은 누각에 가득하네.
푸른 바다 성난 파도 속에 땅거미 지는 해 질 무렵
푸른 산속 시름이 맑은 가을 하늘을 에워싸네.
돌아가고 싶어 왕손초를 지겹게 보았고
제주도 파도 소리 나그네 꿈 자주 깨워 놀라게 하는구나.
고국의 존망은 소식조차 끊기고
물안개 너울대는 강 위에 홀로 누워있는 작은 배가 외롭구나.

주해

瘴(장): 습하고 더운 땅의 기운
薄(박) 엷다, 적다, 박하다.
暮(모) 저물다, 해 질 무렵. 薄暮(박모) 땅거미 지는 해 질 무렵.
王孫草(왕손초) 향기가 많은 약초 이름. 멀리 떠난 사람에 대한 그리움,

王孫인 자신의 처지를 왕손초에 빗대어 표현.

帝子洲(제자주): 제주도

烟(연) 연기, 그을음. 여기서는 물안개.

이 시는 강화도 교동에 유배되었던 광해군이 병자호란 때 제주도로 유배지를 옮기면서 지은 시로 인조실록에 전해온다. 음습한 유배지 분위기, 거친 세상, 한양에 대한 그리움, 나라의 존속과 멸망을 걱정하며 지은 시로 외로운 작은 배 '고주(孤舟)'라는 단어로 폐위된 자신의 신세를 은유적으로 표현했다.

첨언

광해군 묘역은 경기도 남양주시 영락교회 공원묘지 터 안에 있다. 입구에는 공개제한지역으로 허가 없이 출입할 수 없다는 경고문이 있고 묘역도 철조망에 둘러싸인 채 큰 자물쇠로 잠겨있다. 문화재청의 사전 허가 없이 제한구역을 출입할 경우 문화재보호법에 의거 벌금 부과 및 2년 이하의 징역형에 처한다고 되어있다. 학술연구를 위한 신청서를 제출하면 입장이 가능하다 하여 광해군 묘역 참배 신청서를 문화재청 사릉(思陵) 관리소에 직접 가서 작성 제출하고 힘들게 철문 열쇠 열고 입장했다. 문화재청 관리인이 철문 열쇠를 열어주며 밖에서 "헌주(獻酒)하지 마세요! 멧돼지가 술 냄새 맡고 와서 공격해요!"라고 경고하니 소름이 돋는다. 어두운 계곡의 험한 길을 조심스레 내려가는데 거미줄이 앞뒤로 쳐져 있고 귀신 나올 것 같은 무척 음산한 분위기였다. 뱀이나 멧돼지 공격받을까 두렵기도 하고.

1623년 서인(西人) 반정부 세력이 광해군 폐위를 준비하며 세검정(洗劍亭)에서 칼을 갈며 기회를 엿보다 (宮闕志궁궐지), 임진왜란 전쟁 공신들이 주축인 광해군(光海君)의 북인(北人) 집권세력을 몰아내고 인조반정(仁祖反正)이라는 명분으로 능양군(綾陽君, 仁祖)을 옹립하며 광해군을 폐위시켰다. 지금도 광해군을 흔히 폭군, 폐주(廢主) 혹은 혼주(昏主)로 언급하며 평가절하한다. 서인(西人) 정치세력은 능양군을 앞세워 '바르게 되돌린다 (反正)'라는 의미에서 광해군을 몰아내기 위해 '인조반정(仁祖反正)'을 일으켰다. 그 결과 원래대로 바르게 되돌아간 게 무엇이었을까? 한마디로 세력이 약화된 서인(西人) 세력들의 재집권을 위한 군사쿠데타였을 뿐이며, 인조반정(仁祖反正)이 조선 역사상에 최악의 선택이었다는 사실을 서인(西人) 세력과 인조(仁祖) 스스로 깨닫는 데는 그리 오랜 세월이 필요하지 않았다. 향명배청(向明排淸) 정책을 고수하던 인조(仁祖)는 즉위 4년 후 여진족 신흥세력인 후금(後金)에 쫓겨 강화도로 피신하는 굴욕을 당했고 (정묘호란丁卯胡亂, 1627), 淸나라 침공에 의한 병자호란(丙子胡亂, 1636) 때는 청태종(淸太宗) 홍타이지의 공격을 피해 남한산성으로 도망갔다가 굴욕적 패배를 당한 후 인조(仁祖)는 이마를 땅에 아홉 번이나 찧으며 청태종에게 엎드려 절하는 수모를 당하지 않았나? 왕권 강화를 위한 궁궐 보수, 폐모살제 등 광해군의 실정(失政)이 있었다고 한들, 전쟁영웅으로, 외교전문가로, 임진왜란 전후 경제복구전문가로 성취한 그의 업적을 고려하면, 그의 실정(失政) 부분은 거론할 가치조차 없지 않을까? 계축옥사(癸丑獄事, 1613)로 희생당한 영창대군(永昌大君)과 반대파 세력 때문에 그를 폭군(暴君)이라 부르는가? 반대파 세력을 모조리 참살한 태종 이방원과 세조 수양대군은 어째서 폭군으로 부르지 않는가? 광해군이 성군(聖君)으로 불리지 못할지언정 폭군(暴君)이라는 일방적 매도는 정말 잘못된 일이다. 명(明)나라로부터 후금(後金)과 싸우라는 압박을 계속 받았지만, 광해군은 적극적으로 응하지 않았다. 아버지 나라 명(明)의 요구대로 즉

미래를 찾아 과거 속으로

시 파병을 해야만 명(明)에게 자식 된 도리를 다하게 된다는 조정의 서인(西人) 훈구세력 압력에 마지못해 후금(後金)과 싸울 병사 만여 명 정도는 보내지만, 강홍립(姜弘立) 장군을 몰래 불러 "교전은 피하고 싸우는 시늉만 하다가 눈치 봐서 투항해 후금(後金) 누루하치와 우호적 관계를 적극적으로 도모하라"라는 은밀한 지시를 내리며 후금(後金)과의 우호적 외교 관계를 유지하니 인조반정 있기까지 후금과의 관계에 문제는 없었다. 광해군은 임진왜란(1592~1598)을 성공적으로 끝내 명과의 관계도 좋을 수밖에 없었다. 선조는 평양 거쳐 의주까지 도망가며 원균(元均)의 모함으로 이순신을 처형시키려 했지만, 죽이지는 못하고 장형(杖刑)까지만 쳐 투옥했으나, 이순신 장군 대신 원균이 이끈 조선 수군이 칠천량해전(漆川梁海戰)에서 대패한 후, 싸울 장수가 없으니 선조는 할 수 없이 이순신 장군에게 백의종군하라며 마지못해 출전 명령을 내렸다. 1597년 조정의 반대에도 불구하고 광해군은 이순신 장군을 전폭적으로 지원하며 거문고나 만들려고 쓰는 오동나무로 거북선을 만들어 이순신 장군은 일본 수군을 대패시키고 노량해전(露梁海戰)에서 전사했다(1598). 1598년에 도요토미 히데요시(豊臣秀吉)가 죽자 경주 불국사를 불태우며 잘 싸우던 가토 기요마사(加藤淸正)도 전세가 기울어 부산과 울산에서 계속 패전하며 일본으로 간신히 탈출했다. 일본에서는 임진왜란에 참여하지 않은 유일한 최대 다이묘(大名, 領主) 도쿠가와 이에야스 (德川家康)는 일본 최대의 전쟁, 세키가하라 전투(関ヶ原の戦い)에서 행주대첩으로 유명한 미츠나리(三成) 반대파를 무찌르고 에도막부(江戸幕府) 시대를 열며, 조선과 화친을 위해 사명대사(泗溟大師)를 교토에 초청하며 자기는 조선을 침략한 적이 없으며 임진왜란과 아무런 상관이 없다며 조선인 포로 1,300명을 돌려보낸다. 이렇듯 일본 내부사정이 있긴 했지만, 부왕 선조 대신 임진왜란을 훌륭히 마무리한 아들 광해군은 청태종 홍타이지로부터 비겁하고 무능한 부왕 선조를 대신해 왕위에 오르라는 요구를 받았지만, 광해군은 자식 된 도리가 아니라며 극구 사양했다. 광해군이 임진왜란을 잘 끝내니 그제야 한양으로 돌아온 부왕 선조는 아들 광해군보다 아홉 살이나 어린 인목왕후(18세)를 왕비로 맞아 선조의 유일한 적자(嫡子)인 영창대군(大君)[143] 이의(李㼁)를 출산한다. 인조반정으로 광해군을 폐위시킨 인조가 왕위에 오른 후, 淸의 2차 침입인 병자호란(丙子胡亂, 1636) 때 淸에게 굴복하고 심양(瀋陽)에 인질로 보낸 맏아들 소현세자(昭顯世子)와 맏며느리 민회빈 강씨(愍懷嬪 姜氏, 강감찬 장군 후손)가 청(淸)과의 우호 관계를 잘 유지하며 명나라 멸망 후 북경에서 아담 샬로부터 실용·실리·경제·천주학 등 개혁 사상을 배우며 훗날 조선의 개혁을 위한 원대한 꿈을 꿨다. 인질 생활 8년 후 조선으로 귀국하지만, 인조는 칭찬은커녕 이미 멸망했는데도 아버지 나라인 명(明)을 배반했다며 온갖 시기와 질투로 맏아들 소현세자를 압박하다 귀국한 지 세 달도 안되 독살한 후(추정) 그 죄를 맏며느리에게 뒤집어씌우고, 자신의 음식에 독을 넣었다는 누명을 씌어 사약을 내려 죽였다. 맏며느리에게 성리학의 삼종지도(三從之道)[144]가 없다는 게 사사(賜死)의 명분이었다. 인조는 후금의 1차 침입인 정묘호란(丁卯胡亂, 1627) 때 자신은 강화도로 피신하며 맏아들 소현세자에게 조정을 분조(分朝)하여 실질적인 국가 운영을 소현세자에게 맡겼다. 정묘호란과 병자호란으로 외세 침입으로 나라가 어려울 때 소현세자에게 국가 경영의 책임을 떠넘기거나 전쟁패배 볼모로 보냈던 인조는 8년간의 긴 인질 생활을 끝내고 돌아온 소현세자를

---

143 대군(大君): 왕비 소생의 아들 호칭. 光海君의 '君'은 後宮에서 난 庶子 혹은 嫡子가 아닌 아들을 지칭하며 왕세자처럼 왕위를 계승할 수 있는 자격이 없음.

144 삼종지도(三從之道): 여자는 시집가기 전에는 부모, 혼례 치른 후에는 지아비, 지아비 죽으면 자식을 위하여 살다 죽으라는 남존여비 성리학 윤리.

미래를 찾아 과거 속으로

석 달도 안 되어 독살한 것이다(추정). 진보적 개혁 사상으로 조선을 개화시킬 수 있었던 맏아들 소현세자와 맏며느리 민회빈 강씨(愍懷嬪 姜氏)는 인조에 의해 억울하게 죽었다. 광해군은 明을 달래고 淸을 자극하지 않는 능숙한 등거리중립외교로 그 어느 쪽의 공격도 받지 않았다. 광해군은 개혁 의지도 강해 토지를 많이 소유했던 양반 조정 대신의 반대를 무릅쓰고 대동법(大同法)을 실시하니 백성들이 감사히 여겨 '소사(素砂, 중국 전설상 태평성대 무릉도원의 수도)'라는 대동법 시행 기념비까지 자진해서 세워 줄 정도로(지금도 평택에 現存) 백성의 칭송을 받았다. 가뭄과 흉년으로 백성들은 살기조차 힘든데, 구하기도 힘들고 값비싼 지역특산물을 공납하지 못하면 엄마는 관비, 아버지는 군역, 아이들은 몸종으로 가게 되는 시대에 산간내륙지방의 소작농 백성들에게 새우이나 전복을 공납(貢納)하라 한 후 간교한 방납(防納)꾼들이 대신 공납해주고 10배 이상의 값의 쌀로 되갚으라는 등 부패가 극에 달했다. 광해군은 "이제부터 지역특산물 공납(貢納)은 없다! 모든 공납은 지역특산물 대신 공평하게 쌀로 내게 하되 반상(班常) 구별 없이 곡물 소출량에 비례해 세금을 걷겠다!" 하니, 전답을 많이 소유한 양반 지주들이 세금을 많이 내야 했다. 조정 양반 대신들 반발이 커 경기도 지역에서만 힘들게 실시했다. 광해군은 의관(醫官)인 허준(許浚)으로 하여금 백성들 건강을 보살필 수 있도록『동의보감(東醫寶鑑)』을 편찬 완성하게 하였다. 광해군은 明·淸 외교 성공으로 임진왜란 후 국내외 정세를 안정적으로 만들었다. 인조반정과 광해군 폐위로 인해 조선의 역사는 순식간에 망국의 길로 들어섰으며 붕당 집권세력의 부패는 조선 망국까지 이어졌다. CJ엔터테인먼트가 2005년에 제작해 개봉한 배우 이병헌의 주연영화〈왕의 남자〉광해군은 아무리 흥미본위 허구의 작품이라지만 왜곡이 너무 심하고 광해군(光海君)을 광해군(狂海君)으로까지 부정적으로 묘사했다. 나라를 일본과 후금, 청에 굴욕적으로 침탈당한 조선 역사 최악의 왕 선조와 인조 때와 비교해보면 그 중간 광해군에 관한 평가는 긍정적일 수밖에 없다. 광해군은 일본, 명, 후금, 청으로부터 나라를 지키고 백성을 위해 살다 간 훌륭한 왕이었다고 판단한다. 우남(雩南) 이승만 박사를 친일행적이 있다는 부정적 평가도 있지만, 그는 우리나라 역사상 일본을 제일 혐오한 독립운동가이며 극일(克日) 지도자였다. 왜색가요, 영화 같은 일본문화와 일본제품의 유입을 철저히 막고, 중국과 일본 사이에서 등거리외교를 펼치며 친미(親美)가 아닌 실리적 용미(用美) 사상으로 나라를 개혁시키고자 했던 점은 광해군의 등거리중립외교와 같다. 두 지도자 모두 자유민주 개혁 사상 지도자였으며, 이승만 박사는 뜻을 이루지 못하고 광해군의 제주도가 아닌 하와이에 망명한 후 쓸쓸한 생을 마감한 대한민국의 광해군이었지만, 이승만 박사는 자유당 때 황실 재산 몰수, 황실 후손 푸대접(의친왕 아들로 가난한 삶을 살았던 가수 이석, 영친왕 아들 이구의 귀국 외면, 고종 후손들의 생활고로 인한 헤어짐. 대부분 미국행) 등 역사적 민족적으로 부정적인 행적을 남기기도 했다. 5·16혁명으로 박정희가 집권하며 이구를 일본에서 모셔오고 이구가 병원비 250만 원 체납으로 힘들어한다는 얘기를 듣자마자 박정희는 화를 버럭 내며 자신이 당장 지급해버렸다 한다. 전주이씨의 조선 왕정으로의 회귀를 위해서가 아니라 우리나라 민족적 역사적 유산을 보존해야 한다며 황실 재산의 사유화도 규제했다. 이승만 박사의 과오를 박정희가 정면 비판한 셈이 된다. 박정희는 '잘살아보세', '새마을운동' 등 경제발전의 초석을 깔아 놓아 지금의 대한민국을 있게 한 훌륭한 지도자였음을 부인할 수 없지만, 군사독재와 장기집권이라는 흠도 남겼다. 결론적으로 광해군, 이승만, 박정희 모두 공과(功過)가 병존하는 지도자로 우리나라 역사발전에 지대한 공헌을 했지만, 불행하게 생을 마감한 지도자였다. 왕(王)이 아닌 '光海君'이라고 '君' 폄하 호칭을 쓰고 있지만, 광해군 묘역 표시판 영문 호칭에는 'King Gwanghaegun'이라고 '왕'으로 쓰여있어 그나마 마음에 위안이 된다. 광해군 묘역에서 동쪽으로 700미터 떨어진 곳에 선조의 후궁이며 광해군의 모친인 공빈 김씨(恭嬪 金氏)의 성묘(成墓)와 광해군을 폐위시키려 모함했다 발각되어 강화도로 유배되어 죽은 친형 임해군(臨海君)의 묘가 있다. 광해군은 즉위한 이듬해(1610년) 산후병으로 세상을 떠난 친모 공빈 김씨(恭嬪 金氏)를 공성왕후(恭聖王后)로 추존하고, 성묘를 성릉(成陵)으로 추봉하였으나, 인조반정(1623년)으로 광해군이 폐위되자 공성왕후는 공빈으로 다시 강등되고 성릉(成陵)은 지금의 성묘(成墓)로 격하되었다. 광해군이 폐위되지 않았다면 조선왕릉은 1基의 왕릉 문화유산이 더 보존되었을 텐데 아쉽다.

유배 중 제주도와 강화도에서 각각 서거한 광해군(光海君)과 문성군(文城郡)부인 류(柳)씨의 쌍묘가 있는 경기도 남양주 광해군의 묘역은 출입제한 구역으로 광해군은 사후에도 철책에 갇혀 구천을 떠돌며 눈물짓고 있는 듯하다.

당위성(當爲性) 평가에 부정적 논란이 많은 인조반정(仁祖反正)으로 폐위된 광해군(光海君)은 국가 위난(危難)의 시대에 15년간이나 국가 운영에 힘쓴 조선 제15대 국왕이었다. 지금이라도 그를 광조(光祖)나 광해대왕(光海大王)으로 추존(追尊)할 수는 없겠는가? 광해군 무덤을 묘(墓)가 아닌 광조(光祖), 광해대왕(光海大王) 왕릉(王陵)으로 격상할 수는 없겠는가?

국가 경영을 위한 업적이 없는 노산군(魯山君)도 단종(端宗)으로 추존(追尊)하여 강원도 영월의 장릉(莊陵)에 안장하지 않았는가? 사도세자(思悼世子)도 추존 황제 장조(莊祖)가 되어 경기도 화성 융릉(隆陵)에 혜경궁 홍씨와 함께 잠들어 있지 않은가? 어째서 광해군(光海君)은 안되는가? 배명친청(背明親淸)과 폐모살제(廢母殺弟)라는 '억지 춘향'식으로 포장한 그런 폐위 명분만으로 임진왜란 잘 마무리하고 전후복구, 외교와 치세에 업적이 큰 광해군을 우리는 어째서 폭군이라 불러야 한단 말인가?

묘역을 나서며 뒤돌아보니 광해군의 눈물짓는 모습을 보는 듯하여 발걸음을 멈추고 잠시 상념(傷念)에 젖었다.

以心傳心 인터뷰

"광해군은 후세에 중종반정(中宗反正) 때 왕위에서 쫓겨난 연산군(燕山君)처럼 폭군으로 기억되고 있소. 시호(諡號)[145]도 없이 임금 재위 시 신하들이 올린 존호(尊號)[146]가 있지만 피휘(避諱)[147]로 피하며, 왕세자 책봉도 못 되어 대군(大君)도 아니고 후궁 태생 세자 군호(君號)[148]인 광해군(光海君)으로 아직도 부르고 있습니다. 부왕 선조를 대신해 임진왜란을 잘 마무리한 공(功)이 있었음에도 폐위되어 폭군으로 낙인찍힌 것을 어떻게 생각하시오?"

"나를 폐위시킨 명분이 도대체 뭔지나 알려 주시오. 내가 치세(治世)를 그르쳐 백성들이 민란(民亂)이나 혁명(革命)을 일으킨 적이 있었소? 아니면 선조나 인조 때처럼 외침(外侵)이 있었소? 내가 왕으로 재위했

---

145 시호(諡號): 죽은 사람에게 나라 혹은 후세의 군주가 올리는 이름으로 임금, 군주와 부인, 공신, 등 나라에 큰 공이나 명성을 남긴 인물에게 부여하는 호칭.

146 존호(尊號): 살아있을 때 국왕의 업적을 찬양하기 위해 신하들이 올리는 호칭

147 피휘(避諱): 군주나 선대의 사후 이름인 휘(諱)의 사용을 피하는 관습.

148 군호(君號): 세자 책봉 전 받는 호칭. 광해군은 세자 책봉 전 군호로 불리는 유일한 폐주(廢主)임.

던 15년 동안은 태평성대(太平聖代)는 아니었더라도 최소한 명(明)이나 후금(後金), 청(淸) 일본의 침탈은 없었소. 나를 지지하던 대북과 신하가 폐모살제(廢母殺弟)하고 반대파 소북(小北) 세력을 제거하기 위하여 일으킨 계축옥사(癸丑獄事, 1613) 때문에 나를 폐위하였소? 조선 역사상 사화(士禍)와 옥사(獄死)는 조정의 붕당 세력 다툼을 막기 위해 취해진 조처로 계축옥사 말고도 무수히 많았으며 그 모든 원인과 책임을 왕에게 돌리는 것은 부당하오. 부왕 선조가 임진왜란이 일어난 지 달포 만에 의주로 피신해 명나라에 망명 요청할 때 나는 궁궐이 다 파괴되어 거처할 법궁(法宮)도 없이 임진왜란을 잘 끝냈으며 전후에 파괴된 경복궁, 창덕궁, 창경궁, 경운궁 등 대부분의 왕궁 재건을 위해 진력했소. 과도한 궁궐 건축으로 조세와 부역의 문제가 있었지만, 그때 내가 왕궁 재건을 위해 힘쓰지 않았다면 지금 당신들은 사라진 궁궐의 존재 자체를 알 수도 없고 창덕궁 창경궁 등 나라의 문화재나 역사적 궁궐 유산도 존재하지 않았을 것이오. 나를 폐위시키고 발표한 반정교서(反正教書)[149]에서 위의 모든 나의 업적은 철저하게 무시되거나 폄하되었으며, 주요 반정 명분으로 나의 배명친후금(背明親後金) 외교정책을 들고 있소. 나의 폐위 전후에 일어난 정묘호란(丁卯胡亂)과 병자호란(丙子胡亂)과 후금(後金, 淸)에 의한 明나라 멸망 등을 고려해보면 그 명분의 시비(是非)는 쉽게 판단될 것이오. 일언이폐지(一言以蔽之)하고 나를 폐위한 인조반정(仁祖反正)은 정당했다고 평가하는 것은 옳지 않소. '원래 바른 데로 되돌렸다'라고 '반정(反正)'으로 일컫는 것 또한 크게 잘못되었소. '인조모반(仁祖謀反)'이라 부르는 게 합당하며, 인조

---

149 반정교서(反正教書): 1623년(인조 1년) 인조반정(仁祖反正)에 성공한 직후 인목대비가 광해군을 폐위하면서 반포한 교서. 반정의 명분을 광해군의 배명외교친후금(背明外交親後金) 외교정책(43%), 폐모살제(31%), 대북의 전횡(14%), 토목공사(10%) 등으로 기술했다.

(仁祖)는 지금이라도 내란죄로 처벌받아야 마땅하오. 인조반정(仁祖反正)은 서인(西人) 세력이 집권세력인 대북파(大北派)와 나를 몰아내며 저지른 붕당 세력의 모반이었으며 명분도 실리도 없는 군사쿠데타였을 뿐이오. 만약 서인(西人) 세력의 모반이 없었거나 내가 그들을 제압했다면 청(淸)과의 우호 관계가 긍정적으로 유지되었을 것이고 조선의 미래역사에 큰 반전이 가능할 수 있었을 것이오."

"당신은 18세 어린 나이에 임진왜란 전란을 성공적으로 수습했고 1608년 즉위 초기에는 그래도 왕권 강화와 훌륭한 외교정책, 임진왜란으로 파탄 난 경제와 민생 회복을 위한 대동법 시행 등으로 백성들의 신뢰와 칭송을 받았습니다. 당신의 이 모든 업적을 다 지워버리고 당신을 폐위시킨 직접적 원인이 무엇이라 생각합니까? 인조반정의 대의명분인 '폐모살제(廢母殺弟, 인목대비 서궁西宮 유폐와 영창대군 증살蒸殺)'라고 생각합니까? 아니면, 명나라를 배척하고 오랑캐 나라를 가까이했다는 '배명친후금(背明親後金)' 외교정책이었다고 생각합니까?"

"폐모살제는 나의 최측근인 예조판서 이이첨(李爾瞻)이 나의 왕권 유지와 강화를 위해 과잉 충성하며 저지른 일이니, 내가 직접 비판받을 일은 아니잖소? 이복 조카뻘인 능양군(綾陽君, 仁祖)이 서인과 남인 세력들과 규합해 인목대비의 영창대군을 앞세워 내 왕좌를 뺏으려 하는데, 왕인 내가 가만히 앉아 죽어야 마땅했단 말이오? 어린 영창대군을 이이첨이 죽인 것은 안 됐지만, 임진왜란과 전후 나라 복구와 재건에 힘쓴 나의 개혁정치를 중단시킨 것은 조선 역사상 제일 잘못된 일이었다고 판단하오. 나를 폐위시키고 남한산성에서 고두례(叩頭禮)[150]

---

150 고두례(叩頭禮): '꿇어엎드려 머리를 조아린다'라는 의미. 세 번 절하고 한 번 절할 때마다 세 번 머리를 땅바닥에 찧으며 인조의 머리 찧는 소리가 단상 위의 청 태종에게 제대로 들릴 때까지 절을 계속하는

의 굴욕적 망신을 당한 인조(仁祖)를 생각하면 실소(失笑)를 금할 길 없지요. 못난 군주 인조(仁祖)는 우리 민족 전체를 욕보이며 추운 겨울날 곤룡포 대신 남색 베옷 하나 걸쳐 입고 덜덜 떨며 송파 삼전나루에 끌려오며 무릎이 아프고 고뿔[151] 걸릴까 걱정돼서 그랬던지 이렇게 말했다지요. '아~, 오금이 저리는구나!' 그래서 지금의 송파구 그 동네를 오금동이라 부르는 게요. 청태종 홍타이지가 치욕적 반합(飯哈)[152]의 禮를 거두어주고 고두례만 받고 돌아가 감읍(感泣)했는지 '자발적 굴종의 글'을 하나 남겼더군. 1956년 이승만 정부가 치욕의 역사라며 땅에 묻어 버렸던 삼전도비(三田渡碑, 大淸皇帝功德碑대청황제공덕비)의 뒷면 글이 바로 그것이오. 지금은 복원되어 잠실 석촌호수 가에 있으니 가서 한 번 읽어 보시오. 청태종이 원했듯이 인조(仁祖)가 죽은 사람처럼 구슬 입에 물고 붕어처럼 입을 오물거리며 빈 관(棺)을 끌고 가, '언제라도 저를 죽여 이 관(棺) 속에 저를 넣어 주시옵소서' 하며 청태종 앞에 무릎 꿇고 반합(飯哈)의 禮를 갖췄다면 정말 볼 만 했을 것이오."

"오죽 멍청하면 나를 폐위시키며 성공한 인조반정에 큰 역할을 했던 이괄에게 법궁인 경복궁까지 뺏기고 도망쳤겠소? 이괄의 난은 실패로 끝났지만, 이괄의 잔류세력이 후금으로 피해 청나라의 정묘호란 침입을 도왔으니, 인조는 국제 외교는 고사하고 국내 문제도 다스리지 못한 조선 최악의 졸군(捽君)이었소."

항복 의례. 삼궤구고두례(三跪九叩頭禮) 또는 삼배구고두례(三拜九叩頭禮)라고도 하며, 병자호란 때 인조가 땅바닥에 엎드려 항복문서를 바치며 청태종에게 올렸던 굴욕적 禮.

151 고뿔: 감기

152 반합(飯哈)의 禮: 임금이 두 손을 묶은 다음 죽은 사람처럼 구슬을 입에 물고 빈 관(棺)을 끌고 가며 청태종에게 항복하는 의식.

"나도 인간이니 인조(仁祖) 같은 졸군은 아니었어도 진 죄야 물론 있지요. 한때 풍수지리와 미신에 재능이 있는 김가희(金可姬)[153]라는 궁녀를 총애하고 그녀의 말을 믿었던 걸 후회하오. '가희'가 상궁(尚宮)의 신분으로 권력을 휘두르며 매관매직까지 하여 그녀의 그릇됨을 고산(孤山) 윤선도(尹善道)가 비판 상소하니, 오히려 그를 유배 보낼 정도로 '가희'의 힘은 막강해서 나도 어쩔 도리가 없었소. 가희는 인조반정 있기 하루 전 반정 세력의 모의를 이미 알고 있었으며 그들을 검거할 수 있었는데도 반정 세력인 김자점(金自點)[154]으로부터 뇌물을 받고 반정 후에도 자신의 권력을 유지하는 조건으로 반정을 묵인하였으며, '별일 아니라고.' 나에게 거짓 보고까지 하였소. 그녀의 말을 믿었던 내가 잘못이었소. 내가 임진왜란 때 화재로 소실된 창덕궁, 경희궁, 창경궁을 재건한 건 지금도 잘했다고 생각하지만, 가희의 말을 듣고 인왕산 밑자락에 지덕(地德)이 뛰어난 풍수지리 최고의 길지(吉地)라 해서 인경궁(仁慶宮)[155]을 지은 게 나의 큰 잘못이었소. 노산군(魯山君, 단종)도 연산군(燕山君)도 모두 쫓겨난 궁궐이라 나도 그리될까 두려워 창덕궁에는 거의 머물지 않고, 협소한 경운궁(慶運宮)[156]에 계속 머물다보니, 나도 큰 이궁(離宮)이 하나 필요하다고 판단해서 인경궁 공사에 손을 댔던 것이오. 그런데 국가 재정을 너무 무리하게 퍼부어 백성들

---

153 김가희(金可姬): 광해군 때 상궁으로 본명은 김개시(金介屎)이고, 김개희(金介姬), 김가시(金可屎)의 별칭이 있다. 광해군 때 국정에 개입해 권력을 휘두르다 인조반정 때 참수되었다. 본명 김개시(金介屎)는 '김개 똥'의 의미. 屎(시, 희): 똥, 끙끙거린다.

154 김자점(金自點): 인조반정 공신으로 영의정 자리까지 올라 소현세자와 민회빈 강씨(愍懷嬪 姜氏)를 모함하여 사사(賜死)하게 만든 간신이었으며 효종 때 처형되었다.

155 인경궁(仁慶宮): 서울특별시 종로구 옥인동과 누하동 일대. 궁궐의 흔적은 사라졌지만, 창건 당시에는 이궁(離宮)으로 사용하기 위하여 화려하게 지었던 궁궐이었을 것으로 추정.

156 경운궁(慶運宮): 1897년에 선포된 황제국 대한제국의 황궁인 덕수궁(德壽宮)의 옛 이름으로 광해군이 집권 당시 서궁(西宮) 또는 서궐(西闕)로 불리던 궁궐을 인목대비를 유폐시킨 후 경운궁으로 이름 지었다.

　　　　　　　　　　　　　　　미래를 찾아 과거 속으로

이 세금과 부역이 커져 원성이 높아져 인조반정(仁祖反正) 군사쿠데타를 일으킬 수밖에 없었다는 서인(西人) 세력의 주장은 받아들일 수가 없소. 임진왜란 전후에 궁궐들을 재건하고 도읍을 재정비해야 국가 통치를 위한 선조 이후 무너진 왕권도 바로 세울 수 있지 않았겠소? 인조가 인경궁을 부수지 않고 그대로 놔두었더라면, 우리나라에 경복궁보다 더 크고 훌륭한 세계적 문화유산이 하나 더 남았을 텐데. 나를 폐위시키고 유배 보낸 후 인경궁 공사는 중단되고 이미 건설된 궁궐 모두 파괴해 인경궁 궁궐 유적이 전혀 남아 있지 않다고 하니 참 안타까운 일이오. 임진왜란으로 파괴된 경복궁과 창덕궁을 대체할 수 있는 규모가 더 크고 아름다운 푸른 기와의 조선 법궁(法宮)을 산세가 수려한 인왕산(仁王山) 밑자락에 만들고 싶었는데 인조반정으로 모든 게 물거품이 되었소. 인왕(仁王)이란 불법을 수호하는 금강신(金剛神)의 이름이라 조선왕조를 수호한다는 의미지요. 그런 인왕산의 밑자락에 인경궁 건설은 정조의 화성(華城) 건설처럼 조선왕조의 개혁과 번영을 기원하는 나의 원대한 꿈이었소. 인경궁(仁慶宮) 편전인 광정전(光政殿)을 옮겨 창덕궁 선정전(宣政殿)을 지었다 하니, 인경궁 전각 하나가 보존되어있어 그나마 천만다행이오. 내가 푸른색과 황색을 좋아해 인경궁 궁궐과 전각 모두 청기와(靑瓦)와 황와(黃瓦)를 썼는데 인조가 모두 부숴버렸지요. 그래도 창덕궁 청기와 선정전(宣政殿) 하나가 남아 있다 하니, 그곳에 가서 푸른 기와를 보거든 나 광해군을 한번 기억해 주길 바라오."

"노산군 단종과 연산군처럼 나도 창덕궁에서 폐위되어 유배된 후 죽었으니, 창덕궁도 경복궁도 모두 군주의 거처로는 터가 안 좋았던 듯싶소."

5. 이런들 어떠하리 저런들 어떠하리
성황당 뒷담이 무너진들 어떠하리

태종 이방원(좌측) 정비 원경왕후 민씨(우측)의 쌍릉(雙陵)인 헌릉(獻陵)

서울특별시 서초구 내곡동

如此亦如何 如彼亦如何
城隍堂後苑 頹圮亦何如
吾輩若此爲 不死亦何如

(何如歌, 이방원)

이런들 어떠하리 저런들 어떠하리
성황당 뒤뜰이 무너진들 어떠하리
우리도 이같이 얽혀져 백 년까지 살리라

조선의 3대 임금 태종(太宗, 1367~1422)은 태조 이성계의 다섯째 아들이다. 성(姓)은 이(李), 휘(諱)는 방원(芳遠), 왕자 때 작호는 정안군(靖安君)이며, 본관은 전주(全州)이다. 태조 이성계와 첫째 부인 신의왕후 한씨(神懿王后 韓氏)의 다섯째 아들이며, 한국사를 통틀어 과거시험에 응시하여 17세 최연소로 합격한 왕은 태종 이방원이 유일무이하다. 이성계를 도와 역성혁명으로 조선 건국을 진두지휘했다. 두 차례의 왕자의 난을 통해 정적(政敵)을 제거하고 권력을 잡았으며, 동복형 정종(定宗)의 왕위를 양위를 받아 즉위하였다. 왕위에 올라 왕권 강화를 위해 사병을 혁파하고 신권(臣權)과 외척(外戚) 세력을 숙청하였으며, 자신의 처가와 사돈 등을 비롯한 왕실의 외척마저 무자비하게 숙청했다.

如此亦如何 如彼亦如何
城隍堂後苑 頹圮亦何如
吾輩若此爲 不死亦何如
(何如歌, 이방원)

이런들 어떠하리 저런들 어떠하리
성황당 뒤뜰이 무너진들 어떠하리
우리도 이같이 얽혀져 죽지 않고 살면 어떠하리

주해

城隍堂(성황당): 한국의 무속신앙에서 신을 모시는 사당으로 중국의 성황묘(城隍廟)에서 유래했으며, 선왕당(仙王堂)이라고도 부른다.
頹圮(퇴비) 헐어서 무너지다. 썩어 사라지다.
頹(퇴): 무너지다, 쇠퇴하다.

圮(비): 무너지다, 무너뜨리다.

2句는 '만수산(萬壽山, 개성에 있는 송악산) 드렁칡(칡넝쿨)이 얽혀진들 어떠하리'로도 전한다.

부패하고 쓰러져가는 고려 왕실에 매달릴 필요가 없으니 서로 사이좋게 새로운 왕조를 창업하는 일에 동참하는 것이 어떠하겠느냐며 이방원이 정몽주를 회유하는 시조이다.

此身死了死了 一百番更死了
白骨爲塵土 魂魄有無也
向主一片丹心 寧有改理歟
(丹心歌, 정몽주)

주해

魂魄(혼백) 넋.
寧(영, 녕, 령) 차라리, 어찌, 편안하다.
歟(여) 어조사.

이 몸이 죽고 죽어 일백 번 고쳐 죽어
백골이 진토되어 넋이라도 있고 없고
임 향한 일편단심이야 어찌 변할 리가 있으랴

첨언

조선 건국에 반대하고 아버지 이성계의 목숨까지 위협하는 정몽주를 죽인 태종 이방원이 왕좌에 오르자마자 정몽주를 굳이 충신으

미래를 찾아 과거 속으로

로 받든 이유가 무엇이었을까? 정몽주에 대한 호의적 평가는 태종 이방원 자신에 대한 상대적 평가절하를 의미하며, 충신을 죽이며 완성한 조선 건국의 당위성과 정통성은 크게 훼손되는데도 말이다. 차라리 이성계의 차남 이방과(李芳果, 2대 定宗)가 왕이 되려고 정몽주 살해를 이방원에게 사주했다면 이해될 수도 있지만. 여하튼 태종 이방원의 아들 세종이 아버지 사후에 편찬한 태종실록에서도 왕권 강화를 위해 정몽주를 충신으로 기록한다. 위의 시조는 회유에 실패한 이방원은 무사들을 시켜 정몽주를 선죽교에서 타살하지만, 신권(臣權)을 주장한 정도전을 숙청한 후(1398), 정몽주의 왕을 향한 충절 사상이 오히려 왕권 강화에 도움이 된다고 판단했는지 태종은 즉위 즉시 조선 건국을 반대한 정몽주를 복권했고, 아들 세종대왕도 세종조에 편찬한 『삼강행실도(三綱行實圖)』의 「충신도(忠臣圖)」에서 정몽주의 충절을 신하의 근본 도리로 삼았다고 전하고 있다.

조선조 500년 역사 동안 3대 태종 이방원만큼 무소불위 최강의 권력을 휘두른 왕이 또 있었을까? 태종은 조선조 초기에 왕권 강화를 위해 신권(臣權)과 외척(外戚) 세력의 불씨를 제거하며 훗날 아들 세종이 정사에만 몰입하여 태평성대를 이룰 수 있도록 모든 장애물을 미리 철저하게 제거한 왕이다. 어찌 보면 세종대왕의 집현전 훈민정음 창제의 초석을 깔아준 사람이 바로 아버지 태종 이방원이라 봐도 무리가 없을 것이다. 태종 이방원은 왕이 되는 과정과 왕이 된 이후에도 아들 세종 때 있을 수 있는 모든 불씨를 사전에 제거하며 아들을 위해 악인의 역할을 자처한 왕이었다고도 볼 수 있다.

"도대체 죄 없는 사람들은 왜 그리 많이 죽였소? 스승 포은(圃隱) 정
몽주 선생, 숙부라 따르던 삼봉(三峯) 정도전 선생을 죽이질 않았나, 방
간, 방석 피붙이 형제 아우 다 죽인 것도 모자라, 왕좌에까지 오르게
도와준 정실부인 원경왕후 민씨(元敬王后 閔氏, 세종의 어머니)까지 내치
고, 아들 세종의 장인어른 영의정 심온(沈溫)까지 죽이고, 며느리 소헌
왕후 심씨(昭憲王后 沈氏) 외가(外家) 처남들 다 죽이고……. 할 말 있으
면 기탄없이 한마디 말이나 한번 해보시오. 어디 얘기나 한번 들어봅
시다!"

"모두가 나의 탐욕과 부덕(不德)의 소치요. 내가 숙부라 부르며 따르
던 포은(圃隱) 선생은 언젠가부터 '안티조선, 헬조선! 고려 만세! 고려
국 만만세!' 부르짖으며 우리 전주이씨(全州李氏) 가문의 목을 죄어 오
니 어쩔 수가 없었소. 소위 1, 2차 왕자의 난도 모두 우리 이씨 가문의
존폐가 걸려있어 근심과 걱정이 지나쳐 일어난 일이오. 왕권 강화를
통하여 신생국가 조선의 기틀을 세우고, 아들 세종 때 있을 수 있는
신권과 외척 세력의 횡포를 미리 제거하다 보니 어쩔 수 없이 대량학
살을 하게 되었던 것이오."

"말년에 원경왕후 먼저 떠나고 몸과 마음이 무척 고달팠소. 업인과
보(業因果報)[157]가 아닌가 싶소. 내가 나를 버린 아버지 태조 이성계에
게 대든 것처럼 효심이 그렇게 지극하던 아들 세종도 똑같이 나한테
대들더군. 자기 엄마 원경왕후가 죽었을 때 3년喪 치르지 말고 13일

---

157 업인과보(業因果報): 선하건 악하건 지은 '업(業)'에 따른 '과(果)'와 '보(報)'가 있다는 자연, 인간, 사회 성
립에 관한 근본적 불교 교리.

만 孝服(효복, 喪服) 입고, 대충하라고 했더니 이놈의 자식이 눈알 부라리며 대들더군. 다 내가 지은 업보(業報)일세. 불경 소리 들으라고 자기 엄마 무덤 옆에 내가 그렇게 싫어하는 불전(佛殿)을 짓겠다고 우겨대질 않나? 더욱 기가 막힌 건 끝까지 내 병상을 지키며 내가 죽으니 머리 깎고 정업원(淨業院)[158] 비구니로 살다 간 신빈 신씨(信嬪 辛氏, 후궁) 곁에 묻히고 싶다고 했는데. 이거 보시오. 내 유언 전부 무시하고 제 엄마 원경왕후랑 함께 묻어 놓았지 않았소? 그래도 혼유석(魂遊石)[159]은 무덤 앞에 따로따로 놓아서 다행이오. 지금도 밤에 나와 각자 자기 혼유석에서 따로 놉니다."

"근심 걱정 모두 욕심에서 태어나는 게요. 탐진치 삼독(貪嗔癡 三毒)[160]의 근본은 탐욕인데, 황금 옥좌(玉座)를 향한 탐욕이 지나쳐 저지른 대량 살상이었다는 말이외다. 그건 그렇고 포은(圃隱) 선생이 이씨 가문을 위협할 때 해결한 것도 부인 원경왕후였고 삼봉파, 방간파에게 위협을 느낄 때 구해준 것도 원경왕후 아니었습니까? 따지고 보면 태종 당신을 왕좌에 오르게 한 '킹메이커'이자 성군(聖君) 세종을 낳으신 분이 정실부인인 원경왕후 아닙니까? 자기 여종이었던 신빈 신씨까지 건드리고 후궁을 아홉 명이나 들이니, 조강지처 원경왕후께서 한 여인으로서 어찌 질투심과 恨이 없었겠소? 외면당하는 정부인의 질투는 당연한 것 아닙니까? 성군(聖君)이 된 아들 세종도 낳았고 원경왕후 민씨를 미워해야 할 이유를 아무리 찾아봐도 없소이다. 그러

---

158 정업원(淨業院): 고려말부터 왕이 죽거나 축출되면 왕비를 포함해 후궁 등 왕실의 여인들이 출가하여 수도(修道)하던 절로 현재 종로구 숭인동에 유적이 남아 있음.

159 혼유석(魂遊石): 왕과 왕비 등 묘주의 혼이 노는 곳. 옛날로 석상(石床)이라고도 부름.

160 탐진치 삼독(貪嗔癡 三毒): 마음가짐에 나쁜 세 가지 독(三毒). 탐욕 하는 마음(탐욕심貪欲心), 분노하고 노여워하는 마음(진에심瞋恚心), 어리석고 어두운 마음(우치심愚癡心).

니 원경왕후에 대한 불편한 마음을 가질 이유가 없소. 어차피 아드님 세종이 두 분을 함께 쌍릉에 모셨으니 오늘 밤부터는 두 혼유석 사이 잔디밭으로 내려와 함께 즐거이 노니시길 바라오!"

"하나 더 여쭙고 싶은 것은 경기도 구리의 건원릉(健元陵)에 계신 태조 이성계 아버지와는 요즘 어떻게 잘 지내십니까? 문경지우(刎頸之友)[161]의 관계로 생사를 같이할 수 있는 아주 가까운 사이는 아니더라도 아버지의 아들로서 최소한 부자유친(父子有親)[162]의 情은 있어야 하지 않겠소? 사후에도 아직 군신유의(君臣有義)의 관계를 못 벗어납니까?"

"나는 썩을 대로 썩어 어차피 무너질 고려국의 신음하는 백성을 살리고 새 나라 건설을 위해 목숨을 바쳐 역성혁명(易姓革命)을 진두지휘했으며, 결국 아버지의 몸에 곤룡포를 두르게 했습니다. 그 과정에 고려 충신 포은(圃隱) 선생과 신권(臣權) 위주의 나라를 꿈꾸는 삼봉(三峯) 선생을 참할 수밖에 없었소. 그들을 살려두었다면 조선국을 세울 수도 없었을 것이며, 세울 수 있었다 하더라도 신생국 조선의 강력한 왕권(王權)을 기대할 수는 없었을 것이오. 정적(政敵)을 다 없애고 조선(朝鮮)이라는 국호를 명나라에서 받아낸 것도 내가 아니었소? 도대체

---

161 문경지우(刎頸之友): 서로를 위해서라면 목이 베어 내어준다 해도 후회하지 않을 정도의 관계. 문경지교(刎頸之交)라고도 함. 목을 벨 문(刎), 목 경(頸).

162 오륜(五倫)-유교의 기본적 도덕지침
부자유친(父子有親): 부모와 자식 사이에는 친함이 있어야 함.
군신유의(君臣有義): 임금과 신하 사이에는 의로움이 있어야 함.
부부유별(夫婦有別): 부부 사이에는 구별(분별)이 있어야 함.
장유유서(長幼有序): 어른과 아이 사이에는 차례와 질서가 있어야 함.
붕우유신(朋友有信): 벗 사이에는 믿음이 있어야 함..
친의별서신(親, 義, 別, 序, 信)은 인의예지신(仁, 義, 禮, 智, 信)이라는 유교의 다섯 가지 기본적인 덕목을 반영함.

미래를 찾아 과거 속으로

누가 조선을 건국했다는 건지? 아버지는 자신의 벗과 동지를 죽인 나의 부정적 행적 하나만 보고 나를 포악무도한 맹수로 낙인찍고 아들로 인정하지도 않고 버렸소. 엄연한 적장자(嫡長子)인 우리 이씨 가문 형제는 제쳐놓고 계모 신덕왕후 강씨의 어린 아들 방석을 세자로 책봉한 것을 보시오. 맹자는 백성과 하늘의 뜻을 거스르는 자는 왕이라도 바꿀 수 있다 했소. 하물며 그릇된 아버지의 허물을 그대로 보고만 있을 수 없어서 방석을 참한 것 아니요? 군주가 군주답지 못하면 왕 노릇 제대로 할 수 없습니다. 그런 아버지를 비판한 내가 미워 아버지가 나를 버렸다면 나 또한 아버지를 버릴 것이오. 그리해서라도 아버지의 잘못됨을 바로 잡아야 초기 조선의 국기(國基)를 바로 세울 수 있다고 판단했지요. 물컵의 모양은 '둥그렇다'라고 단정 지으시고 나를 버리신 아버지에게 '옆에서 보면 물컵은 네모일 수도 있다'라고 웃으며 반박하지요. 여하튼 아버지는 나보다 시야가 좁으셨다고 말씀드리면 '허허' 웃음 지으십니다. 아버지와의 관계가 부자(父子)이건 군신(君臣)이건 그건 중요치 않았소. 조선국을 출범하며 악인의 역할은 도맡아 했지만, 손주 세종대왕이 태평성대를 열게 해주어 고맙다고 아버지께서 어깨를 쓰다듬어주시더이다. 구리시 동구릉에 있는 자기 왕릉을 '건원(健元, 강건함이 으뜸)'이라고 조선왕릉 가운데 유일하게 두 글자로 이름 지어준 것 또한 고맙다고 하더이다."

"아~ 이젠 화해하셨군요. 그런데 당신의 봉분이 있는 헌릉(獻陵)의 홍살문 입구를 들어서다 보니, 참도(參道)[163] 모양이 기이하더군요. 향

---

163 참도(參道): 가운데 신도(神道)를 중심으로 양쪽 옆에 각각 어도(御道)를 조성한 약 90미터 거리의 삼도(三道. 세길)인 경우도 있지만 원래 신도와 어도가 각각 하나인 이도(二道. 두길)가 대부분이다. 신도(神道)는 선왕의 혼령이 가는 길이며 이 길을 따라 祭官이 향과 축문을 받들고 가는 길로 향로(香路)라고도 부르며 왕이 걷는 오른쪽 길 어도(御道, 御路)보다 약 5㎝ 높다. 서초구 내곡동 대모산 입구에 있는 조선 최

로(香路) 한 길만 있고 어로(御路)는 없더이다. 부왕 제례를 위해 세종이 헌릉에 안 오셨을 리는 없고, 어로도 없는데 아드님 세종은 제례를 위해 도대체 어느 길로 정자각(丁字閣)까지 가셨소이까? 홍살문 오른쪽에 국궁사배(鞠躬四拜)[164]를 위한 사각돌판 판위(版位)도 없더이다. 어찌 된 일이오?"

"조선 초기 왕릉조성을 맡은 도감(都監)의 건축방식이 아직 완성되지 못했을 수도 있고 임진왜란 때 비각의 내 신도비처럼 훼손되었거나 소실되었을 수 있소. 세종은 향로 오른쪽 잔디를 밟고 이동한 후 정자각 우측의 오른쪽 계단으로, 향로로 온 제관들은 왼쪽 계단으로 올라가서 정자각 제례를 올리더군. 비각 안을 들여다보시오. 여의주를 물고 있는 두 마리의 거북이 위에 나 태종을 위한 대형 신도비(神道碑)가 두 개 있을 것이오. 좌측이 원래 신도비였으나(1424) 임진왜란 때 새긴 글씨가 파손되어 알아보기 힘들게 되어 19대 임금 숙종(肅宗)이 새로 만들어 우측에 설치했다는군(1695). 숙종이 누워있는 경기도 고양 서오릉(西五陵)이 여기서 그리 멀지 않으니 조만간 한 번 찾아가 고맙다는 말 전해야겠소."

대 규모의 석물(石物)이 설치된 3대 태종 헌릉의 경우 정자각에 이르는 길이 향로(香路) 하나뿐이다. 전쟁으로 소실되었거나 당시 도감(都監)에 의한 왕릉 건축방식이 완성되지 못했기 때문일 수도 있다. 여하튼 아들 세종은 향로(香路) 오른쪽 잔디로 이동한 뒤 정자각 우측의 오른쪽 계단으로, 향로(香路)를 지나온 제관들은 왼쪽 계단으로 올라 정자각 제례를 올린듯하다.

164 국궁사배(鞠躬四拜): 국궁사배(鞠躬四拜): 왕릉 제사 때 홍살문 옆에 판위(版位)라 불리는 4각형 모양의 돌판에 올라 제례를 집행하는 집례관(執禮官)의 구호에 따라 왕릉을 향해 올리는 절.

국궁(鞠躬)! ▶ 무릎을 꿇어앉으시오!
사배(四拜)! ▶ 4번 절하시오!
흥(興)! ▶ 일어나시오!
평신(平身)! ▶ 몸을 바르게 하시오!

6. 나 할 말 있소!

능지처참으로 시신이 없는 허균의 가묘(좌)[165] 두 동강 난 허균의 부친 허엽과 부인 청주 한씨 묘(우)

경기도 용인시 처인구

(사진 참고 doopedia.co.kr)

天下之所可畏者唯民而已

民之可畏有甚於水火虎豹

在上者方且狎馴而虐使之

抑獨何哉

(허균의 시문집, 성소부부고(惺所覆瓿藁)』제11권「호민론(豪民論)」중에서)

---

165 허균의 가묘: 능지처참당한 허균의 시신은 없고 두 부인 안동 김씨와 선산 김씨의 시신이 묻혀있다.

천하에 두려워해야 할 바는 오로지 백성뿐이고

홍수나 화재, 호랑이, 표범보다 백성을 더 두려워해야 하는데

윗자리에 앉아 있는 것들이 (백성을) 업신여기며 길들여 가혹하게 부려

먹으니

아니 어찌 이럴 수가 있을까?

주해

虎豹(호표): 호랑이와 표범. 狎馴(압순): 익숙하게 길들이다. 抑獨(억독):
아니 어찌.

나 할 말 있소(欲有所言)!

왕이 인정문에 나아가 친국하려 하자, 허균이 크게 외친다.

"나 할 말 있소!"

그곳의 조정 신하 모두 못 들은 척하니, 왕도 어찌할 수가 없어서 그
들이 하는 대로 맡겨둘 따름이었다.

왕이 이르되, "오늘 처형하지 않겠다는 말이 아니라 물어봐야 할 것
을 물어본 후에 처형하고자 하는 것이다."

이이첨 이하 군신들이 같은 말로 아뢰기를, "지금 만약 다시 그의 죄
를 묻는다면 그는 반드시 잠깐 사이에 살아날 계책을 꾸며 다시 함부

미래를 찾아 과거 속으로

로 말을 낼 것이니 도성의 백성들을 진정시킬 수 없을까 염려됩니다."

왕이 끝내 군신들의 협박을 받고 어쩔 수 없이 따랐다.

王御仁政門親鞫
大呼曰, "欲有所言"
鞫廳上下, 佯若不聞, 王亦無可奈何, 任其所爲而已
王曰, "今日不爲正刑, 欲於問後正刑"
爾瞻以下, 同辭啓曰,
"今若更問, 渠必出晷刻偸生之計, 更發亂言, 都下人民, 恐不得鎭靜"
王終爲群下所脅, 不得已而從之
(光海君日記 太白山本, 中草本 131卷, 光海 10年 8月 24日)

주해

仁政門(인정문): 창덕궁(昌德宮)의 정전인 인정전(仁政殿)의 출입문.
親鞫(친국): 임금이 중죄인을 직접 심문하다.
佯(양): 거짓, ~한 체하다. 若(야, 약): 같다.
奈何(내하): 도무지 어찌할 바를 모르다.
奈(내), 何(하): 어찌, 어느.
正刑(정형): 죄인을 사형에 처함.
渠(거): 갑자기, 느닷없이, 개천, 해자.
晷刻(구각): 잠깐 사이.
晷(구, 귀, 궤): 그림자, 빛.
偸生(투생): 죽어야 할 때 죽지 않고 욕되게 살기를 탐함.
偸(투): 훔치다.

허균(許筠, 1569~1618)은 조선 중기의 문신으로 본관은 양천(陽川), 호
는 교산(蛟山)으로 최초의 한글 소설 『홍길동전』의 작가이다. 퇴계 이

황(李滉, 1502~1571)의 제자인 초당 허엽(草堂 許曄, 1517~1580)의 아들로
허난설헌(許蘭雪軒, 1563~1589)의 동생이다. 막내아들로 태어난 허균은
누이와 함께 서얼 출신 천재 문인인 손곡 이달(李達)에게서 수학하며
문장과 시가 자유분방하고 탁월해 일찍이 25세에 문과에 급제했다.
조선 후기 야담(野談) 소설인 『어우야담(於于野談)』[166]에 조선 중기 선조
~인조 때의 문신이며 영의정을 지낸 신흠(申欽, 1566~1628)이 허균의
운명(運命)에 관해 다음과 같이 부정적으로 예언을 한 일화가 소개되
어있다.

"역적 허균(許筠)은 총명하고 영특하여 나이 아홉 살에 능히 시를 지
어 장차 문장에 뛰어난 선비가 될 것이지만 훗날 허씨 가문을 뒤엎을
것이다."

허균은 문장이 수려하고 유불도(儒佛道)의 글도 거침없이 암송하여
수창외교(酬唱外交)[167]의 달인으로 대명(對明) 외교에서도 많은 공을 많
이 세웠지만, 적서(嫡庶) 차별의 혁파, 사명대사의 절친으로 불교에 심
취, 개방적이지만 반윤리적인 여성관, 급진적이며 진보적인 사상으로
늘 조정으로부터 시기와 질투의 대상으로 눈 밖에 난 인물이었다. 같
은 북인 계열 이이첨의 꾐에 빠져 영창대군 사후 인목대비 폐서인 과
정에서 주도적 역할을 했으며, 서얼 세력과 불교계를 동원해 국가 모
반을 계획했다는 문신 기자헌(奇自獻)의 반역죄 상소로 허균은 오체분

---

166 어우야담(於于野談): 조선 선조 때 어우당(於于堂) 유몽인(柳夢寅, 1559~1623)이 지은 이야기 모음집으로
    조선 후기 야담(野談)의 효시라 일컬어진다. 선조 때 이조참판을 지냈으나, 인조반정 때 역적으로 몰려
    처형당했다.
167 수창외교(酬唱外交): 시를 서로 주고받으며 성과를 거두는 외교.

미래를 찾아 과거 속으로

시(五體分屍)[168]의 극형으로 생을 마감했다. 허균은 처형당하기 전, 직접 친국(親鞫)해 그 죄를 자세히 알아본 후에 처형하겠다는 광해군에게 "신 아뢸 말씀이 있나이다(欲有所言)!"라고 외치며 몸부림쳤지만, 신하들의 막아 한마디 말도 못 한 채 처형장으로 끌려가 능지처참을 당하며 49세의 나이로 생을 마감했다.

첨언

유학자이면서 도가(道家)사상의 영향을 많이 받은 화담 서경덕과 퇴계 이황의 문하에서 수학했던 허엽(許曄, 1517~1580)의 호는 초당(草堂)이고 본관은 양천(陽川)이다. 그는 조선 중기 문신이자 성리학자로 봉건적 신분 차별이 엄격했던 시대에 천재 문인이었던 서자(庶子) 출신 이달(李達)에게 허초희(楚姬)와 그녀의 동생 허균(許筠)에게 학문을 가르치게 하였다. 왕비도 명호(名號)를 가질 수 없었던 남존여비의 시대에 허엽은 딸에게 당당하게 초희(楚姬)와 난설헌(許蘭雪軒)이란 명호(名號)를 주고, 허봉, 허초희, 허균 세 명의 아들딸에게 남녀 구별 없이 동등한 인격도야의 기회를 준 참으로 진보개혁 사상으로 시대를 앞서 갔던 인물이다. 백성들의 끼니 걱정과 건강을 위해 고생 끝에 그가 고안해 낸 초당두부는 지금도 우리가 즐겨 찾는 음식이다.

허엽의 막내아들 허균(許筠)은 유교, 불교, 도교의 해박한 지식으로 詩文을 서로 주고받으며 성과를 거두는 수창(酬唱) 외교의 大家로 인정받아 광해군 때 明나라 사신들이 그를 조선 최고의 천재지성인 엘리트로 인정해 명나라에 여섯 번이나 파견되었다. 그는 조선의 시문학에 훈민정음의 토를 달아 明나라에 전한 최초의 한류 문화 국외전

168　오체분시(五體分屍): 목과 사지를 밧줄을 소나 말에 묶어 각각 반대 방향으로 당겨 찢어 죽이는 사형 방법으로 오우분시(五牛分屍)라고도 일컬음. 정확한 용어는 거열형(車裂刑).

파의 선구자였다. 1600년경 明나라 시인 오명제(吳明濟)가 허균의 도움으로 북경에서 발간한『朝鮮詩選(조선시선)』이 최초로 국외에 전파된 한류 문화를 담은 시문집이다.

유몽인의『어우야담(於于野談)』과 박지원의『연암집(燕岩集)』에는 허균이 중국에 사신으로 갔을 때 천주교의 기도문인「게십이장(偈十二章)」[169]을 처음 조선으로 가져왔다는 기록이 있고, 천주교(서교西敎, 서학西學)를 조선에 처음 전파한 사람도 허균이고, 천주교를 서학(西學)이라고 이름 지은 사람도 허균이라는 주장도 있다.

> '게십이장(偈十二章)이 있는데 허균이 중국에 사신으로 가서 얻어 온 것이다. 그렇다면, 서교(西敎)가 동쪽으로 온 것은 아마 허균으로부터 시작되어 주창된 것이다. 지금 서교(西敎)를 배우는 무리들은 허균의 뒤를 쫓는 무리들이다.'
>
> (박지원의『연암집(燕岩集)』중에서)

연암 박지원의 열하일기(熱河日記)가 고전(古典) 문체가 아니라며 정조는 문체반정(文體反正)[170] 정책으로 연암에게 자아비판 자송문(自訟文)을 쓰라고 했지만 거절하고, 은퇴한 후 중풍에 시달리다 1805년에 세상을 떠났다. 그의 생애 후기는 우리나라 최초의 천주교 박해인 신유박해(辛酉迫害, 1801, 순조 1년)가 일어난 때였으며, 다산 정약용의 형인 정약종, 이승훈 등 수많은 천주교인이 참수당한 살벌한 시기였으니

---

169 게십이장(偈十二章): 허균이 북경에서 가져온 천주교의 12단 기도문.

170 문체반정(文體反正): 연암 박지원의 열하일기(熱河日記)와 같이 참신한 문장들은 조선 정통의 고문(古文) 문체를 따르지 않는 패관잡기(稗官雜記)로 규정하고, 기존 고문(古文)들을 모범으로 삼아야 한다고 하여 정조(正祖)가 일으킨 사건.

미래를 찾아 과거 속으로

연암 또한 천주교를 멸륜지교(滅倫之敎)[171]로 박해했던 당시 지배층의 눈치를 보지 않을 수 없어서 그런지 천주교를 청나라에서 들여온 허균에 대한 긍정적인 기록을 남기긴 어려워 '허균을 뒤따르는 서학(西學, 西敎, 천주교) 무리'라는 표현을 썼을 것이다.

이렇듯 허균은 불교와 성리학비판이론을 포함해 천주교까지도 가까이해 봉건적 성리학 윤리와 가치가 지배하고 있던 조선에서는 절대로 받아들일 수 없었던 당시 최대의 이단아(異端兒)였다. 사명당(四溟堂)의 절친으로 사명당이 입적한 후 자신과 사명당의 관계는 형과 아우처럼 친밀한 제형지교(弟兄之交) 관계로 '사명당을 자기보다 더 아는 자가 없다'라고 지은 비문을 한석봉이 쓴 석장비(石藏碑)가 경상남도 밀양시에 있는 표충사(表忠寺)에 보존되어있다. 허균은 성리학자이면서 불교 염불을 독송하고 천주교 경전도 가까이했으니 다산(茶山) 정약용(丁若鏞)의 실사구시(實事求是)와 신앙의 자유를 150년 이전에 이미 행동에 옮긴 시대를 앞서간 자유평등 주의자였으며 혁명의식을 구현한 선비였다. 최초의 한글 소설『홍길동전』이전에『홍길동전(盧革傳노혁전)』이라는 한문 소설이 이미 존재했다. 허균이 그 한문 소설을 표절했다거나, 허균이『홍길동전』의 저자라고 기록한 조선 선조 때 학자 이식(李植, 1584~1647)의『澤堂集(택당집)』이 잘못된 것이라는『홍길동전』원작자에 관한 논란도 있다. 그러나 김삿갓 장본인인 김병연(金炳淵)이 아닌 '金'씨 성을 가진 다른 사람들이 삿갓 쓰고 다니며 '내가 김삿갓이오.'라고 해도 틀린 말이 아니듯,『홍길동전』이란 소설의 저자도 여러 명일 수 있다는『김삿갓』이나『홍길동전』이라는 소설작가의 복

---

171 멸륜지교(滅倫之敎): 천륜을 거스르며 예의와 도덕을 함부로 짓밟는 종교 혹은 가르침.

수성(複數性)을 인정해야 하지 않을까? 연산군 때 도적 홍길동 때부터 허균의 광해군 시대 사이에는 100년 이상 시간적 공간이 있으니 얼마나 많은 사람이 『홍길동전』을 읽고 여러 버전을 썼겠는가? 성리학의 그릇된 자기중심적 양반체제로는 세상을 바꿀 수 없고, 중인(中人, 서얼, 기술자)이나 상민(常民), 천민(賤民) 등 밑바닥 신분 계층에 의한 민중봉기나 혁명에 의해서만이 진정한 자유평등 사회를 구현할 수 있다는 내용의 『홍길동전』이 주는 메시지와 허균의 평등사상은 맞아떨어진다. 곡학아세(曲學阿世)[172] 조선의 성리학 지배 체재에 불만을 품은 홍길동이 '세상을 바꾸는 힘은 오로지 민중을 위한 호민(豪民) 사상에 있다'라며, 썩어빠진 조선이 천지개벽하여 유토피아(Utopia, 假想的 理想國) 되길 바라는 건 이미 틀렸고, 차라리 오키나와로 옮겨 자유 평등한 밤섬나라(栗島國)를 새로 세운다는 것이 『홍길동전』의 내용이다. 홍길동 묘와 조선식 가옥, 농기구 등 고증자료가 오키나와에서 이미 발견된 걸 보면 『홍길동전』이 가상소설인지 실제 얘기인지 판단이 안 된다. 여하튼 보수적 성리학 지배자들의 눈에는 천재 문인이면서 이단아였던 허균이 눈엣가시였는데, 그의 능력과 천재성 때문에 함부로 공격을 못 하다가 광해군 시해 역모죄를 뒤집어씌워 서소문 밖에서 살을 생선회 뜨듯 천 번 이상 도려낸 후 살천도(殺千刀)[173] 능지처참했다. 반란죄로 멸문지화(滅門之禍)된 가문임으로 이미 타계한 누나 허난설헌을 제외한 부친 허엽을 포함한 모든 가족이 부관참시당하거나 죽을 수밖에 없었던 비운(悲運)의 천재 허균의 가묘(假墓, 시신이 없으니)는 경기도 용인 처인구에 있지만 찾는 사람도 없고 양천 허씨(陽川 許氏)

---

172 곡학아세(曲學阿世): 비뚤어진 학문과 지식으로 권세에 빌붙고 자신의 신념과 가치관을 쉽게 바꾸며 세상과 타협하고 권력에 굴복하는 태도를 의미.

173 살천도(殺千刀): 천 번 칼질하여 천천히 고통을 주며 죽이는 형벌이란 뜻으로 백각형(百刻刑)이라고도 함.

미래를 찾아 과거 속으로

문중의 보살핌도 없는 듯하다. 묘역 가는 길도 없고 안내판도 없이 뱀, 도깨비바늘 잡초투성이의 허름한 허균의 가묘(假墓)를 보면, 그가 아직도 역적이란 역사적 평가의 굴레에서 벗어나지 못하고 구천(九泉)을 떠돌며 통곡하고 있는 듯해서 마음이 아프다. 비문도 없고 두 동강 난 채 외로이 무덤을 지키는 부친 허엽의 묘비는 애처로워 차마 바라볼 수조차 없다. 개방적 여성관을 가진 허균은 여성들한테 모진 짓 다 하면서 드러내지 않는 것이 군자(君子)의 덕으로 삼던 당시 유림(儒林) 사회에서 모진 비판을 받았다. 자유로운 영혼의 개방적 여성관을 비방하는 선비들을 향해 허균은 일갈한다.

"남녀의 정욕(情慾)은 식욕(食慾)과도 같은 것이다. 따라서 육접(肉接)은 그저 식사처럼 주린 배를 채우는 것일 뿐이다. 옛사람들이 먹는 것을 천하다고 한 것은 너무 밝히지를 말라는 뜻이지 어찌 먹지 말라고 한 것이겠는가? 남녀의 정욕은 하늘의 가르침이오, 윤기(倫紀)의 분별은 성인의 가르침이다. 그런데 하늘이 성인보다는 한 등급 위에 있으니, 나는 하늘의 가르침을 따를지언정 감히 성인의 가르침은 따르지 않겠다."

男女情欲天也 倫紀分別 聖人之教也
天且高聖人一等 我則從天而不敢從聖人
(李植 澤堂先生別集卷之十五, 雜著, 한국고전DB)

주해

倫紀(윤기): 윤리와 기강(紀綱).
且(차): 또, 우선.
不敢(불감): 불감당(不堪當)의 준말, 감당하지 않거나 못함.

훗날 조선 중기 유학자이며 문신인 택당 이식(澤堂 李植)은 자식들 교육을 위해 남긴 글에서 허균이 내뱉은 말과 글은 모두 노장(老莊)사상과 불교, 왕수인, 이탁오[174] 등 양명학(陽明學) 좌파사상에서 나온 이단(異端)과 사설(邪說)의 극치이며 전통적 역사관을 비판하고 지배질서에 반기를 드는 유교의 최대 이단아라고 비판했다.

기생이 관료에게 수청드는 게 합법적인 시대에 허균은 성관계한 기생들 이름을 연표 만들 듯『조관기행(漕官紀行)』[175]에 자세히 기록했으니 변태 같기도 하지만, 우리가 볼프강 아마데우스 모차르트의 바이올린협주곡은 애청하면서 그의 변태 성욕에는 관심이 없듯이 필자도 천재 허균의 변태 여성관을 굳이 비판하고 싶지 않다. 신은 가끔 변태 성욕자에게도 천재성을 부여하기도 하나 보다. 허균의 다채로운 여성 편력에 관해 평가하자면 200년 후의 김삿갓보다는 한 수 위가 아니었던가 싶다. 김삿갓은 함경도 단천 어느 고을에서 홍련(紅蓮)이란 처녀에 끌려, 아름다운 꽃 본 미친 나비처럼 훨훨 날아가(狂蝶忽飛광접홀비) 수작을 부려 하룻밤을 보냈다. 김삿갓은 홍련과 이불 속 운우의 정(雲雨의 情)을 나눈 후 "누가 이미 지나갔으니 처녀가 아니로군!"이라고 투덜댔다. 아무도 손 안 댄 전인미답(前人未踏)[176]의 여인만 원하는 김삿갓보다는 다양한 여인들과의 성행위를『조관기행(漕官紀行)』에 자세히 기록해 후세의 남성들에게 조언을 준 허균이 아무래도 프로급 선수

---

174 이탁오(李卓吾, 1527~1602): 본명은 이지(李贄). 명나라 양명학자(陽明學者)로 유교의 성리학적 지배질서를 비판하며 진리의 상대성을 주장해 이단으로 금기시되던 인물. 부패한 관료층의 탄압을 받아 오다 체포되어 감옥에서 자살로 생을 마감함.

175 조관기행(漕官紀行): 허균의『성소부부고(惺所覆瓿藁)』18권으로 그가 지방의 세금을 배로 한양에 운송하는 업무를 시행하며 남긴 기록.

176 전인미답(前人未踏): 누구도 손을 대거나 발을 대지 않은 상태.

미래를 찾아 과거 속으로

에 더 가까운 듯하다.

(문세화의 『이응수의 金笠詩集 小考』 p148, 「毛深內闊 旣過他人 털이 깊고 안이 넓으니 누군가 이미 지나갔구나」 시 중에서)

실제로 성욕이란 생리적인 현상으로서 건강한 남녀에게 당연히 있어야 하지 않는가? 말이야 바른말이지 양반들은 여러 명의 처첩을 거느리면서 밖으로 드러나지 않게 즐겼지만, 허균은 엄격한 유교 사회에서 노골적으로 성생활을 즐기고 드러냈다. 불세출의 천재이면서 세상을 바꿔볼 야심을 가졌지만, 중앙과 지방을 오르내리며 자주 파직당하거나 유배되는 등 순탄치 못한 관직 생활을 하던 허균에게 SEX 행위는 해방구이자 스트레스 해소처가 되었던 것으로 여겨진다. 활발한 성생활을 통해 스트레스 완화, 면역기능 증강, 통증 완화, 체중감소, 그리고 고혈압, 골다공증, 전립선질환, 우울증, 요실금, 갱년기장애 등의 질병 예방 및 노화 방지 등의 효과를 얻을 수 있다는 의학 정보를 허균은 이미 알고 있었던 듯싶다.

성격이 곧고 거침이 없어 세상과 어울리지 못하고(不與世合불여세합), 늘 이단아 취급을 당했던 허균은 천재였으며 풍운아였다. 의금부 국문(鞫問)이나 진술, 판결문도 없이 능지처참당한 허균의 아버지 허엽(許曄)도 부관참시당해 경기도 용인 처인구에 있는 그의 묘비도 두 동강 난 채 방치되어 있어 마음이 아프다. 허균보다 18세 위인 형 허봉(許篈)도 서인 이이 율곡(李珥 栗谷) 세력의 탄핵으로 유배당해 죽고, 조선 최고의 여류작가로 중국과 일본에서도 그녀의 작품이 고평가되었던 누이 허초희 허난설헌(許楚姬 許蘭雪軒) 역시 순탄치 않은 시집살이와 남존여비(男尊女卑) 비뚤어진 시대사조의 희생양이 되었다. 임진왜란과 선조의 무능한 치세로 무너진 조선의 정치적 경제적 혼란 속에 신음하는 민초들의 천지개벽을 향한 염원을 대변하듯, 허균은 도교적 신선(道敎的 神仙) 사상과 현실적 호민(豪民) 사상을 주제로 작품을 썼다. 그의 시문집『성소부부고(惺所覆　藁)』卷8 文部 5傳에 수록된 한문 소설『장생전(蔣生傳)』에서 비렁뱅이 '장생(長生)'이라는 정체불명의 사람이 나타나 그 누구도 돌보지 않는 풀뿌리 민초(民草)들을 구제하기 위해 불교의 지장보살(地藏菩薩)[177]처럼 선계(仙界)와 속계(俗界)를 오가며 애쓰다 결국 포기하고 신선(神仙)이 되어 선계(仙界)로 떠난다. 허균의 민본 사상이 잘 드러난『호민론(豪民論)』에서 그는 백성을 항민(恒民)·원민(怨民)·호민(豪民)으로 나눈다. 항민(恒民)은 윗사람에게 부림을 당하면서 얽매인 채 그러려니 하며 사는 사람들, 원민(怨民)은 수탈당함을 억울해하며 수탈자들을 원망하는 사람들이고, 호민(豪民)은 몰래 저항할 마음을 품고 있다가 기회가 오면 항민(恒民)과 원민(怨民)을 이끌고 개혁과 변화를 일으키는 사람들이다. 허균은『장생전』의 장생과 같은 선계의 신선(神仙)과『홍길동전』의 홍길동과 같은 호민(豪民)을 통해 개벽천지(開闢天地)의 신세계를 꿈꾼 혁명 사상가였다. 부패하고 무능한 왕정과 성리학적 윤리와 가치에 갇혀 변화와 개혁을 외면한 사대부 양반들을 '신선(神仙)'과 '호민(豪民)' 사상으로 질타한 것이다.

以心傳心 인터뷰

"경기도 용인 처인구로 가는 길엔 안내판도 없고, 벌초한 지 오랜 듯한 선생 묘역은 쑥부쟁이, 할미꽃, 도깨비바늘 잡초가 무성해 발목

---

177 지장보살(地藏菩薩): 불교에서 '땅을 감싸고 있는 보살'이라는 의미의 지장보살은 중생들이 모두 성불한 뒤에 최후로 마지막으로 성불할 보살을 말함.

은 가시에 긁히고 뱀 나올까 두려웠소. 양천 허씨(陽川 許氏) 문중에는 묘역 관리할 후손 하나 없습니까? 어찌 이리 허름하오?"

"후손이라니? 광해군을 시해하려 했다는 역모죄를 뒤집어쓰고 능지처참당한 내게 후손이 있을 리가 있었겠소? 있었다 한들 살려두었겠소? 곡(哭)해 줄 자식도 남기지 않은 채 떠나신 허난설헌(許蘭雪軒) 누님처럼 나도 죽은 후 비참하기 이를 데가 없소. 조선이 망할 때까지 나는 역적의 신분에서 벗어나질 못했지만, 다행히 허(許)씨 성을 숨기고 남쪽 어디 먼 곳으로 도망가 살아남은 아들의 후손이 있었다는 얘기는 들었소. 그 후손 하나가 '새도 날아 넘기 힘든 고개'라는 조령(鳥嶺, 문경새재)을 넘어 울산 쪽으로 도망가 남의 가문의 후손으로 위장해 300여 년 목숨을 보전하며 간직해온 가승(家乘)[178]이 존재하고, 지금은 12대 후손 '허성엽'이라는 자가 대를 잇고 있다고 하오."

"남의 눈치 안 보시고 여성 편력을 자세히 글로 남기셨는데, 『조관기행(漕官紀行)』을 보니 매창(梅窓)[179]이란 이름을 가진 기생과의 관계도 기록하셨더이다. 어떤 관계였습니까?"

"아~ 전라도 부안(扶安) 기생 매창 말이오? 매창은 비록 첩의 딸 서녀(庶女) 신분이었지만 조선의 내로라하는 어떤 시인 묵객도 그녀의 시적 재능을 흉내 낼 수 없는 품위가 있었소. 나는 어딜 가나 기생들

---

178 가승(家乘): 한 집안의 가계와 인물, 역사 등에 관한 기록이다. 가첩(家牒)이라고 부르며 족보 등의 계보를 의미.

179 이매창(李梅窓): 조선 선조 때 부안(扶安) 기생으로 허균을 마지막 연인으로 삼은 여인. 본명은 향금(香今)이며 계유년에 태어나서 계랑(桂娘) 계생(桂生)이라고도 불렀음. 아호는 매창(梅窓).

과 육접(育接)[180] 없이는 하루도 못 견디는 사람이오. 하지만 매창은 다르게 대했소. 몸매나 얼굴은 그리 눈에 띌 정도는 아니었지만, 거문고와 시문이 너무 훌륭해 10년 넘게 글 벗으로 불교와 도교도 함께 공부하며 짝사랑도 해봤지만, 몸을 섞는 그런 일은 없었소. 황진이가 가야금을 잘 타며 시를 읊었듯이 매창이는 거문고를 뜯으며 노래도 잘 불렀소. 플라토닉 러브로 서로를 소중히 여기며 시문을 나누는 그 이상의 관계가 될 수 없었던 가장 큰 이유 첫 번째가 매창의 시풍(詩風)이 내가 가장 소중히 아끼며 존경했던 내 누님 허난설헌의 시풍을 그대로 닮았기 때문이었소. 매창은 불교와 도교 문장에 통달한 우리 누님 허난설헌을 닮아 사회적 제약에 굴하지 않고 무척 자유롭고 진보적인 시인이었소. 조선 여류시인 세 명을 꼽으라면, 혹자는 신사임당이나 이옥봉(李玉峯)[181]을 넣지만 난 그렇게 생각하지 않소. 누가 뭐래도 조선의 3대 여류시인은 허난설헌, 황진이 그리고 이매창이오. 내가 이매창을 사랑했어도 평생 벗으로만 대할 수밖에 없었던 두 번째 이유는 매창에게는 이미 유희경이라는 정인(情人)이 따로 있었기 때문이었소. 여하튼 내가 살면서 평생 친구로 대한 유일한 여인이었소. 거문고와 함께 묻힌 매창의 죽음을 슬퍼하며 그녀의 무덤 앞에 '애계랑(哀桂娘)[182]'이란 시를 한 수 남겨 놓았지요. 이매창이 정인을 위해 남긴 규원(閨怨)이란 시비도 있지만 난 그 시는 내 슬픈 시를 향한 화답으로 본다오."

---

180 육접(育接): 몸을 섞음, 성관계.

181 이옥봉(李玉峯): 허난설헌과 동시대에 살았던 여류시인으로 정확한 생몰년은 미상이다. 사대부가 출신인 허난설헌과 달리 이옥봉은 서녀 출신으로 본관은 전주이다. 대표작으로 「규정(閨情, 규방 여인의 마음)」이 있다.

182 애계랑(哀桂娘): 계랑의 죽음을 애도함. 계랑(桂娘)은 이매창의 호, 娘랑은 아가씨

허균의 시

妙句堪摛錦 清歌解駐雲...묘구감리금 청가해주운
偷桃來下界 竊藥去人群...투도래하계 절약거인군
燈暗芙蓉帳 香殘翡翠裙...등암부용장 향잔비취군
明年小桃發 誰過薛濤墳...명년소도발 수과설도분
(下略)

신묘한 글귀는 비단을 펼쳐 놓은 듯하고

청아한 노래는 머문 구름도 풀어헤치네

선계仙界의 복숭아를 훔친 죄로 인간세계로 내려오더니

불사약을 훔쳐서 인간무리에서 떠나갔구나

부용 꽃 휘장엔 등불이 어둡고

향내는 비취색 치마에 남았구나

내년 예쁜 복사꽃 피어날 때

누군가 설도의 무덤을 들르겠지

(하략)

(계랑桂娘 이매창의 죽음을 슬퍼하며 허균이 지은 시

「哀桂娘애계랑」 중에서)

주해

摛(감): 뛰어나다, 견디다.

摛(리): 글을 짓다, 널리 알려지다, 펼치다.

偷桃(투도): 不死藥인 신선 세계의 복숭아(仙桃)를 훔쳤다는 고사에서 나온 말.

竊藥(절약): 선계의 불사약인 선도(仙桃)를 훔쳐먹고 달나라로 도망갔다 는 고사에서 나온 말.

芙蓉(부용): 연못에서 피는 연(蓮)꽃과 유사하며, 주로 아름다운 여인을 지칭하는 꽃.

裙(군): 치마, 속옷.

薛濤(설도): 중국 당나라 때 매창과 같은 삶을 살았던 기생.
                여기서는 매창을 의미.

이매창의 화답 시

相思都在不言裡..상사도재불언리
一夜心懷鬢半絲..일야심회빈반사
欲知是妾相思苦..욕지시첩상사고
須試金環減舊圓..수시금환감구원

(下略)

말도 못하고 애타게 기다리는 이네 마음
밤새도록 마음속에 그리다 머리카락이 반이나 희었다오
그리며 아파하는 이 소첩의 마음 아시려거든
부디 동그란 금반지 닳아서 해진 걸 보세요

(하략)

(이매창의 화답시 「閨怨규원」 중에서)

주해

相思(상사): 마음에 둔 사람을 몹시 그리워함.

都(도): 모두, 대개, 도읍.

裡(리): 속, 안, 속마음.

鬢(빈) 귀밑털.

醉客執羅衫...취객집나삼
羅衫隨手裂...나삼수수렬
不惜一羅衫...불석일나삼
但恐恩情絶...단공은정절

(이매창의 시, 「증취객(贈醉客, 술취한 님께 드립니다)」 중에서)

술 취하신 님 날 사정없이 끌어당겨 비단 적삼 잡아채더니
끝내 비단 적삼 찢어 놓았군요
비단 적삼 저고리 하나 버리는 건 아깝지 않으나
맺은 정 끊어질까 두렵소

주해

羅衫(나삼): 얇고 가벼운 비단으로 만든 적삼, 비단 저고리.
隨(수): 따르다, 즉시, 곧바로.

"매창의 시가 어떠한가요? 내 누님 허난설헌의 시 '규정(閨情)'을 보는 것 같지 않은가요? 그런 매창을 내가 어찌 육접(肉接)의 대상으로 삼을 수 있었겠나 말이오?"

"이젠 저승에서 가끔 만나 회포도 푸시겠네요."

"애석하게도 그리 못하고 있소. 대역죄인으로 능지처참당한 후 아직 복권이 안 된 나의 넋은 저승도 못 가고 용인 처인구 가묘(假墓) 땅

속 구천(九泉)을 떠돌고 있소. 매창은 거문고만 전라북도 부안(扶安) 무덤에 묻어 놓고 신선이 되어 선계(仙界)로 올라가 천지(天地)간에 헤어져 만날 수가 없소."

"당신에 관한 역사적 평가는 그리 호의적이 아니며, 야사에서는 그 평가가 엇갈립니다."

역적 허균은 총명하고 재주가 뛰어났다. 나이 아홉 살에 능히 시를 지었는데 무척 아름다워 여러 어르신이 칭찬하며 이르기를, "이 아이는 훗날 분명히 문장에 걸출한 선비가 될 것이다 ...(중략)... 훗날 비록 문장에 뛰어난 선비가 된다고 할지라도 허씨가문을 뒤집어엎을 사람은 반드시 이 아이일 것이다."…(중략)… 영위사 신흠이 허균을 가까이 지내며 보니, 그는 고서를 두루 암송하는 것을 듣고, 유·불·도 삼가(三家)의 서적에 이르기까지 시원하게 통하지 못하는 곳이 없으니 인간으로 그렇게 해낼 자가 없었다. 신흠이 탄식하며 이르기를, "이 자는 사람이 아니다. 그 모습 역시 우리와 다르니, 필시 허균은 여우나 살쾡이, 뱀, 쥐 같은 짐승의 정령일 것이다."

逆賊許筠, 聰明英發, 生九歲, 能作詩, 甚佳, 諸長者稱譽之曰, "此兒, 他日當作文章士...(中略)..異日, 雖作文章士, 覆許宗者, 必此兒也..." 迎慰使申欽聞其博誦古書, 之如於儒道釋三家書, 無不觸處洒然, 人莫能當也. 欽退而歎曰, "此子非人也, 其狀亦不類, 必是狐狸蛇鼠等物精也...(下略)..."

(유몽인의 『於于野談어우야담』 263話, 신흠의 허균 평가에 관한 글)

미래를 찾아 과거 속으로

英發(영발): 뛰어나게 영리함.

他日(타일), 異日(이일): (과거나 미래의) 어느 날.

博誦(박송): 거침없이 술술 암송하다. 두루 읽다.

覆(복): 뒤집히다, 엎다, 망하다.

釋(석): 석가모니(釋迦牟尼)를 줄인 말. 여기서는 불교를 의미.

洒(쇄, 세): 물을 붓다, 물을 뿌리다.

洒然(쇄연), 灑然(쇄연): 물을 붓다.

精(정): 정령(精靈)의 준말, 죽은 사람의 혼백, 불가사의한 기운.

"아~ 인조 때 영의정까지 지낸 신흠 대감 얘기로군요. 그 사람 내가 종사관(從事官)[183]으로 의주에 갔을 당시 영위사(迎慰使)[184]로 그곳에 와 있어 자주 봤지요. 그 양반 임진왜란 때 신립의 군대를 따라 문경새재 조령(鳥嶺)까지 갔다가 신립이 탄금대에서 패배하자 강화도로 피신해 숨어 살았지요. 선비의 우아함은 돋보이나 싸움에는 익숙하지 못한 사람이오. 선조 붕어 시 나이 어린 영창대군(永昌大君)을 보필해달라는 유교(遺教)[185]를 받은 고명대신(顧命大臣)[186]의 한 사람으로 이이첨(李爾瞻)과 영창대군을 옹립하며 반역을 도모한 혐의로 광해군에 의해 사사(賜死)되기 직전 운 좋게 살아남아 김포 지방 막내 삼촌 집에 우거(寓居)[187]하며 은둔생활을 하다 인조반정으로 광해군이 폐위되자 복권되어 삼정승 벼슬을 다 지냈지요. 신흠의 문장이 기품이 있고 규범에

---

183 종사관(從事官): 조선 시대 군영(軍營)의 장수(將帥)를 보좌하던 관직.

184 영위사(迎慰使): 조선 시대에 청(淸)나라 사신을 영접하던 관원.

185 유교(遺教): 국왕, 부처, 조사 등의 죽기 전 마지막 당부 혹은 지시.

186 고명대신(顧命大臣): 왕의 임종 시 왕의 마지막 당부 및 유언을 받드는 대신. 주로 정승, 판서, 등 고위관료.

187 우거(寓居): 남의 집이나 타향에서 임시로 삶, 또는 그런 집.

얽매이지 않아 그의 문장은 명나라에서도 널리 알려졌지만, 그 모든 것이 유불도(儒佛道)를 두루 통달한 나로부터 전해 받은 지식이 아닐 수 없소. 운도 좋고 임기응변의 화술도 있어 끝까지 살아남아 나를 요괴(妖怪)로 평가하는 글까지 남겨 야사인 어우야담(於于野談)에도 전해지고 있지만, 그의 성품이 얕고 두텁지 못했던 점을 기억하면 그의 나에 대한 평가는 믿을 바 못 되오. 운 좋게 살아남은 승자의 오만한 평가 정도로 이해해 주길 바라오.

"마지막으로 하나 더 묻겠소이다. 창덕궁 인정문(昌德宮 仁政門)에서 광해군이 親鞫(친국)[188] 하기 전 '나 할 말 있소!'라 외쳤지만 뜻을 이루지 못하고 처형장으로 끌려가셨는데, 마지막으로 하고자 하셨던 그 말씀도 선생이 처형당하며 함께 영원히 사라졌소이다. '나 할 말 있소(欲有所言)!'라고 외치셨을 때 도대체 무슨 말씀을 하고자 하셨소?"

"내가 유재론(遺才論)에서 밝혔듯이, 서얼 차별의 신분 철폐를 통한 새로운 세상을 꿈꾼 건 사실이오. 그걸 개혁이라 해도 좋고, 모반(謀反)이라 해도 좋소. 다만 신분 차별 없는 세상에서 재능있는 백성이라면 누구나 왕의 사랑을 받으며 더 큰 조선을 원했던 건 사실이오. '아~ 그러나 불여세합(不與世合)이라! 나는 삼봉(三峯) 선생처럼 어차피 세상과 어울릴 수 없었던 존재였소. 역모죄라면서 진상조사도 없이 세 번 변론의 기회도 안 주니 난들 어쩌겠소? 원하는 대로 죽어줄 수밖에.' '백성들을 구하고 광해군을 벌주기 위해 곧 하남 대장군이 쳐들어올 것이다(弔民伐罪 河南大將 軍將至去)'.'라는 흉방(凶榜)을 남대문 벽에

---

188 親鞫(친국): 임금이 중죄인을 친히 심문하던 일.

붙이게 한 역모 반란의 주모자로 몰려 희생되었소.『선조실록(宣祖實錄)』과『광해군일기(光海君日記)』그 어디에도 내가 주모자였다는 증거가 없지 않소? 明나라에 자주 가며 마테오 리치 성당에도 가서 천주교와 선진 문명을 배우고, 유교 주자학의 지배질서를 부정한 양명학의 이탁오(李卓五) 선생 글도 많이 봐 진보개혁 성향이 강할 대로 강해진 내가 이미 썩을 대로 썩은 조선의 유교적 지배질서에 정면으로 반기를 들었으니 어찌 살길 바랐겠소? 선조 기축옥사(己丑獄事) 때 수 많은 선비의 죽음을 불러온 참극의 죄를 모두 송강 정철(松江 鄭澈)에게 돌렸듯이, 나 또한, 명을 향한 사대주의가 뼛속까지 젖어있던 西人 훈구파 늙은이들이 대북파의 권력을 빼앗기 위한 모함과 간신 이이첨의 배반으로 희생양이 된 것이오. '나 할 말 있소(欲有所言)!'라고 외쳤을 때, 살고자 외치진 않았소. 임진왜란 잘 마무리하고 明淸과 성공적으로 실리외교를 펼쳤으며 대동법(大同法)실시로 백성들의 공납 부담을 덜어주기 위한 정책을 시행하며 백성을 위해서라면 임금 자리 버려도 좋다는 개혁과 진보 성향의 광해군은 나를 총애하셨소. 광해군은 나를 죽이라고 계속 올라오는 상소를 거절하며, 자기처럼 애민(愛民) 위민(爲民) 사상을 가진 나를 죽이길 원치 않았단 말씀이오."

"백성의 뜻이 곧 하늘의 뜻이니 천하에 두려워해야 할 바는 오로지 백성뿐이며, 왕은 백성을 위해 존재하는 것이지 백성 위에 군림하지 않는 것이라는 말을 하고 싶었소. 내가 당신이 온 21세기의 대한민국에서 같은 상황에 처해 목숨을 잃게 되더라도 나는 똑같이 외칠 것이오."

"21세기 대한민국에서 온 당신에게 마지막으로 나 할 말 있소!"

"대한민국의 주인은 백성이다!
나라의 모든 권리는 백성에게 있고
모든 권력은 백성으로부터 나온다!"

大韓民國主人是百姓！
國家一切權力在於民
悉權一切都來自百姓！

미래를 찾아 과거 속으로

7. 부용 꽃 스물일곱 송이 붉게 떨어지니
달빛 서리 위에 차갑기만 하구나

허난설헌(許蘭雪軒)의 묘(중앙)와 두 아이의 묘(우측)

경기도 광주시 초월읍 지월리

哭子

去年喪愛女 今年喪愛子 哀哀廣陵土 雙墳相對起

蕭蕭白楊風 鬼火明松楸 紙錢招汝魂 玄酒存汝丘

應知第兄魂 夜夜相追遊 縱有服中孩 安可冀長成

浪吟黃坮詞 血泣悲吞聲

(두 아이를 묻고 슬퍼하며 지은 시, 허난설헌許蘭雪軒)

아들딸을 여의고

지난해 사랑하는 딸을 잃었고 올해에는 사랑하는 아들을 잃었네.
슬프고 슬픈 광릉 땅이여 두 무덤이 마주 보고 있구나
백양나무에는 으스스 바람이 일어나고 도깨비불은 숲속에서 번쩍인다.
지전[189]으로 너의 혼을 부르고 너희 무덤에 술잔을 따르네
아아, 너희들 남매의 혼은 밤마다 정겹게 어울려 놀으리
비록 배 속에 아기가 있다 한들 어찌 그것이 자라기를 바라리오.
황대[190] 노래를 부질없이 부르며 피눈물로 울다 목이 메는구나!

허난설헌(許蘭雪軒, 1563~1589)은 황진이(黃眞伊), 이매창(李梅窓)과 더불어 조선 3대 여류시인 중 한 사람으로 평가받는 시서화에 능했던 문인으로 우리나라 최초로 시집이 발간된 여류시인이다. 성은 허씨(許氏), 본관은 양천(陽川), 이름은 초희(楚姬)이며, 조선 중기의 성리학자인 허엽(許曄)의 딸이자, 『홍길동전』의 저자인 허균(許筠)의 누나이다. 호는 난설헌(蘭雪軒)이며 어려서부터 첩에서 태어난 서자(庶子) 신분의 문인 이달(李達)에게 시와 학문을 배워 사회 비판적이며 자유분방하고 초월적인 도교(道敎) 사상의 시재(詩才)를 발휘하였다. 15세 꽃다운 나이에 안동김씨(安東金氏) 김성립(金誠立)과 결혼했으나 결혼 생활이 원만치 못한 가운데 부모·형제·자식을 모두 잃으며 비운(悲運)의

---

189 지전(紙錢): 제사나 종교의례 때 죽은 자가 저승길에 가져가는 여비인 노잣돈(路資錢)을 의미하며 제의(祭儀)가 끝나면 땅에 묻거나 소각함.

190 황대: 황대사(黃坮詞)를 의미. 중국 당나라 측천무후(則天武后, 624~705)가 권력을 위해 맏아들 홍(弘)을 죽이자 둘째 아들 현(賢)이 두려워하며 부른 노래. 현도 어머니의 미움을 사 죽는다. 여기서는 두 자식을 잃은 허난설헌이 자식 둘을 죽인 패려한 어머니 측천무후에게 빗대어 자탄(自歎)함을 의미.

미래를 찾아 과거 속으로

삶을 살다 27세의 어린 나이에 세상을 떠난 천재 여류시인이다. 1598년 그녀가 죽은 해 허균의 도움으로 명나라 오명제(吳明濟)가 그녀의 작품을 모아『조선시집(朝鮮詩選)』을 편집한 후 1600년에 간행하였고, 몇 년 후 주지번(朱之蕃)이『난설헌집(蘭雪軒集)』을 다시 간행한 후 일본에도 전파되어 동양의 뭇 여성들의 눈시울을 적셨다.

첨언

1500년경 중국 명나라에서도 이미 비합리적이고 비현실적인 공맹(孔孟)사상을 근본으로 하는 훈고학(訓詁學)이나 송나라 시대 말기의 주자학(朱子學) 이론과 관습은 이미 힘을 잃었고, 주관적 실천 이론인 왕수인(王守仁)의 양명학(陽明學)을 이탁오(李卓吾)가 계승하며 정치 지도자나 백성들의 인식이 이미 실천적 사고이론으로 전환되고 있었다. 반면에 조선 중후기에는 보수적 주자 성리학적 가치와 통치이념을 그대로 답습하고 있어, 변화나 진보에 관한 고민이나 시도가 전혀 없어 조선 망국(亡國)은 이미 시작되었다고 볼 수 있다. 허난설헌에 관한 얘기를 하기 전에 동시대 같은 지역에 살았던 신사임당에 관한 언급이 필요하다. 퇴계 이황(退溪 李滉)과 율곡 이이(栗谷 李珥)의 이기론(理氣論) 논쟁도 결론적으로 동인서인 붕당 분파 투쟁으로 남인·북인·노론·소론의 세력 다툼이 왕권을 중심으로 계속되는 시대적 혼란기에, 늦은 나이에 과거 급제해 한양가는 배인 조운선(漕運船) 운항을 감독하는 하급관리 벼슬밖에 못 오른 덕수(德水) 李씨 이원수(李元秀)는 아내 신사임당에 대한 학문적 열등감으로 주로 고향 파주에 머물며 아내 신사임당과 거리를 두었던 듯하다. 이원수는 고려 때부터 내려온 혼례 풍습에 따라 데릴사위로 장인(丈人) 집에 장가(丈家, 男歸女家)를 갔지만, 대부분 자기 고향 파주에 따로 살았는데 혼례를 치르기

전에 이미 주막집 어린 여자, 권씨라는 첩이 있었다. 신사임당은 친정에서 이율곡을 낳고 길러 큰 어려움 없이 시서화에 전념할 수 있었지만, 중국의 朱子 혼례법을 세종이 주장해 당시 친영(親迎, 신부를 친히 집으로 데려옴, 시집살이) 혼례를 전국적으로 시행해 왔으므로 신사임당의 친정살이 혼례는 당시 친영 혼례 관습을 따르지 않았다고 볼 수 있다. 시집살이 친영(親迎) 혼례의 희생자인 허난설헌은 안동김씨 세도 가문 김성립(金誠立) 집에서 혼례를 치르고 시집살이를 했다. 허난설헌은 아버지(허엽), 이복(異腹) 오빠(허성), 동복(同腹) 오빠(허봉, 12살 차), 동생(허균) 형제가 있었는데 모두 이른 나이에 과거 급제해 높은 벼슬에 올랐지만, 김성립은 이원수처럼 무능한 난봉꾼이었다고 허난설헌은 그녀의 시 「규원가(閨怨歌)」에서 남편을 원망했다. "높은 벼슬의 남자는 못 돼도 좋은 남자의 배필이 되길 원했는데, 전생의 원망스러운 업보로구나. 가볍게 노는 놈팡이로 장안에 소문이 자자하네…." 15세 어린 부인을 집에 놔두고 허구한 날 접(接, 과거 시험공부 모여서 하는 곳, 지금의 고시동아리 모임 장소와 유사)에 가서 공부한다고 거짓말하고 주색에 빠진 김성립으로 인해 그녀의 시집살이는 고통스러웠다. 그래도 과거 시험 보러 가는 김성립에게 시집올 때 친정어머니에게서 받은 노리개를 주며 이른다. "이 노리개 길가에 버려도 아깝지는 않아요. 부디 다른 여인 가슴에는 매어주지는 마세요." 노리개는 기생 가슴에 매어주었나? 매일 주색에 빠져 사니 과거시험 급제할 리가 있었겠나? 허난설헌이 죽은 이듬해 별시에 합격하지만, 정8품 말단 벼슬까지밖에 못 올랐는지 묘비에는 홍문관 '저작(著作)[191]'이라고 적혀있다. 김성립은 허난설헌이 죽자 남양홍씨(南陽 洪氏)와 재혼해 훗날 묘에 합장되었

---

191 저작(著作): 조선 시대 행정과 연구 기관인 홍문관의 정8품 관직.

미래를 찾아 과거 속으로

다. 김성립에 대한 평가가 그리 호의적이지 못한 게 사실이지만, 부부 관계는 부부 당사자만이 알 수 있으니 제삼자가 어찌 세세히 알 수 있겠는가? 야사에 근거한 부정적 평가에 너무 기대는 것은 옳지 않다. 긍정적 업적도 존재한다. 김성립은 임진왜란 때 의병을 일으켜 왜군과 싸우던 중 전사하여 이조참판으로 추증되었으며, 시체를 찾지 못해 그의 의복만을 묻어 후처 남양홍씨와 묘지에 합장했으니 김성립의 묘는 가묘(假墓)가 된다. 허난설헌의 묘는 김성립과 남양홍씨의 합장묘 발치 아래에 안치되었으며, 역병으로 죽은 그녀의 아들딸은 그녀의 무덤 오른쪽 작은 무덤 두 기에 애처로이 묻혀있다.

"허난설헌 무덤 앞에 장명등(長明燈)과 망주석(望柱石)은 도대체 누굴 기다리며 불을 밝히고 있는가?" 무덤을 망연히 바라보고 있으니 애달픈 생각이 절로 든다.

허난설헌은 이미 여덟 살 때 「백옥루상량문(白玉樓上樑文)」이라는 도교(道敎) 신선 세계 궁전의 상량문(上樑文)[192]을 지어 당시 최고의 학자 유성룡과 박지원으로부터 극찬을 받았으며, 유성룡은 허균에게 허난설헌의 작품을 잘 보관해야 할 국보급 보물이라 했다. 여인이 시문을 쓰는 것조차 불허했던 조선의 불공평한 유교 관습을 비판하며 허난설헌은 남존여비, 불평등, 왜곡된 사회질서 등 비뚤어진 시대사조를 비판하는 글을 남겼다. 누각에서 기생이나 끼고 술 마시며 즐기는 양반들을 보고, '동가세염화(東家勢炎火, 양반들 세도가 불처럼 번지는데) 북

---

192 상량문(上樑文): 한옥이나 궁궐 등 목조 건물 건축 과정에서 대들보와 기둥이 완성된 후 최상부에 제일 긴 마룻대 버팀목 목제에 쓰는 축문(祝文). 마룻대를 설치하면 중요한 고비를 다 넘기고 건축 골격이 거의 완성되었다 해서 마룻대에 상량문을 쓰고 치르는 의식을 상량식(上樑式)이라 함.

린빈무의(北隣貧無衣, 가난한 백성들은 헐벗고 굶주리네)...'라며 힘 있는 자들의 부패를 정면으로 비판했다. 전생에 지은 원망스러운 업보로 조선 땅에 여성으로 태어났다며 자신의 처지를 스스로 원망하며, 울분과 한을 드러내지 못하고 오로지 골방 안에서 규방시나 읊는 자신의 처지를 한탄했다. 역병으로 죽은 아들 희윤이를 끌어안고 흐느끼고 있는데, 남편 김성립이란 자가 술 한잔하고 돌아와 꾸짖는다. "하늘 같은 지아비가 기방(妓房)에 들러 술 한잔하고 집에 들어왔는데, 마누라가 재수 없게 왜 울고 있는 게냐?" 이런 못된 지아비가 있나? 죽은 어린 아들 끌어안고 울고 있는데. 허균이 누님과 조카들 죽음을 슬퍼하며 읊었다. "살아서는 부부 금실 안 좋았고, 죽어서는 제사 받을 자식도 없으니 원통하구나!" 김성립이 계속 과거시험에서 낙방하니 허난설헌의 학문적 예술적 재능에 시기심 많았던 시댁 식구들의 심한 타박으로 힘들어할 때 그녀를 평생 아껴주던 경상도 관찰사인 부친 허엽이 한양에 가다가 객사한다. 자신을 아버지 대신 딸처럼 아끼던 허봉 오빠도 38세 젊은 나이에 갑자기 세상을 떠나고, 아들딸 두 아이마저 역병으로 사별하니 삶의 의욕을 완전히 잃고, 자신이 쓴 모든 詩를 가슴에 품고 떠나겠다며 그녀의 모든 작품을 불태우라는 유언을 남기고 1589년 세상을 홀연히 떠난다.

碧海浸瑤海 靑鸞倚彩鸞
벽해침요해 청난의채난

芙蓉三九朶 紅墮月霜寒
부용삼구타 홍타월상한

푸른 바닷물이 옥구슬 바다에 스며들고

푸른 난새는 고운 빛 난새와 어울렸구나.

부용 꽃 스물일곱 송이 휘늘어지다 붉게 떨어지니

달빛 서리 위에 차갑기만 하구나.

주해

瑤(요): 아름다운 옥(돌).

倚(의): 의지하다, 인연하다.

芙蓉(부용): 흔히 연(蓮)꽃을 지칭하며 아름다운 여인을 비유함.

朶(타): 가지에서 휘늘어진 꽃송이.

墮(타): 떨어지다.

세상과의 사별(死別)을 예견한 그녀의 시와 같이 붉은 부용 꽃 스물일곱 송이가 지듯 허난설헌은 스물일곱 꽃다운 나이에 곡(哭)해 줄 자식도 남기지 않은 채 세상을 떠났다. 광해군의 신임을 얻던 허균이 반란을 계획했다는 기자헌과 이이첨의 모함으로 억울하게 능지처참까지 당한 동생 허균보다 친누이 허난설헌이 먼저 세상을 떠나 차라리 위안이 된다. 허난설헌의 '부용 꽃 스물일곱 송이' 시를 읽다 보면 김삿갓이 37년간 걸식유랑하다 전남 화순 땅 객지에서 삶을 내려놓기 전 읊은 「蘭皐平生詩난고평생시」가 생각난다. 비효율적이고 시대 역행적이라 명나라에서조차 이미 버린 주자의 낡아빠진 성리학 통치이념을 그대로 답습하며 변화나 개혁에 관한 고민이나 시도가 전혀 없었던 조선조 중후기 말세를 살았던 두 천재 시인은 한(恨) 맺힌 인생을 마감할 수밖에 없었을 것이다. 군신과 양반세력이 국가를 자기네 곳간 정도로 여기며 벼슬 팔아 백성을 수탈하던 시대에 지식인 노릇 하는 게 무슨 의미가 있었겠는가? 개혁과 변화를 외면하고 망국의 길로 들어서는 나라에서 칼 대신 붓을 든 지식인이 할 수 있는 마지막 사회적 도의적 책무는 죽음이라 여기며 그들은 말없이 떠나갔으리라. 그들에게 죄가 있었다면 썩고 병든 조정과 권문세가의 횡포로 나라로 볼 수도 없었던 조선 땅에서 선남선녀(善男善女) 지식인으로 태어난 죄밖에 없을 것이다. 신분철폐, 자유평등, 성리학 비판 등 당시 부패한 지배계급을 비판하며 사회질서를 바로 세우려 했던 천재들을 역사 속 폐허 속에 그대로 묻어버리며 잊고 사는 듯해서 이따금 상념(傷念)에 젖는다.

1592년 임진왜란 때 허엽 가문에 홀로 남은 허균이 수창외교(酬唱外交)의 大家로 인정받아 명나라 사신을 받았는데, 명나라 사신 오명제가 천재 시인 허균에게 당신같이 훌륭한 자의 조선 시를 얻고 싶다 해 기억을 더듬어 누이 허난설헌이 죽기 전 남긴 그녀의 시 200편을 필사해 전해준다. 훗날 명나라 오명제는 북경으로 돌아가 허난설헌의 시를 포함해 간행한 『조선시선(朝鮮詩選)』은 현재 북경 중국국가도서관의 소장 도서이다. 이 시집은 허난설헌 작품으로 당시 중국에서 최고의 인기 작품이 되었다. 최초의 한류 문화 수출의 장본인이 바로 허난설헌이 되는 셈이다. 그녀의 작품은 중국과 일본에서 크게 호평받은 후 조선으로 역수입되지만, 망할 놈의 조선 성리학 지배세력은 끝까지 그녀의 작품을 받아들이지 않았다. "여인한테 호(號, 蘭雪軒)까지 붙여줬으면 감지덕지(感之德之)[193]해야지 어디 건방지게 남자들의 전유물인 시문을 여자가 함부로 읊어?" 아니, 지네들이 號를 지어주었나? 시대를 앞서가며 딸을 여인으로 보지 않고, 아들 허봉, 허균

---

193 감지덕지(感之德之): 과분한 듯이 매우 고맙게 여김. 감사하며 덕스럽게 받아들임.

과 동등한 한 인격체로 보고 가르친 그녀의 훌륭한 부친 허엽이 지어 준 號인 것을. 훗날 허균이 대역죄로 능지처참당했을 때 부친 허엽의 시신은 부관참시당했으며, 허균 묘역 위에 두 동강 난 허엽의 묘비 보기가 너무 애처로워 차마 바라볼 수가 없다. 지금도 중국북경대학 언어학과 정규과목의 하나로 허난설헌의 시집이 채택되고 있다 한다. 신사임당 사후 12년 후 강릉의 같은 지역에서 태어난 허난설헌은 신사임당과 달리 산수 경치를 시재(詩材)로 한 작품에 그치지 않고, 신분 차별, 사회 부조리, 극심한 남존여비 체제하에서 여성의 울분을 서슴지 않고 비판한 시대를 앞서간 용감한 천재 시인이었다. 허균은 그의 저서에서 누이의 재능은 배워서 이룬 게 아니라 이태백에게서 그대로 물려받은 재능이라 기술했다. 서얼 신분 차별 폐지를 주장하고, 불교, 천주교, 도교를 가까이하며, 임진왜란으로 나라가 위기에 빠졌을 때 승병을 이끌고 왜적과 싸운 사명대사의 절친으로 불교의 자리이타(自利利他)[194]를 몸소 구현하기 위해에 허균은 신분 차별 없는 자유평등한 세상을 꿈꾼 한글 소설「홍길동전」을 저술했지만, 훈구과 서인 노론 지파들의 광해군 시해 음모라는 대역죄로 의금부의 추국도 없이 서대문 밖에서 살천도 능지처사(殺千刀 陵遲處死)를 당했다. 결론적으로 강릉 이웃 이원수, 신사임당 부부, 아들 이율곡 가문의 서인(西人) 붕당 세력에 의해서 강릉 오대문장가(五大文章家) 허엽, 허성, 허봉, 허난설헌, 허균 등 불세출의 동인(東人) 가문의 천재들이 모두 죽게 되는 결과가 되었다고 볼 수도 있다. 그나마 구사일생 몸을 숨긴 허엽의 몇몇 후손들은 발각되면 구족을 멸하는 법 때문에 성과 이름을 숨기며

---

194 자리이타(自利利他): 자기 혼자만의 열반을 추구하는 자리(自利)의 길에서 더 나아가 남도 이롭게 하는 이타(利他)의 삶을 살아야 한다는 대승불교의 삶에 관한 실천 덕목. 깨달음을 구하면서 중생을 제도한다는 의미.

살 와 왔다. 현재까지도 허균은 복권되지 않아 양천 허씨(楊川 許氏) 후손들은 유명무실한 가문을 이어오고 있다. 멸족(滅族) 상태인 허엽 일가의 묘역은 관리나 벌초도 없이 폐허로 방치되고 있으나, 출가외인인 허난설헌의 묘는 지방자치단체(경기도 지방문화제 90호)에서 관리하고 있으니 그나마 다행이다.

허균의 대역죄가 사실이건 아니건, 옳건 그르건, 지금은 조선 시대가 아닌데 어째서 여태껏 허균 묘가 아무렇게나 방치돼 있어야 하는지 답답하다. 신사임당과 이율곡의 예술적 학문적 공헌을 이유로 오만 원권 오천 원권에 각각 모자(母子)의 얼굴을 인쇄해 추앙하면서, 신분철폐, 자유평등, 성리학 비판 등 당시 부패한 지배계급을 비판하며 사회질서를 바로 세우려 했던 천재 시인 허난설헌과 허균의 모습은 어디 있는가? 역사 속 폐허 속에 그대로 묻어버리며 잊고 사는 듯해서 또다시 상념(傷念)에 젖는다.

독립운동가인 척 행동했던 친일 앞잡이 최린(崔麟, 1978~1958)에게 농락당하고 이혼당하며 쓸쓸히 인생을 마감한 여류화가이며 시인이었던 1920년대 나혜석(羅蕙錫, 1896~1948)이란 여인이 있었다. 최린이 3·1운동 민족대표 33인 중 한 명이라니 이해가 안 된다. "남성은 첩 두고 외도해도 전혀 문제가 안 되고, 기혼여성이 남성에게 유린당했는데도 여성이 오히려 비난받아야 하는 이 땅에 태어난 걸 한탄합니다!"라고 외치며 남성 위주의 사회 불평등을 통렬히 비난했던 나혜석도 허난설헌처럼 조선 땅에서 여자로 태어난 자신을 저주하며 죽어갔다. 시대를 앞서갔던 천재 여류시인 허난설헌은 철저히 외면하면서, 오죽 못났으면 나라까지 뺏기고 내 여자(위안부) 몸값이나 내놓으라고 언성 높이는 이 나라 남자로 태어난 나 자신이 부끄럽다.

미래를 찾아 과거 속으로

"허난설헌은 우리나라의 시문학을 중국과 일본에 최초로 전파한 천재 시인으로 후세에 남기신 작품의 문학적 가치가 높이 평가되고 있소. 시대에 뒤떨어져 비생산적인 공맹(孔孟) 사상과 낡은 성리학 이론의 윤리적 가치가 정치 사회적 지배수단이었던 시대에 진보 개혁적 사대부조차 회피하던 남존여비 사상과 서얼 신분차별 등 사회 부조리 이념과 관습을 한낱 여인의 몸으로 정면으로 비판했습니다. 조선의 대표적 여류시인으로서 황진이(黃眞伊), 이옥봉(李玉峰), 이매창(李梅窓), 논개(論介)와 계월향(桂月香)을 어떻게 평가하십니까?"

"도교(道敎) 은둔 학자 화담 서경덕을 유혹하려다 제자가 된 서녀(庶女) 출신 황진이(黃眞伊), 어머니가 첩이니 양반집 첩으로 살다 시 한 편 썼다는 이유로 남편으로부터 버림받은 이옥봉(李玉峰), 내 남동생 허균의 유일한 평생 문우(文友)였던 부안(扶安) 기생 이매창(李梅窓), 임진왜란 때 적장과 함께 죽음을 택한 논개(論介)와 계월향(桂月香) 모두 힘 있는 자들 중심의 봉건적 제도인 종모법(從母法)[195] 때문에 첩이나 기생으로 살 수밖에 없었던 불쌍한 여인들이었소. 아버지가 양반이라도 어머니가 노비나 기생이면 딸도 같은 삶을 살아야 했던 것이오. 이 세상에서는 어차피 그들이 바라는 아름다운 이상향(理想鄕)을 실현할 수 없으니 그들의 문장도 나의 글처럼 회한적(悔恨的)이고 염세적(厭世的)인 도가적 시풍(道家的 詩風)을 따를 수밖에 없었소. 다른 점이 하나 있다면, 나는 그들과 달리 양반 집안 출신의 여류시인으로 이름을 남겼다는 점이 있지만, 시풍(詩風)과 시적 재능에는 별반 차이가 없소. 세

---

195 종모법(從母法): 『경국대전(經國大典)』의 신분 귀속의 원칙. 아버지가 양반이래도 어머니가 노비나 기생이면 자식은 어머니의 신분을 따름.

상 우러러 한 점 부끄러움과 흠결이 없었던 우리 여인들은 모두 젊은 나이에 통한(痛恨)의 슬픔을 안고 죽어갔소. 굳이 우리에게 죄가 있다면, '전생(前生)의 업보(業報)로 원치 않는 조선 땅에 여자로 태어나 원치 않는 기구한 삶을 살다 갔다'라는 사실뿐이오."

"지척 거리에 우리나라 보물 제165호로 지정되어 있는 신사임당 생가가 있는 오죽헌(烏竹軒)이 있던데, 강릉의 같은 지역 출신 여류문인으로 사임당을 어떻게 보십니까? 사임당과 그의 아들 율곡의 얼굴이 대한민국 지폐 중 제일 고액권인 오만 원권과 오천 원권에 표시되어 잘 알려져 있으나, 선생의 모습은 그 어디에도 없어 상대적으로 잘 알려지지 않았습니다."

"나는 사임당 사후 12년에 태어났으니 서로 얼굴 대한 적은 없지만, 사임당이 시서화에 능했다는 건 익히 알고 있소. 서인(西人) 학파의 영수인 신사임당의 아들 율곡(栗谷) 이이(李珥)의 제자들이 우리 허씨(許氏) 가문의 스승이 되는 화담(花潭)·퇴계(退溪) 선생 등 동인(東人)과 북인(北人) 학파들과 각을 세워 동서붕당(東西朋黨)을 오히려 조장했다는 생각이 드오. 조선의 대표적 현모양처(賢母良妻)의 귀감으로 신사임당을 꼽는데, 율곡을 얘기하지 않고 사임당에 관해 언급하는 경우는 거의 없으니, 현모(賢母)였던 것은 맞는 것 같소. 그러나 양처(良妻)라 보기에는 무리가 있는 것 같소. 신사임당은 남귀여가(男歸女家) 혼례로 데릴사위 이원수(李元秀)의 파주집에서 시부모 봉양한 적도 없고, 친정에서 마음 편히 시서화 공부에 전념할 수 있었고, 나는 친영(親迎, 시집살이) 혼례로 시어머니 눈치 보며 시집살이하며 살았소. 신사임당은 산수 경관을 사랑한 유가(儒家)적 기풍의 자연 시인으로 보면 되고, 나는 잘못된 세상을 도가(道家)적 기풍으로 염세적으로 읊은 시인이었소. 오만 원권 지폐에 굳이 남녀를 균등히 넣을 필요가 있나요? 위기에 처한 나라를 구하기 위해 목숨을 바치며 싸운 이순신 장군이나 안중근 의사 같은 애국자보다 더 추앙을 받아야 할 사람이 어디 있겠소? 굳이 여자를 택한다면 나라를 위해 목숨을 바친 유관순(柳寬順) 열사, 적장을 죽이고 자결한 논개(論介)와 계월향(桂月香)이 우리가 기억하고 추모해야 할 위인들이 아니겠소?"

"경기도 광주시 초월읍에 있는 선생의 묘는 안동김씨 가문 묘역 김성립·남양홍씨 합장묘 발치 아래 있더군요. 조선 최고의 여류시인으로 평가되어 애당초 문석인(文石人)은 세운 듯하나, 묘비(墓碑), 장명등(長明燈), 상석(床石), 망주석(望柱石) 모두 근래에 제작했는지 옛것은 아니더이다. 옆의 두 아이 무덤 앞엔 상석(床石)은 없어도 아랑곳하지 않고 예쁘게 피어 있는 '진실한 사랑' 보라색 제비꽃들 보기가 너무 애처롭습니다."

"내 무덤 앞에는 애초 아무것도 없었소. 절대복종과 굴종의 대상인 조선 시대의 여인 하나가 애곡(哀哭)해 줄 자손도 남기지 않은 채 떠났는데 상석이 무슨 필요가 있었겠소? 찾는 이도 없고 기다리는 이도 없으니 석물(石物)도 애당초 없었을게요. 아마 경기도에서 시도기념물로 지정하며 지역 유산 홍보 차원에서 근래에 설치해 놓은 듯합니다."

"지금은 조선 시대가 아니니 여인의 출가외인(出嫁外人) 굴레도 없지 않소? 어차피 안동김씨 가문에 후손을 남기지 않으시고 떠나셨으니 사후에라도 친정 허씨가문 품에 돌아가 묻히고 싶진 않으신지요?"

"내 무덤 묘비에 '貞夫人 楊川許氏之墓정부인 양천허씨지묘'라고 적혀있더군. '부인(夫人)'이란 남의 아내의 높임말이니 고맙긴 하지만, 김성립의 부인이었다는 글이 어디에도 없으니 누구의 '정숙한 부인(貞夫人)'이었다는 말인지 나도 모르겠소. 후처 남양홍씨도 전사한 김성립의 시신이 없어 그의 의복과 함께 합장했으니, 김성립의 의복 하나 더 가져와 내 무덤에 합장하였더라면 묘비의 '貞夫人' 호칭 대신 죽은 부인에 대한 '配位(배위)'[196]라는 존칭도 붙여줄 수 있지 않았겠나요? 아니, 차라리 폐허일지라도 아버님 허엽, 오빠 허성과 허봉, 남동생 허균이 누워있는 용인 처인구의 허름한 묘역으로 이장하거나, 아니면 강릉 초당 경포 호수가 나의 정든 생가의 후원 밖 솔밭 소나무 아래 모두 함께 묻어주면, 양천 허씨(楊川許氏) 5大 문장가 혼백들이 한데 모여 까치밥 하나 매달린 감나무 바라보며 시라도 한 수 즐거이 읊을 수 있지 않았겠소?"

---

196 配位(배위): 남편과 아내가 다 죽었을 때 그 아내를 높여 이르는 말.

미래를 찾아 과거 속으로

8. 눈 앞에 펼쳐진 땅이 모두 내 땅이라면 중국 강남의 드넓은 초월 땅인들 어이 마다하리오

태조 이성계(太祖 李成桂)의 건원릉(健元陵)

경기도 구리

登白雲峰

引手攀蘿上碧峰
一庵高臥白雲中
若將眼界爲吾土
楚越江南豈不容

(世祖實錄, 世祖 9년, 1463년 9월 8일)
태조 이성계가 북한산 백운대에 올라
한강을 바라보며 읊은 시를 세조가 읊음

백운대에 올라

칡넝쿨 부여잡고 백운대 푸른 봉우리에 올라 보니
흰 구름 속에 홀연히 암자 하나 앉아 있네
눈 앞에 펼쳐진 땅이 모두 내 땅이라면
중국 강남의 드넓은 초월 땅인들 어이 마다하리오

주해

攀蘿(반라): (칡)넝쿨 붙잡고 오르다. 攀(반) 부여잡다, 매달리다. 蘿(라)
덩굴, 쑥, 울타리.
白雲(백운): 백운봉을 지칭. 백운봉의 별칭은 삼각산이며 지금의 백운대.
若將(약장): 만약 ~한다면 豈(기): 어찌 ~하겠는가?

고려 말 공민왕 때 함흥 지역 무인이었던 이성계는 왜구, 홍건적, 원
나라 등의 침략을 크게 물리쳐 공을 세워 중앙에 진출한 후 우왕 때
위화도 회군을 계기로 최영, 정몽주 등 정적을 제거하였다. 우왕, 창왕,
공양왕을 폐위시키며 고려를 무너뜨린 이성계(李成桂)는 조선을 건국
한 창업 군주로 묘호는 태조(太祖)다.

1대 조선의 국왕으로 즉위한 후 이름을 단(旦)으로 바꿨다. 대한제
국의 고종에 의해 황제로 추존되었다. 태조 이성계의 고조부(高祖父)
목조(穆祖) 이안사(李安社, 1180년~1200년 추정)는 全州 李氏 호족(豪族)
집안 출신으로 20대 초중반에 한양에서 내려온 산성별감(山城別監)과
한 기생 문제로 다투다 투옥될 위기에 처하자 가솔(家率)과 가병(家兵)

을 이끌고 강원도 삼척으로 도망갔지만, 기생 문제로 다투던 산성별 감(山城別監)이 지방 장관으로 임명되어 삼척까지 쫓아오니, 다시 의주로 이동해 의주지사(宜州知事)를 지내다가 원나라에 투항해, 두만 강변 남경 오동(斡東)에 자리 잡고 원나라 황제로부터 지방 관청장관직인 다루카치(達魯花赤)라는 지방관 지위를 하사받는다. 다루가치 직위는 아들 이행리(李行里)를 포함해 아버지 이자춘과 증손자 이성계까지 걸쳐 세습되어 이성계 가문의 함흥 지역에서의 강력한 군벌로 성장하는 데 큰 도움을 주었다. 고려 말기 공민왕의 반원(反元)정책 덕분에 이자춘과 이성계는 천리장성 국경 지역의 화주(和州)지역 (함경남도 영흥군)의 원나라 쌍성총관부를 점령하고 100년 만에 고려 땅을 수복하고 고려 조정에 진출했다. 여진족과 고려인을 사병으로 가진 이성계는 홍건적, 왜구, 원나라의 빈번한 침략에도 백전백승 불패의 무장으로 공민왕의 신임을 얻었지만, 그는 여진과 원나라가 지배했던 함흥 변방 지역 출신으로 최영 장군과 같은 중앙 집권세력과 이색과 같은 고려의 온건파 신진사대부의 라이벌이 되었다. 원나라를 멸망시킨 명나라가 옛 쌍성총관부가 있던 지역에 철령위(鐵嶺衛)를 다시 세우겠다고 주장하니 고려는 반발하고 요동정벌을 나선다. 위화도에서 회군을 결정한 이성계는 개경으로 돌아와 우왕, 최영, 정몽주 등을 포함한 정적들을 제거하며, 이제 희망이 없는 고려를 버리고 개혁으로 새 나라를 세우자는 정도전과 함께 역성(易姓)혁명을 일으키고 1392년 왕위에 올랐다.

전쟁영웅으로 왕위에 오른 이성계는 자식들의 권력 다툼으로 인생의 덧없음을 느끼며 1398년 둘째 아들 이방과(李芳果, 2대 왕 定宗)에게 자진해서 왕위를 물려주고 6년의 짧은 재위 기간을 마친다. 이방원은 이성계가 조선의 왕좌에 오르는 데 일등공신 역할을 한 적장자 자신을 제외하고 첩의 아들 이방석을 세자로 책봉하는데 적극적이었던 정도전과 이방석을 왕자의 난을 일으켜 제거했다. 넷째 형 이방간(李芳幹)마저 제거한 이방원을 죽도록 증오한 이성계는 이방원이 왕좌에 오르자 소요산 행궁(行宮)과 회암사 왕사(王寺) 등에서 은거하다 함흥으로 떠났다가 무학대사(無學大師)의 권유로 창덕궁으로 돌아와 태상왕(太上王, 생존하는 전왕의 높임말)의 자리에 있다가 74세에 타계했다.

첨언

경기도 동두천 쪽 소요산 입구에 사적(史蹟) 돌비석이 하나 서 있는데 '李太祖 行宮址(이태조 행궁지)'라고 기록되어 있다. 태조 이성계와 첫째 부인 신의왕후 한씨(神懿王后 韓氏) 사이의 다섯째 아들 이방원이 1, 2차 왕자의 난을 일으키며 둘째 부인 신덕왕후 강씨(神德王后 康氏) 소생인 왕세자 이방석(李芳碩)과 정도전(鄭道傳), 이방간(李芳幹)등을 제거하고 왕위에 오르자 태종 1년(1401년) 11월에 아예 짐을 싸 들고 소요산(逍遙山)으로 들어가 은거하였다. 그날의 역사 기록은 이러하다.

中夜, 太上王幸逍遙山. 上欲送于門外, 不及

(太宗實錄, 太白山史庫本 2卷, 太宗 1年 11月 26日)

밤중에 태상왕이 소요산(逍遙山)에 가니, 임금(太宗)이 문밖에서 전송하려고 하였는데 미치지 못하였다.

한마디로 총애하는 왕세자 이방석과 측근 정도전 등을 무참하게 살육한 아들 이방원에 치가 떨려 한밤중에 야간도주한 거나 진배없다. 이성계는 소요산에서 6~7개월 머물렀다. 이성계는 왕위에 있을 때나

미래를 찾아 과거 속으로

왕좌를 양위했을 때나 자신의 스승이자 왕사(王師)인 무학대사(無學大師)가 머무는 양주 회암사 (楊州 檜巖寺)에서 은거와 수도 생활을 하며 태종 이방원을 멀리했다. 한국사를 통틀어 국왕이 등장한 이래 과거 시험에 응시하여 합격한 왕은 태종 이방원이 유일하다. 고려말 우왕 때 이방원이 17세의 어린 나이에 과거시험 역사상 최연소로 장원급 제했을 때 아버지 이성계는 너무 기뻐 급제 통지문을 여러 번 읽게 하고 궁궐을 향해 절을 여러 번 했다고 전한다. 함흥 변두리 무인 가문에 서 중앙 진출의 기회를 엿보던 이성계의 기쁨과 아들 이방원에 대한 자부심이 더할 나위 없이 컸음에도 불구하고, 이성계의 아들 이방원 을 향한 자부심과 사랑은 세월이 흐를수록 회복할 수 없는 증오와 저 주로 변해만 갔다.

以心傳心 인터뷰

"일전에 아드님 이방원이 누워있는 내곡동 헌릉(獻陵)에 들렀더니, 아드님께서 아버님이 계신 건원릉(健元陵)에 가끔 들러 담소를 나눈다 고 하더이다. 당신이 다섯째 아들인 이방원을 피붙이 형제까지 죽인 인면수심(人面獸心)의 악귀인 양 증오만 하시더니 이젠 잘 대해주신다 더군요. 용서하신 게인가요?"

"따지고 보면 방원이의 일탈은 모두 내 탓이 아니었겠소? 본처 신 의왕후 한씨(神懿王后 韓氏)의 적자 다섯은 제쳐놓고 중전도 되기 전 취 한 첩 신덕왕후 강씨(神德王后 康氏)의 아들 방석을 왕세자로 책봉했 던 건 아무리 생각해도 내 잘못이었고, 모든 불란(不亂)의 불씨가 되었 소. 어쩌다 조선 건국의 일등공신인 다섯째 아들 이방원을 그렇게 증

오해야만 했는지 나도 잘 모르겠소. 그러나 내가 평생 존경하고 신의
로 대하던 삼봉(三峯)과 포은(圃隱)을 죽이고, 세자 책봉된 의안대군 방
석까지 죽이니, 부자의 인연에 더는 매달릴 수 없더이다. 임금 노릇도
싫고 자식도 보기 싫고 세상만사 다 귀찮아, 말년에는 소요산 행궁(行
宮)과 회암사 왕사(王寺)에서 독거노인(獨居老人)으로 조용히 살다 독거
사(獨居死) 한 후 고향 함경도 화주(和州) 땅에 묻히는 게 내 마지막 희
망이었소. 그런데 이것 보시오. 내 유언대로 고향 함경도 땅에 묻지도
않았고 함흥 억새풀 뜯어 여기로 가져와 봉분을 덮어버리지 않았소?
허기야, 자기 엄마 신의왕후 한씨가 묻힌 제릉(齊陵)은 개성에 있으니
너무 멀고, 자기를 그렇게 미워한 계모 강씨의 정릉(貞陵)도 멀고, 함흥
은 더더욱 멀어 나랏일 보기도 바쁜데 제례(祭禮) 지내러 그 먼 곳까지
가기 어려웠을 터이니 어쩔 수 없었을 것이오. 그나마 내 고향 함흥에
서 억새풀이라도 가져와 봉분을 덮어주었으니 고마울 뿐이오. 방원이
가 17세 최연소로 과거 급제하기 전 나는 오랜 세월 변방 지역에서 원
(元)나라 벼슬인 '다루가치'[197] 가문의 무인(武人)으로 몽골인도 아니고,
그렇다고 여진족이나 고려인이라 보기도 어려운 내가 중앙 진출하여
고려 조정의 관심을 받는 주요 인사가 되니 너무 좋아 눈물까지 흘렸
을 정도였지요. 우리나라 역사에 왕족이 과거 급제한 경우가 방원이
말고 또 있었소? 방원이에 대한 원망은 사랑 때문에 생긴 애증(愛憎)
이었소. 지금은 가끔 밤에 와 혼유석에 올라 손잡고 함께 놉니다."

"아~ 부자지간의 화해 감축드립니다. 그런데 호칭을 어찌해야 좋을
지 모르겠소. '太祖'는 사후 시호(諡號)이니 아실 리도 없고, 이름도 왕

---

197 다루가치: 달로화적(達魯花赤)이라는 원(元)의 행정·군사의 중요한 관직명

미래를 찾아 과거 속으로

좌에 오르신 후 이성계(李成桂)에서 이단(李旦)으로 바꾸셨지만, 피휘(避諱)[198]로 조선을 건국한 선왕의 이름을 부르는 건 예(禮)가 아니고, 조상 대대로 원나라 관리를 지내셨으니 몽골 이름이었던 '아기발도'라 부르기도 거북합니다. 의형제로 평생 고락을 함께했던 여진족 '퉁두란 티무르'(이지란李之蘭)가 '아미르 티무르'라고 불렀으니 그리 부를까요? 『조선실록』을 보니 할아버지 이춘(李椿)의 이름이 '바이안티무르(孛顔帖木兒발안첩목아, Bayan timur)'였고, 아버지 이자춘(李子春)께서도 몽골어 이름 '울르스불카(吾魯思不花오로사불화, Ulus buka)'로 되어있더군요."

> '환조(桓祖)의 휘(諱)는 이자춘(李子春)이니, 몽골 이름은 오로사불화(吾魯思不花)이다.'
>
> 桓祖諱子春, 蒙古諱吾魯思不花.
>
> (太祖實錄 1卷, 總序)

"당신 조상은 원래 고려인이었지만 몽골로 귀화해 5대째 '다루가치' 벼슬을 지낸 몽골족 가문으로 다시 귀화해 고려를 멸망시키고 조선을 세운 것 아니오? 당신 친손 세종(世宗)이 조선 건국의 위대함과 당위성을 강조하기 위해 편찬한 「龍飛御天歌용비어천가」에 언급된 '해동육룡(海東六龍)'[199]에서 태조(太祖)와 태종(太宗)을 뺀 나머지 4대 조상 추존왕의 원래 이름이 모두 몽골어이니, 당신 이름도 차라리 몽골어로 부르는 게 더 편하지 않겠소?"

---

198 피휘(避諱): 왕 또는 조상의 이름을 부를 때 본명을 피하는 관습. 기휘(忌諱)라고도 함.

199 해동육룡(海東六龍): 이성계의 4대조 목조 이안사(穆祖 李安社), 익조 이행리(翼祖 李行里), 도조 이춘(度祖 李椿), 환조 이자춘(桓祖 李子春)과 태조 이성계, 태종 이방원(李芳遠)을 말함.

'海東六龍이 ᄂᆞᄅ샤 일마다 天福이시니 古聖이 同符ᄒ시니...⁽하략⁾'

海東六龍飛 莫非天所扶 古聖同符

해동의 여섯 용이 나르사 일마다 하늘의 복이니 옛 성인들과 같으니...⁽하략⁾

(龍飛御天歌, 卷1第1)

　　고려 말기 황실 성씨가 거의 몽골 황족 성씨 '티무르'(쇠, 鐵철)이니 몽골식 이름으로 '티무르 李'라 부르겠소. 여진족이나 만주족 국가인 몽골에는 어차피 신라, 고구려, 백제, 발해, 고려 유민(流民)인 우리 조상의 피가 흐르니 몽골어 이름을 쓴다고 크게 문제 될 거야 있겠습니까?"

"그냥 '상(上)'이라 부르시오. 나의 심복이자 여진족인 퉁두란 이지란(李之蘭)과 단둘이 있을 때 그가 나를 '빠이엔 티무르', '아비갈도', '아미르 티무르'라고 불러서, 화를 내며 그냥 '上'이라 부르라 했소. 조선 국왕이 어찌 몽골 이름을 쓸 수 있겠소? 중국과 몽골, 여진족 황실 성씨에 '티무르'라는 성씨가 많아 헷갈리니, 실록에서도 그냥 '上'이라 부르고 있지 않소?"

"마지막으로 한마디 여쭙시다. 조선을 건국한 사람이 본인이라 생각하십니까? 홍건족, 왜구, 원나라와 싸워 전공이 큰 무장인 건 인정합니다만, 조선의 건국을 위한 설계는 정도전이 했고, 그 설계를 행동에 옮겨 완성한 왕은 다섯째 아들 태종 이방원이 아니오? 당신이 조선 건국 전후와 재위 6년간 한 게 도대체 뭐가 있소?"

"나는 내가 조선 건국자라고 말한 적이 없소. 실질적 조선 건국의 초석을 놓은 건 정도전이고 그 초석 위에 조선이라는 나라를 세운 사람은 이방원이니, 이방원이 건국자라 우겨도 할 말은 없소. 다만 나 죽은 후 방원이가 『태조실록』이란 사서(史書)를 남기며 나를 조선 건국자 태조(太祖)라고 천명했을 뿐이오. 집안을 다스리지 못한 자가 어치 천하를 다스릴 수 있었겠소? 나 죽은 후 방원이가 나의 부족함을 모두 가려주었소. 막둥이 방원이와의 '치킨게임'[200]에서 마지막 순간 피한 나를 겁쟁이라 보지는 마시오. 내가 잘했건 못했건 내가 살아생전 지은 모든 부정적 업인(業因)이 결국 이방원의 긍정적 과보(果報)로 나타난 것이라 보면, 이방원의 업적은 결국 나로 기인하는 것이고, 내 손자 성군 세종(聖君 世宗)의 업적도 결국 아비에게 칼끝을 겨누고 피붙이 형제마저 죽인 패륜아 방원이에게 기인하는 게 아니오?"

"막둥이 방원 덕분에 조선이라는 새 왕조의 시조(始祖)가 된 나의 이름은 '太祖 高皇帝 李成桂 태조 고황제 이성계'요!"

---

200 치킨게임(chicken game): 게임이론으로 도로에서 두 명이 서로를 향해 마주 보며 차를 전속력으로 몰고 돌진해 충돌하면 목숨을 잃게 되니 충돌 직전 두 명 중 하나가 피하면 겁쟁이로 낙인찍히고 안 피한 쪽이 용기 있는 자가 된 게임.

9. 물 흐르듯 구름 떠돌 듯
   모든 곳을 내 집처럼 다녔노라

김삿갓으로 불리는 김병연(金炳淵)의 묘

강원도 영월군, 김삿갓면, 와석리

鳥巢獸穴皆有居 顧我平生獨自傷
芒鞋竹杖路千里 水性雲心家四方
尤人不可怨天難 歲暮悲懷餘寸腸

(김삿갓이 임종 전 읊은 시, 「蘭皐平生詩난고평생시」중에서)

미래를 찾아 과거 속으로

새도 둥지가 있고 짐승도 굴이 있어 다 머물 데가 있는데

내 평생을 뒤돌아보니 홀로 마음만 아프구나.

짚신 신고 대지팡이 짚으며 머나먼 길 다니며

물 흐르듯 구름 떠돌 듯 모든 곳을 내 집처럼 다녔노라.

딱히 누굴 탓할 수도 없고 하늘을 원망할 수도 없고

한 해가 또 저무니 서글픈 마음만 구석구석 사무치네.

주해

蘭皐(난고): 金柄淵 (김병연)의 호. 巢(소): 집, 둥지, 보금자리. 皆(개): 다, 모두. 顧(고): 돌아보다, 회고하다. 芒鞋竹杖(망혜죽장): 짚신과 대지팡이, 지팡이 짚으며 먼 길 떠나는 모습, 사방(四方) 모든 곳. 水性雲心(수성운심): 물과 구름이 흐르고 떠다니듯 한곳에 머물지 못하고 떠돈다는 의미. 尤(우): 더욱, 특히. 歲暮(세모): 섣달 그믐날. 寸腸(촌장): 창자의 마디마디, 여기서 腸(장)은 마음을 뜻함.

김병연(金炳淵, 1807~1863)의 본관은 안동(安東), 자는 성심(性深)이며, 경기도 양주(陽州) 출생이다(추정). 별호는 김사립(金莎笠), 김대립(金簦笠), 난고(蘭皐) 등이 있지만, 1926년 강효석(姜斅錫)의 편찬한 야사집(野史集)『대동기문(大東奇聞)』헌종 편에 '김립(金笠, 김삿갓)'이란 호칭이 처음 언급되면서 김삿갓이라는 우리말 이름으로 구전되어 알려지게 되었다. 시대를 불문하고 집권자의 실정(失政)이 계속되어 나라가 부패하고 살기 힘들어지면 백성의 저항의식은 커지기 마련이다. 天心인 民心을 거역하면 집권세력을 뒤집기 위한 반란이나 혁명도 정당하고 합법적이라고 맹자는 주장했다. 역성혁명을 일으켜 조선을 세운 이성

계는 물론이고, 헐벗고 굶주린 백성은 아랑곳하지 않고 붕당 세력 다툼에만 골몰하던 조선 중후기의 집권세력에 대항하며 싸우다 조선 3대 도적으로 역사에 도적으로 낙인찍힌 장길산(張吉山), 임꺽정(林巨正), 홍경래(洪景來) 모두 맹자의 혁명론을 지지했다. 김병연이 다섯 살 때 평안북도 선천부사로 있던 친조부 김익순(金益淳)을 홍경래의 반란군에 투항한 죄로 순조(純祖) 12년 1812년에 참수형에 처했다. 김병연(金炳淵)은 장동김씨(壯洞金氏)[201] 세도가문(勢道家門) 출신이었으나, 할아버지가 반란군에 투항한 반역(反逆) 죄인이라는 사실을 모르는 채 할아버지를 저주 섞인 글로 비판하며 졸지에 천륜(天倫)을 저버린 천하의 불효자가 되어 그의 나이 22세 때부터 57세에 객사(客死)할 때까지 삿갓 하나 쓰고 걸식유랑(乞食放浪)하며, 주옥(珠玉)같은 공령시(功令詩)[202], 희작시(戱作詩), 파자시(破字詩)들을 남겼다. 김병연은 폐족(廢族) 가문의 자손으로 조상을 욕되게 한 천하의 불효자인 자신을 수치스럽게 여겨 평생 삿갓으로 얼굴을 가리고 전국을 걸식유랑하며 당시 부패 퇴락한 세상을 개탄하는 수많은 희작시(戱作詩)를 조롱과 해학을 섞어 읊은 풍자시인이자 자연주의 방랑시인이다.

김병연은 36년간 걸식유랑하다 1863년 전남 화순에 있는 지인(知人) 정시룡의 집 사랑채에서 그의 마지막 작품 「蘭皐平生詩(난고평생시)」를 남기고 세상과 사별했다. 이듬해 그의 아들 김익균이 그의 유해를 옮겨 강원도(江原道) 영월군(寧越郡) 와석리(臥石里) 깊은 계곡에 반장(返葬)[203]했다.

---

201 壯洞金氏(장동김씨): 壯洞은 지금의 서울특별시 경복궁 인근 종로구 일대에 있던 마을로 권문세족(權門勢族)이었던 신 안동김씨(新 安東金氏). 시조는 신라인이며 고려 개국공신인 김선평(金宣平).

202 공령시(功令詩): 과거시험 볼 때 쓰는 시체(時體) 또는 그런 시체로 쓴 詩. 과체시(科體詩)와 같은 의미.

203 반장(返葬): 객사(客死)한 사람의 시신(屍身)을 고향으로 모셔와 장사(葬事) 지냄.

　　　　　　　　　　　　　　미래를 찾아 과거 속으로

첨언

　평생 자신의 본명인 김병연(金炳淵)이라는 이름을 쓰길 원치 않았으며, 정체된 조선 후기 성리학적 문학 형식과 질서의 틀에서 벗어나, 평민사상과 봉건체제에 대한 저항을 풍자·폭로·해학으로 풀어내며 당시 억압받던 백성들의 목소리를 대변하며 20세기 초 한국의 신문학 시대로 가는 지평을 열어준 선구자로 평가된다. 김삿갓은 양반 출신이면서도 양반 행세를 못 한 신분이었지만 사대부 양반 계층과 위항시인(委巷詩人)[204] 계층의 서민적 특성을 모두 지닌 문학사적 포괄적 위상을 갖추었다고 평가한다. 김삿갓은 우리말 문학관을 내세운 김만중(金萬重, 1637~1692), 파격과 풍자로 세월을 읊은 임제(林悌, 1549~1587), 실사구시(實事求是)의 북학(北學)과 실학(實學)을 표방한 박지원(朴趾源, 1737~1805)과 정약용(丁若鏞, 1762~1836), 그 외에도 19세기 수많은 위항시인과 평민시인의 문학관을 걸식유랑을 통한 실존적 체험으로 모두 함께 아울렀으며, 사설(私說)의 문학성과 우리 고유의 전통 음악성이 잘 드러난 판소리 「춘향가」도 김삿갓의 언문풍월(諺文風月) 희작시(戲作詩)의 산물이라 평가할 수밖에 없다. (『이응수 金笠詩集 小考』, 문세화, 2021)

　조선왕조실록에 김익순이 자신의 대역모반죄를 스스로 인정하고 순순히 처형을 받겠노라고 했다는 의금부의 추국 판결 기록이 전하며, 당시 안동김씨의 세도정치하에 있는 조정은 김씨 가문 전체로 파급이 있기 전에 급히 안동김씨 김익순을 반역죄(反逆罪)로 희생양을

204　위항시인(委巷詩人): 조선 시대 후기 1850년경 양반 사대부들의 전유물이던 귀족문화 한문학(漢文學)은 중인(中人)과 서얼(庶孼), 상인, 천민과 같은 하급계층의 백성들도 漢文學 활동에 참여하며, 한시(漢詩)를 짓고 시집(詩集)도 만들고 시회(詩會)도 열며 그들의 예술 활동과 신분 상승을 추구했다.

만들지 않았나 하는 의문도 든다.

　홍경래의 난 때 반란군에 저항하다 숨진 가산 군수 정시(鄭蓍)를 충신으로 받들며, 반란군에 투항한 김익순을 탄핵하라는 향시 혹은 백일장에서 아래 같은 논술 시제(試題)에 대해 김병연은 친조부 김익순을 향해 저주 섞인 비판의 글을 써 장원이 되었다는 게 김삿갓 설화의 가설이다.

(시제)
論鄭嘉山忠節死 嘆金益淳罪通于天...논정가산충절사 탄김익순죄통우천
가산의 충절한 죽음을 추모하고 김익순의 죄가 하늘에 이를 만큼 큼을 탄하라

(김병연의 탄핵 글 중에서)

忘君是日又忘親 一死猶輕萬死宜...망군시일우망친 일사유경만사의
임금을 저버린 날 조상도 버린 너는 한 번으론 아니 되고 만 번 죽어 마땅하노라.

　개연성도 없고 상식적으로도 도무지 이해가 안 되는 가설이다. 안동김씨 가문의 천재 시인 김병연이 스무 살 넘도록 할아버지 이름도 몰랐다는 말인가? 말이 안 된다. 알면서도 폐족 신분인 이유로 할 수 없이 숨겼다고 해도 그것도 말이 안 된다.

　김병연이 응시했던 시험이 과거(科擧)시험 초시(初試)인 향시(鄕試)였더라고 해도 응시자의 신원 확인에 필요한 본인의 관직, 성명, 본관에

관한 자료는 물론 조상 사조(四祖)에 관한 사조단자(四祖單子)[205]도 본인의 시권(試卷)[206] 앞부분에 명기(明記)하여 제출해야 한다. 다섯 살이면 소학 천자문을 시작하고 스무 살 나이면 사서오경, 역사, 문학 등 모든 분야의 내용을 자유자재 적재적소에 인용해 시를 읊을 수 있는 세도 가문 안동김씨 가문이다. 다섯 살 때부터 신동(神童)이라고 칭찬이 자자했던 김병연이 할아버지 이름과 관직을 그의 나이 20세 될 때까지 몰랐다는 것은 상식적으로도 이해하기 힘들다. 결론적으로 김병연이 할아버지 이름을 몰랐다는 가설은 잘못 설정되었다고 판단한다. 그렇다면 비상식적인 가설의 이야기가 어째서 고쳐지지 않고 계속 전해 오는 걸까? 설화(說話)나 민담(民譚)처럼 사실(史實)이나 고증(考證)자료가 존재하지 않는 경우 오랜 세월 구전되어 내려오면서 내용이 와전(訛傳)되는 경우가 더러 있을 수밖에 없다. 오랜 세월 흐르는 동안 호사가(好事家)나 얘기꾼들이 구전(口傳) 내용을 더 흥미롭고 재미있게 하려고 그들의 주관적 해석으로 색깔을 덧붙이거나 지울 수도 있다. 그러한 구전 이야기의 불확실성에도 불구하고 설화(說話)나 민담(民譚)이 오랜 세월 끊임없이 이어지는 이유는 간단하다. "사랑하는 이유가 무엇이냐?"라는 질문에 대한 답변을 언어로 정확하게 설명하거나 표현할 수 없어도 사랑은 계속되지 않는가? 차라리 김삿갓이 술값이나 밥값을 벌려고 술 한잔 걸치고 대리시험 봐주러 과장(科場)에 들락날락했다고 해석하는 쪽이 오히려 더 우리가 바라는 김삿갓 스타일이 아닐까?

정사(正史)이건 야사(野史)이건 역사적 기록이란 어차피 승자(勝者)의

---

205 사조단자(四祖單子): 四祖(아버지, 할아버지, 증조할아버지, 외할아버지)의 관직, 성명, 본관을 기록한 확인서.
206 시권(試卷): 科擧시험 응시자의 시험답안지.

눈치를 보며 기록한 사관(史官)이나 야사가(野史家)의 주관적 견해에 영향을 받지 않을 수 없는 문서이다. 반란군 진압 후 조정 관료들의 체제 안정과 정체성 유지에 관한 욕구를 만족시키기 위해, 영웅과 역적 행위를 과장해 기록했을 가능성도 배제할 수는 없다. 중국 남송 시대 충신 악비(岳飛)와 비견할 수 있다는 가산 군수 정시(鄭蓍)가 죽음으로서 충절을 지켰던 게 아니라, 과도한 군포 징수, 환곡 고리대금업, 매관매직 등 부정이나 일삼는 탐관오리로 반란군이 아닌 고을의 핍박받는 농민들에 의해 맞아 죽은 것은 아닐까? 함흥(咸興) 중군(中軍)으로부터 선천방어사(宣川防禦使)로 전관(轉官)했는데, 전관한 지 삼 개월 만에 반란군의 공격을 받은 김익순은 관군의 최후 승리를 위해 작전상 일시 반란군에 투항했다가 관군으로 복귀한 지략가이며 충신일 수도 있지 않은가? 아니면 김병연의 조부 김익순이 다산 정약용의 예언처럼, 썩고 병든 조정과 세상을 당장 개혁하지 않으면 나라가 망한다는 절박감으로 개벽천지를 위해 반란을 일으킨 의적(義賊) 홍경래 편에 섰다면 대역죄인이 아니라 殉國志士(순국지사)일 수도 있지 않은가? 여하튼 안동김씨는 고종 때 대원군이 권력을 쥐기까지 순조, 헌종, 철종 시대에 이르기까지 약 60년간에 걸쳐 왕권을 압도하는 이른바 세도정치를 펼쳤다. 그로 인해 전정(田政), 군정(軍政), 환곡(還穀)의 삼정(三政)[207]이 극도로 문란해지고 유교적 관료정치의 기틀도 완전히 무너져 민란과 반란이 끊이지 않던 시기인 1812년에 세도가문 안동김씨인 무신(武臣) 선천부사 김익순이 반역죄로 처형되어 가문(家門)이 폐족(廢族)된 연유로 김삿갓이라는 불세출의 천재시인이 탄생하게 되었고, 김익순을 1908년에 복권시켜 천재시인 김삿갓을 세상에 드러나

---

207 삼정(三政): 조선 시대 국가의 재정을 다스리는 세 분야(田政, 軍政, 還政 - 국가 보유 米穀의 대여제도).

미래를 찾아 과거 속으로

게 한 장본인이 바로 을사오적(乙巳五賊) 이완용(李完用)이란 사실을 상기하면 세상사 참으로 알다가도 모를 일이다.

以心傳心 인터뷰

"할아버지 이름을 알았소, 몰랐소? 알고 계셨다고 하면, 선생의 할아버지 탄핵시를 포함해 설화나 민담 내용이 시작부터 잘못됐고, 스무살 넘은 양반 집 자손이 모르셨다고 하면 그것도 이해하기 어렵지요."

"아버지가 공산주의자로 6·25 때 월북한 후 빨갱이 가족이라는 이유로 경찰로부터 사찰을 당하고, 이웃에게서 멸시를 당하는 모진 고통을 겪었지만, 남쪽에서 오히려 반공 보수의 대표적 문인이 된 이문열이 그의 저서 『시인(詩人)』에서 김병연은 할아버지의 반역으로 폐족이 되었다는 사실을 이미 알고 있었고, 알면서도 할아버지와의 인연의 끈을 영원히 끊기 위해 할아버지를 신랄하게 탄핵했다는 말이 맞는 듯하오. 그렇게 하는 것이 오히려 내게 존재하는 원죄(原罪)로부터 해방되고 신분 상승을 위한 지름길이라 판단했던 것이오. 내 나이 스물에 할아버지 이름을 모를 리가 있었겠소? 역적의 자손으로 효(孝)에 매달리는 건 애초 의미가 없으니 충(忠)이라도 부여잡으려고 할아버지에게 침을 뱉으며 부관참시하듯 저주성 비판을 쏟아부었던 것이지. 어차피 폐족(廢族) 자손 신분인데 웬만한 방식으로는 입신양명이나 가문의 영광을 되돌리기는 불가능하다고 판단하고 극약처방으로 조부의 이름에 침을 뱉는 탄핵시를 썼다는 사실을 후회하오. 졸지에 할아버지는 충(忠)을 버렸고 나는 효(孝)를 버렸으니 충효(忠孝)를 한꺼번에 모두 버린 패륜 가문의 자손이 되었소. 그때 출세나 반가(班家) 복귀를 바라는 허황한 꿈을 버리고 나니, 심신이 홀가분해져 자유인으로서 걸식유랑하게 되었던 것이오."

"선생님 집안을 폐족가문으로 만든 원죄(原罪)가 있는 홍경래를 어찌 생각하시오? 선생님의 운명을 바꿔놓은 장본인 아닙니까? 서로 만나 화해나 용서를 하였소이까?"

"내가 다섯 살 때 능지처참당한 홍경래는 정주성 전투에서 죽었지. 죽은 시신을 가져다 순조(純祖)가 다시 능지처참했다더군. 정치·사회적 모순으로 나라가 썩을 대로 썩었을 때 평안도 지역을 오랜 세월 차별하니 지역감정이 왜 없었겠소? 내게 홍경래는 호의적인 대상은 될 수 없어도 부정적이거나 혐오의 대상이 될 수는 없소. 운이 없게 시대를 잘못 택해 태어나 뜻을 이루지 못하고 떠났으니 내 처지와 마찬가지요. 한 번 만나 해후의 술잔이라도 나누고 싶으나 능지처참되어 목은 효수되고 묘도 없으니, 찾을 길이 없소. 저승은 아직도 못 갔을 터이고 오체분시(五體分屍)된 넋은 구천 어딘가를 떠돌고 있겠지."

"전라남도 화순에서 떠나셨다는데 고향이 그립지도 않으셨습니까? 처자와 함께 살던 영월 노루목에서 세상을 떠나고 싶은 생각은 없으셨나요?"

"狐死歸首丘 故鄕安可忘(호사귀수구 고향안가망). 여우도 죽을 때 저살던 언덕으로 머리를 향한다는데 고향을 어찌 잊을 수 있었겠소? 부질없는 생각과 미련한 마음으로 떠돌다 보니 하늘이 언제 어디에서 나의 넋을 거둘 줄 몰랐소. 내가 언젠가는 죽는다는 사실만 알고 있었지, 화순 땅에서 죽을지는 몰랐소. 이승에서 지은 인연을 평생 외면하며 떠돌다 객지에서 홀로 떠난 내가 더 김삿갓답지 않소? 나 죽고 호사가(好事家)들이 제멋대로 지어낸 얘기요. 내가 어디서 죽었는지는 확실치도 않소. 나도 모르오."

"아름다운 꽃을 본 미친 나비처럼 훨훨 날아가(狂蝶忽飛, 광접홀비) 수작을 부려 하룻밤을 치렀다고 대놓고 시를 읊으신 적도 있소. 함경도 단천의 기생 가련(可憐)이나 홍련(紅蓮)이란 처녀와의 성관계에 관해 마음속 내면을 진솔하게 드러내며 파격적이면서도 유머가 충만한 은유적 표현의 시를 읊으셨는데 선생의 진정한 여성관은 어떤 형(型)이었소?"

"바람 타고 초승달에 기대어 기생의 허리를 점잖게 휘어잡는 선비들이 읊는 천편일률적 음풍농월(吟諷弄月) 시풍(詩風)은 내 스타일이 아니오. 나의 여성관은 아무도 손대지 않은 처녀를 원하는 '前人未踏(전인미답)'형이오. 먹을 갈아 붓을 적셔 매화(梅花)를 그릴 때 아름답게 스며드는 순백의 화선지 위의 먹물처럼 나와 몸과 마음이 혼연일체가 되는 그런 여인이 내 스타일이오."

와석리 깊은 계곡에 외로이 누워계신 무덤 앞 상석(床石)에 옷깃을 여미고 술 한 잔 올리며 무덤을 어루만지니 선생께서 조용히 미소 지으며 이른다.

"先生不知何許名號去也. 선생이 누군지 이름이나 알려주고 가시오."

"제 삶 속 선생의 가르침은 시공(時空)을 넘나드는 인연(因緣) 때문이 아니었소. 운명(運命)이었소, 제 이름은 세상과 늘 어우러져 사는 '세화(世和)'이며, 호는 꽃 한 송이 '일화(一華)'이올시다."

再拜 半 절을 올리고 먼 하늘을 바라본다. 석양 노을 구름 속에서 김 삿갓 선생이 미소 지으며 잘 가라고 손을 젓는다.

미래를 찾아 과거 속으로

10. 임금 사랑이 아버지 사랑과 같았고
나라 걱정이 내 집 걱정 같았네

정암(靜庵) 조광조(趙光祖)와 부인 한산 이씨(韓山 李氏)의 합장묘

경기도 용인시 수지구 상현동

愛君如愛夫
憂國如憂家
白日臨下土
昭昭照丹衷

임금 사랑이 아버지 사랑과 같았고

나라 걱정이 내 집 걱정 같았네.

하늘 위 밝은 햇빛이 이 땅 아래

일편단심 이내 속마음을 밝게 비추리라.

(절명시, 조광조)

조광조(趙光祖, 1482~1520)는 한성에서 출생한 조선 중기 사상가이자 성리학자, 정치가이며 11대 중종 때 사헌부 대사헌 관직을 지낸 문신이다. 자는 효직(孝直) 호는 정암(靜庵), 사후 붙은 시호는 문정(文正), 본관은 한양 조씨(漢陽 趙氏)이다. 정치·사회적 개혁을 위해 소격서(昭格署)[208] 폐지를 주장했으며 지방의 자치교육 규례인 향약(鄕約)을 권장하며 젊은 신진 사림(士林)들의 중앙 진출을 도와 연산군 폐위 때 공이 있는 기득권 세력인 훈구파 공격의 대상이 된다. 허위로 만들어진 공훈의 삭제를 주장하고 중종의 폐비 신씨의 복권을 요구하다 훈구파 세력의 '走肖爲王주초위왕' 등 모함과 압력으로 중종 때 기묘사화(己卯士禍)로 1520년 전라남도 화순군 능주에 유배되었다가 사사(賜死)되었다. 1557년 13대 명종 때 화순에 있던 그의 시신은 경기도 용인시 수지구 상현동 지금의 묘로 반장(返葬) 되었다. 개혁 정책을 펼친 훌륭한 개혁가였다는 긍정적 시각이 있지만, 급진적이고 극단적이었다는 부정적 평가도 있다. 사후 70년이 지난 14대 선조 때 복권되어 영의종으로 추증되었다.

첨언

11대 중종이 성균관 문묘(文廟) 행차 시 성균관에서 실시한 알성시(謁聖試)[209] 과거시험 문제를 직접 내며 답안을 작성하라고 지시한다.

"나라가 어지러울 때 정치를 어떻게 하면 되는가?"

---

208 소격서(昭格署): 하늘과 별에 도교 제사를 드리던 조선 관청.

209 알성시(謁聖試): 국왕이 문묘에 가서 제례를 올릴 때 성균관 유생에게 시험을 보여 성적이 우수한 몇 사람을 선발하는 과거시험.

미래를 찾아 과거 속으로

"임금은 절대로 혼자 나라를 다스릴 수는 없으며 반드시 대신에게 맡긴 뒤 다스려야 道가 바로 서게 됩니다. 전하께서 道를 밝히시고 그 道를 조정의 위에 세우시면 기강은 어렵게 세우지 않더라도 정해질 것입니다."

약관 27세의 조광조의 답안을 읽어보고 중종과 시험관 모두 탄복하게 되며, 조광조는 사헌부에서 출세가도를 달린다.

사형이 요구되는 죄인을 신중하게 심리하기 위해, 상주(上奏)[210]하여 재가(裁可)받는 중죄인 사형 집행 전 임금의 재가를 받는 장소에서 검토관 조광조가 사형을 반대하며 임금께 아뢴다.

"임금과 백성은 본래 하나이며 마음과 몸은 어느 하나도 없을 수 없듯이
임금은 마땅히 백성을 갓난아이처럼 여기며 그들의 마음을 내 마음으로 삼고, 그들의 몸을 자신의 몸처럼 여겨야 할 것입니다."

君民本爲一體 心體不可無一也
人君當如保赤子 以其心爲心
以其形爲體, 可也.

임금이 이르기를,

---

210 상주(上奏): 임금에게 신하가 안(案)을 올려 아룀. 임금이 신하가 상주한 안을 허락하면 판하(判下) 혹은 재가(裁可)라 함.

"임금과 신하는 백성을 위해 있는 것이니 마땅히 가르쳐 교도하여 따르지 않는 사람이 교화를 따르도록 해야 하는데, 후세에는 교화시키지도 않고 먼저 형벌과 법을 쓰니, 전혀 선도하여 따르게 하는 의지가 없구나."라 하며, 조광조의 주장대로 중죄인의 처형을 윤허하지 않았다.

君臣 爲百姓也
當以敎化導之 而使不率者從化
後世則不以敎化 而先用刑法 殊無導率之意也
(中宗實錄 中宗 12年, 1517年 1月 20日, 朝鮮王朝實錄 太白山史庫本 14冊 27卷 29章)

주해

人君(인군): 임금, 군상(君上)과 동일.
赤子(적자): 갓난아이.
率(솔): 이끌다, 복종하다, 따르다.
殊(수): 뛰어나다, 거의 죽다, 끊어지다, 유달리.

이처럼 조광조는 중종에게 정치와 교화의 근본이 바로 서야 왕도(王道)정치가 가능하다며 감히 왕을 가르치며 이끈 겁 없는 젊은 사림 출신 신하였다.

'사화(士禍)'는 선비(士)들이 화(禍)를 크게 입었다는 의미이다. 조선 시대 사화는 연산군 때의 무오사화(戊午士禍, 1498) 갑자사화(甲子士禍, 1504), 중종 때 기묘사화(己卯士禍, 1519), 명종 때 을사사화(乙巳士禍, 1545)를 조선 4대 사화를 꼽는다. 성종 때 유교 성리학 주자학 교육의 전국

미래를 찾아 과거 속으로

적 육성을 위해 한양의 성균관과 유사한 지방 자체교육제도인 향약(鄕約)을 설치하기 시작하자, 향약제도는 지방 사림(士林)의 지위를 강화하는 데 크게 기여했다. 지방의 신진 사림세력들이 급성장해 중앙의 훈구파에 맞서 왕을 가운데에 두고 싸우는 과정에서 대부분의 사화가 일어났다. 연산군 때 무오사화 때는 조의제문(弔義帝文)으로 단종을 죽인 세조를 비판한 김종직 사림파를 훈구파가 제거하며 일어났고, 갑자사화는 연산군 생모 윤씨를 폐비시킨 훈구파 세력을 제거하기 위해서였다. 중종 때 기묘사화는 연산군 생모 윤씨의 폐비를 반대했던 역적 신수근의 딸이라는 이유로 폐비가 되었던 신씨(단경왕후, 인왕산 치마바위 주인공)를 복권하고자 했던 사림파 조광조를 훈구파가 제거하며 일어났다. 을사사화는 중종의 두 계비(繼妃, 장경왕후: 인종의 모친, 문정왕후: 명종의 모친)를 사이에 두고 일어난 사림파 숙청사건이었다. 인종이 재위 8개월 만에 승하하고 12세 어린 나이에 즉위한 명종을 위해 수렴청정한 문정왕후는 봉은사 주지였던 보우(普雨)대사와 함께 불교 중흥을 위해 노력했으며 양주 회암사 확장공사에도 관여했다.

광해군이 자신이 총애하던 신하 허균을 훈구파 세력의 압력으로 어쩔 수 없이 능지처참했듯이, 중종 자신도 믿고 의지하던 대사헌(大司憲, 지금의 검찰총장) 위치의 사림파 조광조를 연산군 폐위에 공이 있는 훈구파 세력의 모함과 압력에 못 이겨 어쩔 수 없이 소격서(昭格署) 철폐, 향약 권장, 단경왕후 복권 주장을 이유로 사사시켰다.

문정공 조광조(文貞公 趙光祖)의 묘역 인근에 그를 위해 제사 드리기 위해 지은 심곡서원(深谷書院)이 있다. 심곡서원은 숙종의 사액(賜額)[211]서

---

211 사액(賜額): 임금이 서원에 이름을 지어 문 위에 거는 편액(扁額)을 내림.

원이며, 대원군의 전국적인 서원철폐 때에도 심곡서원은 예외였다.

소격서(昭格署): 하늘과 별에 도교 제사를 드리던 조선 관청.

以心傳心 인터뷰

"허균이 광해군에게 하고 싶은 말도 못 하고 죽었듯이 선생께서도 중종에게 하고 싶은 말 못 하고 사약을 받으시고 떠나셨소. 그때 무슨 말씀을 하고자 하셨습니까?"

"내가 알성시(謁聖試) 과거에서 중종을 처음 뵙고 답안에 쓰기를 왕도(王道)를 바로 세우라 했소. 태종 이방원처럼 말이오. 훈구파 신권(臣權)에 좌지우지하는 허약한 왕권(王權)은 오래 유지될 수 없으며 왕정(王政)국가인 조선의 왕에게 왕권(王權)을 위한 왕도(王道)가 없으니 망할 수밖에 없는 게요. 개혁을 포기한 훈구파 수구 정책으로 내부적으로는 나라 안 기강은 무너질 것이고, 외부적으로는 조용히 세력을 쌓고 있는 오랑캐에 맞서기가 불가능할 것이오. 조정 위에 강력한 왕권이 서야 하는데 이젠 틀린듯싶소. 머지않은 미래에 강성대국으로 변한 여진과 왜적에 침탈당할 것이 명약관화하며 조선은 이미 망국(亡國)의 길로 들어섰다는 점을 죽기 전에 말해주고 싶었소."

"전라남도 화순군 능주에는 주자의 배향사당 주자묘(朱子廟)가 있고 주자의 증손자 주잠(朱潛)²¹²의 묘도 있소. 주자학을 신봉한 학자로 그곳에 묻히길 원치 않았소? 어찌하여 경기도 용인 땅으로 반장되었다고 생각하시오?"

"내가 주자의 왕도(王道) 정치와 군민(君民) 일체를 향한 신념이 원체 강해 훈구파 모함과 압박에 소신을 굽히지 않아 죽어야만 했지만, 죽고 나서는 내 평생 성리학 본보기였던 포은 정몽주 선생이 계신 경기도 용인 땅에 묻히길 원했소. 한양 조씨 선영도 그곳에 있기 때문인 듯싶소. 후세 사람들에게 한마디 하겠소. 나는 참지 못하고 경계하지 못해 기묘사화의 희생양이 되었소. 나를 죽인 반정공신 훈구파 사람들처럼 한때 작은 이득에 눈이 멀어 쉽게 변절하지도 말고 나와 같은 대쪽 소신을 펴도 아니 되오. 끝까지 소통과 교화 의지를 갖고 함께 해결해 가는 세상을 만들기 바라오. 지금 인내하지 않고 작은 이득에 눈이 멀면 나처럼 훗날 더 큰 화(禍)를 입게 될 것이오."

得忍且忍 得戒且戒...득인차인 득계차계
不忍不戒 小事成大...불인불계 소사성대
(고려 충렬왕 때 문신 秋適추적이 편찬한 『明心寶鑑』²¹³ 戒性篇에서)

참을 수 있으면 또 참고 경계할 수 있으면 또 경계하라.
참지 못하고 경계하지 못하면 작은 일이 크게 되느니라.

---

212 주잠(朱潛): 고려 말 중국 南宋에서 귀화한 신안주씨(新安朱氏) 시조. 朱子의 증손자.

213 明心寶鑑(명심보감): 고려 시대 충렬왕 때 (1305년) 추적(秋適)이 중국 고전의 유불선 선현들의 금언(金言)과 명구(名句)를 엮어서 편찬한 책.

11. 하늘은 귀가 멀었는가 슬픈 사연은 듣지도 못하고 어찌 깊은 수심은 내 귀에만 들려오는가?

단종端宗의 무덤 장릉莊陵(상), 자규루子規樓(좌), 관풍헌觀風軒(우)

강원도 영월

한 맺힌 새 한 마리 궁궐에서 쫓겨나와

짝 그림자도 없이 푸른 산속 홀로 헤매네.

밤이 오고 가도 잠을 이루지 못하고

해가 오고 가도 이 맺힌 한은 끝이 없네.

새의 울음마저 끊긴 새벽달 빛은 아직 흰데

봄 골짜기 흐르는 피맺힌 물에 지는 꽃잎 핏빛이네.

미래를 찾아 과거 속으로

하늘은 귀가 멀었는가, 슬픈 사연은 듣지도 못하고

어찌 깊은 수심은 내 귀에만 들려오는가?

(子規詩, 단종, 1457)

　　조선의 6대 국왕의 묘호는 단종(端宗, 1441~1457)이며 본관은 전주(全州)이고 휘는 홍위(弘暐)이다. 세조(世祖)의 장손인 문종(文宗)과 현덕왕후 권씨(顯德王后 權氏)의 장남으로 왕세손으로 책봉되었지만, 할아버지 세종과 아버지 문종이 즉위한 지 2년 만에 모두 사망하자 12살의 어린 나이로 왕위에 올랐다. 어머니 현덕왕후는 산후 후유증으로 출산 후 사흘 만에 죽었고 할머니 소헌왕후(昭憲王后)도 6살 때 세상을 떠났으며, 할아버지 세종(世宗)은 10살 때, 아버지 문종(文宗)은 12살이 되던 해 승하해 보호해 줄 상왕이나 수렴청정해줄 대비조차 없이 어린 나이에 즉위했다. 고명대신 김종서, 황보인과 삼촌인 안평대군, 금성대군에게 의지하였다. 그러나 왕위에 오른 지 1년 후 숙부인 수양대군의 반란(계유정난癸酉靖難, 1453)으로 단종은 1455년 수양대군에게 왕위를 양위하고 상왕으로 밀려났으며, 단종 복위를 도모했던 성삼문 등 사육신(死六臣)[214]이 1456년에 처형된 후 노산군(魯山君)으로 서인(庶人) 강등되었으며 1457년 17세 되던 해에 강원도 영월로 유배되었다가 그곳에서 죽임을 당하였다. 당시 영월 호장(戶長)이었던 엄흥도(嚴興道)가 남한강 지류 동강(東江)에 버려진 그의 시신을 수습해 영월읍 산속에 안장하였고 예(禮)로서 장사를 치른 후 천도제(薦度祭)[215]도 은

214　사육신(死六臣): 죽은 여섯 신하라는 뜻이며 조선 단종의 복위를 도모하다 사전에 발각되어 처형당한 성삼문, 박팽년, 이개, 하위지, 유응부와 스스로 목숨을 끊은 유성원을 지칭하며 묘역은 서울특별시 동작구 노량진에 있다. 묘역에는 능지처참당한 김문기의 묘와 함께 모두 7 基의 묘가 있음.

215　천도제(薦度祭): 죽은 자를 좋은 곳으로 보내주고 죽은 영혼이 다시금 극락왕생할 수 있도록 길을 열어

밀히 지냈다고 전한다. 단종의 시신을 건드리는 자는 삼족을 멸하겠다는 수양대군 세조의 어명으로 목숨의 위협을 느낀 엄흥도와 그의 자손은 평생 전국을 떠돌며 숨어 살 수밖에 없었다. 조선 중후기 이후 엄흥도의 충의(忠義)에 관한 관심이 높아지게 되어 그는 공조판서(工曹判書)로 추증되며 충의공(忠毅公)의 시호도 받게 된다. 250년 오랜 세월이 흐른 후 19대 숙종 때 가서야 노산군의 왕위는 복권되며 그의 무덤 장릉의 묘호를 단종(端宗)으로 결정한다. 단종은 조선 임금 27명 가운데 적장자 왕세손 출신의 정통성이 제일 높은 왕이었지만, 수양대군 세조에게 왕위를 찬탈당하고 목숨을 빼앗긴 우리나라 역사상 가장 처절한 비운(悲運)과 통한(痛恨)의 삶을 살다 떠난 소년 임금이었다.

첨언

1457년(세조 3년) 6월 왕좌를 수양대군 세조에게 찬탈당하고 서인(庶人)으로 강등된 17세 어린 나이 노산군은 창덕궁을 떠나 여주, 원주를 거쳐 강원도 영월 청령포(淸冷浦)로 유배 길을 떠난다. 흥인지문(興仁之門, 동대문)을 지나 '한 번 건너면 영영 돌아올 수 없다'라는 지금의 동대문 동묘역(東廟驛) 인근 청계천 다리인 '영도교(永渡橋)'에서 그곳까지 울며 쫓아 온 그의 18세 어린 부인 정순(定順)왕후의 손을 잡고 함께 통곡하며 이별을 한다. 청령포(淸冷浦)는 험한 암벽이 앞을 가로막고 삼면은 남한강 지류인 서강(西江)이 에워싸며 흐르고 있어 배가 없으면 도망갈 수 없는 고도(孤島)와도 같다. 단종이 영월 서강(西江)에 둘러싸인 청령포에 유배되니 밤마다 꿈속에 충신 사육신의 혼이 찾아와 곡을 한다. 충신 엄흥도가 밤마다 곡소리를 듣고 강물을 건너가

주기 위해 치르는 불교의식

단종과 함께 흐느꼈다고 한다. 홍수로 7월에 영월읍 동헌인 관풍헌(觀風軒) 객사로 옮긴 노산군을 영월 청령포로 압송한 사람이 의금부도사 왕방연(王邦衍)이라고 『연려실기술(燃藜室記述)』[216]은 전한다. 청령포에 나이 어린 단종을 유폐시켜놓고 한양으로 돌아오며 왕방연도 슬퍼 흐느낀다.

'천 리 길 머나먼 길 가을날에 고운 님 여의옵고
내 마음 둘 데 없어 말에서 내려 냇가에 앉았더니
저 물도 내 마음 같아 통곡하며 흘러가는구나.'

千里遠遠道 美人離別秋
此心無所着 下馬臨川流
川流亦如我 鳴咽去不休
(의금부도사 왕방연의 시, 靑丘永言청구영언)

'금부도사 왕방연(王邦衍)이 사약을 받들고 영월에 이르러 감히 들어가지 못하고 머뭇거리고 있으니, 나장(羅將)[217]이 시각이 늦는다고 발을 굴렀다. 도사가 하는 수 없이 들어가 뜰 가운데 엎드려 있으니, 단종이 익선관(翼善冠)과 곤룡포(袞龍袍)[218]를 갖추고 나와서 온 까닭을 물

---

216 연려실기술(燃藜室記述): 총 59권 42책으로 조선 후기 정조(正祖) 때 실학자 이긍익(李肯翊, 1736~1806)이 그의 부친 이광사의 유배지인 전라남도 완도군 신지도(薪智島)에서 42세부터 타계할 때까지 30년 동안에 걸쳐 편찬한 조선 시대 야사(野史)의 총서. 연려실(燃藜室)은 그의 호. 조선 시대의 정치·사회·문화를 기사본말체(記事本末體)로 역사를 서술함. 자신의 주관적 견해 없이 객관적으로 서술한 '술이부작(述而不作)'의 작품으로 신뢰도가 높은 야사집.

217 나장(羅將): 조선 시대 궁중·지방 관서에서 근무하던 나졸(羅卒)의 총칭.

218 익선관(翼善冠)과 곤룡포(袞龍袍): 임금이 쓰고 입는 관과 의복.

었으나, 도사가 대답하지 못하였다. 단종의 아전(衙前)[219] 하나가 항상 노산을 모시고 있었는데, 스스로 할 것을 자청하고 활줄에 긴 노끈을 이어서, 앉은 좌석 뒤의 창문으로 그 끈을 잡아당겼다. 그때 단종의 나이 17세였다. 아전이 미처 문밖으로 나오지 못하고 아홉 구멍에서 피가 흘러 즉사하였다…(하략).

(燃藜室記述 第4卷, 端宗朝故事本末)

왕방연은 세조가 내린 사약을 갖고 오지만, 문밖의 부하 병사가 사약을 차마 올리지 못하고 통곡한다. 방안의 단종이 왕방연의 병사에게 조용히 이른다.

"밖에서 줄을 힘껏 당기거라. 문밖에서."
"전하! 아니 되옵니다!"

(韓國口碑文學大系[220] 2集4冊)

수양대군 세조의 사약을 갖고 온 왕방연의 부하에게 17세 단종이 사약을 거부하며 목에 동아줄 묶어 자살을 당하는 장면이다.

계유정난(단종 1년, 1453)으로 동생인 혈육 안평대군과 조카 단종까지 죽이고 왕위를 찬탈한 수양대군 세조는 뒤탈 없게 단종은 자기가 죽이지 않았고 스스로 목숨을 끊어 정성으로 장사 치렀다는 기록이 『세조실록』에 있다.

---

219 아전(衙前): 고려와 조선 시대에 중앙 관청에서 파견해 지방 수령을 보좌하며 행정실무를 담당하던 중인 계층의 하급관리

220 韓國口碑文學大系(한국구비문학대계): 한국학중앙연구원에서 간행한 전국 구비문학 자료 보고서

"魯山聞之 亦自縊而卒 以禮葬之

(世祖實錄, 1457)

노산군은 스스로 목을 매어 죽으니 예로써 장사 지내다"

주해

魯山君(노산군): 단종의 왕위 2년 만에 폐위된 후의 이름.
縊(액): 목을 매다.

정사(正史)와 야사(野史) 모두 역사적 사실을 알 수 있는 귀중한 자료
이다. 그러나 야사 기록이 정사인 세조실록과 정반대가 되는 예도 있
다. 무력으로 왕위를 찬탈한 세조에 관해 서술한 세조실록은 적장자
왕 단종을 죽이고 왕이 된 세조의 정통성에 부정적 요인을 제공하지
않으려고 애써 왜곡 기술한 승자의 기록이라고밖에는 볼 수 없다.

한반도지형의 아름다운 경관과 중국 장가계(張家界)의 건곤산(乾坤
山)과 흡사한 선돌, 처음 유배지 청령포의 단종어소(御所), 사약 받고 목
을 매어 승하한 관풍헌(觀風軒), 피 토하며 우는 두견새(子規)를 자신에
비유하며 슬피 시를 읊던 단종의 자규루(子規樓) 모두 우리가 기억하
고 보존해야 할 해야 소중한 역사적 문화유산이다. 관풍헌(觀風軒)은
영월 동헌(東軒)으로 김삿갓 백일장에서 조부(祖父)를 부관참시하듯
비판하고 탄핵한 후 장원이 되었지만, 폐족 신분임이 밝혀져 걸식유
랑 길을 떠나게 되었다는 그 시험장소이기도 하다(추정).

단종이 목을 매어 죽은 관풍헌(觀風軒) 앞마당에 매죽루(梅竹樓)라는

누각이 있다.

1428년 세종 때 당시 영월군수 신숙근이 창건했다. 그런데 28년 후 수양대군 세조의 왕위찬탈을 비난하며 단종 복위를 도모하였으나 실패하여 1456년에 거열(車裂)형으로 비참하게 생을 마감한 '매죽헌(梅竹軒)' 성삼문의 호(號)와 누각 '매죽루(梅竹樓)'의 이름이 같다. 단종이 교살(絞殺)당하기 전 불사이군(不事二君) 충신(忠臣) 성삼문의 호 매죽헌(梅竹軒)과 이름이 같은 이 매죽루(梅竹樓) 누각에 올라 눈물 흘리며 자규시(子規詩)를 읊었다 하니, 단종의 승하 28년 전에 이미 미래에 있을 일을 예견하듯 세종 때 매죽루(梅竹樓)라는 이름을 짓지 않았을까 하는 생각마저 든다. 단종의 자규시(子規詩) 편액은 누각 북쪽 처마 아래에 걸려있다. 단종 승하 후 매죽루(梅竹樓) 편액은 누각 북쪽에, 자규루(子規樓) 편액은 남쪽에 걸려있으며, 누각은 이제 자규루(子規樓)라 부른다.

한 맺힌 새 한 마리 궁궐에서 쫓겨나와
짝 그림자도 없이 푸른 산속 홀로 헤매네.
밤이 오고 가도 잠을 이루지 못하고
해가 오고 가도 이 맺힌 한은 끝이 없네.
새의 울음마저 끊긴 새벽달 빛은 아직 흰데
봄 골짜기 흐르는 피맺힌 물에 지는 꽃잎 핏빛이네.
하늘은 귀가 멀었는가, 슬픈 사연은 듣지도 못하고
어찌 깊은 수심은 내 귀에만 들려오는가?

(子規詩, 단종, 1457)

미래를 찾아 과거 속으로

一自寃禽出帝宮...일자원금출제궁
孤身隻影碧山中...고신척영벽산중
假眠夜夜眠無假...가면야야면무가
窮恨年年恨不窮...궁한연년한불궁
聲斷曉岑殘月白...성단효잠잔월백
血流春谷落花紅...혈류춘곡낙화홍
天聾尙未聞哀訴...천롱상미문애소
何乃愁人耳獨聽...하내수인이독청

주해

寃(원): 원통하다.

禽(금): 날짐승, 새.

帝宮(제궁): 임금의 궁궐.

岑(잠): 봉우리, 높다.

聾(롱, 농): 청각장애인. 귀머거리.

乃(내): 너, 이에.

子規는 부엉새과 두견새의 별칭으로 우리나라에서는 흔히 올빼미과 접동새나 소쩍새와 같은 의미로 쓰인다. 반역으로 축출되어 억울하게 죽은 중국 촉나라 어린 왕 망제(望帝)가 두견새(子規)가 되어 피를 토하고 울었다고 하는 야사에서 유래.

以心傳心 인터뷰

"서울에서 사백 리 밖 강원도 땅 영월에서 한 맺힌 삶을 내려놓으시고 떠나신 지 오백육십 년이란 긴 세월이 흘렀습니다. 사랑하는 할아버지 세종대왕(世宗大王), 할머니 소헌왕후 심씨(昭憲王后 沈氏), 부인 정순왕후(定順王后), 성삼문(成三問) 등 사육신(死六臣)을 그리워하며 눈물짓다 삼촌 수양대군에 의해 무참히 돌아가셨습니다. 수양대군 세조(世祖)를 역사적으로 어떻게 평가하십니까? 비통한 마음에 눈물 적시며 망향탑(望鄕塔)[221] 돌탑에 얼마나 많은 돌을 쌓으셨습니까? 이렇게 멀리 유배시켜 놓고 사약을 내린 삼촌을 향한 恨은 잊을 수가 없다고 자규루에서 한탄하셨는데 그 원한은 저승에서도 잊을 수가 없겠지요? 18세 꽃다운 나이에 청계천 영도교에서 생이별한 부인 정순왕후는 저승에서 해후하셨나요?"

"능역(陵域)은 한양성 서대문 밖 도성을 중심으로 반경 10리(약 4㎞) 밖에서 100리(약 40㎞) 안에 한양에서 너무 멀지도 가깝지도 않은 곳에 조성해야 임금이 나랏일을 제대로 볼 수 있다고 삼촌 수양대군 자신의 명으로 편찬한 『경국대전(經國大典)』[222]에 그렇게 규정해 놓고, 어째서 나의 무덤은 오백 년 긴 세월 아직도 사백 리 밖 영월 땅에 버려 둡니까? 정순왕후가 나 죽은 뒤 동대문 밖 정업원(淨業院)[223]에서 머리 깎고 비구니로 주지로 있으며 나를 위해 명복(冥福)을 빌다 여든두 살에 죽어 남양주 사릉(思陵)[224]에 안장되었다는 소식을 들었는데, 어린 나이에 생이별한 우리 부부를 지금이라도 함께 있게 해줄 수는 없

---

221 망향탑(望鄕塔): 단종이 유배지인 영월 청령포(淸泠浦) 御所 뒤 층암절벽에 올라 쌓은 돌탑(강원도기념물 제5호)

222 경국대전(經國大典): 7대 왕 세조 때 편찬을 시작해 9대 성종에 이르러 완성된 법전. 왕정 봉건국가인 조선의 정치, 경제, 문화, 군사 등 각 분야의 법규를 포괄적으로 규제한 법전. 왕릉의 조성 수칙도 포함됨.

223 정업원(淨業院): 고려말부터 왕이 죽거나 축출되면 왕비를 포함해 후궁 등 왕실의 여인들이 출가하여 수도(修道)하던 절로 현재 종로구 숭인동에 유적이 남아 있음.

224 사릉(思陵): 조선 왕 6대 단종의 왕비 정순왕후 송씨의 능. 조선 19대 왕 숙종 때 단종이 왕으로 복위되자 부인 송씨도 정순(定順)왕후로 추존되었음.

겠소? 우리가 울며 헤어진 지 542년 만에 내 무덤 영월 장릉(莊陵)에서 소나무 한 그루를 남양주 정순왕후 무덤 사릉(思陵)에 옮겨 심어 놓고 '정령송(精靈松)'이라고 부른다네요. 경기도와 강원도 지자체의 이해관계가 달라 어쩔 수 없는 선택이었다는데, 사백 리 길 멀리 떨어져 있는 우리 부부 혼백에게 무슨 의미가 있겠소? 나는 정순왕후와 언젠가는 함께할 수 있기를 간절히 기도하고 있소. 합장릉이 아니면 쌍릉이라도 좋소. 함께할 수만 있다면. 수양대군은 안평대군과 금성대군 등 친동생은 물론 조카인 나까지 죽인 패륜 군주로 할아버지 때 편찬된 『삼강행실도』[225]에 명시된 군신(君臣) 간 기본 도리에도 어긋나는 죄업을 쌓았소. 그의 죄업을 보면 피붙이 형제들 죽이고 왕위에 오른 증조부 태종 이방원과 다를 바 없소. 피의 군주로 그의 칼에는 피가 마를 때가 없었지만, 그러나 어찌하겠소? 증조부 태종처럼 삼촌 세조도 왕권 강화를 위해 신권과 외척 세력을 제압하였으며 그 결과 나라는 안정을 되찾고 사회·경제·문화가 발전된 것은 사실이오. 그래서 수양대군 세조는 조카로부터 왕위를 찬탈하기 위해 충신들을 많이 죽여 피의 군주라고 부정적으로 평가하면서도 국가발전을 위해 강력한 왕권을 세웠다는 시각도 있으니, 역사적 평가는 참으로 알다가도 모를 일이오. 세조께서 남양주 광릉에 계신다지만 여기서 너무 멀어 찾아뵌 적은 없소이다."

"나는 이승에서 착하게 살라는 할아버지 세종 때 편찬된『三綱行實圖삼강행실도』의 도덕적 윤리적 가르침대로 살다 갔을 뿐이고, 삼촌 수양대군 세조는 저승길 가기 전에 이승에서 미리 문둥병 불구덩이에 빠져 속죄하다 살다 저승으로 갔을 뿐입니다. '화무십일홍 권불십

---

225 삼강행실도(三綱行實圖): 조선 4대 왕 세종 때 직제학 설순(⊗循) 등이 세종의 명을 따라 군신·부자·부부의 표본이 되는 충신·효자·열녀의 행실을 모아 그림과 함께 만든 책.

년(花無十日紅 權不十年)'이라, 꽃이 제아무리 예뻐도 열흘을 못 넘기듯 권세도 십 년 가지 못하지요. 한여름 낮잠같이 인생이란 덧없는 것이오. 이제는 다 지난 얘기. 언젠가는 용서와 화해로 해후하는 날이 오겠지요. 매죽헌(梅竹軒) 성삼문 선생과 수양대군 세조는 숭례문 밖 홍인문 밖에 몇십 리도 안 되는 노량진과 남양주에 서로 가까운 곳에 누워 계시고 가끔 서로 만나 덕담과 미소도 함께 나눈다는 소식을 들으니 내 마음도 편하다오."

"당신의 모습은 그간 불교 탱화 기법으로 그려진 '머루진상도'라는 상상도와 비표준 영정에서만 볼 수 있었지만, 태조 이성계의 무인다운 용모와 죽도록 미워했지만 그래도 가장 가까웠던 혈육인 세조의 인자한 얼굴을 닮은 당신의 국가표준 어진이 늦게나마 2021년 4월 14일에 권오창 화백에 의해 제작 공개되어 단양 장릉(莊陵) 제례와 문화적 사료로 소중한 유산이 되었습니다. 이제 당신을 '홍위(弘暐)'나 '노산군(魯山君)'이라 부르는 사람은 없습니다."

"당신은 이름은 조선 제6대 국왕 '단종(端宗)'입니다."

단종이 잠들어 있는 영월 장릉(莊陵) 옆 보덕사(報德寺) 경내 단종어각(端宗御閣)에 봉안된 단종의 영정과 위패 앞에 분향(焚香)하며 추모의 예(禮)를 올린 후 발길을 돌리며 단종어각 지붕 넘어 먼 산을 바라본다. 멀리 태백산 산신령이 된 단종이 흰 구름 속에서 미소 지으며 잘 가라며 손을 젓는다.

미래를 찾아 과거 속으로

12. 나는 우는 듯 웃으며 죽었습니다

사릉(思陵)
조선 제6대 왕 단종의 정비 정순왕후(定順王后)의 무덤
경기도 남양주시

나는 우는 듯 웃으며 죽었습니다
이제 남은 것이라곤 당신이 계신 그곳으로 갈 일밖에 없네요
깊고 어두운 숲을 지나고 안개 자욱한 강을 건너는 머나먼 길이라지만
흔연한 마음에 한걸음에라도 달려갈 수 있을 것만 같습니다
다만 심사에 깃드는 걱정은 헤어진 지 꼬박 예순다섯 해
이젠 여든두 살의 백발노인이 되어버린 나를
행여 당신이 알지 못할까 하는 것뿐입니다

(단종비 정순왕후의 죽기 전 남긴 시)

조선의 6대 왕 단종의 왕비 정순왕후(定順王后) 여산 송씨(礪山 宋氏, 1440~1521)는 전라북도 정읍에서 태어났으며 단종보다 한 살 연상이다. 성품이 공손하고 검소하며 종묘를 영구히 보존할 수 있는 인물이라 하여 세조 자신이 원해서 단종의 왕비로 직접 간택한 여인이다. 15세 신부와 14세 신랑의 두 어린 부부는 의지할 곳이 없어 외로웠지만, 금슬은 좋았다. 1455년 삼촌 수양대군이 단종의 왕위를 빼앗자 단종은 상왕으로 밀려나고 정순왕후는 왕대비가 되었다. 2년 후 사육신의 단종 복위운동이 실패로 끝나며 단종은 강원도 영월로 유배된 후 죽임을 당하고 정순왕후도 정업원(淨業院)[226]에서 비구니로 82세까지 모질고 한 많은 삶을 살다 간 비운의 왕비였다. 영월의 남편 단종 곁에 묻히지도 못하고 경기도 남양주시 사릉(思陵)에 묻혔다. 죽어서도 묻힐 장소도 없고 곡해줄 자식도 없이 떠난 정순왕후의 시신은 단종의 누나인 경혜공주의 시댁인 해주정씨 문중에서 묘터를 내주어 겨우 묻힐 수 있었다.

첨언

명망과 학식을 겸비한 조선 최고의 집현전 학자 정인지와 신숙주는 단종과 정순왕후의 비극적 종말에 초래한 흉악한 간신이라고 평가한 야사가 전한다.

'단종을 죽인 죄를 논한다면 정인지가 으뜸이고 신숙주가 다음이다. 노산군이 상왕으로 밀려나 별궁에 있을 때 정인지가 소를 올려 청하기를, "일찍 노산군 죽이기를 도모하여 후환을 막자."라 했으며, 영월

---

226 정업원(淨業院): 고려말부터 왕이 죽거나 축출되면 왕비를 포함해 후궁 등 왕실의 여인들이 출가하여 수도(修道)하던 절로, 그 터가 현재 종로구 숭인동에 있음. 고려말 공민왕의 후비인 혜비(惠妃) 이씨, 단종의 부인, 정순왕후와 친누나 경혜공주, 연산군의 후궁이던 곽씨 등이 정업원 주지나 비구니 여승으로 수도한 절.

로 유배된 뒤 처형했으니 참으로 간흉(奸凶)의 우두머리라 하겠다.'

(燃藜室記述연려실기술[227] 4卷 端宗祖故事本末, 李肯翊이긍익)

또 다음과 같은 기록 야사 기록도 전한다.

"좌의정 신숙주가 노산군(魯山君, 단종)의 부인 정순왕후(定順王后)를 노비로 달라고 주청했으나 세조는 이를 윤허하지 않았다. 논하여 말하노니 세조가 조카를 죽이고 여러 아우를 살해하여 임금의 지위를 훔친 것은 영원히 남을 큰 죄악이다. 그러나 신숙주가 단종의 비를 달라고 청한 것은 간악한 것 중에서도 더욱 심한 것이다. 비록 신숙주의 후손이 후대에 걸쳐 창성(昌盛)하였다고 하지만 그의 악명이 천지와 함께 존속되어서 큰 강과 바다로도 씻을 수 없으니 '음란한 자에게 화를 준다'라는 천도(天道)의 진리가 틀렸다고 말할 수 있을 것인가?"

(韓史綮한사경[228] 제1권, 김택영)

단종비 정순왕후(定順王后, 1440~1521)는 절세의 미인이었다. 신숙주는 그녀의 뛰어난 미모에 이끌려 한때 주군으로 모셨던 단종 부인을 첩으로 삼으려고 했다. 그러나 세조는 이런 요구를 받아들이지 않았다. 왕이 되기 위해 어린 조카를 죽인 비정한 세조였지만, 차마 조카

---

227 연려실기술(燃藜室記述): 총 59권 42책으로 조선 후기 정조(正祖) 때 실학자 이긍익(李肯翊, 1736~1806)이 그의 부친 이광사의 유배지인 신지도(薪智島)에서 42세부터 타계할 때까지 30년 동안에 걸쳐 편찬한 조선 시대 야사(野史)의 총서. 연려실(燃藜室)은 그의 호. 조선 시대의 정치·사회·문화를 기사본말체(記事本末體)로 역사를 서술함. 자신의 주관적 견해 없이 객관적으로 서술한 '술이부작(述而不作)'의 작품으로 신뢰도가 높은 야사집.

228 한사경(韓史綮): 20 세기 초 조선이 망한 뒤 중국으로 망명한 창강(滄江) 김택영(金澤榮, 1850~1927)이 조선 건국에서 1910년까지의 조선왕조사를 기록해 1918년에 중국에서 출판된 역사서.

며느리까지 신숙주의 성노리개로 줄 수는 없었다. 세조는 정순왕후가 정업원에서 살 수 있게 하라고 명했다. 그녀는 증손자뻘인 중종 18년에 모질고 긴 인생 82세를 일기로 한 많은 생을 마감했다. 정순왕후는 남편의 무덤 장릉(莊陵)이 있는 강원도 영월이 아닌 경기도 남양주시 사릉(思陵)에 묻혔다.

창덕궁을 나와 영월로 유배 떠나는 소년 지아비 단종을 동대문 밖 창신동 부근 청계천 영도교(永渡橋)까지 울며 쫓아와 작별한 후 정업원(淨業院) 비구니로 82세의 恨 많은 삶을 살다 단종을 다시는 보지 못하고 타계한 비운의 왕비였다. 정순왕후가 단종과 마지막 이별했던 장소였던 다리의 이름은 원래 영도교가 아니었는데 대원군 때 경복궁 증축한다고 돌을 모두 뽑아 가 훗날 다시 다리를 놓으며 '다리를 건너간 후 영원히 보지 못하다.'라는 의미로 '영도교(永渡橋)'라 이름 지었다고 전한다. 지금의 서울특별시 종로구 창신동 방면 청계천 7가와 8가 사이에 있는 다리이다.

약 200년 후 숙종이 단종과 정순왕후를 복위시키며 강원도 영월 장릉(莊陵)과 경기도 금곡의 사릉(思陵)에 각각 안장되었다. 세조에 의해 억울하게 폐위되어 생이별한 후 죽은 두 분을 지금이라도 장릉과 사릉에 안장되어있는 두 분을 한곳에 합장해 드리는 것이 후손들의 마땅한 도리이지만, 강원도와 경기도 지자체의 문화관광 유적에 관한 이해관계가 달라 두 분 사후에도 오백 년 긴 세월의 생이별은 지금도 계속되고 있음을 애석하게 생각한다.

미래를 찾아 과거 속으로

"수양대군이 조선 5대 왕 문종의 적장자 단종의 정비(正妃)로 직접 간택해 놓고 단종으로부터 왕위찬탈 후 당신을 관비로 강등했지요. 천민과 비구니의 恨 맺힌 모진 삶을 사시었소. 충절의 사육신을 처참하게 죽인 마당에 젊고 아름다운 18세 정순왕후를 자기 몸종으로 달라고 요구한 신숙주의 청을 수양대군 세조가 아무리 인면수심(人面獸心)의 패륜 군주라도 받아들일 수는 없었겠지요. 왕위를 차지하기 위해 죄 없는 단종은 죽였지만, 조카의 부인마저 신숙주의 성 노리개로 만드는 죄까지 짊어질 수는 없었을게요. 단종의 친누이 경혜공주도 관비로 강등시켜 정업원에 보냈듯이, 세조는 스스로 지은 죄가 너무 큼을 알고 부인까지 노비로 보내거나 죽이지는 못한 듯하오. 세조를 향한 원한과 저주는 저승에 가서도 지울 수가 없었겠지요?"

"이승에서의 恨 많고 눈물로 얼룩진 팔십이 넌 나의 삶은 비통(悲痛) 그 자체였소. 궁에서 쫓겨난 뒤, 동대문 밖 숭인동 청룡사 부근에 지푸라기를 엮어 초막 암자 하나 지어 놓고 그곳에서 따라온 궁녀 몇 명과 살며 그녀들의 동냥 음식으로 끼니를 잇고 염색업을 하며 노비 신분으로 궁핍하게 사니, 세조가 양심의 가책은 있었는지 집과 식량 등을 내리겠다 하였으나 받지 않았소. 청계천에 있는 영도교(永渡橋)에서 단종과 헤어진 후, 매일 바위에 올라 단종의 죽음을 슬퍼하며 명복을 빌었지요. 저승에서 극락왕생하기를 영월을 향해 매일 기도했더니, 훗날 영조가 슬그머니 그 바위에 '동망봉(東望峰)'이라는 암각서(巖刻書)를 써 놨더군. 어린 조카 죽이며 저지른 악업(惡業)을 쫓아오는 응보(應報)가 두려웠던 게지요. 세조가 나를 노비 신분으로 만들어 놓았지만, 정업원으로 보내주어 다행히 노비 사역은 하지 않고 비구니로 여생을 보냈소. 죽어서는 누울 자리도 없어 시(媤)누이 경혜공주의 시댁 해주 정(鄭)씨 문중 배려로 그들 묘역에 묻어주어 고맙지요. 내가 매일 남녘 하늘 바라보며 단종의 명복을 빌었더니, 훗날 숙종이 내 무덤을 남양주로 옮겨 '사릉(思陵)'이라 이름 지었더군. 묘역 소나무들도 나처럼 모두 단종이 누워 계신 영월 쪽 장릉(莊陵)을 바라보며 기울어져 있소. 언젠가는 영월 장릉의 단종과 함께 있게 되길 원하오. 경기도와 강원도 지자체의 이해관계가 달라 어쩔 수 없다는군요. 사후에도 오매불망 나의 지아비 단종의 묘가 있는 영월 장릉에서 소나무 한 그루를 남양주 내 무덤 사릉(思陵)에 옮겨 심어 놓고 '정령송(精靈松)'이라고 부르던데, 우리 혼백은 아직 사백 리 길 멀리 떨어져 있는데 무슨 의미가 있겠소? 내가 죽기 전 남긴 임종 시에서 읊지 않았소? 나는 언젠가 단종과 함께하길 매일 밤낮으로 기도하고 있소."

'나는 우는 듯 웃으며 죽었습니다
이제 남은 것이라곤 당신이 계신 그곳으로 갈 일밖에 없네요...(중략)
다만 심사에 깃드는 걱정은 헤어진 지 꼬박 예순다섯 해
이젠 여든두 살의 백발노인이 되어버린 나를
행여 당신이 알아보지 못할까 하는 것뿐입니다'

"합장릉이 아니면 쌍릉이라도 좋소. 우리가 함께할 수만 있다면."

미래를 찾아 과거 속으로

13. 풀잎 끝에 맺힌 이슬처럼
   내 인생 다시는 만나기 어렵겠지

연산군(燕山君)과 거창군부인 신씨(居昌郡夫人愼氏)의 쌍묘

서울특별시 도봉구 방학동

人生如草露

會合不多時

풀잎 끝에 맺힌 이슬처럼

내 인생 다시 만나기 어렵겠지

(1506년 연산군이 중종반정으로 축출되기 며칠 전 남긴 시)

연산군(燕山君, 1476~1506)은 조선 10대 왕으로 본관은 전주(全州), 이름은 이융(李隆), 성종과 폐비 윤(尹)씨의 맏아들로 태어났다. 재위 초기 4년간은 성종 치세의 후광으로 어느 정도 나라의 안정이 유지되었으나, 신진 사림(士林)과 훈구파 대신들을 주요 대상으로 한 왕권 강화를 위해 무오사화(戊午士禍, 1498)와 갑자사화(甲子士禍, 1504)를 일으켜 수많은 士林을 죽이며 재위 12년간 패륜과 패악을 저지른 암군(暗君)으로 역사는 기록하고 있다. 왕정 언론 기관인 사간원·홍문관 등을 없애며 임금에 관한 사관 기록인 사서(史書) 편찬을 금지했고, 성균관과 원각사를 기생들과의 놀이터로 만들어 즐기는 무도한 짓을 마다하지 않았다. 중종반정(中宗反正)으로 폐위되어 1506년 9월 강화도 교동에 유배되어 위리안치(圍籬安置)[229]되어 있다가 역병과 화병으로 그해 11월 31세의 나이로 죽었다. 그의 시신은 1513년 강화도에서 현재의 묘역, 서울 도봉구 방학동으로 이장되어 거창신씨(居昌慎氏) 부인과 함께 쌍묘에 안장되었다.

첨언

'요순(堯舜)을 본받으면 저절로 태평할 터인데, 진시황(秦始皇)은 무슨 일로 백성을 괴롭히는가? 재앙이 집안에서 일어날 줄을 모르고, 쓸데없이 오랑캐를 막으려고 만리장성이나 쌓고 있구나.'

祖舜宗堯自太平...조순종요자태평
秦皇何事苦蒼生...진황하사고창생
不知禍起所墻內...부지화기소장내
虛築防胡萬里城...허축방호만리성
(임사홍의 아들 임희재의 시, 大東奇聞대동기문, 燕山朝)

---

229 위리안치(圍籬安置): 유배지 처소에서 탈출하거나 타인을 접촉하지 못하게 탱자나무 가시 울타리를 집 주위에 둘러쳐서 막아놓은 것으로, 주로 왕족이나 고위관리에게 적용함.

미래를 찾아 과거 속으로

蒼生(창생): 백성, 국민. 창맹(蒼氓), 창민(蒼民)과 동의어.
墻(장): 담, 경계.
築(축): (성을) 쌓다. (집을) 짓다.

연산군이 도승지 임사홍(任士洪, 1449~1506)의 집에 들러 술 한잔하는데 방안의 병풍에 쓰인 글을 보고 눈이 번쩍 뜨인다.

"이 칠언절구(七言絶句)는 어떤 놈이 쓴 글이냐?"

"소신의 아들 희재(熙載)가 쓴 글이옵니다."

아들 임희재는 아버지와 달리 소신을 굽히지 않는 선비 기질이 있어 평소 연산군의 횡포를 비판한 이유로 함경도로 귀양살이까지 갔다 풀려나온 바 있다. 연산군이 자기를 비판하는 글이라고 판단하고 화를 내며 큰소리로 이른다.

"경의 아들은 불초한 자식이다. 내가 죽이고자 하는데 경은 어찌 생각하는가?"

"제 아들놈의 성품과 행실이 원래 불순하여 소신의 생각도 전하의 생각과 같습니다. 진작 그렇게 하겠다고 말씀드릴 작정이었으나 미처 아뢰지 못하였나이다."

그런 연유로 임사홍의 아들 임희재는 1504년 갑자사화 때 죽임을 당한다.

나라의 미래를 걱정하며 어려운 길을 가던 훌륭한 선비인 자기 아들마저 연산군이 목을 베는데도 태연히 동조하는 간흉(奸凶) 임사홍의 이간질은 결국 어머니 폐비 윤씨 사사(賜死)에 대한 복수극인 갑자사화를 일으킨다.

"전하, 말씀드리기 황송하오나, 은밀히 드릴 말씀이 있사옵니다. 선왕의 후궁 엄귀인과 정귀인의 모함으로 어머님이 폐서인되어 사약받고 돌아가셨습니다."

선왕 성종(成宗)이 승하하기 전 폐비 윤씨에 관해서는 앞으로 100년간 절대로 발설하지 말라는 고명(顧命)[230]이 있었음에도 불구하고, 임사홍은 인수대비를 중심으로 연산군의 비 신씨의 오빠 신수근, 후궁엄귀인과 정귀인이 음모를 꾸며 연산군의 친모 윤씨를 폐비시키고사사(賜死)시켰다고 고해바쳤다. 무오사화(戊午史禍)로 사간원·홍문관의 언론 기능이 완전히 상실된 상황에 연산군의 행위를 비판하거나 간언하는 자도 없으니 무소불위 폭군 연산군의 복수를 위한 살인극을 막을 수가 없었다. 약 7개월에 걸쳐 친모 윤씨 폐비를 주도한 할머니 인수대비를 머리로 받아 죽이고, 엄귀인, 정귀인 등 친모 윤씨의 폐비(廢妃)와 사사(賜死)에 관련된 윤필상, 김굉필 등 사림파, 훈구파 모든조정 대신들을 죽였으며, 한명회, 정여창, 남효온과 같이 이미 죽은 자는 모두 부관참시하였다. 이것이 신진 사림파 제거를 위해 일으킨 무

---

230 고명(顧命): 임금이 죽기 전에 왕세자와 신하들을 모아놓고 유언을 발표하는 과정과 내용을 적은 글.

오사화에 비해 그 잔인함이 비교할 수 없을 정도로 무자비했던 갑자사화(甲子士禍)이다. 무오사화가 신진 사림파와 훈구세력의 투쟁이었다면 갑자사화는 연산군 왕권의 사림파·훈구파 모든 신권에 대한 참살극이었다.

以心傳心 인터뷰

"재위 4년간은 국정을 그런대로 안정적으로 운영해 나라가 평화로웠다는 평가가 있었지만, 갑자기 돌변해 무오사화와 갑자사화로 잔혹한 살상극을 일으켰으며, 주색(酒色)에 빠져 방탕하고 음란한 왕으로 돌변하여, 역사적으로 폐왕폭군(廢王暴君)의 낙인이 찍히셨습니다. 꼭 그리되셔야 했던 원인이 어머니의 억울한 죽음에 관한 복수심에서 나왔다고 보면 됩니까?"

"어머니를 억울하게 죽인 자들을 처형하는 것은 자식으로서 마땅히 행해야 할 도리였으니 후회하거나 부끄러운 마음은 없소. 복수심도 있었지만, 선왕 때부터 태평성대가 계속되는 세월 속에 사림파와 훈구파 신권(臣權) 입김이 커져 그들 세력을 제거하여 왕권(王權)을 강화하기 위한 목적도 있었소. 조카 단종을 죽이고 수양대군을 왕위에 오르게 한 훈구파 신권(臣權)을 제거하기 전에 먼저 신진 사림 신권을 물리친 것이 무오사화였으며, 남은 훈구파 세력을 임사홍을 앞세워 제거한 갑자사화를 통해 왕권(王權) 강화에 방해가 되던 모든 신권(臣權) 제거의 목적은 이루었소. 강력한 왕으로서 왕도 볼 수 없는 실록 자료를 마음대로 보고 마음에 안 들면 사관(史官)들 목을 베었고, 왕실의 제도적 언론 감정 기관인 사간원과 홍문관도 왕권 강화에 걸림돌이 되어 폐지하였소. 그 결과 내 주위에는 간언해주는 충신 하나 없었고, 부모의 사랑을 받아본 적 없는 내 곁에는 나를 품어주는 여인조차 없었소. 선왕에 대한 열등의식과 외로움으로 폭정과 욕정의 나락으로 떨어졌소. 외로움을 달래려고 경복궁의 흥청(興淸)과 망청(亡淸)[231]을 오가며 주색에 빠져 미치광이처럼 살았소. 그렇다고 내가 육접(肉接)에만 사로잡혀 여색을 가까이 한 건 아니오. 10살이나 연상인 흥청(興淸) 출신 장녹수(張綠水, 숙용 장씨)는 미인도 아니었는데 내가 왜 그녀를 후궁으로 만들며까지 가까이 두었겠소. 나를 자식 대하듯 엄마처럼 안아주던 그녀의 모성이 그리웠던 것이오. 나 자신의 죄를 내가 잘 알고 있소. 일언이폐지(一言以蔽之)[232]하고 모든 것은 내 탓이었소."

"1479년에 폐위된 지 삼 년 후 어머니께서 사사(賜死)되었다는 사실을 언제 처음 알게 되었습니까?"

"내가 즉위한 지 10년 지난 1504년, 나의 처남 신수근이 할머니 인수대비(仁粹大妃)와 모함해 아바마마 성종의 후궁 엄귀인(嚴貴人)과 정귀인(鄭貴人)에게 참소를 올리게 해 나의 생모 윤씨를 폐출하고 사사(賜死)하게 되었다는 사실을 임사홍(任士洪)이 그의 아들 임숭재의 집에서 내가 술을 마시던 중 내게 고해바쳐 갑자사화(甲子士禍)의 빌미를 제공했다는 말도 전하고, 이긍익이 편찬한 『연려실기술(燃藜室記述)』과 같은 야사에는 어머니가 아바마마 얼굴을 할퀴어 손톱자국을 내었다거나, 1935년 월탄(月灘) 박종화(朴鍾和)가 매일신보에 『금삼(錦衫)

---

231 흥청망청(興淸亡淸): 연산군이 흥청 기생을 끼고 노는 것을 보고 백성들이 한탄하며 지은 말. 흥청 중에서도 임금과 잠자리를 같이한 흥청은 '천과흥청(天科興淸)', 그렇지 못한 흥청은 '지과흥청(地科興淸)'으로 구분되었다.

232 일언이폐지(一言以蔽之): 한마디의 말로써 능히 그 전체를 대변하다.

의 피』라는 역사소설을 연재하며 내가 어머니의 죽음을 어머니가 사사(賜死)될 때 남긴 '피 묻은 비단 적삼'을 보고 처음 알게 되었다고 하는데, 모두 사실이 아니오. 내가 어머니가 억울하게 폐출되어 사약을 받고 죽게 된 사실을 처음 알게 된 것은 내가 즉위한 직후에 아바마마 성종의 묘지문(墓誌文)을 보았을 때였소.『연산군일기(燕山君日記)』를 보면 알 수 있을 것이오. 성종의 묘지문 관계로 생모 윤씨가 죄로 폐위되어 죽은 줄 알았다고 기록되어 있소."

왕이 성종(成宗)의 묘지문(墓誌文)을 보고 승정원에 전교하여 이르기를, "소위 판봉상시사(判奉常寺事) 윤기견(尹起畎)이란 자가 도대체 누구냐? 혹시 영돈녕(領敦寧) 윤호(尹壕)를 기무(起畎)라 잘못 쓴 것이 아니냐?"라고 하매, 승지들이 아뢰기를, "이는 실로 폐비(廢妃) 윤씨(尹氏)의 아버지인데, 윤씨가 왕비로 책봉되기 전에 죽었습니다." 하였다. 왕이 비로소 윤씨가 죄로 폐위(廢位)되어 죽은 줄을 알고, 수라(水刺)[233]를 들지 않았다.

> 王見成宗誌文, 傳于承政院曰, "所謂判奉常寺事起畎者何人耶?
> 無奈以領敦寧尹壕, 誤爲起畎耶?"
> 承旨等啓, "此實廢妃尹氏之父, 而卒於尹氏未封王妃前."
> 王, 始知尹氏, 以罪廢死, 爲輟膳.

(燕山君日記, 1495年 3月 16日, 세 번째 글, 太白山史庫本 1冊 4卷)

---

233 수라(水刺): 왕에게 올리는 밥을 이르는 말. 원나라 지배를 받던 고려 말 몽골로부터 전해진 말.

주해

誌文(지문): 묘지문(墓誌文)을 지칭.

判奉常寺事(판봉상시사): 제사나 시호를 제정하는 봉상시(奉常寺)라는 관청의 관직. 寺는 절 '사'가 아니고, 관청 '시'.

耶(야): 어조사, 의문 조사.

啓(계): 신하가 왕에 올리는 말.

始(시): 비로소, 처음.

輟膳(철선): 식음을 멈추다. 철선(撤膳)과 같은 의미.

"연산군, 당신은 흰 피부에 허리도 가늘고 무인의 외모는 아니었던 듯합니다. 125수의 아름다운 시까지 남기셨으니 조선 군주 중 훌륭한 시인의 한 사람으로 평가하고 싶소. 가장 마음 아프게 읊은 시는 어머니를 향한 시였나요?"

"그렇소. 돌아가신 어머니를 떠올리면서 울지 않을 자식이 어디 있겠소? 제사상에 술 한잔 올리며 시 한 수 지은 게 있소."

昨趨思廟拜慈親...작추사묘배자친
莫爵難收淚滿茵...전작난수루만인
懇迫情懷難紀極...간박정회난기극
英靈應有顧誠眞...영령응유고성진

(연산군이 시 「소회所懷」, 『연산군일기』 8년 9월 5일)

어제 사묘에 나아가 어머니를 뵙고
술잔 올리며 눈물로 자리를 흠뻑 적셨네

미래를 찾아 과거 속으로

간절한 정과 회한은 그 끝이 없으니
영령께서도 마땅히 이 정성을 보시리라

주해

趨(추):달리다, 빨리 가다.

思廟(사묘): 사당, 묘.

奠爵(전작): 헌관(獻官)이 주는 술잔을 받아 신위(神位) 앞에 드림.

茵(인): 자리, 관(棺)에 까는 자리.

懇迫(간박): 간절한 심정으로 다가오다.

英靈(영령): 죽은 자의 영혼을 높여 이르는 말.

"살아생전 중전 신(愼)씨로부터 낳은 아들 넷이 모두 죽어 대도 잇지 못하니 종묘사직도 내 뜻대로 안 되고, 아들은 낳기만 하면 죽어 읊은 시 또한 마음이 아픕니다. '애제(哀題)'라는 제목의 시도 남겼소."

宗社幽靈不念誠...종사유령불염성
如何忍頑我傷情...여하인완아상정
連年四子離如夢...연년사자이여몽
哀淚千行便濯纓...애루천행변탁영

(연산군의 시 「哀題」, 『연산군일기』 10년 1월 27일)

종묘사직 혼령들이 내 정성을 원치 않아
어찌 이리 내 마음을 아프게 하는지
해마다 아들 넷이 꿈 같이 떠나가니
한없이 흘러내리는 눈물 갓끈을 적시네.

宗社(종사): 宗廟社稷(종묘사직)의 준말.

頑(완): 완고하다, 무디다.

濯纓(탁영): 갓끈을 씻다.

"君子로서 죽음을 두려워하지는 않지만, 천운(天運)이야 난들 어찌 하겠소? 풀잎에 맺힌 이슬같이 덧없는 인생을 살다 쫓겨난 처지에 호칭이 아무러면 어떻겠소? 폭군, 폐군, 암군 그 어떤 호칭도 달게 받겠소. 다만 억울하게 목숨을 잃은 어머니의 넋이 아들이 폭군으로 죽었다는 사실을 알고 구천(九泉) 땅속을 헤매며 또다시 슬퍼하며 울까 그게 두렵소."

"노비 출신 기녀 장녹수(張綠水)는 나보다 연상으로 미인은 아니었지만, 음주·가무에 뛰어난 천하제일 재인(才人)으로 내가 총애한 건 사실입니다. 부모의 사랑을 못 받고 큰 내게는 육접(育接) 대상의 기녀가 아닌 어머니와 같은 존재였소. 내가 밤마다 동침할 여인을 흥청망청(興淸亡淸) 기녀 중에서 골라서 내 침소에 올릴 정도로 나를 위한 모든 일에 지극정성이었지요. 내가 폐위된 후 능지처참 되었다고 하니 내 마음이 무척 아프오."

"내가 폐위된 후 폐비가 된 신씨(愼氏) 거창군 왕비는 궁궐에서 쫓겨나 죽은 후 시호도 받지 못하고 죽었소. 내가 어머니 폐비를 도운 역적들을 죽이며 시할머니 인수대비마저 참하려 하자 엎드려 읍소하며 만류하던 신씨의 마음이 갸륵했소. 내가 13세 때 혼례를 올린 후 12년 가까이 살면서 금슬도 좋아 6남 1녀를 두었소. 신씨는 내가 힘들 때

늘 곁에서 위로와 사랑을 베푼 부인이었으며 죽을 때 함께 묻히고 싶다고 내 시신을 강화도에서 한양으로 이장하기 위해 중종을 설득했지요. 그녀의 소원대로 지금 우리는 서울시 도봉구 방학동 쌍묘에 안장되어 사후에서라도 천년 해로(偕老)하고 있소이다."

"나의 진 죄를 부인하는 한마디 말도 없이 조용히 떠나는 나의 뒷모습을 망연히 바라보며 홀로 눈물짓던 그 여인을 생각하며 나도 울었다오. 아~ 왕비 신씨의 어질고 덕스러웠던 그때 그 모습을 다시 보고 싶구려!"

14. 형세가 이리 좋은데 지킬 줄 몰랐다니
신립은 지략이 없다고 할 수밖에 없구나

신립(申砬)장군의 묘(상)

경기도 광주시 곤지암

신립장군의 추모비(좌), 투신자살한 구초대(九超臺)(우)

충주 탄금대(彈琴臺)

남아가 죽을지언정 구차하게 죽을 수는 없다.
왜군이 달천에 진을 치고 협공하니 패색이 완연해
신립은 적진에 뛰어들어 수십 명의 적을 죽인 뒤
탄금대 두물머리 강 아래로 몸을 던져 죽는다.

신립(申砬, 1546~1592)은 조선의 무신으로 고려 왕건이 후백제 견훤과의 전투에서 몰리자 왕건의 전투복을 입고 싸우며 왕건을 피신시킨 후 왕건을 위해 대신 목숨을 바친 고려 개국공신 신숭겸(申崇謙)의 후손으로 본관은 평산(平山)이며, 자는 입지(立之), 시호는 충장(忠壯), 추존된 작위는 충장공(忠莊公)이다. 여진족 토벌로 용맹을 떨쳤지만, 지략이 부족해 임진왜란 초기 충주 탄금대(忠州 彈琴臺) 전투에서 왜군에게 완패해 자살한 것으로 알려진 무장이다. 대한민국 독립운동가이며 정치인 해공(海公) 신익희(申翼熙)의 13대조이다.

첨언

1592년 4월 13일 조선을 침략한 일본군은 이틀 만에 부산진과 동래성을 점령한 후 거침없이 북상하여 보름도 안 된 4월 28일에 경상도와 충청도 경계 문경새재 조령(鳥嶺)에 이르러 험준한 산세(山勢)를 보고 복병(伏兵)이 있다고 판단하고 정찰했는데 조선 군사가 없으니 과감히 충주 달천(達川)으로 거침없이 진격하였다. 신립 장군은 천혜의 요새와도 같은 조령방어선에 진을 치자는 부장 등의 건의를 무시하고 협공이 수월한 탄금대에서 배수진을 친 실수로 패전했다는 평가가 있다. 훗날 명나라에서 파견된 이여송(李如松) 장군이 문경새재 조령을 지나다 신립 장군의 패전을 탄식하며 비판했다.

"이와 같은 형세가 좋은 데도 지킬 줄을 몰랐으니 신립은 지략이 없다고 할 수밖에 없구나."

李如松行過鳥嶺歎曰, "有如此形勢, 而不知守, 申摠兵可謂無謀矣."
(宣祖修正實錄, 宣祖 25年 4月 14日)

'김여물이 신립에게 말하기를, "적이 기세가 날래어 맞대고 싸우기 어려우니 조령(鳥嶺, 문경새재)에 매복하여 지키는 것이 옳을 것 같소." 하니 신립이, "적은 보병(步兵)이고 우리는 기병(騎兵)이니 넓은 들판에서 맞아 기병으로 짓밟으면 이기지 못할 리가 없다."라 이르며 듣지 않았다. 적은 벌써 은밀히 문경새재를 넘어 4월 28일에는 길을 나누어 크게 밀어닥쳤다. 여물이 또, "먼저 고지를 점령해서 역습합시다." 해도 듣지 않고 배수진을 쳤다. 적이 아군 뒤로 돌아 겹으로 포위하였다. 전투가 처음 벌어지자 아군이 모두 흩어져 달아나고 장수와 졸병이 무서워 모두 달래강물에 뛰어들었다. 적이 칼로 마구 찍어 물에 뜬 시체가 강을 메웠다. 신립이 여물을 불러, "자네는 살려고 하는가?" 하니 여물이 웃으면서, "어찌 내가 죽음을 아끼겠소?" 하고 같이 탄금대 밑에 가서 손수 적군 수십 명을 죽이고 함께 물에 뛰어들어 죽었다.'

(燃藜室記述 15卷, 宣祖朝故事本末)

기원전부터 경상남도 낙동강 김해 지역에 '가야'라는 고대국가가 있었다. '우륵'이란 자가 있어 12줄 손가락으로 뜯는 현악기를 잘 다루었으며, 훗날 나라 이름 '가야'를 따라 그 악기를 가야금(伽倻琴)이라 불렀다. 우륵이 가야금을 연주하던 곳이라 하여 충청북도 충주에 '탄금대(彈琴臺)'라 부르는 곳이 있다. 탄금대 절벽 아래는 남한강과 달천

미래를 찾아 과거 속으로

강이 합치는 곳인데 임진왜란 때 신립 장군이 고니시 유키나가(小西行長소서행장) 왜장과 맞서 싸우다 패전하자 투신 순국한 곳이다.

대마도 쓰시마 섬 다이묘(大名, 성주城主) 소 요시토시(宗 義智)와 그의 장인 고니시 유키나가(小西行長)가 1592년 4월13일 부산진 수군절제사(水軍節制使)인 정발(鄭撥) 장군부대를 격파하고 동래성으로 진격했다. 조총 공격과 중과부적(衆寡不敵)²³⁴ 대세를 파악한 동래부사 송상현(宋象賢)은 성안에서 관복 정장 차려입고 조용히 앉아 기다리니, 고니시의 부하 군사가 다가와 그를 참수했다. "적장을 예우로 대해야지 그렇게 죽이면 어떻게 하느냐?"라고 호통치며 고니시는 자신의 일본군 부하 장수의 목을 쳤다. 고니시는 적군 장수의 죽음을 예(禮)로 치르고자 했던 절실한 천주교 신자였다고 전한다. 5월에 충주 탄금대에서 근처 달천강 앞섬의 평야에서 치고 빠지는 전술로 일본군이 신립 장군의 군사를 섬멸하자 (사망자 수 추정: 조선 16,000명, 일본 150명) 신립 장군은 탄금대 절벽 아래 강물에 몸을 던져 순국했다. 일본 기록에는 신립 장군이 왜군에 의해 참수되었다는 근거 없는 주장이 전한다. 신립 장군의 시신을 찾아 건져내기 위해 전투가 끝난 후 '넋걸이 굿'²³⁵을 했다. 남한강과 달천강이 합쳐지는 두물머리 강가 부근에서 수많은 조선 군사 시신을 건져 올렸는데 시신 하나의 머리의 망건 귀 쪽에 옥(玉)관자가 박혀있었다. 망건 玉관자는 장수나 고위관리만 달 수 있으니 신립 장군의 시신임이 확실하다고 판단한 살아남은 마을 사람들이 시신을 경기도 광주로 옮기는데 어느 산골짜기에 이르니 기침 소

---

234 중과부적(衆寡不敵): 적은 군사로 많은 적을 대적할 수 없음. 寡는 적다는 의미.

235 넋걸이 굿: 강이나 물가에 빠져 죽은 사람의 넋을 건져내 망자의 넋을 저승으로 보내 극락왕생을 기원하기 위한 무속의례. '넋건지기굿'이라고도 부름.

리가 나서 (기치미고개/넋고개로 이름 지음) 신립 장군의 혼백이라 믿고 그 곳에 부인 전주 최씨와 합장했다고 전해진다.

"중국 후한말 무장 조조(曹操)가 이르기를, "병사를 거느리고 전투에 임하여 싸울 때 서둘러야 할 것이 세 가지 있다고 했습니다. 첫째는 지형지물을 아는 것이고, 둘째는 병사들이 명령에 복종하며 훈련하는 것이며, 셋째는 무기를 잘 쓰는 것이라 했습니다."

用兵臨戰 合刃之急 有三, 一曰 '得地形', 二曰 '卒服習', 三曰 '器用利'.
(류성룡의 『懲毖錄』 중 「錄後雜記」에서)

주해

합인(合刃): 틀리거나 어긋남이 없음. 刃(인): 칼날.

"천혜(天惠)의 매복 장소인 조령(鳥嶺, 문경새재)이라는 지형지물을 갖고도 이용 못 한 것이 첫째 잘못이고, 그곳에 매복하자는 장수들의 건의를 무시하고 빗물에 질척이는 달천평야에서 기마전을 고집한 게 둘째 잘못이고, 적의 조총의 위력을 무시한 게 셋째 잘못입니다. 화살의 정확성은 백 보에 불과하지만, 조총의 능력은 수백 보에 이르니, 조령의 지형지물을 사전에 치밀하게 분석해 험준한 계곡과 우거진 숲속에 궁수(弓手)들을 분산·매복시켜 적을 일시에 기습 공격했다면 충분히 승산이 있는 전쟁이었습니다."

"북방 여진과 싸움에서 패전을 모르는 명장이긴 해도, 기마전과 보병전은 크게 다르며 여진과 일본의 군사력 또한 분명히 다르다는 사실을 무시하고 단 한 번의 패배로 조선 팔도가 왜적 침입 보름 만에 그들의 손아귀에 들어갔습니다. 탄금대는 섬처럼 남한강과 달천강으로 둘러싸여 있어 방어하기는 적합한 요새일지는 몰라도 조선군의 뛰어난 기병 군사력을 애당초 활용하지 못할 장소였습니다. 철옹성 같던 동래성이 점령당하는 데 반나절도 안 걸렸습니다. 장군의 기병 부대도 장대비가 많이 퍼부어 힘을 전혀 못 쓰고 달천평야에서 쉽게 무너져 탄금대로 후퇴한 전략이 패전한 이유였던 것 같습니다. 이여송이 비판했듯 조령 문경새재 계곡에 매복시켜 매복 선을 뚫은 왜군을 달천평야에서 기다렸다 공격해 섬멸했다면 이길 수도 있지 않았을까요?"

"패장(敗將)은 유구무언(有口無言)이오. 변명이나 항변의 여지가 없소. 모두 북방 여진을 물리친 경험이 많은 우리의 강력한 기병을 제대로 활용 못 한 내 탓이오. 만에 하나 왜군이 조령을 무사히 통과해 달천평야에 이르더라도 나의 주력 기마(騎馬)부대가 있으니 전투하더라도 승산이 있다고 판단한 것이 잘못이었으며 왜군의 정확한 조총과 화포도 과소평가했소. 하늘이 왜군을 도와 비가 온 후 땅이 질척여 달천평야에서 기병은 무용지물이 되었소. 기병을 제외한 병졸은 장터에서 급히 모집한 오합지졸 군사라 도망가기 급급했소. 패장이 무슨 말을 하리오. 충주에 오기 전 한양에서 군사를 모으려 해도 응모하는 자가 없어 유성룡이 모집해 둔 군사를 빌렸고 데려온 병사들은 대부분 시정잡배로 싸움에 내보내기조차 어려운 자들이었습니다. 이유야 어떻든 나의 잘못된 전략으로 완패해 한양까지 순식간에 빼앗기게 되었소. 조령에 진을 치자는 부장들의 건의를 무시하지 말고 군사를 매복시켜야 했소. 왜구 소탕 수준으로만 생각하고 대비했지만, 왜군은 이미 조총과 화포를 이용한 공격으로 전쟁을 쉽게 끝낼 수 있는 전술 선진국이었다는 사실을 미처 알지 못한 게 한스럽소. 탄금대 전투는 시대에 뒤떨어진 활 쏘는 기병과 표적 사격술로 조련된 조총 쏘는 보병과의 전투였소."

미래를 찾아 과거 속으로

15. 논공(論功)이 있어도 순신(純信)에게만 미치지 못하니 유전지공(有戰之功) 무전지상(無戰之賞)이라는 군심(軍心)의 원망이 있습니다

무의공 이순신(武毅公 李純信)의 묘, 경기도 광명시(상)

DDH-975 충무공 이순신(李舜臣)함(좌), SS-068 무의공 이순신(李純信)함(우)

(U.S.Navy photo, https://ko.m.wikipedia.org)

"이순신(李純信)은 호남 영남 개전 이래 10회에 걸쳐 1회는 중군(中軍)을, 9회는 선봉을 맡아서 오직 적의 기세를 꺾는 데 전념하느라고 적의 수급(首級)을 모아 공적을 자랑할 겨를이 없기에 특별히 앞세워 상계(上啓)했건만 논공(論功)이 홀로 순신(純信)에게 미치지 못 하와 유전지공(有戰之功) 무전지상(無戰之賞)이라는 군심(軍心)의 원망이 있습니다."

(난중일기, 9월 11일, 충무공 이순신이 무의공 이순신의 전공을 알리는 장계, 1593년 선조 26년)

이순신(李純信, 1553~1611)은 조선 중기(선조~광해군) 때 무관으로 왕족이며 유학자이다. 본관은 전주(全州), 자는 입부(立夫). 시호는 무의공(武毅公), 봉호는 완천군(完川君)이다. 조선 3대 왕 태종의 맏아들이며 세종의 형인 양녕대군의 다섯째 서자의 후손이며 대한민국 초대 대통령 이승만도 그의 혈족 자손이다.

첨언

우리나라 바다를 지키는 대한민국 해군에는 이순신함이 두 척 있다. 한 척은 1번 구축함 DDH-975 충무공 이순신(李舜臣)함이고 다른 한 척은 7번 잠수함 SS-068 무의공 이순신(李純信)함이다. 대한민국 해군은 충무공과 무의공의 우국충정과 업적을 기리기 위해 충신 두 분의 시호를 함정 명칭에 넣었다.

1577년 (선조 10년) 스물다섯의 어린 나이로 무과에 급제한 후 임진

미래를 찾아 과거 속으로

왜란이 일어나자 방답진첨사(防踏鎭僉使)[236]로 충무공 이순신(李舜臣) 장군의 휘하에서 수군을 지휘하게 되었다. 무의공은 충무공보다 아홉 살 아래인 부하였지만 가까운 친구로 서로 허물없는 매우 절친한 사이로 전투가 없을 때는 활쏘기나 바둑을 함께 즐겼다고 전하며, 이황의 제자인 김성일의 제자로 학문적 경지도 높았고 무예도 뛰어났다고 한다. 육전에서 백전백패할 때 해전에서 백전백승하던 충무공 이순신은 원균의 모함으로 삼도수군통제사의 지위에서 파직당하고 투옥된 후 백의종군(白衣從軍)하며 입공자속(立功自贖, 공을 세워 속죄함)하라는 선조의 지시로 풀려났을 때 술을 들고 찾아와 밤새 위로한 인물이 바로 무의공 이순신이었다.

임진왜란 동안 충무공 이순신 장군의 중위장(中衛將)으로 선봉장 임무를 수행하며 옥포(玉浦) 합포(合浦), 고성(固城) 노량(露梁), 한산도(閑山島), 부산포(釜山浦) 등 대부분의 해전에서 수백 척의 왜선을 격파한 무의공의 역할이 지대해 충무공이 1593년 선조에게 무의공의 전공을 상계(上啓)할 정도로 그를 신뢰했다.

임진왜란 최후의 전투였던 1598년 노량해전(露梁海戰)에서 지휘선의 충무공 이순신이 안타깝게 왜적의 총탄에 맞아 전사하자, 그 빈자리를 대신해 선봉함에서 칼을 높이 쳐들며 조선 수군을 지휘했다. 왜군의 퇴로를 완전히 차단하며 100여 척의 왜선을 침몰시켜 노량해전을 완승으로 끝내며 임진왜란을 종결시킨 장수가 바로 무의공(武毅公) 이순신(李純信)이다.

---

236 방답진첨사(防踏鎭僉使): 왜적의 침입을 방어하기 위해 설치된 최일선 수군 진영을 관리 감독하는 직위.

한 번 맺은 구국충절의 마음과 우정은 영원하다. 임진왜란 그때와 같이 430년이 지난 지금도 대한민국 바다 위는 1번 구축함 DDH-975 충무공 이순신(李舜臣)함이 지키고 있고, 바닷속은 7번 잠수함 SS-068 무의공 이순신(李純信)함이 지키고 있다.

以心傳心 인터뷰

"왕실의 후손으로 광명시 서독산 밑자락에 누워계신 무의공께 머리 숙여 참배 드립니다. 성웅(聖雄) 충무공은 모르는 사람이 없지만, 한글로 동명이인(同名異人)인 무의공도 계셨다는 걸 아는 사람은 그리 많지 않아 무척 안타깝습니다. '이순신' 하면 충무공 이순신으로만 받아들이지요. 다행히 대한민국 해군에서 선생의 시호를 따라 7번 잠수함을 'SS-068 무의공 이순신(李純信)함'이라 이름을 지었습니다. 충무공의 명성에 가려 무의공의 이름이 후세에 잘 알려지지 못한 것이 아쉽습니다."

"충무공은 나의 군대 선배이며 나이도 나보다 아홉 살 위이지만 우리는 나라를 구하기 위해 전장에서 끝까지 싸우다 같은 날 함께 죽자고 문경지우(刎頸之友)[237]의 맹세를 맺은 절친이었습니다. 1598년 11월 19일 새벽 4시부터 노량해전 관음포에서 선봉함에서 시마즈 요시히로의 500여 척 군선 퇴로를 해상봉쇄하며 일망타진을 위해 싸우고 있었는데 후방 지휘선에서 '지금 싸움이 위급하니 나의 죽음을 알리지 말라(戰方急愼勿言我死, 징비록)'라는 유언을 남기고 충무공께서 숨을 거

---

237 문경지우(刎頸之友):목이 베어 죽어도 후회하지 않을 만큼 친한 친구.

두시었다는 말을 전해 들었지만 나는 슬퍼 눈물 흘릴 겨를조차 없었지요. 전력을 다해 싸워 이기고 있는 아군의 사기 저하를 막기 위해 충무공의 전사 사실을 끝까지 숨긴 채 목숨을 걸고 싸워 오후 12시경 시미즈 군선을 전멸시키며 임진왜란 7년 해전을 끝냈습니다. 정운, 정걸, 나대용, 송희립 등 충무공에게 충성을 다한 장수 중 한 명으로 기억될 수 있다면 그것으로 만족합니다. 선봉에서 아홉 번 싸우다 보니 논공(論功)에는 관심이 없는 것은 예나 지금이나 변함없습니다. 그래서 충무공께서도 선조에게 '순신(純信)은 적의 기세를 꺾는 데에만 전력을 다하고 공명(功名)에는 관심 없다'라고 상계(上啓)까지 올렸지요."

"역사적 인물들은 모두 정도 차이는 있었을지언정 功과 過가 분명히 함께 있었을 것입니다. 무의공은 충무공을 대신해 임진왜란을 승리로 마무리한 공명(功名)이 큽니다. 이제 과(過)에 관해 논합니다. 무의공께서 수원 부사 시절 사헌부(司憲府)에서 체직(遞職)[238]을 청한 바 있습니다. '수원 부사(水原府使) 이순신(李純信)은 탐욕스럽고 방종하여 여러 번 중한 논박을 받았으니...(중략)... 속히 체직시키소서'라는 기록이 있습니다. (朝鮮王朝實錄, 宣祖 34年, 1601年, 10月 4日) 이황의 제자 김성일에게서 수학하였으니 유학자로 선비의 품격은 갖췄을 터인데, 선비로서 청렴하지 못했던 허물에 대해 하실 말씀 있으시오?"

"하늘 우러러 한 점 부끄러움이 없는 인간이 어디 있겠소? 일찍이 스물네 살에 무과 급제한 후 첨사, 부사, 현감, 포도대장 등 관직을 맡아 조선팔도 여러 지방 돌다 보니, 사욕(私慾)에 눈이 어두워 탄핵, 파직,

---

238 체직(遞職): 임기가 만료되거나 비리가 있거나 문제가 있는 자를 직위에서 좌천시키거나 강등시킴.

체직을 여러 번 당했던 것은 사실이오. 왕실 후손으로 일찍 과거급제 하다 보니 어린 나이에 내가 교만하고 어리석었소. 무자비하게 백성 의 전답과 집, 노비를 빼앗은 선조의 못된 맏아들 임해군(臨海君)을 가 까이했기 때문이었소. 그러한 나의 허물을 부디 용서해 주길 바라오."

"대원군의 서원철폐령과 충무공 후손을 도우면 '불령선인(不逞鮮 人)'[239]으로 낙인찍혔던 일제강점기를 거치며 역사 속에 사라질 뻔했던 충무공 사당을 그의 외가가 있던 충청남도 아산에 세우고 1963년 무 인 박정희의 도움으로 충무공의 영정까지 모셔와 현재의 모습을 갖 추게 되어 감개가 무량합니다. 경기도 광명시 이곳은 내가 태어난 곳 이고 바로 옆에 있는 구름산 서쪽 기슭에는 한 많은 소현세자 부인이 며 강감찬 장군의 후손인 민회빈 강씨(愍懷嬪 姜氏)께서 누워있어 가끔 위로도 할 겸 들르지만, 아무래도 충무공이 계신 아산에서 이곳은 너 무 멀리 떨어져 있어 나는 외롭소. 나의 시신을 충정공 무덤 발치에라 도 좋으니 이장시켜주면 좋겠소. 죽어서도 충무공을 곁에서 천년만년 우리나라를 영원히 지키고 싶소. 구국을 위해 아낌없이 목숨을 바친 정운, 정걸, 나대용, 송희립 장군도 함께."

---

239 불령선인(不逞鮮人, ふていせんじん): 일제강점기 때 식민지통치를 반대하며 난이나 소요를 일으키는 사 람들을 '불량한 조선인'이라는 의미로 지칭한 일본측 용어.

미래를 찾아 과거 속으로

16. 나를 이순신 제독에게 비유하는 것은 신에 대한 모독입니다. 당신 나라의 이순신 장군은 나의 스승입니다

충무공 이순신 (忠武公 李舜臣)장군의 묘

충청남도 아산시 음봉면

DDH-975 충무공 이순신(忠武公 李舜臣)함

(U.S. Navy photo)

나를 전쟁의 신이자, 바다의 신이신 이순신 제독에게 비유하는 것은
신에 대한 모독입니다...(중략)...
당신 나라의 이순신 장군은 나의 스승입니다

(러일전쟁에서 승리한 일본 해군 제독 도고헤이하치로東鄕平八郞의 말,
이순신각서李舜臣覺書)

이순신(李舜臣, 1545~1598)은 조선 중기 14대 왕 선조 때 무신으로 본
관은 덕수(德水), 자는 여해(汝諧), 시호(諡號)[240]는 충무(忠武)였으며, 한성
에서 태어났다. 일본이 조선을 침공하며 일어난 임진왜란과 정유재란
때 뛰어난 전술 전략으로 조선 수군을 통솔하며 일본 수군과 23번 해
전에서 연전연승 무패의 대승을 거두며 나라를 구한 성웅(聖雄)으로
우리나라뿐 아니라 일본을 포함한 세계 여러 나라에서 추앙받는 해군
제독이다. 충무(忠武)는 나라에 큰 공을 세운 무인(武人)에게 내려졌던
시호(諡號)이며, 그 시호를 높여 충무공(忠武公)이라고 부른다. '충무(忠
武)'라는 시호는 조선 세조 때 병조판서 남이(南怡) 장군, 중국 삼국시
대 승상 제갈량(諸葛亮)과 남송의 명장 악비(岳飛)의 시호이기도 하다.

첨언

임진왜란(1592~1598, 선조 25~31년)은 도요토미 히데요시(豊臣秀吉)가
일본 전국을 통일한 후 국내 불만 세력을 잠재우고 명나라를 공격하
기 위해 가는 길을 열어놓으라는 '정명가도(征明假道)'의 명분으로 조

---

240 시호(諡號): 죽은 사람에게 나라 혹은 후세의 군주가 올리는 이름으로 임금, 군주와 부인, 공신, 등 나라
에 큰 공이나 명성을 남긴 인물이 시호를 받았다.

미래를 찾아 과거 속으로

선을 상대로 일으킨 전쟁이다. 1차 침입이 임진년에 일어났으므로 '임진왜란'이라 부른다. 2차 침입이 정유년에 있었으므로 '정유재란'이라고 부르지만, 임진왜란 하면 일반적으로 정유재란까지 포함해 말한다. 임진왜란 결과, 경복궁, 창덕궁 등 대부분 조선 궁궐이 파손되거나 소실되었다. 1592년 4월 13일 고니시 유키나가는 사위 쓰시마 성주 소 요시토시와 함께 병선 700척으로 부산진과 동래성을 점령하며 부산진 첨사 정발(鄭撥)과 부산 동래부사 송상현(宋象賢)을 참살했다. 고니시의 부산 점령 후 보름도 안 돼 신립(申砬) 장군이 충주를 빼앗기고 탄금대에서 자결하니, 선조는 4월 30일 새벽 창덕궁 인정전을 나와 저녁에 임진강 나루터에 이른다. 평양 거쳐 평안북도 압록강 기슭 의주로 피란해 명나라에 망명 요청을 한다. 열흘 만에 한양을 점령한 고니시 부대는 5월 7일 경복궁, 창덕궁, 창경궁 등 궁궐을 불태우고 북진해 6월 초 한 달 만에 평양까지 점령한다. 이것이 임진왜란 발발 후 한 달 보름간 있었던 전투 상황의 대략적 설명이다.

한편 전라도 지역 해전 상황은 어떠했을까?

『燃藜室記述(연려실기술)』에 의하면 도요토미 히데요시 심복인 일본 중부 다츠노(龍野)시의 영주였던 와키자카 야스하루(脇坂安治)는 경기도 수원에서 용인시 쪽으로 걸쳐있는 광교산(光敎山) 육지전에서 2천 명의 군사로 6만 명 이상의 조선 관군을 기습 공격해 섬멸했으며 이는 선조가 의주로 피신하게 된 직접적 계기가 되었다. 이 소식을 들은 히데요시는 야스하루에게 남해로 내려가 조선 수군을 격파하라는 명령을 내렸다. 거제 옥포지역의 빈번한 왜적 침입으로 전라좌수사(全羅左水使)로 임명된 이순신 장군은 임진왜란 발발 1년 전부터 이미 해전을 준비하고 있었다. 와키자카 야스하루 등 왜군 적장은 73척의 최정예 수군으로 거제로 진격 주둔하였지만, 이순신 장군은 통영에서 지형지물, 적선의 수, 조류 등 정보를 분석해 5~6척의 판옥선을 이용한 유인작전으로 왜군의 추격선 73척을 한산도 앞바다에서 역공했다. 59척의 왜선을 초승달 모양의 학익진(鶴翼陣)법 전술로 격침했다. 조선 침몰선이나 전사자는 없었다. 1592년 7월 8일 통영 앞바다 무인도 한산도(閑山島) 앞 견내량(見乃梁) 수로는 거제도와 통영만 사이에 있는 길고 좁은 약 4km의 바닷길이며 양안 거리가 600m를 넘지 않는 데다, 암초가 많아 선저(船底)가 둥그런 판옥선조차 전투를 벌이기에 좁은 해협이었다. 배가 격침되어 궁지에 몰려 헤엄쳐 한산도로 도망간다 해도 당시 한산도는 무인도였기 때문에 상륙한다 해도 굶어 죽을 수밖에 없는 곳이었다. 왜군이 조선을 1592년 4월 13일에 침입한 지 4개월도 안 돼 파죽지세로 조선군을 격파하며 평양까지 북상하고 있던 8월 14일 판옥선 5~6척을 일자진(一字陣) 전법으로 견내량(見乃梁) 해협으로 보내 일본 함대를 유인한 후 한산도 앞바다로 끌어내 학익진(鶴翼陣) 전법으로 대파한 싸움이 바로 한산도대첩(閑山島大捷)이다. 한산도대첩 이후 히데요시는 이순신의 조선 수군을 만나면 무조건 피하라며 해전(海戰) 금지령을 내렸다. 당시 조선과 일본의 전선(戰船)과 주요 무기를 비교해보자.

조선

전선(戰船)

① 판옥선(板屋船): 조선 13대 왕 明宗 (1555년) 때 처음 건조한 조선 수군의 주력함으로 총통을 이용한 원거리 함포 군선이다. 3층 구조로 지하층은 노 젓는 군사 격군(格軍), 그 위층 상판(上板)은 전투 군사, 그 위에 지휘관의 망루각(望樓閣)을 설치했다. 선저(船底)가 'U'字 형 평저선(平底船)으로 암초에 잘 걸리지도 않고 제 위치에서 선회가 쉬워 안정적인 방향 전환이 가능함으로 한쪽 측면 화포를 일제히 발사한 후 재장전하는 사이 배를 제자리에서 180도 돌려 다른 쪽 화포들이 일제히 사격하는 식으로 중단 없는 화포 사격이 가능했다.

② 귀선(龜船, 거북선): 판옥선의 상체 부분에 지붕 덮개를 덮은 구조이다. 지하층은 노를 젓는 공간, 그 위층은 화포 사격 공간, 그 위층 지붕 덮개에는 칼과 송곳을 거꾸로 꽂아 일본 수군의 접근전을 방지한 돌격 전함이다. 주로 해전 시작과 동시에 선두 진격해 왜선 진영을 무너뜨리기 위해 나대용이 설계한 돌격선이다. 원균이 칠량전에서 참패하며 모두 소실되었다. 일본은 거북선을 샤치호코(鯱호, 상상의 수호신 동물)와 닮은 '복카이센(沐海船목해선)', 거북이 등껍질을 가진 전투함 같은 '기카이센(亀甲船귀갑선)', 배의 모든 면을 철판으로 가려 앞을 못 보는 '눈먼 배'라는 의미의 '메구라부네(盲船맹선)'라고 불렀다고 전한다. 2022년 7월에 (주)롯데엔터테인먼트에 의해 상영된『한산: 용의 출현』 영화에서 거북선이 조선 수군의 주요 돌격선으로 묘사되었다. 1592년 한산대첩에서 왜선 전선 73척을 상대로 조선 수군이 55척의 전선

(판옥선 52척, 거북선 2~3척)으로 싸웠다고 전하지만, 2~3척의 거북선이 영화처럼 적 진영을 종횡무진 휘젓고 돌격하며 한산대첩을 승리로 이끌었는지는 의문이다. 거북선 뱃머리 위에 유황 연기를 내뿜으며 적을 위압하는 용머리의 형상이 우리가 흔히 알고 있는 거북선의 구조이다. 그런데 영화에서는 격군(格軍, 노 젓는 군인)이 있는 거북선 뱃머리(船首) 아래 선저(船底) 하층부 전면에 용머리기 자라 목처럼 들락날락하며 화포를 쏘아대는 장면이 마치 컴퓨터게임을 보는 듯하다. 기상천외한 상상력으로 21세기 신형 거북선을 새로 개발해 관객의 흥미를 돋우기 위한 상업적 흥행을 위한 과장이라고밖에는 볼 수가 없다. 필자는 거북선 구조에 관한 그런 고증(考證) 자료는 어디에서도 본 적이 없다. 더욱이 거북선이 적선에 돌진해 왜선을 박살 내는 충파(衝破) 전법을 보고 "도대체 이게 뭡니까?"라는 질책성 의문을 갖지 않을 수 없었다. 판옥선을 개조해 만든 거북선의 배 밑바닥도 'U'字 형 평저선(平底船)으로 'V'字 형의 첨저선(尖底船)인 일본 배보다 속도가 빠를 수가 없다. 거북선의 측면 공격이 가능했더라도 항속이 빠른 일본의 배가 쉽게 좌우로 선회해 공격을 피할 수 있으니, 거북선의 기습돌진 충파(衝破) 전법은 그야말로 터무니없는 가공의 상상력일 뿐이다. '다큐멘터리가 아닌 영화는 영화일 뿐이다'라는 편협한 생각으로 제작한 역사영화를 계속 상영한다면, 거북선의 구조와 설계도를 임진왜란 때 이미 입수한 일본의 군사 전문가와 역사학자들의 부정적 평가와 공격을 어떻게 감당할 수 있을까? 우리가 역사적 고증자료나 학술자료보다는 소설, TV 드라마, 영화 등을 통해 역사관을 형성하는 현실을 고려한다면, 국내외에 부정적 영향을 주는 역사영화 제작은 지양(止揚)돼야 하며, 역사적 사실(史實)과 고증(考證)자료에 근거해 더욱 신중해야 하지 않을까? 자기만족을 위한 왜곡된 애국심은 일본의 불필요

미래를 찾아 과거 속으로

한 반한 감정(反韓感情)을 초래할 수 있고 외교적 대립으로 이어질 수도 있다. 『한산: 용의 출현』 영화에서 거북선 구조와 활약 묘사는 역사적 사실(史實)의 객관적 타당성의 관점에서 손해 보는 '장사'가 될 수도 있겠구나'라는 걱정이 앞선다. 일본과의 한산대첩의 승리는 거북선 활약에 기인했다기보다는 경남 거제도와 통영 사이의 암초가 많고 좁아 유속(流速)이 빠른 견내량(見乃梁) 해협에서 판옥선 5~6척의 유인작전으로 시간 끌지 않고 속전속결(速戰速決)[241]로 끝내겠다는 와키자카 야스하루(脇坂安治)의 육지전 전술인 어린진(魚鱗陳)[242] 진법의 전선을 한산도 앞바다로 유인해 '물 위의 성(水城)' 형상의 학익진(鶴翼陣)[243] 전법으로 포위하여, 접근전을 피하며 원거리 사격 거리에 따라 조란환(鳥卵丸)과 각종 천지현황 총통(天地玄黃 銃筒)을 이용해 포탄을 퍼부으며, 측면 공격에 취약한 일본의 어린진(魚鱗陳) 전술에 완승한 이순신 장군의 완벽한 학익진(鶴翼陣) 전술에 기인했다고 보는 것이 타당하지 않을까?

주요 무기

• 화포(火砲): 탄환의 중량, 최대사거리, 장전 가능한 탄환 알 수에 따라 천지형황(天地玄黃) 문자대로, 천자화통(天字銃筒), 지자화통(地字銃筒), 현자총통(玄字銃筒), 황자통(黃字銃筒), 네 종류가 있으며, 제일

---

241 속전속결(速戰速決): 싸움을 오래 끌지 않고 되도록 빨리 결판을 냄.

242 어린진(魚鱗陳): 일본 육지전에 적합한 속전속결형 강력한 전투 진법(陣法). 측면 공격에 쉽게 무너짐. 진형 모습이 물고기 비늘 같아 붙여진 진형(陣形) 이름.

243 학익진(鶴翼陣): 학이 날개를 펼친 모양 같아 붙여진 진형(陣形) 이름. 처음에 일자진(一字陣) 일렬횡대의 모습을 취하다가 적이 중앙을 공격해 오면, 중앙은 뒤로 빠지고 좌우 부대가 전진하며 학의 날개 모습을 취하며 적을 포위해 공격하는 전투 진법(陣法).

큰 천자화통은 최대거리 1km~1.5km, 포탄 1kg, 산탄 100~400개
를 쏠 수 있다.

- 산화신기전(散火神機箭)[244]: 고체 로켓으로 집중공격용 화살.
- 비격진천뢰(飛擊震天雷): 시한폭탄, 쇳조각이 분사되는 대형 수류탄
- 조란환(鳥卵丸): 직경 2.5cm의 새알 모양 탄환.
  총통(銃筒)에 넣어 한 번에 400발씩 격발 가능.
- 승자총통(勝字銃筒): 700m 유효사거리 휴대용 총
- 칼: 최대길이 환도(環刀) 1m
- 활(角弓, 각궁): 유효사거리 3~4백m
- 쇠뇌(弩, 노): 삼국시대부터 사용해 온 무기로 활을 사람 당기지 않
  고 고정틀에 물려 화살을 끌어당겨 발사하는 사정거리가 멀고 관
  통력이 강한 반자동 기계식 활. 石弓과 유사.

---

244 산화신기전(散火神機箭): 두 번 발화해 분출되는 가스의 힘으로 발사되는 2단계 로켓 화살. 다연발도 가
    능. (國朝五禮儀序例, 卷4 軍禮, 兵器圖說, 大神機箭)

미래를 찾아 과거 속으로

일본

전선(戰船)

- 고부네(こぶね, 小船소선): 선두 돌격선.

- 아타케부네(あたけぶね, 安宅船안택선): 3층 높이의 대형 전투함.

- 세키부네(せきぶね, 關船관선): 기동력과 속도가 빨라 백병전 전개에 유리한 일본의 주력 전투함.

왜선은 대부분 얇고 가벼운 삼나무로 만들어져 속도가 빨라 장거리 항해에는 유리하지만, 배 밑바닥이 'V'字 형인 첨저선(尖底船)으로 암초에 취약하고 선저(船底)가 뾰족해 방향 전환이 힘듦. 삼나무 쇠못. 바닷속에서 쉽게 녹슬고 부식된다. 조선의 판옥선은 참나무 못을 써 물에 잘 뜨고 부식이 안 됨.

주요 무기

- 화포(火砲): 화포가 있었으나 대부분 중국, 포르투칼, 스페인으로부터 도입한 구형 대포로 정확도나 유효사거리가 짧음. 일본 자체 대량생산은 임진왜란 후이다. 화승식대통(火繩式大筒)을 육지전에서 성곽 파괴에 주로 이용해 큰 성과를 이루어 칠량해전에서도 전투함 세키부네에 장착해 원균의 수군을 격파한 적이 있지만, 탄환을 넣고 심지에 불을 붙이는 등 사격 과정이 조선 총통에 비해 기동성과 정확성이 떨어짐.

- 조총(鳥銃, ちょうじゅう): 일본 명칭은 데뽀(鐵砲, てっぽう)이며 화승총

(火繩銃, ひなわじゅう)이라고도 부름. 저격용으로 근거리에서 위협적인 무기이지만, 총신 안에 나선형 강선이 없어 멀리 못 가고(유효사거리 50~80m) 부정확해 원거리 해전에서는 비효율적.
- 칼: 흔히 가타나(刀がたな)로 불리는 우치가타나(打刀うちがたな)와 최대길이 3m의 노타치(野太刀のだち). 백병전 에서는 조선의 환도보다 유리함.
  - 활: 대형 장궁(張弓)

해전은 육전과 달리 조선의 우수한 원거리 화포 공격으로 일본의 백병전 접근이 불가능했다. 조선 수군은 고려 때 최무선이 만든 지자총통(地字銃筒)을 개선해 사거리 800보 떨어진 곳에서 직경 2.5cm의 둥근 모양 조란환(鳥卵丸) 400발가량을 한꺼번에 퍼부어 일본의 백병전 접근 시도를 원천 봉쇄했다. 조란환(鳥卵丸)은 둥근 공 모양 탄환으로서 새알처럼 생겨서 조란탄(鳥卵彈)으로 불렸다. 1597년 9월 정유재란 때 만약 명량해전에서 패했다면 전라도와 한강이 쉽게 함락되어 조선의 패전은 피할 길이 없었다.

'이때 조정에서는 수군이 지휘자가 너무 적어 적을 막을 수 없을 거라며 나에게 육지에서 싸울 것을 명했다. 내가 아뢰었다. 임진년 이래로 5~6년간 적이 감히 양호(兩湖)로 직접 돌격하지 못한 것은 수군 장수(舟師)가 그 길을 막았기 때문이었나이다. 臣에게는 아직 전선 열두 척이 있으니 죽을힘을 내어 맞아 싸우면 이길 수 있습니다. 만약 지금 수군을 모두 없앤다면 이는 적들이 행운으로 여기며 서해 쪽을 따라 한강에 다다를 것을 臣이 두려워하는 바입니다. 비록 전선의 숫자는 적으나 미천한 신이 아직 죽지 않았으니 왜적들이 우리를 감히 업신

미래를 찾아 과거 속으로

여기지 못할 것입니다.'

時朝廷以舟師甚單, 不可禦賊, 命公陸戰.
公啓曰, 自壬辰至于五六年間, 賊不敢直突於兩湖者, 以舟師之扼其路.
今臣戰船尙有十二, 出死力拒戰, 則猶可爲也.
今若全廢舟師, 則是賊之所以爲幸而由湖右達於漢水. 此臣之所恐也.
戰船雖寡, 微臣不死, 則賊不敢侮我矣.

(李忠武公全書, 二分, 行錄)

주해

舟師(주사): 수군 배 지휘자, 제독.
兩湖(양호): 충청도와 전라도.
尙(상): 아직, 오히려, 바라건대, 숭상하자.
猶(유): 아직, 오히려, 마치.
湖右(호우): 서해 바다.
漢水(한수): 한강.
微臣(미신): 미천한 신하, 지위가 낮은 신하.

1597년(선조 30) 9월 16일 임진왜란 막바지 정유재란 때 이순신이 지휘하는 조선 수군의 함선 13척은 명량에서 일본 수군과 최후의 명량대첩(鳴梁大捷) 해전을 벌였다.

조선 수군은 좁은 해로에 일자진(一字陣) 일렬종대 전투형태로 진입했지만, 선체가 큰 왜선 안택선(安宅船)은 공격 형태를 못 갖추고 중형 전투함인 관선(關船세키부네)만 병렬형태로 진입시켰다. 일본 수군의 전선들은 암초와 급류 소용돌이에 휘말려 싸우기도 전에 궁지에 몰리며 조선 수군 13척은 133척을 격침했다. 일본 수군이 대패해 전세가 완전히 기우니 히데요시는 수군을 철군하라는 유언을 남기고 1598년 9월 18일 죽지만, 육지로부터 후퇴하여 남해로 내려온 왜군을 그냥 보낼 수 없다며 이순신 장군은 임진왜란 7년 전쟁을 마무리하는 최후의 추격전을 벌였다. 순천에서 오는 고니시 유키나가(小西行長)의 퇴로를 차단하기 위해 새벽 2시부터 시작한 접근전에서 적선 200여 척을 격침하고 이순신 장군은 적의 총탄에 맞아 전사했다. 임진왜란 중 가장 치열했던 마지막 전투 노량해전은 정오경 조선의 완승으로 끝났다.

결론적으로 육지에서 백병전으로 연승을 거두었던 왜군은 해전에서는 조선 수군의 화포 원거리 포격과 좁은 해협, 암초, 해류 등 지형지물을 이용한 전술로 패배할 수밖에 없었던 전쟁이었다. 마치 상대방 전력 전술과 천문지리(天文地理)에 관한 정보를 완벽하게 파악하고 준비한 이순신 장군이 초등학교 축구 선수 팀 규모의 조선 수군으로 일본의 월드컵 축구 국가 대표 팀을 상대로 완벽한 승리를 거두었다고 볼 수 있다. 이순신 장군은 승리할 수밖에 없는 전쟁을 철저하게 준비하고 승리를 확신하며 해전에 임했다고 볼 수밖에 없다.

한산대첩 참패 이후 도요토미 히데요시 해전의 전세가 이미 뒤집혔음을 깨닫고 해전금지령을 내린 후 일 년 후 자신이 직접 해전을 다시 치르겠다 했지만, 한산대첩 패배 후 해전을 이미 포기하고 조선 정벌의 계획도 포기했다고 볼 수 있다.

해전을 포기한 히데요시는 부산진포 보급기지에 군선 400여 척 주둔시켰으나 이순신 장군은 1592년 9월 여수에서 은밀히 접근해 기습

미래를 찾아 과거 속으로

공격을 감행해 대승을 거두니, 평양까지 진격해 올라갔던 고니시 유키나가 군의 보급이 끊겨 진퇴양난(進退兩難)[245]의 곤경에 빠졌다. 배한 척 보급량이 쌀 200석으로 고니시 유키나가(小西行長)의 부대 3일분 식량 보급이 차단되니 어쩔 수 없이 남쪽으로 후퇴해 거제도 해안에 성을 쌓아 해전 대신 육지에서 이순신 전함을 공격하고 정박을 못하게 하는 작전을 폈다. 1597년 1월 明·日 화친조약이 깨진 후 일본은 해전에서 패배한 1차 전쟁 임진왜란의 복수전으로 2차 임진왜란인 정유재란을 일으켰다. 1차 임진왜란 종료 후 이순신 장군은 삼도수군통제사였지만, 큰 공을 세운 이순신 장군을 선조는 시기하고 경계했다. 왜군이 다시 쳐들어온다는 거짓 정보를 믿고 출격 명령을 내리지만 이순신 장군은 거짓 정보임을 간파하고 불응했다. 남해에서 조정과 육군의 지원이 전혀 없었던 이순신 장군에게 부산진포 왜선을 선제공격하라는 원균의 모함과 선조의 명령을 따르지 않고 남해 전남 여수 쪽으로 진을 치며 기습공격을 위한 작전을 폈다. 당시 왜군의 전함과 군사력은 조선의 10배 이상이라 이순신 장군은 부산진포 공격을 피하고, 거제 명량 등 급류와 좁은 해협, 암초를 이용해 작은 군사력으로 싸워도 확실히 이길 수가 있는 전라도 쪽 남해를 택한 것이다. 선조는 부산진포 선제공격 명령을 거부했다며 이순신 장군을 삼도수군통제사(三道水軍統制使)의 제독 지위에서 파직하고 투옥했다. 이순신 장군이 전장에 없다는 사실을 안 일본은 2차 임진왜란인 정유재란을 일으켰다. 1597년 7월 15일 원균이 삼도수군통제사 지위에 올라 칠천량해전(漆川梁海戰)에서 싸웠지만 대패하며 도주하다 전사함으로 조선의 수군은 완전 괴멸 상태가 되었다. 원균의 패전 소식이 전해지자

---

245 진퇴양난(進退兩難): 이러지도 저러지도 못하는 어려운 처지를 이르는 말.

선조는 명령에 불복종했다며 감옥에 가두고 고문했던 이순신 장군을 7월 22일에 어쩔 수 없이 삼도수군통제사에 백의종군하라며 귀부(歸附)[246] 명령을 내렸지만, 수군(水軍)이 아닌 육군(陸軍)으로 권율(權慄) 장군 휘하에서 싸우라고 명령하며 사실상의 조선 수군 해체 명령을 내렸다.

그러나 이순신 장군은 선조의 명령을 따르지 않았다. 1597년 9월 16일 싸울 배도 없고 수군도 없는 이순신 장군은 칠천량해전의 패전을 피해온 판옥선 12척과 살아남은 수군을 이끌고, 시속 2Km 우리나라에서 조류가 제일 빠르고, 깊은 수심과 암초로 배가 잠시도 멈추기가 불가능한 명량(鳴梁) 울돌목에 진을 친다. 이곳에서 무너지면 그나마 임진왜란 때 무사했던 전라도마저 무너지고 조선 전체가 함락되는 국운을 건 운명적 전투를 준비했다. 배 한 척을 더 건조해 배는 전부 13척이었다. 임진왜란 초기 50m였던 조총의 최대 유효사거리는 정유재란 때 이미 100m를 넘는 데 비해 효율이나 기동성이 떨어지는 조선의 승자총통(勝字銃筒, 피리처럼 생긴 수동식 격발장치, 유효사거리 700m)이나 쇠뇌 석궁(石弓)과 유사한 방아쇠 격발식 활조차 없어 접근전 승리를 전혀 기대할 수 없는 전력으로 승리할 수 있는 전략을 준비한 이순신 장군은 명량 울돌목을 전투지로 선택하며 치밀한 전략을 세운다.

'이순신이 바다 위에 머물며 철쇄를 다리 위에 가로 걸고 적을 기다렸다. 왜선이 다리 위에 와서는 철쇄에 걸려 이내 다리 밑으로 거꾸로 엎어졌다. 그러나 다리 위에 있는 배에서는 낮은 곳을 보지 못하므로

---

246 귀부(歸附): 스스로 돌아와 복종하다.

미래를 찾아 과거 속으로

다리를 넘어갔으려니 하고 물길을 따라 곧장 내려오다가 모두 거꾸로 엎어져 버렸다. 또 다리 가까이엔 물살이 더욱 급하여 배가 급류에 휩싸여 들면 다시 돌릴 겨를이 없어 500~600여 척이 일시에 전부 침몰했고 성한 곳이라곤 하나도 없었다.'

早食後 騎船到召浦. 監鐵鎖橫設. 終日 觀立柱木 兼試龜船放砲
(亂中日記난중일기, 1592. 3. 27)

'일찍 아침 식사를 한 후 배를 타고 소포에 이르러 쇠사슬을 (해협 양안) 건너 매는 것을 감독하고 종일 (물속) 나무 기둥 세우는 것을 지켜보았고 아울러 거북선의 화포 쏘는 것도 시험하였다.'

이처럼 이순신 장군은 물속 철쇄 사슬 장애물을 명량(鳴梁) 울돌목[247] 해협을 가로질러 깔아 놓고 왜선이 공격해 오면 해협 양안에서 끌어당겨 왜선을 침몰시켰다. 급류에 선회하는 왜선들은 암초와 물속에 박아 놓은 4~5m 높이의 나무 기둥에 걸려 격침될 수밖에 없었다.

베트남 북쪽 통킹만 중국 국경과 맞닿은 해협에 하롱베이(Ha Long Bay)가 있다. 1288년 베트남 수군이 몽골의 쿠빌라이 칸 함대와의 해전에서 쇠 말뚝 해안 밑바닥에 미리 박아 놓고, 밀물 때에는 물속의 말뚝이 안 보이게 위장한 다음, 그곳으로 몽골 함대를 끌어들였다. 간

---

247 명량(鳴梁) 울돌목: '울면서(鳴) 도는(梁) 바다의 길목'이라는 의미로 붙여진 이름으로 해남과 진도 사이의 깔때기 모양의 좁은 해역을 말한다. (길이 4km 폭 300m 수심 20m). 암초로 해저지형이 무척 불규칙하고 급류가 소용돌이쳐 지금도 항해가 위험한 수로이다.

조가 되면서 물이 빠지면서 몽골군 배들이 뾰족한 말뚝에 걸려서 침몰한 하롱베이 해협의 바닷속 쇠 말뚝은 월남전 당시에 설치된 미군의 기뢰를 제거하는 어려움을 아직도 겪고 있다고 전한다. 300년 전 하롱베이의 '해저 쇠 말뚝' 전법을 이순신 장군은 어떻게 알고 명량해전에서 적용했을까?

배의 수적 열세를 극복하기 위해 지형지물, 해협의 물길과 밀물, 썰물 물때 정보, 적에 관한 군사정보 등을 치밀히 분석하고, 학익진(鶴翼陣) 전법(한산대첩), 일자진(一字陣) 전법(명량대첩) 등 과학적 전략을 수립하며, '필사즉생 필생즉사(必死則生 必生則死, 죽고자 하면 살 것이오, 살고자 하면 죽을 것이다)'의 불퇴전(不退轉) 각오로 전투에 임한 결과 성웅 이순신 장군은 임진왜란 해전을 23전 23승 대승으로 마무리할 수 있었다.

일본은 임진왜란 후 모든 해전에서 이순신 장군에게 참패를 기억하며 '샤치호코(しゃちほこ, 鯱호)'[248]라는 수호신을 조각해 금박을 입혀 나고야성(名古屋城) 등 성 지붕 곳곳을 긴샤치(ぎんしゃち, 金鯱금호, 긴노샤치호코)로 장식했다. 일본의 해군을 초토화한 적장이었지만 일본은 이순신 장군의 창의적이고 경이로운 전술과 전략에 감탄하며 그를 존경하게 되었으며, 일본을 포함한 세계 여러 나라에서 이순신 장군은 존경의 대상이 되었다. 어떤 나라든지 자국의 역사 속 영웅에 관한 평가를 과장하여 기록할 수 있지만, 그 평가가 국가 간 교차 검증된 후 영웅으로 평가된다면 과장을 위한 노력이나 시도는 전혀 필요하지 않다. 1904~1905년 러일전쟁 때 마지막 해전인 대마도(對馬島 쓰시마섬) 해

---

248 샤치호코(しゃちほこ, 鯱 호): 몸은 물고기이고, 머리는 호랑이, 꼬리는 항상 하늘을 향하고 있는 중국 전설 속에 나오는 바다의 수호신

협 해전에서 러시아 발틱함대를 전멸시킨 일본 영웅 도고 헤이하치로 연합함대 사령관은 전투 시작 전 이순신 장군에게 승리를 기원하는 기도를 올렸다 전해지며, 러시아함대 격파 시 그의 정자진(丁字陣) 전법은 이순신 장군의 학익진(鶴翼陣) 전법의 응용이라는 학설이 일본 전쟁사학회에서 제기된 바 있다.

러일전쟁 승전 축하연이 있은 날 한 기자가 도고에게 "각하의 업적은 영국의 넬슨 제독, 조선의 이순신 제독에 비견할 빛나는 업적이었다"라고 발언했을 때, 도고는 "나를 이순신 제독에 비교하지 말라, 그분은 전쟁에 관한 한 신의 경지에 오른 분이다. 이순신 제독은 국가의 지원도 받지 않고 훨씬 더 나쁜 상황에서 매번 승리했다. 나를 전쟁의 신이자, 바다의 신이신 이순신 제독에게 비유하는 것은 신에 대한 모독이다"라고 야단을 쳤다고 한다.

"お国の李舜臣将軍は私の先生です"

당신 나라의 이순신 장군은 나의 스승입니다.

(도고 헤이하치로의 말 인용, 『李舜臣覺書』, 藤居信雄후지이 노부오)

전라도 좌수사 충무공 이순신(忠武公 李舜臣) 장군의 임진왜란 해전에서의 전승은 정운(鄭運), 정걸(丁傑, 남해 정보 자문), 나대용(羅大用, 거북선 제작), 송희립(宋希立, 노량해전 선봉선 지휘), 무의공 이순신(李純信) 장군 등 충무공 이순신 장군을 마지막까지 보필한 훌륭한 장수가 있었기 때문에 가능했다. 임진왜란(1592~1598) 발발 전 1587년 2월에 남해 옥포(玉浦)항으로 왜선 27척이 쳐들어와 마을을 점령하고 약탈하자 충무공 이순신 장군과 정운 장군이 옥포항 왜선 후면을 기습 공격해 26척을 침몰시키고 1척만 간신히 도주했다. 조선 군사 사망자는 없고 부상자만 한 명이었다. 정운 장군은 충무공보다 계급은 낮지만, 군경력 6년 선배였으며 나이도 두 살 위였지만 우국충절의 충신으로 충무공을 도와 모든 해전의 선봉에서 싸웠다. 옥포해전 이후에도 합포해전, 적진포 해전 등 연전연승하였다. 한산도대첩 때는 해류와 바람을 이용한 학익진(鶴翼陣) 전술로 왜선 59척 전부를 무참히 격침하며 대승을 이루었으며 임진왜란이 발발(1592년 4월)하던 해 2월에 일본 보급기지로 이미 점령당했던 부산포 해전에서 충무공과 정운 장군은 왜선 470척을 격침하며 대승을 하였지만, 정걸장군의 만류도 듣지 않고 마지막 왜군 한 사람까지 쫓다 정운 장군은 전사했다.

"믿고 의지하던 그대였는데 앞으로 어이할꼬~ 슬픔을 머금고 한 잔 술을 올리니… 아~ 슬프도다."

충무공 이순신 장군이 그의 최측근 장수 정운 장군을 잃고 그를 위해 배향사당(背向祠堂)을 짓고 술을 올리며 직접 지어 읊은 배문(拜文)이다.

남해 정보참모 정걸 장군은 행주대첩 때도 승리를 안겨준 훌륭한 장수로 이때 나이는 78세로 팔순이 다 된 몸으로 아들, 손자와 함께 세 명이 임진왜란 때 싸우다 1년 동안 모두 전사했다 하니 이런 충신이 세상에 또 어디 있겠는가? 언젠가 찾아가 묘소 참배하며 술 한 잔 올리고 싶은 마음 간절하다. 당시 조선 망국의 원인을 제공한 무능한 왕 선조는 평양 거쳐 압록강 근처 의주로 도망 다니며 명나라로 망명할 기회나 엿보고 있었으니 충무공의 해전 승리를 위한 육군 지원은 전혀 없었다. 임진왜란 초기 조선의 해전의 주력선은 지붕이 없는 판옥선(板屋船)으로 군사들이 왜군의 총탄 공격에 쉽게 노출되었지만, 남해의 급변하는 해류와 물살 전문가인 노장 정걸의 지략으로 옥포해전 때부터 대승을 이어가다, 드디어 나대용 장군의 돌격선 거북선 제작으로 판옥선에 지붕과 벽을 만들어 군사들의 총포 노출을 피하고 지붕엔 쇠못을 거꾸로 박아 놓아 접근전을 막았으며 화포 총통을 장착해 적진을 마음대로 휘젓고 다니니 일본 수군은 거북선만 봐도 두려워 전의(戰意)를 상실하지 않았나 하는 생각이 든다. 마지막 관음포 노량해전은 제일 컸던 전투로 역시 대승을 하였지만 부산포 해전에서 정걸 장군의 만류에도 왜군을 뒤쫓다 전사한 정운 장군처럼 충무공도 적을 추격하다 적의 탄환을 맞고 순국했다. 전사하는 충무공(忠武公)께서 이른다. "戰方急 愼勿言我死(전방급 신물언아사, 전쟁이 지금 위급하니 내 죽음을 알리지 마라)" 이때 송희립 장군은 이순신 장군의 갑옷을 대신 입고 노량진 해전을 승리로 끝낸 공으로 임진왜란 종료 후 충무공의 뒤를 이어 전라도 좌수사가 되었다. 충무공과 해전에 항상 함께한 장수로 술과 글도 함께 즐겼던 장수가 있었으니 태종 이방원의 맏아들 양녕대군의 6대 후손인 무의공 이순신(武毅公 李純信) 장군이다. 무의공 이순신 장군은 최측근으로 끝까지 함께 싸웠다. 무의공 이순신 (武毅公 李純信) 장군은 전주(全州) 李氏이고, 충무공 이순신(忠武公 李舜臣) 장군은 덕수(德水) 李氏로 서로 본관이 다른 무관이었지만 절친이었다. 두 이순신 장군은 그야말로 刎頸之友(문경지우, 친구를 위해 목숨을 버려도 아깝지 않은 친밀한 벗 관계)였다. 선조가 원균의 모함으로 충무공 이순신 장군을 파직 하옥시켰을 때 무의공 이순신 장군은 술을 한 병 들고 와 충무공 이순신 장군을 찾아와 밤새 위로했으며 마지막 노량해전에서 충무공 전사 후 선두 지휘하며 임진왜란 마지막 해전을 대승으로 이끌었다.

이순신 장군이 감옥에 갇혀있을 때 일이다. 감옥의 옥리(獄吏)[249]가 이순신 장군의 조카 이분(李芬)에게 몰래 이르기를, 뇌물이 있으면 모면할 수 있을 것이라는 말을 전해 듣고 이순신 장군은 불같이 화를 내며 호통쳤다.

"죽어야 한다면 죽을 뿐이다. 어찌 도리를 어기면서까지 살려고 하겠느냐?"(死則死耳, 安可違道求生?)

(『징비록(懲毖錄)』류성룡)

이렇듯 기개와 지조가 대나무처럼 올곧은 이순신 장군을 장형(杖刑)[250] 고문까지 했지만, 원균이 칠천량해전에서 참패하자 선조는 하는 수 없이 이순신 장군에게 白衣從軍(백의종군, 벼슬 없이 싸움터로 나감) 형을 내리며 수군이 아닌 육지의 권율 장군 휘하에 가서 싸우라 명한다. 이순신 장군이 옥에서 나와 권율 장군의 휘하로 백의종군의 길을 나설 때 83세의 노모(老母)는 감옥의 이순신을 보러 찾아가던 중 배 위에서 숨을 거두었다. 뒤늦게 어머니의 부음을 들은 이순신 장군은 어머니의 장례도 제대로 치르지 못하고 백의종군의 명령을 수행하던 길이 그대로 가야 했다. 정유재란 당시 고향 아산에 있던 셋째 아들 이면(李葂)은 남해에서 연전연승하는 이순신에 대한 보복으로 습격한 일본군에 맞서 싸우다 전사했다. 백의종군하며 어머니·아들 모두 잃고

---

249 옥리(獄吏): 감옥의 죄수를 감시하던 관리.

250 장형(杖刑): 죄인을 막대기로 볼기를 치거나 의자에 묶어놓고 정강이를 치는 형벌.

미래를 찾아 과거 속으로

상례(喪禮)도 못 치른 채 슬픔을 가슴에 묻고 명량해전에서 일본 수군을 완전히 섬멸해 임진왜란의 실질적 종료를 이끈 충무공의 정신력과 지휘력을 선조는 어째서 외면하였을까? 왕 자신에게 충성하지 않고 나라와 백성만을 위해 싸워 연전연승하는 이순신 장군의 명성이 그렇게도 두려웠던가?

우리나라 지폐 오만원권은 신사임당, 만 원권은 세종대왕, 오천원권은 율곡 이이, 천원권은 퇴계 이황이 모두 앞면에 호명(號名)이 함께 인쇄되어 있다. 충무공 이순신 장군의 모습은 어째서 없을까? 있다. 잘 쓰지도 않는 100원짜리 동전 앞면에 있지만, 시호 충무공도 이름도 없어 누군지 알 수도 없다. 양성평등과 영재교육의 중요성을 고려해 신사임당 얼굴을 오만원권에 아들 율곡 이이의 얼굴을 오천원권에 인쇄했다는 것이 한국은행 설명이었다. 여류시인 신사임당의 예술적 재능을 굳이 비교 평가해야 할 이유야 없겠지만, 신사임당 사후 12년에 태어난 강릉 오죽헌 옆 동네의 천재 여류시인 허난설헌(許蘭雪軒, 1563~1589)에 비하면 신사임당의 재능은 한 수 아래가 아닐까? 허난설헌의 작품이 실린 조선시집(朝鮮詩集)은 북경대학에서 교재로 선택할 정도로 훌륭하다고 평가된다. 양성평등 문제라면 이퇴계 선생이 더 훌륭하다. '살아서는 시아버지 봉양하는 며느리로, 죽어서도 시댁 귀신으로 남아 시아버지를 영원히 모시겠다'라는 유언을 남긴 안동(安東) 이퇴계 선생의 맏며느리 봉화 금씨(奉化琴氏)가 이퇴계 선생 묘역 발치 아래 묻혔고, '열녀불경이부(烈女不更二夫, 절개가 곧은 여인은 지아비를 두 번 바꾸지 않는다)'라는 조선의 엄격한 유교적 규범에 얽매이지 않고 둘째 며느리 류씨를 은밀히 재가(再嫁)시키며 여성의 인권과 자유를 구현하는 모습을 직접 보여준 이퇴계 선생이 더욱 훌륭하지 않은

가? 이제 거의 쓰이지도 않는 100원짜리 동전에 새겨진 인물이 누군지 아는 사람은 흔치 않다. 갑옷과 투구로 무장하지 않고 관모를 쓰고 있으니 이순신 장군이라 보기도 어렵다.

나라를 위해 목숨을 바친 충무공의 얼굴은 어째서 시호나 성명도 없이 아무도 거들떠보지도 않는 100원짜리 동전에 있어야 하는가? 충무공 이순신(忠武公 李舜臣) 장군의 얼굴이 들어간 십만 원권 고액 지폐라도 조폐해야 함이 마땅하지 않을까?

以心傳心 인터뷰

"명량대첩 전후 선조에게 왜 전투 상황을 보고하는 장계(狀啓)를 올리지 않았습니까? 또 1597년 임진왜란이 소강상태일 때 일본의 가토 기요마사(加藤 淸正)가 부산포로 다시 공격해 온다는 이중간첩 요시라(要時羅)의 거짓 정보를 믿고 선조는 장군에게 공격 명령을 내렸지만, 항명(抗命)하시며 명령에 따르지 않았습니다. 무장으로서 출전 명령을 거부하며 항명(抗命)[251]하는 일은 있을 수 없는데 어찌 된 일입니까?"

"항명(抗命)이란 상관의 정당한 명령에 반항하거나 복종하지 않음을 이른 것이오. 정당치 못하고 불의(不義)한 군주의 명령을 받들지 않는 것이 어찌 불충(不忠)이며 항명(抗命)이라 하겠소? 나는 일본 수군과 싸우기 바빠 백성과 나라를 버리고 도망 다니는 군주의 명령을 귀담아들을 시간적 여유도 없었소. 불의(不義)의 전쟁을 수행하는 가토 기

---

251 항명(抗命): 상관의 정당한 명령에 반항하거나 복종하지 아니하는 것을 의미.

미래를 찾아 과거 속으로

요마사(加藤淸正)의 명령을 받들지 않고 내게 귀부(歸附)[252]한 일본 장수 사야카(沙也可)[253]도, 다부동 전투 때 김일성의 명령을 받들지 않고 백선엽 장군 휘하에 귀순한 정봉욱 인민군 포병대장 모두 상관의 명령에 항명한 배신자가 아니라, 불의(不義)를 거부하고 정의로운 삶을 선택한 의인(義人)들이오."

"정유재란 직전 내가 선조의 출전 명령을 받고도 '출전하지 않고 선조의 명을 따르지 않았다'라는 거짓 항명 기록은 나를 파직 하옥(下獄)시켜 고신(拷訊)[254]하게 하고, 전남 병사(全南兵使) 원균의 삼도수군통제사(三道水軍統制使) 영전을 정당화하기 위한 꾸며낸 이야기이오. 명령불복종으로 또다시 삭탈관직 되더라도 왜군 전선(戰船)을 섬멸해 나라를 구할 수 있다면 그 길을 택해야 하지 않겠소? 나는 손자(孫子)의 '왕명 거부' 병법과 순자(荀子)의 '군주민수(君舟民水)' 논법을 따랐을 뿐이오."

'戰道必勝, 主曰無戰, 必戰可也. 戰道不勝, 主曰必戰, 無戰可也...(下略)'
(孫子兵法, 地形篇)

싸움에서 승리할 확신이 있다면, 왕이 싸우지 말라고 명령해도 싸움을 계속하는 것이 가능하고, 싸움에서 승리하지 못한다는 판단이 선다면, 왕이 싸우라고 명령해도 싸우지 않는 것이 가능하다.

---

252 귀부(歸附): 스스로 와서 복종하다.

253 사야카(沙也可, 김충선): 임진왜란 때 가토 기요마사(加藤淸正)의 선봉장으로 조선에 쳐들어왔으나 예의와 풍속을 중시하는 조선의 백성이 되고자 귀순한 일본 장수. 귀화 후 이름은 김충선(金忠善).

254 고신(拷訊): 자백을 받기 위해 고문함.

'君者舟也 庶人者水也 水則載舟 水則覆舟'

(荀子 王制篇)

순자(荀子)가 '임금은 배이고 백성은 물, 물은 배를 뜨게 하지만 배를 뒤집을 수도 있다.

이순신 장군이 이르기를, '바닷길이 험난하고 왜적이 필시 복병을 설치하고 기다릴 것이다. 전함(戰艦)을 많이 출동하면 적이 알게 될 것이고, 적게 출동하면 도리어 습격을 받을 것이다.' 하고는 마침내 거행하지 않았다.

舜臣曰, "海道艱險, 賊必設伏以待. 多發戰艦, 則賊必知之, 小則反爲所襲" 遂不行.

(宣祖修正實錄 1597年 2月 1日)

"정유재란 직전 거제도와 내륙지방에 일본 수군과 육군이 이미 매복을 마친 때 요시라의 거짓 정보에 속아 우리 수군이 움직이면 왜군에 기습공격 당해 궤멸할 게 확실한 상황이었지요. 선조의 출전 명령이 내게 도착하기도 전에 부산포는 이미 왜군에 포위 점령되었으니, 애당초 출전 거부나 항명이란 말은 앞뒤가 안 맞고, 얼마 남지도 않은 우리 수군을 전멸시키라는 명령이나 마찬가지였으니 출전 명령을 사전에 받았다 하더라도 거부할 수밖에 없었을게요. 여하튼 선조는 잘못된 판단으로 나를 하옥시키고 죽기 직전까지 고문했던 것이오. 왜군의 2차 공격(정유재란)이 있기 전에 선조의 명령에 따라 간신 원균에게 모든 군량미, 화약, 총통 등을 이미 모두 넘겼지만, 원균은 칠량전해전(漆川梁海戰)에서 대패해 전쟁 물자를 모두 수장시켰소. 패전을 간파

미래를 찾아 과거 속으로

한 배설(裵楔) 장군이 간신히 대피시킨 판옥선 12척밖에 남아 있지 않았소. 원균이 칠량전해전(漆川梁海戰)에서 대패하자, '가토 기요마사(加藤 淸正, かとう きよまさ)의 목을 베어오더라도 용서 못 하겠다(宣祖實錄, 1597년 1월 27일)'라며 나를 죽도록 미워하던 선조가 내게 수군을 없애고 권율 장군 휘하에서 육지에서 싸우라 했지만, 그 명령 또한 나는 거부했지요. 선조는 수군 총사령관인 나를 한양으로 압송해 가두고 죽기 일보 직전까지 고문한 후 삭탈관직시켰지만, 신하인 나는 군주인 그의 시기심과 질투에 항거할 수는 없었소. 대신 나는 오로지 백의종군하며 끝까지 구국(救國)의 일념으로 싸우다 죽을 각오로 바다에 나아가 마지막으로 싸울 수 있게 도와달라는 장계(狀啓)를 올렸습니다."

"今臣戰船 尙有十二...(中略)...戰船雖寡 微臣不死則不堪侮我矣."

"신에게는 아직 열두 척의 배가 남아 있사옵니다...(중략)...싸울 수 있는 배는 비록 얼마 안 되지만, 신 이순신이 아직 죽지 않았다는 사실을 왜군이 안다면 감히 함부로 대들지 못할 것입니다."

"명량대첩 때에만 유일하게 선조에게 장계를 보낼 수 없었던 이유는 싸움이 너무 위급했기 때문이오. 선조께서 수군인 나를 산골로 가서 권율 장군 휘하에서 싸우라 하니 뭔가 착오가 있었다고만 생각했지요. 어차피 죽고자 목숨을 내놓고 바다에서 싸우기 바빠 선조에게 보고할 시간적 여유도 없었소. 명량해전 승리 후 순천 쪽 고니시의 퇴로를 차단하기 위해 노량해전 대비하기도 바쁜데 문서 보고할 시간이 어디 있었겠소?"

"후세에 우리나라뿐만 아니라 적국인 일본과 세계 여러 나라에서 장군을 추앙하고 있습니다. 임진왜란에서의 불패 신화의 근본 원인은 무엇이었다고 판단하십니까?"

"육전에서는 조총, 칼로 이길 수 있지만, 해전은 그리 간단치 않소. 한마디로 죽음을 각오하고 전쟁에 임한 우리 조선 수군은 천문(天文)에 의한 자연 현상, 적군에 관한 군사정보와 해전에 적합한 원거리 포격용 화포·총포 테크놀로지를 완벽하게 구현하여 조선이 당시 IT 강국임을 세계적으로 입증한 전쟁이었소. 예를 들면 이동식 다연발 2단 로켓무기, 신기전(神機箭)이 바로 세계 최초의 요격 미사일이 아니었겠소? 400년 전 신기전(神機箭)을 개발한 우리 기술을 보면, 2022년 6월 순수 우리 기술로 제작된 인공위성을 지구 저궤도에 진입시킨 대한민국 최초의 우주발사체인 누리호 발사 성공이나 KF-21 초음속 전투기 개발, 다누리 달 궤도선 발사 성공은 지극히 당연한 일 아니오? 명량해협 울돌목 해전에서 적용한 우리 수군의 천문·자연 정보 융합 전술을 고려해보면 오늘날 대한민국이 스마트폰, 비디오, 사물인터넷, 게임 등 모바일 산업에 세계적 선두 주자가 된 것 또한 지극히 당연한 일이 아니겠소?"

"내가 제일 두려워하는 자도, 가장 미운 자도 이순신이다. 가장 좋아하는 이도, 흠모하고 숭상하는 자도 이순신이다. 가장 죽이고 싶은 이도 이순신이며, 가장 차를 함께 마시고 싶은 자 또한 이순신이다."

〈와키자카 야스하루(脇坂安治), 용인 전투와 명량해전(鳴梁海戰) 왜군 선봉장〉

"해전에서 무패 신화로 아군과 적군의 군심(軍心)과 민심(民心)까지

미래를 찾아 과거 속으로

모두 얻으셨습니다. 선조(宣祖) 이연(李昖)과는 본관은 다르지만 같은 이씨 가문이니 군사쿠데타로 선조를 폐위하고 왕위에 오르실 생각은 없었습니까?"

"선조가 임진왜란 때 도망만 다니다 절체절명의 순간이 올 때마다 '왕 노릇 못 해 먹겠다'라고 투덜대며 왕위를 광해군에게 내려놓겠다고 15번씩이나 몽니를 부렸지요. 전후에 함께 도망 다니던 측근 신하만 대우하고, 내가 왜적을 물리친 공은 사소하고 대수로운 일도 아니라며 애써 폄훼(貶毁)[255]하며 논공행상에서 아예 제외했지만, 나는 나자신의 논공행상에 관해 불만을 표한 적은 없었소. 내가 조정이 무능하고 썩어빠져 조선의 미래가 개탄스럽다는 정치적 발언을 한 적은 없어도 북쪽 한양을 향해 망궐례(望闕禮)[256]는 단 한 번도 한 적이 없었지요. 그릇된 군주만 섬기는 신하에게는 죽음만 있을 뿐이지요. 청나라는 명나라를 멸망시키고 서구 문명에 문을 열고 개혁시대로 나아가고, 일본은 히데요시를 이어 전국시대를 끝낸 이에야스의 막부시대로 발전하는데, 조선만 우물 안 개구리로 과거 속에 머물러 한탄스러웠지만, 군사혁명을 꿈꾸거나 도모한 적은 없었소. 부질없이 살아서 성웅(聖雄)이 되려고 애쓰느니, 차라리 내가 죽어 나라를 살리기를 원했소. 천명(天命) 따라 순명(殉名)[257]하며 영원히 살겠다는 내 생애 좌우명(座右銘)[258]대로 살다 갔을 뿐이오."

---

255 폄훼(貶毁): 남을 깎아내리고 헐뜯음. 헐뜯음 없이 깎아내리기만 하면 폄하(貶下).

256 망궐례(望闕禮): 궁궐이 멀리 있어서 왕을 직접 배알 하지 못할 때 멀리서 왕이 있는 궁궐을 바라보고 절하는 유교 의례.

257 순명(殉名): 명예를 위하여 목숨을 버리는 것

258 좌우명(座右銘): 늘 곁에 두고 가르침으로 삼는 말이나 문구.

必死則生 必生則死(난중일기)
必生卽死 必死卽生(마태복음 16:25)
欲爲大者 當爲人役[259](마태복음 16:26)

죽고자 하면 반드시 살 것이고, 살고자 하면 반드시 죽으리라.
누구든지 살고자 하면 죽을 것이오, (나를 위하여) 죽고자 하면 살리라.
큰 사람이 되고자 하거든 백성을 섬기라

"충무공께서는 몸을 버리고 나라를 구하셨습니다. 나라가 위기에 처했을 때 후세 사람들이 어찌해야 할지를 가르쳐 주시옵소서."

"국태민안(國泰民安)[260]과 평화에는 공짜가 없소. 외침(外侵)으로부터 나라를 안전하게 보호해 줘야 가급인족(家給人足)[261] 하여 백성들이 마음 놓고 편히 잘 살 수 있는 게 아니오? 힘없는 자가 부르짖는 평화는 패배를 인정하는 약자(弱者)의 한숨 소리일 뿐이오."

"나라가 위기에 처할 때 그때 준비하면 때는 이미 늦게 되어 있소. 안거위사(安居危思) 하시오. 위기는 언제 닥칠지 모르니 나라가 평안 (平安)할 때 늘 위기에 대처할 준비를 게을리하면 안 됩니다. 극적인 위기 탈출을 어렵게 생각 마시오. 평소에 쉽고 간단한 일을 반복하면

---

259 欲爲大者 當爲人役(욕위대자 당위인역): Whoever wishes to become great shall be your servant. 1885 년 미국의 감리교 선교사인 헨리 아펜젤러가 서울 정동에 세운 교 육기관인 배재학당(培材學堂)의 학당훈(學堂訓)이기도 함.

260 국태민안(國泰民安): 나라가 태평하고 백성이 살기가 편하다. <출전: 중국 남송의 오자목(吳自牧)이 저술한 『몽양록(夢粱錄)』>

261 가급인족(家給人足): 집마다 살림살이에 어려움 없이 풍족해 살기가 좋다. <출전: 중국 후한의 반고(班固)가 저술한 『공우전(貢禹傳)』>

미래를 찾아 과거 속으로

기적도 쉽게 이루어질 수 있는 법이오. 다행히 조선의 후예, 대한민국 백성은 다른 나라 사람들과 달리 뛰어난 창의력과 지혜가 있고 근면한 민족이니 나라의 발전과 번영은 영원할 것이오. 위기를 극복하지 못할 이유가 없소. 목숨을 바쳐 함께 싸운 나의 전우, 정운(鄭運), 정걸(丁傑), 송희립(宋希立), 나대용(羅大用), 이순신(李純信) 장군 모두 지하에서 대한민국의 혼백이 되어 그대들 곁에서 영원히 함께하며 도울 것이오."

17. 털 하나, 머리카락 하나까지
뭐 하나 병들지 않은 것이 없구나

다산 정약용(茶山 丁若鏞)의 묘와 생가
경기도 남양주시 조안면 능내리

오직 백성의 고혈을 빨아먹는 자만이 탐관은 아니다.
무릇 선물로 보내온 것들도 받아서는 안 된다.
아전이 바치는 음식이나 물품 등도
결국은 백성들의 돈을 거두어서 만들어진 것이니
이런 것들도 받지 말라는 것이다.

(정약용, 『牧民心書』律己六條, 淸心편 중에서)

미래를 찾아 과거 속으로

정약용(丁若鏞, 1762~1836)은 조선 후기의 문신이자 실학자로 본관은 나주(羅州)이며 지금의 경기도 남양주 조안면 능내리, 남한강과 북한 강이 만나는 합수(合水)머리 인근 마을에서 태어났다. 아명은 귀농(歸農), 자는 미용(美庸), 호는 다산(茶山)·사암(俟菴)·탁옹(籜翁)·태수(苔叟)·자하도인(紫霞道人)·철마산인(鐵馬山人)·문암일인(門巖逸人), 당호는 여유당(與猶堂)이며, 시호는 문도(文度)이다. 유교 성리학자였지만 진보 개혁적 실학자로 세례명 요한으로 천주교 세례도 받았다. 진주목사(정3품) 벼슬까지 지낸 부친 정재원의 4남(약현, 약전, 약종, 약용) 2녀 중 네 번째 아들로 태어났다. 영조가 아들 사도세자를 뒤주에 가둬 죽이자 실망한 정재원은 관직을 생활을 포기하고 낙향한 후 막내아들 정약용의 아호를 귀농(歸農)이라 지었다. 정약용은 특별한 스승이 없이 부친의 가르침을 받으며 공부하였으며 1789년(정조 13년) 때 대과에 급제하여 관직에 진출하여 규장각, 사간원, 홍문관에서 두루 요직을 맡으며 정조의 총애를 받았다. 한강에 배다리를 설치하고 수원 화성 축성에 거중기를 개발해 활용할 정도로 과학적 기여도 많았다. 천주교에 심취했던 정약용을 천주교 박해 때 정조가 막아주었으나 정조가 죽고 성리학 노론 벽파가 집권하자 셋째 형 정약종은 참수당하고 그의 형 정약전과 함께 경상도와 전라도 강진 등에서 신유사옥(辛酉邪獄) 천주교 박해사건(1801) 때부터 18년간 유배생활을 했다. 유배 기간에 그는 『牧民心書(목민심서)』, 『經世遺表(경세유표)』 등 올바른 치민(治民)을 위한 공직자윤리 지침서를 저술하였으며, 둘째 형 정약전도 유배지인 전라도 신지도에서 물고기의 생태를 기록한 『자산어보(玆山魚譜)』라는 저술을 남겼다. 나라의 부패상과 백성의 고난을 직접 체험하며 그 개선을 위해 심혈을 기울였던 진보적이며 개혁적인 계몽주의 학자로 평가받는다.

19세기 초 조정은 당파싸움, 양반들은 성리학에만 빠져 있고 백성을 가난과 질병에서 구제할 생각은 안 하고 착취할 궁리만 하고 있었다. 삼정(三政)[262]의 문란과 지배층의 횡포로 인한 사회 경제의 구조적 모순이 얼마나 극심했는지는 힘없는 백성들이 고통스러워하는 모습을 보고 다산(茶山) 정약용(丁若鏞, 1762~1836)이 한탄하며 읊은 시 한 수를 읽어보면 이해할 수 있다.

노전마을 젊은 아낙네 하염없는 통곡 소리,

관아 문을 향해 슬피 울며 하늘에 호소하네.

전쟁에 간 지아비가 못 돌아올 수 있어도,

남자가 양물을 잘랐다는 건 들어본 일이 없다네.

시아비 상복 막 벗고, 애 낳고 배냇물도 마르지 않았는데,

삼대가 다 군보(軍保)에 실리다니.

(중략)

칼을 갈아 방에 들자 자리에는 피가 가득,

애 낳은 죄로 액운까지 당한 것을 한탄하네.

(후략)

〈茶山 丁若鏞, 「哀絶陽(애절양, 양물을 자르며 슬퍼하다)」 중에서〉

---

262 삼정(三政): 조선 시대 국가의 재정을 다스리는 세 분야(田政, 軍政, 還政 - 국가 보유 米穀의 대여제도).

미래를 찾아 과거 속으로

蘆田少婦哭聲長 哭向懸門呼穹蒼
노전소부곡성장 곡향현문호궁창
夫征不復尙可有 自古未聞男絶陽
부정불복상가유 자고미문남절양
舅喪已縞兒未澡 三代名簽在軍保
구상기호아미조 삼대명첨재군보
(中略)
磨刀入房血滿席 自恨生兒遭窘厄
마도입방혈만석 자한생아조군액
(後略)

(茶山詩文集 卷四)

주해

蘆田(노전): 정약용이 18년간 유배되어 살았던 전라도 강진(康津)의 고
을 이름.

懸門(현문) 관아 또는 세도가 집의 대문.

穹蒼(궁창) 높고 푸른 하늘.

絶陽(절양): 생식기를 자름.

舅(구): 시아비.

縞(호): 희다, 명주.

澡(조): 씻다.

兒未澡(아미조): 애를 낳고 탯물도 아직 못 씻어 애 낳은 지 얼마 안 되
었다는 의미.

名簽(명첨): 이름.

軍保(군보): 군대에 안 가는 대신 쌀이나 벼를 세금으로 내도록 한 제도.

遭(조): ~을 당하다, 만나다.

窘(군): 난감하다, 가난하다.

窘厄(군액): 황당한 재앙, 난감한 액운.

강진(康津) 고을 노전(蘆田)에 사는 백성이 아이를 낳은 지 사흘 만에 관아의 군역(軍役) 장부에 오르고, 못 바친 군포(軍布) 대신 소를 빼앗아 가니 그 백성이 칼을 뽑아 자기 양물을 스스로 베면서 말하기를 "내가 이 물건 때문에 액운을 받는다"라고 하였다. 그 아내가 피가 아직 뚝뚝 떨어지는 양물을 가지고 관아의 문에 나아가 하소연한다. 다산 정약용이 이를 듣고 읊은 한시(漢詩)로 조선 후기 백성이 과도한 군정으로 인한 고통을 못 견뎌 성기를 자른 것을 보고 슬퍼하며 지은 시라고 한다. 지배계층과 양반 자제들은 군역에서 빠지고 세금도 내지 않으면서, 가뭄, 홍수, 기아, 질병으로 고통받고 있던 가난하고 힘없는 농민들에겐 죽은 사람에게까지 세금을 부과하고(백골징포, 白骨徵布), 어린애도 군적에 올려 군포를 징수하는(황구첨정, 黃口簽丁) 등 농민의 울분과 원한이 극심했다. 조선 태조 이후 400년간 정치적 사회적 경제적으로 차별대우를 받아 오던 평안도 지역의 지역 지배층과 농민 상인들에게 홍경래의 농민반란 봉기는 호의적으로 받아질 수는 없었더라도 부정적일 수는 없었다.

茶山 선생 생가 바로 옆이 천주교 요람 마재성지가 있다. 마재성지 몇 번 가서 천주님 서적 몇 번 보고 세례받았지만, 형처럼 참수형은 당하지는 않았다. 정조가 아끼던 다산 선생이 18년간 강진에 유배당한 건 노론 벽파 때문이기도 하지만 안동 김씨 김조순 때문이기도 하다. 어린 아들 순조를 부탁한다는 정조의 고명대신인 김조순이 공공연히 매관매직하고 지방 목민관(牧民官)들이 환곡(還穀) 이자 부풀리기, 방납(防納)을 통한 착취, 고리대금업, 군역(軍役) 등으로 농민과 아이들까지 병졸로 모두 끌고 가니, 당시 백성들은 '쌈 터에 간 지아비가 못 돌아오는 수는 있어도 남자가 그걸 자른 건 들어본 일이 없다네…'라며

미래를 찾아 과거 속으로

'애절양(愛絶陽)'을 부르며 한탄하니, 다산은 목민관의 세금포탈과 부패를 방지를 위한 지침서인『牧民心書(목민심서)』를 집필하였고, 경제 살리기와 안보 문제를 위해 개혁하지 않으면 나라가 곧 망한다며『經世遺表(경세유표)』를 썼다. 환갑날 세상을 떠나지 않았어도 김조순한테 어차피 능지처참당할 수밖에 없는 개혁과 정권교체를 암시하는 반체제 글만 남겼다. 진정으로 나라 걱정하며 통곡하며 쓴 글들이다.

不唯剝民膏髓 乃爲貪也
불유박민고수 내위탐야
凡有饋遺 悉不可納
범유궤유 실불가납
(정약용, 牧民心書, 律己六條, 淸心편)

주해

唯(유): 오직.
剝(박): 벗기다, 박탈하다.
膏(고): 살찌다, 기름.
髓(수): 골수, 뼛골, 기름진 부분.
饋(궤): 올리다, 바치다.
饋遺(궤유): 올리는 물건이나 음식
悉(실): 모두, 다.
納(납): 거두다, 바치다, 헌납하다.

오직 백성의 고혈을 빨아먹는 자만이 탐관은 아니다. 무릇 선물로 보내온 것들도 받아서는 안 된다. 즉, 아전을 통해 올라오는 음식이나 물품 등도 결국은 백성들의 고혈로 만들어진 것이니 이런 것들도 받지 말라고 가르친다.

茶山 정약용 선생의 『牧民心書』 율기육조, 낙시(律己六條, 樂施) 편을 보면 다음과 같은 글이 있다. 공직자나 정치인들은 국민의 혈세를 훔쳐 개인적으로 쓰면 절대로 안 된다는 경고이다. 공직을 이용한 사적 이익 추구와 공금횡령 방지를 위한 지금의 공직자윤리법을 다산은 200년 전에 이미 설파하였다.

節而不散 親戚畔之 樂施者 樹德之本也.
절이불산 친척반지 낙시자 수덕지본야
貧交窮族 量力以周之
빈교궁족 양력이주지
我廩有餘 方可施人 竊公貨 以禍私人 非禮也
아름유력 방가시인 절공화 이주사인 비례야
(下略)

절약만 하고 베풀지 않으면 친척도 떠나가니
베풀기를 좋아하는 것이 덕을 베푸는 근본이다.
가난한 친구나 궁핍한 친척은 힘껏 돌보아 주어야 한다.
내 쌀독에 여유가 있다면 남들에게 베풀어주어도 좋으나
나라의 재물을 훔쳐서 사사로이 도움을 주는 것은 도리가 아니다.
(하략)

미래를 찾아 과거 속으로

樂施(낙시): 덕을 베풀기를 좋아함.

節而不散(절이불산) : 절약만 하고 여러 사람에게 나눠 줌.

畔(반): 밭두렁, 배반하다.

樹德(수덕): 덕을 심음.

量力(양력): 능력을 헤아림.

周(주): 두루, 골고루.

廩(름): 곳간, 쌀광.

竊(절): 훔치다, 도둑.

裯(주): 가림막, 속옷.

"나랏돈을 내 돈같이 소중히 여기고 아껴 쓰라(視公如私, 시공여사)!"
공직자들이 공금을 마음대로 쓰고 매관매직, 세금 수탈 등으로 백성
을 힘들게 하면서 자기 배만 채우려 든다면 나라는 곧 망하게 된다고
경고했다.

다산의 또 다른 저서에도 유사한 경고가 있다.

'털 하나, 머리카락 하나까지 뭐 하나 병들지 않은 것이 없구나.
지금 당장 개혁하지 않는다면 반드시 나라를 망하게 할 것이니
이 어찌 충신 지사들이 팔짱이나 끼고 쳐다만 보고 있을 수 있겠는가?'

一毛一髮無非病耳
일모일발무비병이
及今不改必亡國而
급금불개필망국이

後己斯豈忠臣志士 所能袖手而傍觀者哉
후기사기충신지사 소능수수이방관자재?

(經世遺表 序文, 丁若鏞)

耳(이): 귀, 여기서는 '~할 뿐(따름)이다'로 해석.
斯(사): 이, 이것.
豈(기): 어찌. 斯豈(사기): 이 어찌.
袖(수): 소매. 袖手(수수): 팔짱을 낌.
哉(재): 어조사.

강진 유배 때 다산이 집필한『경세유표』를 탐독하고 전봉준이 1894
년 동학농민운동을 일으켰다 하니 당시 사회개혁의 청사진을 다산이
만들고 전봉준이 조직적 봉기를 감행했다는 평가도 있다. 여기서 '개
(改)'는 '개혁(改革)'의 준말로 '바꾼다'라는 의미로 동학혁명에 의한 정
권교체를 위해 전봉준의 농민 봉기의 불씨를 지핀 분이 다산이라고
볼 수 있다.

"순자(荀子)가 '임금은 배이고 백성은 물, 물은 배를 뜨게 하지만 배
를 뒤집을 수도 있다(君者舟也 庶人者水也 水則載舟 水則覆舟)'라고 했듯이
백성의 마음을 헤아리지 못하는 잘못된 임금은 태조 왕건과 이성계
처럼 역성혁명으로라도 나라를 바꿀 수 있다고 했습니다. 다산 선생
께서는 성리학적 군주의 위민(爲民)사상에 근거한 강력한 왕권(王權)

과 충신에 의한 백성의 교화와 개혁을 주장하셨습니다. 성리학 지도자가 무지몽매한 관속과 백성을 옳게 가르쳐 개혁하고자 한 교도(教導) 개혁을 원하셨지만, 조선의 신분제도 철폐와 같은 민권(民權)의 기본적 평등문제는 다루지 않으셨습니다. 부패 퇴락한 왕정으로 나라가 망하기 일보 직전 투쟁이나 혁명으로 진정한 민중의 민권(民權) 회복을 위한 개혁은 원치 않으셨습니까?"

"정조 대왕께서는 칼을 잡아본 적도 없고 활도 못 쏘는 나를 규장각에서 두시고 총애하셨소. 일찍이 성호 이익의 학문을 배워 실학사상과 개혁이론에 밝아 한강에 '배다리'도 만들어 놓고, 거중기를 제작해 화성 건축도 도왔으니, 모두 왕권 강화를 위한 충성이었다고 판단해도 틀리지는 않소. 나는 조상을 위한 제사를 거부했던 천주교에 심취했으며 세례도 받았으니 오랜 세월 기득권 지배세력인 유교 성리학자들의 공격은 당연했지요. 강진에 유배가 있는 동안 조정 관속 등 지배자들의 민중 착취를 직접 보고 그들을 교도하여 삼정을 바로잡고자 쓴 글이 『목민심서』고 『경세유표』입니다. 아전, 목민관 등 관속을 교도하여 나라와 왕권의 강화를 도모한 것은 맞지만, 전봉준이 나의 저서를 보고 감명받아 자생적 농민반란인 동학혁명을 일으켰다고도 전합니다. 그러니 내가 당시 민권 표출의 선구자였다 해도 틀린 말은 아니잖소? 결론적으로 내가 왕권과 민권 강화 모두를 위한 지침서를 남겼다고 평가하는 게 옳지 않겠소? 내가 남긴 글들은 왕과 백성 모두를 위한 글이었소."

"당신같이 나이 든 풀뿌리 민초(民草)를 위한 글도 하나 남겼소이다."

"나이가 들면서 눈이 침침한 것은

필요 없는 작은 것은 보지 말고 필요한 큰 것만 보라는 것이며

귀가 잘 안 들리는 것은 필요 없는 작은 말은 듣지 말고

필요한 큰 말만 들으라는 것이고

이가 시린 것은 연한 음식만 먹고 소화불량 없게 하려 함이다.

걸음걸이가 부자연스러운 것은 매사 조심하고 멀리 가지 말라는 것이며

머리가 하얗게 되는 것은 멀리 있어도

노인임인 것을 알게 하기 위한 조물주의 배려이다.

정신이 깜박거리는 것은 살아온 세월을 다 기억하지 말라는 것이니

지나온 세월을 다 기억하면 아마도 머리가 펑할 터이니

좋은 기억과 아름다운 추억만 기억할 터이고

바람처럼 다가오는 시간을 선물처럼 받아들여

가끔 힘들면 한숨 한 번 쉬고 하늘을 볼 것이라

멈추면 보이는 것이 참 많으니라."

18. 황천 가는 길에는 주막도 없다던데
오늘 밤은 뉘 집에서 쉬어갈거나

사육신 묘역(좌), 위패가 봉안된 사당, 의절사(義節祠)(우)
서울특별시 동작구 노량진동

까마귀 눈비 맞아 희는 듯 검노매라

야광명월(夜光明月)이 밤인들 어두우랴?

임 향(向)한 일편단심(一片丹心)이야 고칠 줄이 있으랴.

(박팽년의 충절시)

사육신(死六臣)은 단종의 복위를 위해 경복궁 경회루 연회장에서 수양대군(세조), 덕종, 예종 삼부자를 제거할 계획이었으나 거사 동조자 김질의 누설로 발각되어 처형당한 충신들이다. 세조에게 죽임을 당한 여섯 명의 충신인 성삼문(成三問, 1418~1456)을 포함해 그와 집현전에서 동문수학했던 박팽년(朴彭年)·이개(李塏)·하위지(河緯地)·유성원(柳誠源)·유응부(兪應孚)/김문기(金文起)를 지칭한다. 사육신은 죄를 시인한다면 세조가 살려주겠다고도 달랬지만 스스로 사양하고 죽음을 택했다. 생육신(生六臣)[263]과 함께 절의파(節義派)로 부른다. 충신 사육신은 한강 모래사장 새남터[264]에서 참수되었으며, 생육신 중 한 사람인 매월당(梅月堂) 김시습(金時習)이 밤에 몰래 시신을 수습해 노량진(鷺梁津, 지금의 서울 동작구 사육신 공원)에 묻었다고 전한다. 사육신은 거열형(車裂刑)으로 능지처참 되었으며, 유응부는 세조 제거 계획이 실패하자 부인과 함께 스스로 목숨을 끊었다.

첨언

1979년 10·26 사태 때 박정희 대통령을 시해한 당시 중앙정보부장 김재규는 단종 복위 모함으로 능지처참당한 충신 김문기(金文起)의 18대 후손으로 김재규(金載圭)[265]는 자살한 유응부 묘를 빼고 능지처참당한 자기 18대 조상 김문기의 가묘를 안장했다. 유응부 후손의

---

263 생육신(生六臣): 숙부 수양대군이 단종으로부터 왕위를 찬탈하자 한평생 벼슬하지 않고 절의를 지킨 신하를 지칭. 김시습(金時習)·원호(元昊)·이맹전(李孟專)·조려(趙旅)·성담수(成聃壽)·남효온(南孝溫)

264 새남터: 지금의 용산 이촌동 부근 한강 노들강변 부근으로 '모래가 많이 있는 남쪽 터'라 해서 옛 이름은 '사남기(沙南基)'이다.

265 김재규(金載圭): 1979년 중앙정보부장으로 '10·26사태'로 불리는 사건을 일으켜 박정희 대통령을 시해하였으며, 내란목적살인 및 내란미수죄로 사형선고를 받고, 1980년 5월 24일 사형이 집행되었다.

미래를 찾아 과거 속으로

반발로 유응부 묘도 함께 조성해 사육신 묘역에는 묘가 일곱 기(基)이고 의절사(義節祠) 사당에도 일곱 개의 위패(位牌)[266]가 모셔져 있다. 사육신과 그들의 가족들은 본인과 아버지, 형제, 아들, 손자, 조카까지 모두 처형당했고, 생후 1~2년 된 어린아이는 입에 소금을 채워 질식사시켰다. 처형을 면한 아내 딸 등 여자 가족과 친족 173명은 배신자인 김질과 신숙주, 정인지, 한명회, 정창손 같은 세조 측근 공신들의 종과 첩으로 분배되었다. 생육신은 세조의 왕위찬탈은 불의와 반역 행위로 규정하고 세상을 한탄하며 벼슬을 버리고 불사이군(不事二君)의 절의(節義)로 두문불출(杜門不出) 혹은 방랑으로 일생을 보냈다. 용산 새남터 처형장으로 마차에 실려 형장으로 끌려가며 읊었다는 성삼문의 마지막 오언절구 절명시(絶命詩)와 절의시(節義詩) 두 수를 옮긴다.

절명시(絶命詩)

擊鼓催人命 … 격고최인명
回首日欲死 … 회수일욕사
黃泉無一店 … 황천무일점
今夜宿誰家 … 금야숙수가

북소리는 내 명을 재촉하는데
고개 돌려 서산을 보니 해 지려 하네.
황천 가는 길에는 주막도 없다던데
오늘 밤은 뉘 집에서 쉬어갈거나.

---

266 위패(位牌): 죽은 사람의 이름을 적어 그의 혼을 대신한다는 상징성을 갖는 나무 조각이다. 종이로 만든 것을 지방(紙榜)이라 하고 나무로 만든 것을 위패라 함.

絶命詩(절명시)

이 몸이 죽어가서 무엇이 될꼬 하니

봉래산(蓬萊山) 제일봉(第一峯)에 낙락장송(落落長松)되었다가

백설(白雪)이 만건곤(滿乾坤)할 때 독야청청(獨也靑靑)하리라.

주해

擊鼓(격고): 북을 두드리다.

催(최); 재촉하다.

봉래산(蓬萊山): 여기서는 금강산을 의미.

낙락장송(落落長松): 키가 높은 소나무. 사시사철 푸른 소나무는 변하진
않는 충성과 절의를 상징.

만건곤(滿乾坤): 하늘과 땅을 가득 채우다. 여기에서는 수양대군의 세력
이 세상을 뒤엎는다는 의미.

독야청청(獨也靑靑): 늘 푸른 소나무처럼 변함없이 단종을 향한 충절을
지키겠다는 의미.

以心傳心 인터뷰

"군이 수양대군과 그의 아들 덕종과 예종을 경회루에서 척살한 후
단종의 복위를 도모했어야만 했습니까? 차라리 세력을 이미 쌓은 수
양대군의 세상을 인정하고 신숙주, 정인지, 한명회처럼 왕권 강화를
도와 치세의 안정을 도와 국정을 안정시키는 것이 더 의미 있을 수도
있지 않았소? 부왕 세종과 문종은 모두 병약했고 수렴청정할 대비마
마도 없는 마당에 12세 조카 단종은 너무 어려 강력한 왕권에 의한 치
세는 어차피 힘들었소. 수양대군은 왕좌에 오른 후 왕권 강화에 필요

한 법제와 군제를 개편하고, 『국조보감(國朝寶鑑)』[267]과 『동국통감(東國通鑑)』[268]을 편찬하며 국가의식과 민족의식을 고양하는 성군(星君)의 업적을 남기지 않았소?"

"우리 사육신은 모두 성리학자인 집현전 학사들로 군신(君臣) 관계와 충효(忠孝) 사상은 무엇과도 바꿀 수 없는 절대적 가치로 여겼소. 세조의 왕위찬탈은 조선 건국의 정통성을 무너뜨렸고, 그는 할아버지 이방원처럼 왕좌를 차지하기 위해 동생들과 조카와 사돈까지 죽인 패륜적 죄업을 지은 대가로 말년에 한센병의 업보를 받지 않았소? 인간이 살면서 지은 죄에 대한 업인과보(業因果報)[269]는 그가 만든 공과(功過)로 차감되지 않지요."

"단종을 향한 충절을 지키신 충신 유응부와 김문기의 후손들이 사육신 묘에 안치되는 과정에 다툼이 있었습니다만 늦게나마 두 분께서 함께 묘역에 안장되었으니 참 잘된 일입니다."

"단종복위운동에 실패해 능지처참 처형을 당했으니 김문기의 18대 후손인 중앙정보부장 김재규의 주장도 틀린 바 없소. 충절을 지키기 위해 자진(自盡)[270]했으니 유응부 또한 묘역에 마땅히 함께하여야 하오. 결과적으로 충신 무덤 일곱 기(基)가 있게 되었으니 앞으로 '사육신(死六臣) 묘역'이 아닌 '사칠신(死七臣) 묘역'이라 부르는 게 옳을 듯하오.?"

---

267 국조보감(國朝寶鑑): 조선 역대 왕들의 치세 활동 가운데서 모범이 될 만한 사실을 뽑아 편년체로 기록한 역사책.

268 동국통감(東國通鑑): 단군조선에서 고려말까지의 역사를 편년체로 기록한 역사서.

269 업인과보(業因果報): 전생(前生)에서 지은 행위의 결과로 현세의 행·불행이 있고, 현세에서 지은 행위의 결과로 내세(來世)에서의 행·불행이 생김. 선악의 행위에는 훗날 필연적으로 합당한 대가가 따른다는 불교 철학적 논리. 줄여서 업보(業報)라고도 부르며 인과응보(因果應報)와 같은 의미.

270 자진(自盡): 스스로 목숨을 끊음, 자살.

19. 노산군은 스스로 목을 매어 죽으니 예로써 장사를 지냈노라

세조(世祖)와 정희왕후 윤씨(貞熹王后 尹氏)의 동원이강릉同原異岡陵[271] 무덤

경기도 남양주시 광릉

赫赫[272]親景命[273] 禎祥[274]降自天

叨承[275]專對[276]責 惶不能言

龍顔假宴席 遠慰復相連

感激天所知

(下略)

---

271 동원이강릉(同原異岡陵): 서로 다른 언덕 위에 왕과 왕비의 무덤을 설치한 왕릉.

272 赫赫(혁혁): 밝다, 밝게 빛나다.

273 景命(경명): 큰 명령.

274 禎祥(정상): 경사스럽고 복된 조짐.

275 叨承(도승): 외람되게 오르다.

276 專對(전대): 외국에 사신으로 파견되어 응대함.

혁혁하게 밝은 새로운 큰 명(命), 상서(祥瑞)로운 기운이 하늘에서

내려왔도다. 외람되게 전대(專對)의 책임을 받들게 되니, 황송하고 두려워

말이 나오지 않네. 용안(龍顔)이 연회 자리를 빌려, 멀고 먼 길 위로함이

다시 서로 이어지니, 그 감격을 하늘이 알고 있고... (하략)

(영측산에서 읊은 世祖의 시, 『朝鮮王朝實錄』太白山史庫本 2冊 5卷 18章)

세조(世祖, 1417~1468)는 조선 7대 왕으로 휘는 유(瑈), 본관은 전주(全州), 자는 수지(粹之)이고 즉위 전 군호(君號)는 수양대군(首陽大君)이다. 세종과 청송 심씨(靑松 沈氏) 소헌왕후(昭憲王后)의 둘째 아들 5대 왕 문종의 친남동생이다. 안평대군과 금성대군의 친형이며 단종의 숙부이다. 문무(文武)에 탁월해 왕자 시절 월인석보(月印釋譜)[277]를 편찬하고 말타기와 궁술(弓術)을 즐겼다. 1453년(단종 1년) 집현전 학사 신숙주, 정인지, 정창손, 김질 등과 계유정난(癸酉靖難)을 일으켜 안평대군, 김종서, 황보인을 제거하고 단종 위에서 섭정하며 실권을 장악하자 사림(士林) 세력, 생육신, 사육신 등으로부터 세찬 비난을 받는다. 수양대군은 친형 문종이 죽고 13세의 어린 나이로 단종이 즉위하자 왕위찬탈의 기회를 기다리다 1455년(단종 3년) 사육신의 단종 복위운동 계획이 김질의 배신으로 발각되자 사육신과 그들의 일족을 대거 숙청했다. 왕위에 오른 후 육조 직계제를 부활하고 강력한 군법, 관법의 법적 규례인 『경국대전(經國大典)』[278] 편찬을 시도했고 불교 중흥과 대중화를

---

277 월인석보(月印釋譜): 부처의 생애를 다룬 서적으로 세종대왕이 지은 『월인천강지곡(月印千江之曲)』에 세조가 지은 『석보상절(釋譜詳節)』을 증보하여 간행한 책이다.

278 경국대전(經國大典): 조선의 국가자산과 정치·경제·사회·문화 등 모든 분야의 통치를 위한 국가 운영의 기본 원칙을 수록한 책.

위해『간경도감(刊經都監)』[279]을 시도하였으며 토지법도 시행하며 국정을 안정시켰다. 왕들의 통치 귀감인『국조보감(國朝寶鑑)』[280]과 국가 질서를 바로잡기 위한 기본 수칙을 적은『국조오례의(國朝五禮儀)』[281]를 간행하였으며 불경의 대중화를 위해 한글 언해본도 만들어 유포했다. 말년 심한 피부병으로 고생하며 정희왕후(貞熹王后)와 회암사(檜巖寺), 원각사(圓覺寺), 정업원, 흥복사, 낙산사 등 왕실사찰 중건과 불사에 힘을 쏟았다. 1468년(세조 14년) 예종에게 왕위를 물려주고 할아버지 태종 이방원이 세종에게 왕위를 물려주고 그랬듯이 상왕전(上王殿)인 수강궁(壽康宮)[282]으로 가서 승하했다.

첨언

계해년 6월 21일에 (세종 25년) 세조의 꿈에 노인이 나타나 말하기를,

"한 잔의 물을 떠낸다고 하여도 강하(江河)에는 손실이 없으며, 뜬구름이 잠시 가린다고 하여 태양에 무슨 휴손(虧損)이 되겠는가마는, 태산(泰山)의 그 큰 것도 한 미세(微細)한 티끌의 모임이오, 성인(聖人)의 덕도 작은 선(善)을 쌓고 쌓아 이룬 것이니, 그대는 힘쓰기 바란다." 하였다.

세조가 놀라 깨어 보니 솔바람이 불고 창틈으로 별이 보이는데, 수

---

279 간경도감(刊經都監): 조선의 숭유억불 정책과 유생들의 반대에도 불구하고 세조가 국가 차원에서 불교의 대중화를 위해 불경 간행을 진행하겠다며 왕명으로 설립한 기관.

280 국조보감(國朝寶鑑): 조선 역대 임금들의 정치 활동 가운데서 모범이 될 만한 사실을 뽑아 편년체로 기록한 역사책.

281 국조오례의(國朝五禮儀): 조선 시대 다섯 가지 의례(儀禮)에 관하여 규정한 책. 길례(吉禮); 가례(嘉禮); 빈례(賓禮); 군례(軍禮); 흉례(凶禮)

282 수강궁(壽康宮): 4대 왕 세종이 상왕인 태종을 모시기 위해 지은 궁궐. 9대 왕 성종 때 건축한 창경궁(昌慶宮)의 옛 이름.

미래를 찾아 과거 속으로

종(隨從)하는 사람들은 모두 잠들어 있었다. 이에 시(詩)를 지으니, 그 시는 이러했다.

주해

휴손(虧損): 감소하여 손해보다.
수종(隨從): 시중드는 사람.

夜中聞松風 穿窓見天星 … 야중문송풍 천창견천성
歎我駑劣才 服業安能成 … 탄아노열재 복업안능성
窮靜知薄命 誰能慰此情 … 궁정지박명 수능위차정
我懷古之人 所用無不誠 … 아회고지인 소용무불성
誠以履道方 業故用彌精 … 성이이도방 업고용미정
大原旣克定 百才享多榮 … 대원기극정 백재향다영

(『世祖實錄』 叢書)

깊은 밤 솔바람 소리 듣고
뚫린 창 너머로 별을 헤아려 보네.
한숨이 나오네, 나의 모자라는 재능이여.
학업에 진력한들 어찌 능히 이룰 수 있을까?
한없는 고요함 속에서 박명(薄命)을 알지만
그 누가 이 심정을 위로해 주리
나는 생각한다, 그 옛날의 사람들을
행하신 바가 성실 않음이 없네
성실은 도(道)를 이행하는 방법
옛것을 익혀서 더욱 정진(精進)하리라
큰 근본을 잘 정해
온갖 인재들이 많은 영화를 누리리라

駑(노): 사람이 재능이 없고 미련하다, 둔하다.

穿(천): 뚫는다. 구멍

履(이): 신, 밟는다.

彌(미): 두루, 널리, 오래.

『단종실록(端宗實錄)』에 있는 이 시는 수양대군이 왕위찬탈을 향한 야심을 공공연하게 드러내며 단종 1년 (1453년 2월)에 지은 시로 보인다. 같은 해 11월에 수양대군은 계유정난을 일으켜 친동생 안평대군, 좌의정 김종서 등 반대파를 숙청하고 1455년에 왕좌에 오른다. 왕좌에 오른 후에도 단종 복위의 후환을 없애기 위해 1456년 친동생 금성대군, 사육신, 단종을 제거한다. 부친 세종이 문종을 위해 충절을 지키라고 군호(君號)를 '수양대군(首陽大君)'으로 지었다. '수양(首陽)'은 중국 상나라 때 군주에 대한 충성을 지킨 의인인 백이·숙제가 굶어 죽은 '수양산(首陽山)'에서 유래한다(『史記列傳사기열전』, 사마천). 그런 아버지의 깊은 뜻을 저버리고 조카 단종을 죽인 후 왕좌를 차지한 세조는 조선 왕위 계승의 정통성을 저버린 왕으로 숙청, 탄압, 철권정치로 왕권을 강화한 피도 눈물도 없는 냉혈한(冷血漢) 군주였지만 왕권을 기반으로 강력한 중앙집권적 통치체제를 만들어 국방을 튼튼히 지키고 각종 법전과 역사서를 편찬하는 등 제도를 정비하며 국정을 안정시킨 치적군주(治績君主)라는 긍정적 평가도 있다.

숭유억불의 유교 국가로 조선 건국 이후에도 불교는 서민 종교로 명맥을 이어 갔으며 왕실에서도 은밀히 숭불(崇佛)하였지만, 세조는 대놓고 자신을 부처의 권위로 가호받는 '대호불왕(大好佛王)'이라 일컬으며 불교 중흥과 대중화에 힘썼다. 왜 그랬을까? 친동생들과 조카, 사육신 등을 무참히 죽이고 군사쿠데타로 왕좌를 빼앗은 세조는 조선의 유교적 명분으로는 정통성을 부여받을 수도 없고 정당화될 수도 없었다. 신의 천벌인지 죄업(罪業)의 대가인 과보(果報)인지 피의 군주 세조는 평생 지독한 피고름 피부병으로 고생하다 속죄의 의미로 불교의 대중화를 통해 전국 사찰을 순행(巡幸)[283]하며 정통성을 부여받으려 했다. 강원도 평창군 오대산에 상원사(上院寺, 본사는 평창군 오대산의 월정사月精寺)라는 사찰의 중창을 도우며 방문한 적이 있는데(세조 12년) 그때 세조의 사위와 딸이 작성한 발원문과 세조의 피 묻은 속적삼을 불전 문수동자(文殊童子)상의 복장(腹藏)[284] 유물로 바쳤다.

"주상전하, 왕비전하, 세자의 만수무강을 기원하며 불상을 조성한다."
(사위와 딸인 정현근과 의숙공주가 작성한 발원문)

세조의 피 묻은 속적삼의 혈흔 분석 결과 피고름이었음이 확인되어 세조의 피부병은 단순한 피부질환이 아니라 괴저성 농피 질환 혹은 문둥병이었을 것으로 추측되니, 세조는 죄의 대가를 크게 치르지 않았나 생각된다.

상원사 오르는 길가 계곡에서 목욕할 때 문수보살이 나타나 등을 닦아주며 '불사(佛寺)를 크게 지으면 피부병을 낫게 해주겠다'라는 말을 듣고 한양으로 돌아온 후 원각사를 중건하고 원각사지 10층 석탑

---

283 순행(巡幸): 임금이 국가의 각지를 방문하여 살피는 일
284 복장(腹藏): 불상의 배에 간직하여 보관함. 주로 불경, 발원문, 사리 등을 저장함.

(圓覺寺址 十層石塔)[285]을 세웠다는 얘기도 전해진다.

"능역(陵域)은 한양성 서대문 밖 도성을 중심으로 반경 10리(약 4km) 밖에서 100리(약 40km) 안에 한양에서 너무 멀지도 가깝지도 않은 곳에 조성해야 임금이 나랏일을 제대로 볼 수 있다고 세조 당신 스스로 『경국대전(經國大典)』[286]에 그렇게 규정해 놓고, 어째서 당신이 죽인 조카 단종의 무덤은 사백 리 밖 영월 땅에 조성했나요? 조카 단종까지 죽이고 왕위를 찬탈한 후 뒤탈 없게 '단종은 세조 자기가 죽이지 않고 스스로 목을 매어 죽어 정성으로 장사 치렀다.'라고 당신은 허위 사실(史實)을 『세조실록』에 써 놓지 않았소?"

魯山聞之 亦自縊而卒 以禮葬之

노산군은 스스로 목을 매어 죽으니 예로써 장사를 지냈노라.

(『世祖實錄』, 1457)

주해

魯山君(노산군): 단종의 왕위 2년 만에 폐위된 후의 이름.

縊(액) 목을 매다.

"단종을 영월로 유배길 호송한 의금부도사(義禁府都事) 왕방연(王邦

---

285 원각사지 10층 석탑(圓覺寺址 十層石塔): 지금의 탑골공원 자리에 있었던 사찰이며 1465년 (세조11 년)에 세워짐.

286 경국대전(經國大典): 7대 왕 세조 때 편찬을 시작해 9대 성종에 이르러 완성된 법전. 왕정 봉건국가인 조선의 정치, 경제, 문화, 군사 등 각 분야의 법규를 포괄적으로 규제한 법전. 왕릉의 조성 수칙도 포함됨.

미래를 찾아 과거 속으로

衍)에게 사약을 보내 단종을 사사(賜死)시킬 계획이었는데 단종이 거부하며 목을 매어 자진(自盡)했으니 내가 보낸 사약 마시고 죽은 건 아니잖소? 자살 당했다고 보면 무리가 없을게요. 일언이폐지하고 나는 단종이 죽은 후 속죄하며 불교에 귀의했음에도 하늘은 나에게 문둥병 같은 천벌을 내려 내 죄과를 충분히 받았다고 생각하오."

"어찌 그리 피도 눈물도 없이 칼을 휘둘렀소? 천하에 있을 수 없는 당신의 패륜적 행위는 할아버지 태종 이방원의 죄보다 더 큰듯하오. 계유정난(癸酉靖難, 1453년)을 일으켜 살생부(殺生簿)[287] 목록을 만들어 경복궁에서 이름 하나하나 지우며 충신들의 생(生)과 사(死)를 어찌 그리 쉽게 갈랐소? 피 맛을 보니 살육하는 습관에 이골이 났소이까? 피를 나눈 친동생, 안평대군과 금성대군, 선왕 문종의 간곡한 부탁을 받들어 단종을 옹위한 고명대신 김종서와 황보인을 무참히 죽이고 왕이 됐으면 된 것 아니오? 성삼문 등 사육신과 어린 조카 단종마저 죽였으니 죽어서도 용서받지 못할 큰 죄를 지었다고 생각하지 않소이까?"

"단종을 쫓아내고 왕위를 찬탈한 후 강원도 영월로 유배 보낸 노산군(魯山君)을 공생(貢生)[288]을 시켜 활시위로 목 졸라 죽이니, 꿈속에서 단종의 어머니 현덕왕후 권씨(顯德王后 權氏)의 원혼(魂)이 매일 밤 꿈속에 나타나 저주를 퍼부으며 온몸에 침을 뱉더군. 침 묻은 데에 종기가 나더니 고름투성이가 되어 죽을 때까지 피부병으로 곤욕을 치

---

287 살생부(殺生簿): 죽이고 살릴 사람의 이름을 적어둔 명부(名簿). 계유정난의 주역 한명회가 만들었다는 주장도 있고 혹자는 수양대군이 직접 만들었다는 주장도 있음.

288 공생(貢生): 조선 시대 향교에 다니던 생도.

렀소."

"강원도 영월에 부사(府使)[289]를 보내도 귀임 첫날 밤에 부사 세 명이
모두 연이어 죽는 괴이한 일이 있었소. 박충원(朴忠元)이라는 자를 영
월 부사로 보내 그곳 戶長 엄흥도(嚴興道)의 도움을 받아 단종의 시신
을 찾아 염습과 입관을 한 후 예를 갖춰 장사를 지낸 후에야 현덕왕후
와 단종의 원혼이 더는 나타나지 않았소."

영월에 괴이한 일이 일어나 여러 명의 관리가 갑자기 죽는 일이 있
었는데, 사람들이 노산군(魯山君)의 원혼 때문이라고 했다. 충원(忠元)
이 제문(祭文)을 지어 묘소에 제사를 올렸는데 그 제문에 '왕실의 원자
로서 어리신 임금이었네. 청산의 작은 무덤 만고의 외로운 넋이로다.'
라고 했다. 그 뒤로 이 제문을 축문으로 사용하며 충원이 6년 동안 군
수로 있었으나 끝내 탈이 없었고 괴이한 말도 사라졌는데 사람들이
이 일로 인하여 그를 칭송하게 되었다.

郡有妖孽, 官吏多暴死, 人以爲魯山崇也.
忠元爲文, 祭其墓曰,

王室之胄, 幼沖之君. 一片靑山, 萬古孤魂.'
後來遂用爲祝辭.
忠元居郡六年, 卒無恙, 妖亦息, 人以此稱之

(宣祖修正實錄, 宣祖 14年 1581年 2月 1日)

---

289 부사(府使): 고려 조선 시대 지방 행정 관료직. 지방 장관.

미래를 찾아 과거 속으로

주해

妖孼(요얼): 요사스러운 귀신. 또는 그 귀신이 끼치는 재앙.

祟(수): 빌미, 단초.

冑(주): 비단 투구, 여기서는 군주를 의미.

幼沖(유충): 나이가 어리다.

恙(양): 근심, 걱정.

"내 죄를 내가 잘 알고 있소. 말년에 나병이란 천벌을 받아 속죄하는 마음으로 살다 갔소. 나에 관한 기록『세조실록(世祖實錄)』을 읽어보면 알 겁니다. 내가 10년 5월 2일에 회암사(檜巖寺)에서 있은 원각법회(圓覺) 때 여래(如來)가 현상(現相)하여 감로(甘露)[290]를 내리고, 세조 10년 6월 19일 있었던 원각사(圓覺寺) 법회 때는 황금빛 구름이 하늘을 뒤덮어 상서로운 기운이 온 세상에 충만했소. 내 속죄를 위한 법회와 축원에 대한 하늘의 화답이었지요. 1466년(세조 12년)에 평창군 오대산 상원사(上院寺) 사찰의 중창을 돕기 위해 방문한 적도 있는데 그때 나의 사위와 딸이 작성한 발원문과 나의 피 묻은 속적삼을 불전 문수동자(文殊童子)상의 배에 복장(腹藏)하여 유물로 남기며 내 죄를 씻어내기 위해 모든 힘을 다했지만, 이 년도 못 되어 나병의 업보를 죄과로 받으며 내 나아 51세에 저승길로 들어서게 되었소. 죄짓고 후회만 하면 뭣하겠소? 속죄하는 마음으로 법회를 열어 참회하며 용서도 구했지만 도움 된 바는 없었소. 서원(誓願)[291]하며 재물 보시(布施)[292]했다

---

290 감로(甘露): 하늘이 상서로움의 예시(豫示)로 내려주는 단 이슬. 생물에게 이로운 이슬.

291 서원(誓願): 불교에서 중생을 구하고자 하는 소원이 이루어지길 기원하다.

292 보시(布施): 불교에서 '베푼다'라는 의미로, 무소유와 청정한 삶을 원칙으로 살아가는 불교 수행자들과 사찰 건축 등 佛事는 모두 보시에 의존할 수밖에 없다. 불교 수행자와 불사를 위해 쌓은 공덕은 큰 과보(果報)를 가져온다고 불교에서 가르친다.

고 좋아할 필요도 없고, 죄지었다고 후회하며 슬퍼하는 것 모두 다 쓸데없는 짓이오. 인생사 결국 새옹지마(塞翁之馬)[293]가 아니겠소? 내가 조카의 왕좌를 찬탈한 후 14년 집권하며 나병으로 천형을 받고 힘들게 살았소. 첫째 아들 의경세자(德宗덕종)는 20살 어린 나이에 이미 죽었고 둘째 아들도(睿宗예종) 즉위한 지 1년 2개월 만에 20살의 젊은 나이에 나처럼 피부 염증으로 요절했으니, 이보다 더 큰 천벌이 어디 있겠소? 51세 되던 1468년 찬 바람 불던 맹추(孟秋, 초가을) 지난 어느 날 죽음을 예견하고 둘째 아들 예종에게 왕좌를 양위하고 수강궁(壽康宮)[294]으로 거처를 옮긴 바로 다음 날 나는 죽었소."

"아~ 인생이란 덧없는 것이오. 나는 재승박덕(才勝薄德)한 군주로 권력을 취하기 위한 재능(才能)은 많았지만, 덕(德)을 갖추지 못해 죄업만 짓고 살다 죽은 왕이었소. 당신도 나처럼 부모·형제, 친척에게 몹쓸 짓 저지른 후 참회만 하다 죽지 마시오. 평생 매달렸던 권력과 부귀영화 죽고 나니 비로소 알겠더이다. 허공 속 사라지는 티끌과 같다는 것을. 죄짓고 아무리 공덕 보시해 봐야 다 쓸데없는 일이오. 사랑하던 사람들 죽은 후 부질없이 눈물이나 흘리고 후회하지 말고, 차라리 살아 계실 때 그들에게 베푸시고 잘하시오."

---

293 새옹지마(塞翁之馬): 세상일 모두 변화가 많아 인생의 길흉화복은 예측할 수 없다는 의미.

294 수강궁(壽康宮): 창경궁(昌慶宮)의 원래 이름으로 1418년 왕위에 오른 세종이 살아있던 상왕인 태종(이방원)을 모시기 위해 지은 궁.

미래를 찾아 과거 속으로

20. 사나이 스무 살에 나라를 평정하지 못한다면 후세에 누가 대장부라 불러 주리오.

남이(南怡) 장군과 부인의 쌍분 합장묘

경기도 화성시 비봉면 남전리
(출처: 문화재청 경기문화재총람)

남이(南怡) 장군 가묘

강원도 춘천 남이섬 남이나루터

白頭山石磨刀盡
豆滿江水飲馬無
男兒二十未平國
後世誰稱大丈夫

(남이 장군의 시, 北征歌)

백두산의 돌은 칼 갈아 다 없애고
두만강물은 말 먹여 다 없앴네.
사나이 스무 살에 나라를 평정하지 못한다면
후세에 누가 대장부라 불러 주리오.

남이(南怡, 1441~1468)는 조선 세조의 총애를 받았던 무신이다. 할머니는 태종과 원비인 원경왕후의 넷째 딸인 정선공주(貞善公主), 부인은 좌의정 권람(權擥)의 딸이다. 본관은 의령(宜寧)으로, 의산군(宜山君) 남휘(南暉)의 손자이다. 1457년(세조 3) 17세의 어린 나이로 무과에 급제한 후 이시애(李施愛)의 난을 토벌한 공으로 약관 27세에 병조판서(지금의 국방부 장관)에 임명되었으나 유자광(柳子光)의 모함으로 능지처사를 당했다. 부인과의 쌍분 합장묘는 경기도 화성시 비봉면에 있으며, 강원도 춘천의 남이섬에 돌무덤 가묘(假墓)가 1基 더 보존되어 오고 있다. 가묘가 있는 이유는 반역죄로 능지처사 당한 남이 장군의 시신을 수습하면 역적 처벌을 받았기 때문에 시선을 가묘 쪽으로 돌리기 위해서였다. 화성의 쌍분 중 우측 무덤이 남이 장군 무덤이지만, 좌측 무덤의 묘주가 그의 딸인지 첫째 부인인지에 대한 고증은 없다. 그의 딸 남구을금(南求乙金)은 한명회(韓明澮)의 노비로 갔으며 첫째 부인 안동 권씨는 남이 장군 처형 전에 이미 죽었다. 두 명의 첩은 남이의 처형 직후 노비로 끌려갔다.

남이 장군 후손들은 남이 장군의 시신을 몰래 수습하여 경기도 화성군 비봉면 남전리 산자락에 안장하고 춘천의 남이섬 북쪽 남이 나루 근처에 있는 돌무덤을 남이 장군의 묘인 듯 시선을 그쪽으로 돌리게 하여 화성의 실제 묘를 지켰다. 남이섬 돌무더기 가묘의 돌을 옮기거나 집으로 가져가면 액운이 낀다는 전설도 전해져오고 있다. 1965년 금융인 수재(守齋) 민병도(閔丙燾) 선생이 남이섬을 매입한 후 남이 장군의 넋을 기리고자 돌무덤에 현재 모습으로 봉분을 만들고 추모비를 세우면서 남이 장군의 묘라 부르게 되었다.

미래를 찾아 과거 속으로

첨언

장검을 빼어들고 백두산에 올라보니

대명천지(大明天地)[295]에 성진(腥塵)[296]이 잠겼에라.

언제나 남북풍진(南北風塵)[297]을 헤쳐볼까 하노라.

白頭山石磨刀盡...백두산석마도진

豆滿江水飮馬無...두만강수음마무

男兒二十未平國...남아이십미평국

後世誰稱大丈夫...후세수칭대장부

(南怡장군의 시, 北征歌)

백두산의 돌은 칼 갈아 다 없애고

두만강물은 말 먹여 다 없앴네.

사나이 스무 살에 나라를 평정하지 못한다면

후세에 누가 대장부라 불러 주리오.

이시애(李施愛)[298]의 난을 평정하고 돌아오는 길에 목숨을 바쳐 나라를 지키겠다는 포부와 기개를 '北征歌(북정가)' 七言絶句 시조로 읊고 그 시조를 새긴 평정비(平定碑)를 백두산에 세우고 돌아오는 26세의 젊은 남이 장군을 세조가 어찌 총애하지 않을 수 있었겠는가?

---

295 대명천지(大明天地): 환하게 밝은 세상.

296 성진(腥塵): 싸움터에서 이는 먼지, 티끌.

297 남북풍진(南北風塵): 남쪽의 왜구와 북쪽의 여진족과의 전란(戰亂)으로 이는 먼지.

298 이시애(李施愛)의 亂: 세조 13년에 (1467년, 5~8월) 이시애 등 함경도 길주의 호족(豪族) 세력이 단종으로부터 왕위를 찬탈한 후 함경도 지역 세력을 무력화시키는 세조의 중앙 집권 정책에 반기를 든 대규모 지역 반란이다.

'북청(北靑)의 싸움에서 남이가 진(陣) 앞에 출몰(出沒)하면서 사력(死力)
을 다하여 싸우니, 향하는 곳마다 적이 마구 쓰러졌고 몸에 4, 5개의
화살을 맞았으나 용모와 얼굴 모습이 태연자약하였다.'

北靑之戰, 怡出沒陣前, 殊死力戰, 所向披靡, 身被四五箭, 容色自若
(世祖實錄, 世祖 13年, 1467年, 7月 14日, 太白山史庫本)

주해

北靑(북청): 함경남도 함흥 북쪽 지역 이름.
怡(이): 남이(南怡) 장군을 지칭.
殊死(수사): 죽기를 각오하고 싸우다.
所向披靡(소향피미): 가는 곳마다 적이 힘에 눌려 굴복하다.
箭(전): 화살, 화살대.

세조가 죽기 13일 전 27세의 젊은 남이 장군을 병조판서 자리에 임
명하니 세조 주위의 무인들과 간신 유자광이 시기·질투한다. 아들인
예종이 즉위하지만 병약하고 성품이 유약하고, 정사 운영에 미숙해
한명회, 신숙주 등 고명대신의 섭정과 모후 정희왕후의 수렴청정(垂簾
聽政)[299]에 의존한다. 세조의 중앙 집권 강화정책으로 무시당하고 압력
을 받던 함경도 지방 토호세력 봉기인 이시애의 난(1467)을 평정한 병
조판서 남이 장군의 무인 세력을 제거하기 위해 예종은 남이 장군을
병조판서에서 해임하고, 남이 장군을 시기해오던 서얼 출신 무인 유
자광의 극악무도한 역모자 모함으로 예종은 남이 장군을 거열형(車裂

---

299 수렴청정(垂簾聽政): 어린 왕이 즉위하였을 때 왕실의 가장 어른인 대왕대비(大王大妃) 혹은 왕대비(王大
妃)가 어린 왕을 도와 정사를 돌보다.

刑)³⁰⁰으로 능지처참하고 그의 머리는 저잣거리에 7일간 효수(梟首)³⁰¹
했다.

유자광은 남이 장군의 시조 한 구의 '평(平)' 자를 '득(得)' 자로 바꿔
남이 장군이 왕이 되려고 역모를 취하고 있다고 모함한다.

'男兒二十未平國...남아이십미평국(사나이 스무 살에 나라를 평정하지 못하면)'
'男兒二十未得國...남아이십미득국(사나이 스무 살에 나라를 얻지 못하면)'

예종이 1468년 즉위하자마자 유자광이 예종에게 아뢴다.

"오늘 저녁에 남이가 신의 집에 달려와서 말하기를, '혜성(彗星)이
이제까지 없어지지 아니하는데, 너도 보았느냐?' 하기에 신이 보지 못
하였다고 하니, 남이가 말하기를, '이제 천하 가운데에 있는데 광망(光
芒)³⁰²이 모두 밝아 쉽게 볼 수 없다...(중략)... 광망이 희면 장군(將軍)이
반역(叛逆)하고 두 해에 큰 병란(兵亂)이 있다.'라고 하였는데, 남이가
탄식하기를, '이것 역시 반드시 응(應)함이 있을 것이다.' 하고, 조금 오
랜 뒤에 또 말하기를, '내가 거사(擧事)하고자 하는데, 이제 주상이 선
전관(宣傳官)³⁰³으로 하여금 재상의 집에 분경(奔競)³⁰⁴하는 자를 매우 엄
하게 살피니, 재상들이 반드시 싫어할 것이다. 그러나 수강궁(壽康宮)³⁰⁵

---

300 거열형(車裂刑): 팔과 다리를 소나 말, 수레에 묶어 각각 다른 방향으로 달리게 해 몸을 찢어 죽이는 형
벌. 사지가 다섯 조각이 나서 오체분시(五體分屍)라고도 부름.

301 효수(梟首): 죄인의 목을 베어 높은 곳에 매달아 놓음.

302 광망(光芒): 혜성의 꼬리 빛줄기.

303 선전관(宣傳官): 국왕의 명령을 전달하는 임무를 맡았던 친위무관(親衛武官) 참모조직.

304 분경(奔競): 벼슬을 얻기 위해 권력자의 집에 분주하게 드나들며 엽관(獵官) 운동하는 것을 가리킴.

305 수강궁(壽康宮): 창경궁(昌慶宮)의 원래 이름으로 1418년 왕위에 오른 세종이 살아있던 상왕인 태종(이방
원)을 모시기 위해 지은 궁.

은 허술하여 거사할 수 없고 반드시 경복궁(景福宮)이라야 가하다'라고 하였습니다..(중략)... 남이가 말하기를, '이런 말을 내가 홀로 너와 더불어 말하였으니, 네가 비록 고할지라도 내가 숨기면 네가 반드시 죽을 것이고, 내가 비록 고할지라도 네가 숨기면 내가 죽을 것이므로, 이 같은 말은 세 사람이 모여도 말할 수 없다며 나는 호걸(豪傑)이다'라고 하였는데, 신이 술을 대접하려고 하자 이미 취했다고 말하며 마시지 아니하고 갔습니다."

(睿宗實錄, 睿宗 卽位年 10月 24日, 1468年, 太白山史庫本)

하늘에 혜성이 나타났다. 남이는 대궐 안에서 숙직하다가 다른 사람과 말하기를, "혜성(彗星)은 곧 묵은 것을 제거하고 새로운 것을 배치하는 형상이다." 하였다. 유자광은 평소에 남이의 재능과 명성과 벼슬이 자기 위에 있는 것을 시기했는데, 이날 또한 대궐에 들어와 숙직하다가 벽을 사이에 둔 가까운 곳에서 그 말을 엿들었다. 곧 그 말에 거짓을 꾸며 보태어, 남이가 반역을 꾀한다고 은밀히 아뢰어 옥사가 일어나고 마침내 처형되었으니, 이때 남이의 나이는 28세였다.

(燃藜室記述 6卷, 睿宗朝故事本末)

위의 두 고증자료에서 알 수 있듯이, 『조선왕조실록』에서는 남이 장군이 실제로 모반을 계획했다는 기록이 있고, 야사인 『연려실기술』에서는 이시애의 난 때 유자광은 남이 장군과 함께 큰 공을 세웠지만, 세조는 왕족 출신인 남이 장군을 병조판서(정2품)에 오르게 하고 서얼 출신인 유자광 자신은 병조정랑(정5품)으로 밀려나 시기와 질투심으로 가득 차 있던 차에 남이 장군이 병조판서 자리에서 쫓겨나자 그를 완전히 제거하기 위해 역모자로 모함했다고 전하고 있다. 어느 쪽이 정확한 사실(史實)일까?

미래를 찾아 과거 속으로

"장군께서는 의금부 문초 때 '未得國(나라를 얻지 못하면)'은 누군가 모함하기 위해 고친 것이라 주장하지 않았습니다. 백두산 평정비에도 '未平國(나라를 평정하지 못하면)'이 아닌 '未得國(나라를 얻지 못하면)'으로 적혀있었고, 왕이 되기 위해 모반을 계획했다고 자백도 했잖소? 그래서 임진왜란 이전까지는 당신의 역모 사건으로 인식되었고, 임진왜란 이후에 와서야 유자광의 모함으로 날조된 사건이라고 『연려실기술(燃藜室記述)』의 기록이 전하고 있습니다. 27세에 병조판서 자리에 오른 당신이 예종에 의해 갑자기 쫓겨나니 울분을 못 참고 영의정 강순을 포함한 무인들과 한명회, 신숙주 등 훈구대신을 실제로 제거하기 위해 역모를 한 게 아니요? 아니면 단순히 간신 유자광의 날조된 모함으로 죽은 비극적 영웅이었소?"

"나는 태종 이방원의 피를 물려받은 왕족으로 약관 26세에 이시애의 난을 평정하여 병조판서 자리에 오른 사람이오. 구국 충성심은 남송의 악비(岳飛)에 뒤지지 않는 기개와 포부를 지닌 대장부요. 유자광에 의해 날조된 나의 모반사건을 정당화하기 위해 의금부 문초 전에 이미 백두산의 내 평정비의 글귀 '미평국(未平國)'을 '미득국(未得國)'으로 조작했음을 알았을 때 사태를 돌이키기엔 이미 늦었다고 판단했소. 나의 측근들도 의금부 문초를 못 이겨 내가 '한명회를 죽이고 예종을 몰아내고 왕이 되겠다.'라고 진술했다니, 사내대장부로서 더는 역모 사실을 부인하기는 싫었소. 꼬리별 '혜성(彗星)'에 관한 말은 지나가는 말이었소. 아니, 사석이고 비공식적인 자리에서 지인에게 무슨 말인들 못 하겠소? 예종과 훈구대신들이 나를 몰아내 홧김에 무심코 내던진 말 한마디 말꼬리를 왜곡 날조해 나를 죽게 한 간신 유자광이 그 후 어떤 더럽고 비열한 삶을 영유했나 한 번 보시오. 예종에게 아첨 떨며 역심(逆心)이 있다고 나를 모함해 죽인 후, 연산군에게는 빌붙어 젊은 선비들을 학살하는 무오사화(戊午士禍)를 일으켰고, 중종한테 달라붙어 연산군을 몰아내고, 평생 간신 노릇을 하며 살다 간 한마디로 그는 '폭군에게 아첨만 떨며 살다 간 일개 '졸장부'에 지나지 않소. 아~ 호연지기 큰 포부를 가진 대장부가 지나가는 말 한마디로 일개 졸장부의 모함으로 형장의 이슬로 사라지게 될 줄이야!"

"늦게라도 조선 후기 순조(純祖) 때 당신의 시호 '충무공(忠武公)'이 내려져 누명을 벗고 복권되어 다행입니다. 충무공 이순신, 남송의 명장 충무공 악비(岳飛)[306]와 더불어 필요하면 왕의 명령도 따르지 않고 오로지 나라와 백성을 위해 싸우다 목숨을 바친 충신으로 추앙받습니다. 임금과 백성을 동시에 위하는 장수는 될 수는 없었습니까?"

"왕권이 중심인 왕조(王朝) 국가에서 충신은 왕과 백성의 이익을 동시에 보호해야 할 의무가 있지만, 불행하게도 왕과 백성의 이익은 반드시 일치하지는 않지요. 나는 두 忠武公, 이순신과 악비처럼 왕의 명령을 거부하고 나라와 백성을 택했소. 손자(孫子)의 '왕명 거부' 병법과 순자(荀子) '군주민수(君舟民水)' 논법을 따랐을 뿐이오."

---

306 악비(岳飛, 1103~1142): 12세기 초 중국 남송(南宋)에서 여진족 금(金)나라의 침략에 맞서 위기에 빠진 남송(南宋)의 군사를 이끌며 끝까지 싸운 한족(漢族)의 명장. 조선의 간신 유자광이 남이 장군을 역신으로 몰아 죽였듯이, 남송의 간신인 재상 진회(秦檜)도 충신 악비에게 반역죄를 뒤집어씌워 죽임.

미래를 찾아 과거 속으로

'戰道必勝, 主曰無戰, 必戰可也. 戰道不勝, 主曰必戰, 無戰可也. 故進不求名, 退不避罪, 唯民是保, 而利合於主, 國之寶也.'

(孫子兵法, 地形篇)

'싸움에서 승리할 확신이 있다면, 왕이 싸우지 말라고 명령해도 싸움을 계속하는 것이 가능하고, 싸움에서 승리하지 못한다는 판단이 선다면, 왕이 싸우라고 명령해도 싸우지 않는 것이 가능하다. 진격하는 것은 공명을 얻기 위함이 아니며, 퇴각하더라도 문책을 회피하지 않는다. 오직 백성을 보호하고 임금의 이익에 부합하는 장수야말로 나라의 보배이다.'

'君者舟也 庶人者水也 水則載舟 水則覆舟' (荀子)

'임금은 배이고 백성은 물이다. 강물은 배를 뜨게 하지만 강물이 화가 나면 배를 뒤집을 수도 있다.'

21. 이 몸이 죽고 죽어 일백 번 고쳐 죽어 백골이 티끌과 흙이 되어 넋이라도 있고 임 향한 일편단심이야 가실 줄이 있으랴

포은 정몽주(圃隱 鄭夢周) 선생의 묘

경기도 용인시 처인구 모현읍

이런들 어떠하며 저런들 어떠하리

만수산 드렁칡이 얽혀진들 어떠하리

우리도 이같이 얽혀져 백 년까지 누리리라

(이방원의 회유시)

이 몸이 죽고 죽어 일백 번 고쳐죽어

백골이 진토 되어 넋이라도 있고 없고

임 향한 일편단심이야 가실 줄이 있으랴

(정몽주의 거절시)

미래를 찾아 과거 속으로

정몽주(鄭夢周, 1337~1392)는 고려말의 친명파 신진사대부로 문신, 외교관, 유학자이다. 본관은 영일(迎日), 아이 때 이름은 몽란(夢蘭)·몽룡(夢龍), 자는 달가(達可), 호는 포은(圃隱), 시호는 문충(文忠)이다. 고려의 마지막 임금 공양왕(恭讓王)은 이성계의 섭정과 역성혁명(易姓革命)을 위한 역모에 시달리다 1392년에 강제로 폐위유배 된 후 1394년 삼척에서 이성계 다섯째 아들 이방원(太宗)에 의해 시해되었다. 승려 신돈의 손자인 우왕과 창왕을 제외한 나머지 32명의 '王'씨 姓을 가진 임금들로 918년 태조 왕건(王建)이 세운 고려(高麗)의 역사는 건국 474년째 되던 해 1392년에 끝났다.

위화도 회군을 동조하며 이성계와 오랜 친교가 있었으나 이성계가 역성혁명을 도모하자 새로운 나라 조선의 건국을 반대하며 고려의 충신으로 남아 온건 개혁의 길을 선택했다. 이성계와 정도전 일파를 제거하기 위해 기회를 보다가 이성계가 낙마(落馬)로 부상 치료를 이유로 개성의 자택에서 칩거하자, 병을 빙자해 멀리서 역성혁명을 위한 공격을 준비하고 있는지 그 정황을 살피고, 부상의 사실 여부도 확인하러 갔다가 귀가하던 중, 개성 선죽교에서 이방원의 부하 조영규와 그 일파의 철퇴에 맞아 56세에 피살되었다. 역적으로 단죄되어 그의 머리는 개경 저잣거리에 효수되었다. 정몽주가 죽은 지 3개월 만에 조선이 건국한다. 건국 초기에는 정몽주 선생을 간신으로 규정하였지만, 그가 죽은 지 9년 후 태종 이방원은 왕권 강화와 자신의 포용력을 과시하기 위해 자신이 죽인 정몽주를 영의정으로 추증하고 문충(文忠)이라는 시호를 내렸다. 사대부와 백성들에게 왕에 대한 충성심을 유도할 목적으로 정몽주를 충절의 표상으로 삼았다. 태종의 셋째 아들 세종대왕도 즉위 후『삼강행실도(三綱行實圖)』[307]를 편찬해 「충신편 (忠臣篇)」에 정몽주의 절개를 찬양하는 글을 수록하며 태종 이방원에 이어 정몽주를 충절의 상징으로 성역화했다. 포은 정몽주의 묘는 경 기도 용인시 처인구에 있으며 인근에 그의 학덕과 충절을 기리기 위 하여 지은 충렬서원(忠烈書院)이 있다.

첨언

如此亦如何 如彼亦如何
城隍堂後苑 頹圮亦何如
吾輩若此爲 不死亦何如
(何如歌, 세조 이방원)

이런들 어떠하리 저런들 어떠하리
만수산 드렁칡이 얽혀진들 어떠하리
우리도 이같이 얽혀져 백 년까지 누리리라

此身死了死了 一百番更死了
白骨爲塵土 魂魄有也無
向主一片丹心 寧有改理與之
(丹心歌, 포은 정몽주)

이몸이 죽고죽어 일백번 고쳐죽어
백골이 티끌과 흙이 되어 넋이라도 있고
임 향한 일편단심이야 가실 줄이 있으랴

---

307 삼강행실도(三綱行實圖): 세종 때 편찬된 서적으로 군신·부자·부부관계에 모범이 될 만한 충신·효자·열 녀의 행실을 모아 그림과 함께 만든 책으로 3권 3책의 금속활자 인쇄본.

미래를 찾아 과거 속으로

위화도 회군 후 고려 조정은 역성혁명을 꿈꾸던 이성계와 정도전 등 급진개혁 신진사대부와 최영 장군, 정몽주, 이색 등 고려왕조를 유지하며 개혁을 주장하는 온건개혁 사대부로 양분된다. 이성계의 아들 이방원이 서로 칼끝을 겨누는 정적이지만 정몽주의 마음을 떠보려고 술자리에 초대했다. 조선은 불교를 믿던 고려와 달리 숭유억불의 성리학을 기반으로 하는 건국이념을 가진 나라였기에 성리학의 대가 정몽주 선생의 도움이 절실하여 정몽주와 함께 새 나라를 이끌고 싶은 마음으로 회유·포섭 목적의 하여가(何如歌)를 읊었지만, 정몽주는 단심가(丹心歌)로 화답하며 일언지하(一言之下)에 거절했다. 아들 이방원이 아버지가 오랜 세월 존경해왔던 포은 정몽주 선생을 아버지의 의견도 묻지 않고 죽였으니, 이성계의 아들 이방원에 대한 증오심과 적개심은 이때부터 시작된 듯하다. 정몽주는 말에서 떨어져 부상한 이성계의 병환을 살필 겸 문병하고 돌아가는 길에 이방원과 그 수하인 조영규 일파에게 선죽교에서 살해되었다. 정몽주는 자신의 죽음을 이미 예상한 듯, 그가 이방원의 수하 조영규에게 선죽교에서 살해되는 날 아침, 사당에 절을 올리고 부인과 두 아들에게 "우리 가문은 충효를 숭상하는 것이 으뜸이니 혹시 변고가 일어나도 낙심하지 말라. 그리고 새로운 왕조에서 벼슬을 절대 받지 말고 내 묘비에 고려의 관직을 그대로 써 달라"고 사실상 유언을 남겼다고 전한다. 정몽주의 시신은 개성 풍덕군에 임시로 매장했다가 부인 용인 이씨의 집성촌이 경기도 용인 부근에 있어 그곳에 묘를 썼다는 다는 얘기가 전하지만, 일설에 의하면 정몽주가 개성 선죽교에서 죽자 송악산 스님들이 시신을 수습해 정몽주 선생의 고향인 경북 영천에 이장하러 가던 중 지금의 용인시 수지읍에서 잠시 쉬어가는데 명정(銘旌)[308]이 바람에 날려

---

308 명정(銘旌): 죽은 사람의 관직, 성씨 등을 기록하여 상여 앞에 들고 가는 기다란 깃발, 명기(銘旗).

떨어지고 상여도 움직이지 않아 그 장소에 묘를 썼다는 얘기도 전한다. 중종 때 건립된 선생의 묘비에 비록 조선 때 관직을 영의정으로 추증하고 문충(文忠)이라는 시호도 내렸지만, 고려 때 관직 이름을 그대로 써 조선이 아닌 고려의 충신임을 분명히 했다. (묘비명: 高麗守門下侍中鄭夢周之墓고려수문하시중정몽주지묘) 묘역 입구 선생의 충절과 높은 학식을 찬양하는 신도비(神道碑)[309]의 글은 송시열(宋時烈)이 지었다.

以心傳心 인터뷰

"맹자(孟子)가 이르기를 '백성이 으뜸이고, 그다음이 사직이며 군주는 가장 가벼운 존재이다(民爲貴 社稷次之 君爲輕, 盡心章)'라고 했으며, '백성은 물이고 임금은 배이니 강물의 힘으로 배를 뜨게 하지만 강물이 화가 나면 배를 뒤집을 수도 있다(君者舟也 庶人者水也 水則載舟 水則覆舟, 荀子 王制篇)'라고 하였습니다. 고려 말 권문세족의 부정부패, 매관매직, 잦은 외세의 침략과 민생의 피폐로, 민심은 이미 떠나 개혁으로 고려 부흥이 불가능하다고 생각하지는 않으셨소? 그렇다면 차라리 '가짜를 버리고 진짜를 선택한다.'라는 '폐가입진(廢假立眞)'의 명분으로 새 나라 조선을 위해 충성하는 것이 올바른 선택이라 할 수 있지 않았겠소? 선생께서는 왕씨 가문의 후손이 아닌 승려 신돈의 후손, 우왕과 창왕의 폐위와 공양왕 옹립, 위화도 회군까지 이성계와 함께 움직일 정도로 절친이었는데, 왜 마지막에 가서 이성계와 정도전의 역성혁명을 통한 조선 건국에 '안티조선(Anti-朝鮮), 헬조선(Hell朝鮮)[310], 고려

---

309 신도비(神道碑): 죽은 자의 혼이 다니는 길, 무덤 남동쪽에 남향으로 세운 비석. 신도비에는 묘주의 삶을 기록한 비문을 새긴다.

310 헬조선(Hell朝鮮): 대한민국의 2010년대 인터넷 신조어. 지옥(Hell)과 조선(朝鮮)의 합성어로 '한국이 지옥에 가깝고 희망이 없는 사회'라는 비관적 의미.

국 만세, 만만세!'를 외치시며 끝까지 반대했습니까? 온건 개혁이 불가능하다는 사실을 모르셨습니까? 어차피 망할 고려의 충신은 신생국 조선의 역적이 된다는 사실을 모르셨습니까?

"나의 어머니께서 말에서 떨어져 부상한 이성계의 집에 문병 가기 전, 내가 이성계 세력과 자주 부딪치니, 탐욕으로 부패한 권문세족 세력을 경계하라고 '백로가(白鷺歌)[311]'를 지어 훈계하셨습니다."

'까마귀가 싸우는 골짜기에 백로야 가지 마라
성난 까마귀가 흰빛을 샘낼까 염려스럽구나
맑은 물에 기껏 씻은 몸을 더럽힐까 두렵구나'

까마귀는 이방원을 비롯한 조선 건국 세력을 뜻하며, 백로는 뜻을 더럽히지 않는 순결하고 청렴한 선비인 아들 정몽주를 지칭한다.

"나는 청렴하고 학식이 높은 성리학자 목은 이색(牧隱 李穡) 선생의 제자로 정도전과 동문수학했으며, 이성계는 문하시중(門下侍中) 심덕부(沈德符) 선생 밑에서 수문하시중(守門下侍中)의 직책을 함께 수행해 모두 나와는 가까운 사이였소. 사대부 중심의 왕권 강화와 부국강병에 뜻을 같이했고, 성리학적 사회 건설을 통해 부패한 고려를 개혁하고자 하는 꿈을 갖고 사상적 노선을 함께 했소. 그러나 고려 왕을 폐하고 이성계를 왕으로 추대해 새 나라 조선을 세우려 하는 정도전의 계획에 동참하는 대신 시간이 걸리더라도 점진적 개혁을 통한 고려

---

311 백로가(白鷺歌): 연산군 때의 소리꾼 김정구(金鼎九)의 작품이라는 『약파만록(藥坡漫錄)』의 기록이 있고, 『청구영언(靑丘永言)』에는 작자 미상으로 수록되어 있어 원작자에 관한 논란이 있는 시조.

의 존속을 원했소."

"물론 내가 이성계 정도전 일파를 제거해 조선의 건국을 막고 정치·사회개혁을 했더라도 고려는 어차피 망할 수밖에 없을 거라는 점도 잘 알고 있었소. 당시 고려는 망하기 일보 직전의 시한부 생명의 국가였소. 다만 역성혁명은 내가 아는 성리학적 군신 관계의 가르침에 어긋나니, 고려의 역신으로 조선에 충성하느니 불사이군(不事二君)의 영원한 고려 충신으로 남기를 선택했을 뿐이오."

미래를 찾아 과거 속으로

22. 삼십 년 긴 세월 고난 속에 이룬 업적 송현방(松峴房) 정자 한잔 술에 모두가 허사로다

삼봉 정도전(三峯 鄭道傳) 선생의 묘

경기도 평택시 진위면

도담삼봉(島潭三峯)

충청북도 단양군

操存[312]省祭兩加功

不負 聖賢黃卷中

三十年來勤苦業

松亭[313]一醉竟成空

(정도전의 絶命詩, 「自嘲」, 『三峯集』)

조심하며 살피며 온갖 공을 쌓으며

서책 속 성현의 말씀 저버리지 않았네.

삼십 년 긴 세월 고난 속에 이룬 업적

송현방(松峴房) 정자 한잔 술에 모두가 허사로다.

---

312 操存(조존): 조심하는 마음으로 매달리다, 부여잡다.

313 松亭(송정): 정도전의 자택이 있던 송현방(松峴房, 지금의 서울 종로구 수송동 종로구청 부근)의 정자(亭子). 종로구 견지동에 있는 조계사에서 북서 방향 경복궁 가는 길에 있었음.

정도전(鄭道傳, 1342~1398)은 고려 말 조선 초기의 문신이다. 본관은 봉화(奉化)이고 자는 종지(宗之), 호는 삼봉(三峯), 시호는 문헌(文憲)이다. 조상 대대로 살아온 관향(貫鄕)은 경상북도 영주이며, 출생지는 충청북도 단양(丹陽) 삼봉(三峰)이다.

고려 말 정몽주와 함께 성리학자 목은(牧隱) 이색(李穡)의 제자로 권문세족의 부패와 불교를 비판하며 고려 개혁을 도모하였으나, 고려왕조를 유지하며 개혁하자는 정몽주 등 온건 개혁 사대부 세력을 제거하며 이미 국운이 사라진 고려를 멸망시킨 후, 급진사대부 세력을 이끌며 이성계를 도와 역성혁명을 성공시켜 성리학적 윤리와 가치에 기초한 중앙집권적 관료제 국가인 조선을 세우기 위해 주도적 역할과 공헌을 하였다. 1374년(공민왕 23) 9월에 왕이 시해를 당한 후 신우(辛禑)가 32대 우왕(禑王)으로 즉위하지만, 그는 승려 신돈과 여종 반야 사이에 태어나 '王씨'가 아닌 '辛씨'로 정통성이 없다고 정도전이 주장했다는 얘기가 전한다. 정도전은 우왕과 창왕을 폐위시키며 이성계의 혁명을 주도한 핵심 인물로 평가된다. 정도전은 역성혁명의 당위성을, 무학대사는 이성계의 군왕으로서의 당위성을 주장하며 이성계를 설득했다. 이방원이 정몽주를 제거한 후, 고려왕조를 유지하려던 온건개혁파 세력은 완전히 힘을 잃고, 정도전의 역성혁명 세력들이 공양왕을 폐위시키고 이성계를 왕위에 오르게 했다. 1392년 조선 개국 후 정도전은 도읍을 한양으로 옮기며 조선왕조를 설계한 장본인이라고 불릴 만큼 많은 업적을 남겼다. 국호는 명나라에 '조선(朝鮮)'과 '화령(和寧)'을 제시하였지만, '조선(朝鮮)'으로 결정되었다. 단군조선과 기자조선의 명맥을 잇는다는 의미에서 조선과 명나라 모두 이성계의 외조부 출생지인 함경도 화령(和寧)보다 조선(朝鮮)을 국호로 정하는

미래를 찾아 과거 속으로

데 동의했다. 그러니 조선(朝鮮)이라는 국호는 조선과 명나라의 민족주의와 사대주의가 혼재된 나라 이름이었다. 정도전과 무학대사의 건의로 도읍을 개성에서 한양으로 옮긴 후 북악산 아래에 왕성을 짓고 궁궐을 남쪽에 짓게 된다.

정도전은 한양으로 천도하자마자 조선국 설계를 손수 기획한 대로 실행에 옮겼으며, 조선의 통치 규례를 규정한 『조선경국전(朝鮮經國典)』을 편찬했다. 한양을 유교의 사상적 성지로 만들기 위해 유교의 '인의예지신(仁義禮智信)'이라는 사상적 덕목을 구현하기 위해 한양의 동서남북과 중앙에 대문과 전각을 세웠다. (동: 興仁之門흥인지문, 동대문; 서: 敦義門돈의문, 서대문; 남: 崇禮門숭례문, 남대문; 북: 弘智門홍지문, 북대문, 중앙: 普信閣보신각) 궁궐의 본궁인 경복궁(景福宮) 이름도 '君子萬年 介爾 景福(군자만년 개이경복)[314]'이라는 유교 경전의 시구절에서 가져왔다. 정도전은 조선왕조 대부분 시기에 역적으로 매도되어 오다가 고종 때와서야 복권되었다. 봉화 정씨 집성촌이 있는 경기도 진위면 은산리에 가묘(假墓)가 있고, 그의 신분을 복권한 고종이 儒宗功宗(유종공종)[315]이라고 쓴 편액을 하사한 사당인 문헌사(文憲祠)가 있다. 정도전이 조선왕조 개국공신으로 국가통치시스템을 기획·설계·완성하고 성리학국가로 만드는 기틀을 잡았음에도 불구하고, 후세의 조선왕조 사림들의 평가는 후하지 않았다.

---

314 君子萬年 介爾景福 (군자만년 개이경복): 임금께서는 천년만년 사시고, 큰 복(景福)을 누리시고 만수무강하옵소서. (詩經, 大雅篇)

315 儒宗功宗(유종공종): '유학 선비로서 으뜸이오, 공적 또한 으뜸이다.'라는 의미. 조선 말기 대원군의 서원철폐 때까지 간신의 오명과 한을 벗지 못한 정도전은 경복궁이 복원되며 그의 신분도 복권되었다. 정도전의 경복궁 건설 업적을 인정하며 고종이 직접 써 하사한 친필어제 편액으로 경기도 진위면 은산리에 있는 문헌사(文憲祠)에 걸려있다.

첨언

조선의 개국공신이며 국가의 통치시스템을 완성한 정도전의 초라한 마지막 모습은 태조 7년 8월 26일 『太祖實錄(태조실록)』에 자세히 묘사되어 있다.

1398년 8월 26일 늦은 밤,

도전이 침실(寢室) 안에 숨어 있는지라, 소근 등이 그를 꾸짖어 밖으로 나오게 하니, 도전이 작은 칼을 갖고 걸음도 제대로 못 걸으며 엉금엉금 기어서 나왔다. 소근 등이 꾸짖어 칼을 버리게 하니, 도전이 칼을 던지고 문밖에 나와서 말하였다.

"청하건대 죽이지 마시오. 한마디 말하고 죽겠습니다."

소근 등이 끌어내어 정안군(靖安君)[316]의 말 앞으로 가니, 도전이 말하였다.

"예전에 공(公)이 이미 나를 살렸으니 지금도 또한 살려 주소서."

예전이란 것은 임신년을 가리킨 것이다. 정안군이 말하였다.

"네가 조선의 봉화백(奉化伯)이 되었는데도 도리어 부족(不足)하게 여기느냐? 어떻게 악한 짓을 한 것이 이 지경에 이를 수 있느냐?"

---

316 정안군(靖安君): 태종 이방원이 왕자 시절 받은 군호(君號).

미래를 찾아 과거 속으로

이에 그를 목 베게 하였다.

道傳持尺劍, 不能行步, 匍匐而出, 小斤等叱令棄劍, 道傳投劍出門曰,

"請勿殺 願一言而死" 小斤等曳出至靖安君馬前. 道傳曰, "昔者公旣活
我, 願今亦活之." 昔者, 指壬申歲也. 君曰, "汝朝爲鮮奉化伯, 顧不足耶?
何爲惡至是也!" 令斬之.

(太祖實錄, 太祖 7年 1398年 8月 26日)

주해

匍匐(포복): 배를 땅에 대고 기어감.
曳出(예출): 끌어내다.
靖安君(정안군): 태종 이방원의 왕자 시절 작호.
奉化伯(봉화백): 태조 이성계가 조선 개국 일등공신인 정도전에게 수여
한 봉직 이름.

정도전과 이방원의 마지막 대화다. 정도전은 비굴하게 목숨을 구걸
했고, 이방원은 그의 목을 가차 없이 베어버렸다.

'정도전은 무릇 임금을 도울 만한 것은 모의(謀議)하지 않은 것이 없
었으므로, 마침내 큰 공업(功業)을 이루어 진실로 상등의 공훈이 되었
다. 그러나 도량이 좁고 시기가 많았으며, 또한 겁이 많아서 반드시 자
기보다 나은 사람들을 해쳐서 그 묵은 감정을 보복하고자 하여, 매양
태조에게 사람을 죽여 위엄을 세우기를 권고하였으나, 태조는 모두
듣지 않았다.'

1398년 8월 26일의 『태조실록(太祖實錄)』의 두 번째 기사인 정도전 졸기(卒記)에도 정도전은 조선 건국의 큰 공업(功業)은 이뤘지만, 도량이 좁고 시기가 많았으며, 또한 겁이 많아서 반드시 자기보다 나은 사람들을 해쳐서 보복하고자 하였으며, 그의 외조모는 중이 종의 아내와 간통해 낳은 비천한 출신이라고 기록했다. 태종 때 편찬한 『태조실록(太祖實錄)』은 사관(史官)들이 태종 이방원의 눈치를 보며 쓰지 않을 수 없었음을 감안하면 정도전에 관한 『태조실록(太祖實錄)』의 부정적 기록을 있는 그대로 받아들이기는 어려울 듯하다.

2022년 봄에 방영한 KBS 주말드라마 '태종 이방원'에서 정도전이 이방원을 꾸짖으며 영웅호걸처럼 죽는 장면은 『태조실록(太祖實錄)』의 사실(史實) 내용과 전혀 다르다.

정도전이 이방원에게 죽기 전 당당히 소리친다.

"일생을 바쳐 돌탑을 쌓았는데 마지막 돌 하나를 올려놓지 못하고 이렇게 죽는구나. 어서 내 목을 베어라!" 정도전을 의인화(義人化)한 그럴듯한 대사인데, 이건 분명히 역사 왜곡이며 시청자를 무시한 장면이다. 『태조실록(太祖實錄)』 원문의 정도전이 목숨을 구걸하는 내용이 허위사실이란 말인가? 시나리오가 사실(史實)과 전혀 다른 이유가 궁금하다.

以心傳心 인터뷰

"삼봉 선생께서는 이성계를 왕위에 오르게 한 킹메이커였으며 조선왕조를 기획하고 설계한 사람으로 선생께서 안 계셨다면, 조선이라는 나라는 존재조차 할 수 없었을 것이오. 성리학자로 조선의 국교를 유교로 삼으며 강력한 신권(臣權)에 의한 왕정을 꿈꿨습니다. 474년 고려의 역사를 돌이켜보건대 불교는 이미 왕실과 백성의 삶 속에 깊이 스며들어 분리수거하여 폐기처분 하기 어려울 지경이었소. 선생께서는『불씨잡변(佛氏雜辨)』[317] 과 같은 불교 비판 서적까지 편찬하며 숭유억불 정책을 폈지만, 조선왕조 500년 동안 불교는 호국불교로 나라가 위험에 처할 때마다 희생을 무릅쓰고 나라를 구한 종교가 되었소. 주관적 실천 철학인 지행합일(知行合一)의 양명학(陽明學) 이론과 실용적 개혁이론의 실학(實學)사상으로 중국이 변화하며 앞서갈 때, 조선은 개혁과 변화를 외면한 채, 허례허식(虛禮虛飾)[318], 봉건적 권위주의 지배이론으로 과거에 머무르며 부패와 퇴락을 거듭하다가, 결국 518년 조선왕조가 망하게 되었으니, 성리학 사상을 조선의 정치·사회적 통치·지배 수단으로 기획한 것은 애당초 잘못된 선택이었다고 판단됩니다. 선생께서 유교와 성리학적 윤리와 가치로 설계하고 구현한 조선은 결국 부패하고 무능한 모습으로 멸망했으니, 선생의 조선 건국을 위한 설계 자체가 애당초 잘못된 것이 아닌가요?"

"고려 말기의 불교는 지나치게 무속적이고 미신에 가까워, 새 나라의 강력한 통치수단의 구심적 이론으로 유교를 가져올 수밖에 없었소. 신선(神仙) 사상의 도교(道敎) 사상과 성리학이 융합된 조선의 유교는 본산인 중국의 유교보다 더 강력하고 보수적인 사회적·정치적 통

---

317 불씨잡변(佛氏雜辨): 정도전이 저술한 단행본으로 불교의 폐단을 지적하여 조선의 통치이념으로 택한 유교의 상대적 우위와 당위성을 주장하기 위해 지은『三峰集』卷9 서책.

318 허례허식(虛禮虛飾): 예절·법식 등을 겉으로만 꾸며 번드레하게 하는 일

치수단이 되었소. 사농공상(士農工商) 등 철저한 신분 계급체제가 오랜 세월 지속하다 보니 양반들을 포함해 가진 자들의 독식 세상이 되어 창의력 발휘와 개혁을 위한 노력은 사라지고, 진보와 혁신이 필요한 시대에 권위주의, 허례허식, 혈연과 지역적 당파싸움에 빠져 나라가 망하게 되었소. 그러나 조선조 500년 동안 충효(忠孝) 사상으로 왕권과 신권의 조화와 견제, 부모와 자식의 친교 관계, 사회질서를 바로 세우는 등 장점도 있지 않았소? 나는 간신으로 제거되었지만, 조선왕조 500년은 나의 성리학적 구상의 틀에서 벗어나 굴러간 적이 없었소. 500년이란 긴 세월 동안 같은 사상과 이념으로 운영된 나라는 조선 빼고 이 세상 그 어디에도 없었소. 나의 조선국 설계와 치세를 위한 구상이 잘못됐다고 판단하지는 않소."

"1차 왕자의 난[319]으로 선생의 이방원 일파 제거 계획은 실패하고, 이방원의 발밑에 무릎 꿇고 비굴하게 생명을 마감하셨소. 조선 건국 이전에 이미 사망해 절비(節妃)[320]가 되었어도 이방원을 포함한 정비 신의왕후한씨(神懿王后 韓氏)의 아들들을 세자로 책봉됐어야 마땅한데, 적장자(嫡長子) 대신 첩인 계모 신덕왕후 강씨(神德王后 康氏)의 열 살밖에 안 된 나이 어린 아들 이방석을 왕세자로 책봉한 것은 처음부터 무리수였소. 적장자 후계상속의 유교적 관례에도 어긋나고 유약한 방석보다는 강력한 지도자 이방원을 왕세자와 왕으로 옹위하는 쪽이 옳았으리라 판단하지는 않았소이까? 선생께서 사병 혁파 등 급진적인 정책을 추진하며 이방원을 압박할 때 이방원의 반격을 전혀 예상

---

319 1차 왕자의 난: 1398년 태조의 5남 이방원이 왕세자 이방석과 정도전 일파를 제거하기 위해 일으킨 군사쿠데타. 무인정사(戊寅靖社) 또는 '방원의 난'이라고도 부름.

320 절비(節妃): 왕비의 사후 높임말, 죽은 왕비의 시호(諡號).

미래를 찾아 과거 속으로

하지 못하셨단 말이오?"

"알고는 있었지만, 이성계가 왕세자 책봉을 이방석으로 현택(賢擇)[321]하겠다는 의지가 단호했고, 이방원이 그렇게 갑자기 군사를 일으켜 불시에 습격하리라는 예상은 전혀 하지 못했지요. 무인(武人) 출신이 아닌 이방원에게 그런 배포가 없으리라고 판단한 게 잘못이었소. 단언컨대 이방원의 부인인 여장부 같은 원경왕후민씨(元敬王后 閔氏)의 강권으로 이방원이 움직였고 모든 게 그녀의 계획대로 행해졌다고 생각하오. 이실직고하겠소. 조선왕조는 적장자 왕위 계승이 원칙인데 이성계가 그 원칙을 무시해 야기된 이방원의 '반정(反正, 본디 바른 상태로 돌림)'이었지요. 이방원의 '왕자의 난(亂)'이라고 부르는 건 옳지 않소. 결론적으로 소위 1차 왕자의 난이란 것은 이방원이 나를 포함한 신덕왕후 세력과 이방석 세력의 제거를 위한 군사쿠데타가 아니라, 적장자인 자신을 무시하며 적장자 계승의 원칙을 거스른 아버지 이성계에 대해 노골적으로 반기를 들은 것이오. 왕세자와 왕위를 뺏기 위한 이방원의 반란이 아니란 말이오. 뺏기 위해서라기보다 불법적으로 뺏긴 것을 적장자가 돌려받기 위한 정당한 반정(反正)[322]이었단 말이오. 왕위에 오를 때 이성계는 이미 57세로 나이가 많아 신권(臣權)의 힘에 의존할 수밖에 없었고, 나도 강력한 신권을 펴려면 나이가 어리고 마음이 유약한 방석이 왕위에 오르는 쪽이 방원 쪽보다 유리하다고 오판했던 것이오."

---

321 현택(賢擇): 현명한 선택. 왕위 또는 후계자를 선택할 때 지도력, 통솔력, 인격도야, 성품, 인맥 등 여러 가지 이유로 적장자 계승의 원칙을 따르지 않음.

322 반정(反正): 원래 바른 상태로 돌아감, 나쁜 왕을 쫓아내며 나라를 바로 세움.

"경기도 구리시의 동구릉(東九陵)에 있는 태조 이성계의 건원릉(健元陵) 신도비에는 고려 때 직급인 '奉化伯 鄭道傳(봉화백 정도전)'이라는 충신 작호 명칭과 '姦臣 鄭道傳(간신 정도전)'이라는 간신 지칭이 비석 양면에 각각 새겨져 있어 무척 혼란스럽소. 도대체 당신은 충신이었소? 간신이었소?"

"백성이 제일 귀하고 사직이 그다음이며 군주는 제일 가벼운 것이다(民爲貴 社稷次之 君爲輕)'라고 했습니다. '하늘이 백성을 버리면 그 하늘을 갈아 치우라'라는 가르침대로 나는 고려를 멸망시키고 역성혁명에 의해 조선을 세운 일등공신이니 고려 쪽에서 보면 간신이고 역적일 수 있겠지만, 조선 쪽에서 보면 충신이오. 즉위 당시 57세의 나이로 이미 연로한 태조 이성계의 왕권을 보위하기 위한 강력한 신권이 필요했소. 계비인 신덕왕후의 나이 어린 왕세자 방석의 왕위 계승은 내 뜻이 아니었고, 나는 태조의 명을 따르기 위해 정비 원경왕후의 적장자 이방원 세력의 제거를 도모하다 역습을 당해 죽게 되었소. 역사 기록은 승자(勝者)들의 기록이니, 나의 간신이라는 역사적 평가는 당연하오. 어쩔 수 없는 일이오. 그러나 내가 이념적·정치적·사회적·종교적으로 이상적인 국가, 조선을 설계하고 오랜 세월 왕을 중심으로 강력한 신권(臣權)의 나라를 만들기 위해 평생 편찬한『삼봉집(三峯集)』[323]『경제문감(經濟文鑑)』[324],『불씨잡변(佛雜辨)』[325]등을 보시면 내가 충신인지 간신인지 충분히 분별할 수 있을 것이오. 역사의 기록은 승

---

323 삼봉집(三峯集): 정도전의 평생에 쓴 글을 모아 편찬한 서적.

324 경제문감(經濟文鑑): 정도전이 편찬한『조선경국전(朝鮮經國典)』중 치전(治典)의 내용을 보완한 정치 서적.

325 불씨잡변(佛氏雜辨): 정도전의『三峯集(삼봉집)』제9권에 수록되어 있으며, 정도전이 유교적 관점에서 편찬한 불교에 대한 철학적 비판이라 정도전의 독단과 편견으로 저술한 서적이라는 부정적 평가가 있다.

자들의 기록이며 승자는 자신의 행적의 당위성과 적법성을 강변하기 위해 패자를 역적과 간신으로 낙인찍기 마련이오. 나라도 임금도 백성을 위해 존재할 때만 가치가 있는 것이오. 사상가이며 혁명가인 나는 조선 건국과 기틀을 마련하고자 하는 나의 역사적 소명을 다했을 뿐이고, 내 이름 '도전(道傳)'이 의미하는 것같이 하늘이 가리키는 대로 그 길을 따라갔을 뿐이오. 역사적 인물들이 충신이든 간신이든 후세의 당신들은 모두 그들의 후예임을 부정할 수는 없소. 내가 충신인지 역적인지 나도 모르오. 충신이니 간신이니 그런 훗날 역사적 평가는 정확하지도 않고 의미도 없소."

'선인교(仙人橋)[326] 내린 물이 자하동(紫霞洞)[327]에 흐르니,

반천년(半千年) 왕업(王業)이 물소리뿐이로다.

아이야, 고국흥망(故國興亡)을 물어 무엇하겠느냐?'

---

326 선인교(仙人橋): 개성 자하동에 있는 다리.

327 자하동(紫霞洞): 개성 송악산 기슭에 있는 경치 좋기로 알려진 마을.

23. 오동나무(로 만든 뒤주)여 오동나무여! 내가 사도세자 죽인 것을 후회하며 돌아오길 기다리노라

융릉(隆陵)

조선 22대 왕 정조(正祖)의 아버지이자 사도세자로 알려진 장조(莊祖)와
혜경궁 홍씨로 널리 알려진 헌경의황후(獻敬懿皇后)의 합장릉

경기도 화성 안녕동

(https://ko.wikipedia.org)

終至於萬古所無之事 使白首之父

作萬古所無之事乎

嗚呼 所惜者其姿 所歎者述編

嗚呼 是誰之愆[328]

卽予不能教導之致

於爾何有...(中略)

爾何心使七十其父遭此境乎

(英祖의 御製誌文, 思悼世子墓[329])

---

328 愆(건): 허물, 죄.

329 英祖의 御製誌文, 思悼世子墓: 영조의 친필 어서(御書)를 필사한 사도세자의 묘지문.

끝내는 만고에 없던 변고에 이르러, 백발이 성성한 아비가

만고에 없던 일을 저지르게 하였느뇨?

아아, 안타까운 네 모습이여, 한탄스러운 네가 저지른 일들.

아아, 이는 누구의 허물인고 하니

바로 내 너를 능히 교도(教導)하지 못한 소치일지니

네게 무슨 허물이 있으리오…? (중략)

네 무슨 마음으로 일흔의 아비를 이런 지경에 이르게 했느뇨?

사도세자(思悼世子)는 조선 21대 왕 영조(英祖)와 후궁(後宮) 영빈이씨(暎嬪 李氏) 사이에서 태어났으며, 그가 죽은 후 부왕 영조에 의해 내려진 시호(諡號)이다. 이름은 선(愃), 본관은 전주(全州), 자는 윤관(允寬), 호는 의재(毅齋)이다. 『열성어휘(列聖御諱)』[330]에 장헌세자(莊獻世子, 사도세자)의 이름이 '훤(煊)'으로 기록되어 있으니, 사도세자의 이름은 '이선'이 아니라 '이훤'으로 부르는 것이 옳다. 부왕과의 극심한 갈등과 마찰로 미움을 받다가 1762년 (영조 38년) 어명으로 뒤주에 갇혀 아사하였다. 부인 헌경왕후(혜경궁 홍씨)는 후일 그녀의 저서 『한중록(閑中錄)』에서 그가 의대증(衣帶症)[331]과 조울증 등 정신질환을 앓았다고 고백했으며, 실록에도 그의 병이 기록되어 있다. 영조가 42세의 나이에 얻은 금지옥엽 늦둥이 사도세자가 어려서부터 총명하여 학문에 큰 기대를 걸었지만, 사도세자는 무술 연마에만 집중하며 15세 때에 50킬로 무

---

330 열성어휘(列聖御諱): 1987년 고종 때 발견된 책으로 조선 역대 임금의 이름이 수록되어 있음, 저자와 편자는 미상.

331 의대증(衣帶症): 쉽게 결정을 내리지 못하는 우유부단함. 옷 하나 입으려면 귀신의 혼이 옷에 있다거나 옷감이 이상하다며 수십 번 옷을 갈아입어야 하는 정신적 질환, 의존성 성격장애 혹은 우울증 환자에게서 볼 수 있는 증상.

게의 청룡언월도까지 휘두르며 학문에만 정진하라던 아버지와의 소통은 점점 사라졌다. 영조의 정비(正妃)인 정성왕후(貞聖王后)가 죽자 66세 늙은 나이에 혼례를 올린 15세 나이의 계비(繼妃) 정순왕후(貞純王后)는 영조의 아들 사도세자와 혜경궁 홍씨보다 열 살이나 어린 나이로 아들은커녕 공주도 출산하지 못한다. 영조는 자신의 왕좌 즉위를 도운 노론에게 부채가 없는 사도세자가 노론과 각을 세우는 소론의 지지를 얻어 부자간의 갈등은 깊어졌다. 집권세력인 노론이 사도세자의 허물과 병의 증세를 영조에게 과장해 이간질하며 아버지와 아들의 사이를 돌이킬 수 없게 벌려놓을수록 사도세자는 우울증 등 정신질환 증상이 심해져 그 사실을 자신의 장인 홍봉한에게 고백한 적도 있다. 궁궐 후원에 무덤을 만들고 환관과 노비 등을 이유 없이 죽이거나 궁궐에 불을 지르고, 기생, 승려들과 밤낮으로 음란한 짓을 일삼았다. 그렇지 않아도 경종(景宗) 독살설 의혹에 시달리던 영조는 경종의 궁녀들이 보살핌 속에 살던 사도세자가 성장한 후 행한 탈선과 비행을 참지 못하자 아들 사도세자를 죽였다. 1762년 (영조 38년) 대리청정하에 있던 사도세자는 영조의 명에 의해 창경궁 내 휘령전(徽寧殿) 앞마당에서 뒤주에 갇힌 지 8일 만에 27세의 젊은 나이로 비극적인 죽음을 맞이했다(임오화변壬午禍變). 사도세자의 아들 정조는 즉위하자마자 아버지 사도세자에게 장헌(莊獻)의 존호를 붙였으나 노론의 반대로 왕으로는 추존하지 못했다. 한성 동대문 밖 지금의 휘경동 배봉산(拜峯山)에 있던 아버지 사도세자의 수은묘(垂恩墓)를 수원 화산(華山, 지금의 華城시 안녕동)으로 이장하고, 묘(墓)라는 낮은 격식에서 원(園)으로 격상시켜, '극진하게 모신다'라는 의미로 현륭원(顯隆園)이라고 개명하였다. 조선 말기(1899년) 26대 고종은 아버지를 왕으로 추존하고 싶어 했던 정조의 비원(悲願)을 뒤늦게 알고 족보상 자신의 고조부인 사도세자 장헌(莊獻)을 장조의황제(莊祖懿皇帝)로 추존했으며, 현릉원(顯隆園)이라는 명칭도 융릉(隆陵)으로 높여 지금에 이르고 있다. 아들 정조가 뒤주 속에 갇혀 죽은 아버지의 무덤을 감히 똑바로 바라볼 수 없어 다른 왕릉과 달리 무덤을 정자각(丁字閣)에서 무덤을 바라볼 때 오른쪽으로 약간 비켜 세웠다는 얘기가 전해져 오고 있다.

첨언

1968년 11월 동대문구 휘경동 뒷산에 신축공사 중 청화백자 속에 보관된 다섯 장의 묘지문이 출토됐다. 1762년 영조가 아들 사도세자를 뒤주에 가둬 죽인 후 배봉산 흉지에 조성된 사도세자의 첫 번째 무덤 수은묘(垂恩墓)에 묻은 묘지문이다. 정조는 1776년 즉위 즉시 수은묘를 영우원(永祐園)으로 격상시킨 후 1789년 아버지 산소를 옮기며 이름을 현륭원(顯隆園)으로 바꿨다. 영조는 묘지문에 다음과 같은 추도문을 썼다.

'아~, 예로부터 무도(無道)한 임금이 한없이 많았으나 세자 때에 이와 같다는 얘기는 내 아직 들어본 적 없노라. 그는 본래 풍요롭게 태어났지만, 능히 마음을 다스리지 못하고 미치광이(狂人)로 되어가더라. 온종일 뒤늦게라도 태갑(太甲)의 뉘우치기를 바랐지만, 끝내는 만고에 없던 변고에 이르러, 백발이 성성한 아비가 만고에 없던 일을 저지르게 하였느뇨? 아아, 안타까운 네 모습이여, 한탄스러운 네가 저지른 일들. 아~, 이는 누구의 허물인가? 바로 내 너를 능히 가르쳐 이끌지 못한 소치일지니 네게 무슨 허물이 있으리오. 아~, 열사흗날의 일을 어찌 내가 즐거운 마음으로 하였으랴, 어찌 내 즐거운 마음으로 하였

으랴. 네가 만약 일찍 내게 돌아왔다면 어찌 이런 시호가 있었으랴.'

'噫, 自古無道之君 何限 而於世子時若此者 予所未聞. 其本生於豊 不能
攝心 流於狂也. 夙夜所望若太甲之悔悟 終至於萬古所無之事 使白首之
父 作萬古所無之事乎? 嗚呼, 所惜者其姿 所歎者述編. 嗚呼, 是誰之愆?
卽予不能敎導之致 於爾何有. 嗚呼, 十三日之事 豈予樂爲. 豈予樂爲. 爾
若早歸 豈有此諡.'
(英祖의 御製誌文 중에서, 思悼世子墓)

주해

噫(희): 탄식하다. 아~.

予(여): 나.

夙夜(숙야): 이른 아침부터 밤늦게까지.

太甲之悔悟(태갑지회오): 태갑의 늦은 뉘우침. 太甲(태갑)은 중국 상나라
군주로 탕왕 손자였으나 포악한 성격으로 즉위하자마자 쫓겨난 왕. 크
게 뉘우친 태갑은 3년 후 다시 즉위함.

영조가 갑자기 사도세자를 호출했다. 자신의 운명을 직감한 사도세
자는 영조가 세손을 아끼니 세손의 휘항(揮項)[332]을 쓰고 가면 영조의
마음이 누그러져서 용서하리라고 생각하며 아내 혜경궁 홍씨에게 이
른다.

"내가 학질에 걸렸으니 세손(世孫, 정조)의 휘항을 달라."

---

332 휘항(揮項): 조선 시대 양반가에서 흔히 쓰던 방한모의 일종으로, 머리부터 목과 어깨까지 덮어 추위를
예방하는 덮개.

미래를 찾아 과거 속으로

혜경궁 홍씨가 세손의 휘항이 너무 작다고 거절한다.

창경궁 문정전(文政殿) 앞마당으로 끌려가 무릎을 꿇은 세자가 호소한다.

"제가 죽어야 할 죄가 무엇입니까?"

세자는 지은 죄를 뉘우친다며 용서를 애걸했지만, 영조는 세자에게 칼을 주며 자결하라고 명령했다. 이를 말리던 세자의 스승 임덕제가 어린 세손(정조)을 데려와 세손을 봐서라도 세자를 살려주기를 간언했지만, 영조의 마음은 단호했다. 영조는 세자를 뒤주에 가두고 물이나 음식을 주지 말라고 명한다. 뒤주에 갇힌 지 8일째 되는 날 세자는 목숨을 거둔다. 사도세자가 죽었다는 말을 듣고 영조가 이른다.

사도세자(思悼世子)가 훙서(薨逝)[333]하였다. 교지에 이르기를,

"이미 이 보고를 들은 후이니, 어찌 30년에 가까운 부자간의 은혜로움을 잊을 수가 있겠는가? 세손(世孫)의 마음을 생각하고 대신(大臣)의 뜻을 헤아려 단지 그 호(號)를 회복하고, 겸해서 시호(諡號)[334]를 사도세자(思悼世子)라 이름 짓노라."

思悼世子薨逝. 教曰,
'旣聞此報之後, 豈不思近卅載父子之恩乎? 顧世孫之心, 諒大臣之意, 只復其號, 而兼諡以名曰思悼世子.'
(英祖實錄. 英祖 38年 5月 21日)

---

333 훙서(薨逝): 임금 또는 귀족의 죽음을 높여 부르는 말.

334 시호(諡號): 죽은 인물에게 국가에서 내려주는 이름.

卅(삽): 삼십, 서른.

영조실록에는 어쩔 수 없이 아들을 죽여야만 했던 영조가 아버지의 슬픈 마음으로 죽은 아들의 시호를 '사도(思悼)'라는 시호(諡號)를 내렸다는 기록이 있는데, 왠지 믿음이 안 간다. 아들을 뒤주 속에 가두고 물 한 모금 안 주며 8일 동안 쳐다보지도 않은 비정(非情)한 아버지가 아들 죽자마자 갑자기 돌변해 슬픈 마음으로 애도하는 마음을 가질 수 있을까? 묘지 추도문에 아들을 미치광이라고까지 언급한 아버지가 느닷없이 '부자간의 은혜로움을 잊을 수가 없다.'라며 슬퍼하며 사도세자(思悼世子)라는 시호를 내렸다니 상식적으로 이해하기 힘들다. 더욱이 조선 시대 시호(諡號)와 관련된 업무는 의례(儀禮)와 국장(國葬) 담당 부서인 예조(禮曹)의 정2품 계제사(稽制司) 관리가 시호법(諡號法)에 따라 이름 짓는 게 관례였다.

追悔前過曰思. 思而能改. 추회전과왈사 사이능개

이전의 과오를 뉘우쳤을 때를 가리켜 '사(思)'라 한다.
'사(思)'는 (그런 과오를) 능히 고친 것이다.

年中早夭曰悼. 年不稱諡. 연중조요왈도 연불칭지

한여름에 일찍 죽었을 때를 가리켜 '도(悼)'라 한다.
그 해가 아니라면 칭하거나 부를 수 없다.
예조(禮曹)의 계제사(稽制司)에서 세손(정종)의 왕위 계승과 정통성에 피해를 주지 않기 위해, 폭군 연산군과 달리 세손의 생부 사도세자는 미치광이였지만 뒤늦게라도 과오를 뉘우치고 죽었다는 의미의 '사도(思悼)'라는 시호(諡號)를 올리고 영조가 윤허(允許)[335]했다고 보는 게 옳을 듯하다.

以心傳心 인터뷰

"부왕 영조께서는 즉위를 도운 노론의 지위를 인정하면서도 경종을 지지했던 소론과의 신권(臣權) 세력 균형을 위해 탕평책을 펼쳤습니다. 이에 불만을 품은 노론 세력이 소론의 지지를 받는 당신을 험담하고 공격하는 건 당연하지 않았습니까? 부왕과 노론에게 친화적이지 못해 죽게 된 원인이 당신의 혈기왕성하고 굽히기 싫어하는 자신의 성격 때문이 아니었나요? 아니면 부인 혜경궁 홍씨가 한중록에서 서술했듯이 여색과 살인, 의대증(衣帶症)과 우울증 등 정신질환 때문이었나요?"

"나는 부왕께서 원하는 대로 학문에 열중하는 모범생으로 살며 왕위를 계승할 수도 있었습니다. 노론 세력을 외면할 수 없었던 아버님께서는 그들의 세력을 견제하기 위해 소론 세력도 등용하는 탕평책을 폈지만, 결국 뜻을 이루기 힘들게 되자 그 책임을 내게 돌리기 위해 나를 희생양으로 선택하셨소. 내가 아버님의 사랑을 잃은 마음이 편치 못해 심적 고통을 장인 홍봉한에게 고백한 적도 있으니, 내가 정신적으로 정상이 아니었다는 말도 틀린 말은 아니오. 그러나 후궁 숙

---

335 윤허(允許): 임금이 신하의 청을 허락함. 판하(判下) 혹은 재가(裁可)와 같은 의미.

의 문씨(淑儀 文氏)의 고자질과 험담은 참을 수가 없었고, 내가 저질렀다는 궁궐 방화는 그녀의 오빠 문성국(文聖國)이 나를 모함하기 위해 꾸민 이간계였지요. 내가 수많은 사람을 죽이고 여색(女色)에 빠진 정신병자였다는 내 아내 혜경궁 홍씨의 『한중록』 기록도 나를 정신병자로 치부하며 친정을 옹호하고자 쓴 정치적 글이라는 후세의 평가도 적지 않소. 내 아내, 혜경궁 홍씨는 자신과 노론인 친부 홍봉한(洪鳳漢)과 세손 정조에게 화가 미치는 피해를 보느니 차라리 이미 마음에서 떠난 나를 죽이겠다는 시아버지 영조의 눈치를 감지하고 따른 것이오. 결론적으로 나의 죽음이 나의 비행과 정신질환 때문이었다고 쳐도 그 원인도 따지고 보면 노론과 소론 계파 싸움에서 비롯된 것이오. 노론의 여흥 민씨·경주 김씨 등 노론 세력과 함께 나의 장인 홍봉한을 포함한 풍산 홍씨 가문이 나를 지지하는 소론세력을 제거하는 붕당 싸움으로 내가 희생된 것이지요. 정순왕후가 노론 세력의 배후였다고 봅니다."

"부왕 영조께서는 중죄인에 대한 사사(賜死)의 형벌을 택하지 않고 뒤주 속에 가둬 굶어 죽게 하는 전혀 예상치 못한 방식을 택하였습니다. 그 이유가 무엇이었다고 생각하십니까?"

"당신이 사는 21세기에도 존속살인의 경우 피고가 마약, 알코올, 정신질환 등 병적 증상이 있으면 처벌하지 않고 치료감호부터 하지 않소? 정신질환의 이유로 나를 뒤주 속에서 죽게 한 부왕의 결정은 국법상으로도 도의적으로도 옳지 않은 선택이었소. 조선 시대에는 법적으로도 윤리적으로도 죄인의 아들의 왕위 계승은 불가능합니다. 세손 정조가 동궁에 있을 때부터 떠돈 말이 있었습니다. (有罪人之子 不可承統

유죄인지자 불가승통. 죄가 있는 자의 아들은 왕통을 이을 수 없다) 역모죄로 나를 죽이면 국법에 따라 사랑하는 세손도 죽여야 하니 그럴 수는 없고, 나를 죽이되 세손은 후계로 삼기 위해 남겨둬야 하니 나를 역모죄가 아닌 미치광이 정신병자로 취급해 죽이는 방식을 취했다고 봅니다. 부왕이 즉위한 후 평생 경종 독살설로 시달리셨는데 내게 사약을 내리면, 자신이 이복형 경종과 친아들인 나를 모두 독살한 패륜적 군주로 낙인찍히는 것은 유교 윤리적 가치에서 보아도 있을 수 없는 일이오. 그게 두려워 나를 사사(賜死)하지 않은 게요.”

“부왕 영조께서 당신을 죽인 후에 크게 후회하며『금등지사(金縢之詞)[336]』를 적은 친필 어서(御書)를 적어 당신의 신위가 모셔진 창덕궁 수은묘(垂恩廟)[337] 사당에 은밀히 숨겨놓았습니다. '오랜 세월 나는 그리워하노니, (네가) 돌아오기를 바라고 바라노라(千秋予懷, 歸來望思).'라는 글이 있습니다.”

주해

금등지사(金縢之詞): 금등(金縢)은 비밀문서를 쇠줄로 묶어 단단히 봉해 넣어둔 상자를 일컫는 말로 영조가 사도세자를 죽인 일을 후회하며 쓴 모두 20자로 된 글이다. 1793년(정조 17)에 정조는 영조가 작성해 봉인해 개봉할 수 없는 이 문서를 파격적으로 공개했다.

---

336 금등지사(金縢之詞): 비밀문서를 쇠줄로 묶어 단단히 봉해 넣어 개봉할 수 없는 문서, 영조가 사도세자를 죽인 일을 후회하며 쓴 글.

337 수은묘(垂恩廟): '우러러 사모한다.'라는 의미로 사도세자의 신위(神位)를 모신 사당, 서울 종로구 대학로 서울대 의과대학 예전 위치.

"피 묻은 적삼이여, 피 묻은 적삼이여!

누가 안금장(安金藏)과 전천추(田千秋)이란 말인가?

오동나무(로 만든 뒤주)여 오동나무(로 만든 뒤주)여!

내가 사도세자 죽인 것을 후회하며 돌아오길 기다리노라."

血衫血衫 孰是金藏千秋 桐兮桐兮 余悔望思之臺

주해

血衫(혈삼): 피 묻은 적삼.

孰(숙): 누구, 어느.

桐(동): 오동나무.

兮(혜): 어조사.

余(여): 나, 자신, 나머지(餘).

安金藏(안금장), 田千秋(전천추): 당나라 때 충신 안금장(安金藏)과 한나라 때 바른말로 간청한 충신 전춘추(田千秋)를 가리킴. 한나라 무제는 강충(江充)의 참소로 여태자(戾太子)를 죽였으나, 훗날 모함이었던 것을 알게 된 무제가 강충의 일족을 멸하고, 태자 죽인 일을 후회하며 태자가 돌아오길 바라며 지었다 한다. (歸來望思之臺)

"포악한 성격의 아들이 반역까지 꿈을 꿔 죽였지만, 그래도 아버지로서 아들을 죽인 죄책감과 그리움에 사무쳐 크게 후회하신 것 같습니다. 부친 영조와 정순왕후께서 함께 누워 계신 경기도 구리시 동구릉 원릉(元陵)은 당신이 누워있는 화성의 융릉과 그리 멀지 않지요. 아직도 부자간 갈등으로 외면하십니까? 아니면 지난 일 다 잊고 가끔 만나 인사드리고 덕담도 나누시는지요?"

미래를 찾아 과거 속으로

"1728년 아바마마(영조)가 즉위한 지 4년 만에 이복형 경종의 독살에 노론과 부왕 영조가 개입되었다 하여 영조 정통성을 문제 삼아 영남지방에서 소론세력의 지원으로 '이인좌(李麟佐)의 난'이 일어났지요. 소론세력의 반감을 무마하기 위해 탕평책을 썼지만, 아바마마 영조는 훈구파 노론 세력을 무시할 수 없었으며, 노론이 소론의 지지를 받던 나를 정신병자 대역죄인으로 모함하니 왕 자신도 어쩔 수 없었던 게요. 왕세자인 나를 대역죄인으로 죽이면 세손 이산과 며느리 혜경궁 홍씨도 처벌해야 하는 문제가 있어, 나만 폐서인(廢庶人)시킨 것이오. '罪人之子不爲君王'이오, 죄인의 아들은 왕이 될 수 없는데, 내 아들 정조는 왕이 되었소. 아바마마는 나의 아들 이산을 자신의 요절한 첫아들이자 나의 형뻘인 효장세자(孝章世子)의 양자로 삼아 왕위 후계자로 삼아, 폐서인의 자식이 아닌 왕손으로서의 정통성을 지키려 했던 것이오. 나를 폐서인으로 만들어 죽이기를 권했던 나의 어머니 영빈이씨(暎嬪 李氏), 내 친어머니 맞소? 심히 원망스럽소! 여하튼 『금등지사(金 之詞)』를 통해 양심선언 했듯이 아바마마 영조는 사후에도 날 죽인 것을 후회하며 그리워하고 있소. 정순왕후와 누워계신 동구릉 원릉에 문안 인사 올리러 가면 가끔 이렇게 말씀하시며 믿어달라 부탁하십니다."

"후회한다, 미안하다, 사랑한다."

"역린(逆鱗)[338]을 거슬려 왕인 나의 노여움을 샀으며 逆賊之子는 不爲君王이니(역적의 아들은 왕이 될 수 없으니), 아들 사도세자는 죽어 마땅

---

338 역린(逆鱗): 용의 목에 거꾸로 난 비늘. 임금의 분노. 이 비늘을 건드리면 용이 화를 낸다는 의미로 왕이 분노하여 화를 입게 된다는 『韓非子한비자』의 「說難編세난편」에 나오는 얘기이다.

했다. 그래도 아들을 죽게 만든 것을 나는 후회한다!"

"아들 사도세자를 실제로 뒤주에 가둬 죽인 사람은 내가 아니라, 아들을 죽이길 원했던 영빈 이씨(사도세자의 친어머니)와 며느리 혜경궁 홍씨의 아버지이자 노론의 영수인 영의정 홍봉한이며 모든 책임은 나의 계비 정순왕후에게 있다!"

"나는 형님 경종³³⁹을 독살하지 않았다!"

"『史記』의 내용은 황당무계하여 배울 가치조차 없는 서적이다. '이모비야(爾母婢也)³⁴⁰'라는 글귀를 나의 출신성분과 연결 짓지 말라!"

---

339 경종(景宗, 1688~1724): 조선 20대 왕으로 숙종과 희빈 장씨 사이에서 태어난 아들. 재위 기간은 4년. 영조 4년(1728)에 '영조가 경종 독살범'이라는 명분을 내세우며, 이인좌가 난을 일으켰으며, 이인좌는 군영 안에 경종의 위패를 설치하고 곡을 하며 민심을 샀다 함.

340 이모비야(爾母婢也): '네 어미는 종년이다.' 『사기열전(史記列傳)』의 「노중련전(魯仲連傳)」에 나오는 말로 영조는 친어머니 무수리 최씨가 천민 출신이라는 사실이 자신의 왕권 정통성 유지에 부정적 영향을 준다 생각하며 평생 고심하였으며, 『사기열전』도 금서로 규정했다.

　　　　　　　　　　　　　　　　　　미래를 찾아 과거 속으로

24. 아~ 과인은 사도세자(思悼世子)의 아들이노라

건릉(健陵)

조선 22대 왕 정조(正祖)와 효의황후(孝懿王后)의 합장릉
경기도 화성시 안녕동

1776년 3월 10일 경희궁 숭정전(慶熙宮[341] 崇政殿)에서 정조가 즉위했다. 정조는 빈전 앞뜰에서 대신들을 접견하며 이렇게 윤음(綸音)[342]을 내렸다.

"嗚呼! 寡人思悼世子之子也 先大王爲宗統之重 命予嗣孝章世子, 嗚呼!
前日上章於先大王者, 大可見不貳本[343]之予意也"

(正祖實錄 1卷, 正祖 卽位年 3月 10日, 太白山史庫本 1冊 1卷 2章 B面)

---

341 慶熙宮(경희궁): 조선 15대 왕 광해군 때 지어진 궁궐로 임금이 본궁(本宮)을 떠나 잠시 머물던 이궁(離宮). 원래 인조의 아버지인 원종의 사저가 있던 곳으로, 지금의 서울 종로구 새문안로에 위치.

342 윤음(綸音): 임금이 신하에게 내리는 말. 윤언(綸言), 윤지(綸旨)와 동일.

343 不貳本(불이본): 근본이나 법통을 둘로 하지 말라는 의미.

"아! 과인은 사도세자(思悼世子)의 아들이다. 선대왕께서 종통(宗統)[344]의 중요함을 위하여 나에게 효장세자(孝章世子)를 이어받도록 명하셨다. 아! 이미 선대왕께 올린 글에 근본을 둘로 하지 말라 하였다."

아버지 사도세자 죽음을 둘러싼 노론의 의혹과 책임에 더는 개입하지 않고, 소론과 동등하게 탕평책을 쓰겠다는 선언이었다. 그러나 한 달도 채 안 되어 정조는 자신의 대리청정을 극구 반대한 친모 혜경궁 홍씨의 삼촌인 노론 예조판서 홍인한을 사약을 먹여 죽이고, 노론의 두둔 세력인 왕대비 정순왕후의 오빠 김귀주를 유배 보냈으며, 혜경궁 홍씨의 친부인 영의정 홍봉한을 파직시키는 등 어머니 혜경궁 풍산(山) 홍씨의 친정 가문에 칼을 대며 노론 숙청을 감행했다.

정조(正祖, 1752~1800)는 조선 22대 왕이다. 이름은 이산(李祘), 본관은 전주(全州), 자는 형운(亨運), 호는 홍재(弘齋)이며 할아버지인 영조(英祖) 28년에 사도세자(思悼莊獻世子, 1735~1762)와 혜경궁 홍씨(惠慶宮 洪氏) 사이에서 차남으로 태어났으나, 출생 전에 형인 의소세손(懿昭世孫)이 요절하여 태어나자마자 곧바로 왕세손(王世孫)으로 책봉되었다. 1762년 8월에 할아버지 영조가 창경궁 내 휘령전(徽寧殿) 앞마당에서 아버지 사도세자를 뒤주에 가둬 처참하게 죽이려 하자 '아버지를 살려달라'고 눈물로 호소하였지만, 한 번도 꾸짖은 적이 없을 정도로 사랑하고 아끼던 손주의 애원을 영조는 매정하게 뿌리치고 아버지 사도세자는 뒤주 속에서 8일 만에 숨을 거둔다(임오화변, 壬午禍變). 사도세

---

344 宗統(종통): 宗家의 계통.

자의 시신은 한성 동대문 밖 지금의 휘경동 배봉산(拜峯山) 기슭에 묻었다. 아들 정조는 평생 지울 수 없는 통한(痛恨)과 마음의 상처와 고통을 안은 채 이미 죽은 영조의 맏아들 효장세자(孝章世子)의 양자로 입적되어 왕통을 이었다. 1775년부터 영조의 대리청정으로 국가의 정사를 돌보았다. 1776년 영조가 죽자 23세의 나이로 왕위에 올라 아버지 사도세자(思悼世子)의 존호(尊號)를 '장헌(莊獻)'이라 하고, 동대문 밖 배봉산에 있던 아버지 사도세자의 수은묘의 봉호(封號)를 '영우원(永祐園)'이라 격상시키고 사당을 '경모궁(景慕宮)'이라 하였으며, 아버지 사도세자의 수은묘(垂恩墓)에 있던 시신을 1789년 수원 화산(華山, 지금의 華城시 안녕동)으로 이장하고, 묘(墓)라는 무덤 호칭의 낮은 격식에서 원(園)으로 격상시켜, '극진하게 모신다'라는 의미로 '현륭원(顯隆園)'이라고 개명했다. 조선 말기(1899년) 26대 고종은 아버지를 왕으로 추존하고 싶어 했던 정조의 비원(悲願)을 뒤늦게 알고 족보상 자신의 고조부인 사도세자 장헌(莊獻)을 장조의황제(莊祖懿皇帝)로 추존했으며, 현륭원(顯隆園)이라는 명칭도 융릉(隆陵)으로 높여 지금에 이르고 있다. 정조의 문집 『弘齋全書 173卷 日得錄 13』[345]에는 그가 사망하기 2년 전인 1798년 '만천명월주인옹(萬川明月主人翁)[346]'이라는 새로운 호를 지었다는 글이 있다. 규장각(奎章閣) 제도를 정비하여 당파싸움과 무관한 젊고 유능한 다산 정약용, 박제가 등 개혁파 실학자들로 왕권 친위 문신 세력을 만들고, 왕실 최정예 친위부대인 장용영(壯勇營)을 설치하여 문

---

345 弘齋全書 日得錄(홍재전서 일득록): '홍재(弘齋)'는 정조의 호로, 정조가 동궁 시절부터 국왕 재위 기간 지었던 여러 시문(詩文)·윤음(綸音)·교지 등을 수록한 문집. 총 184권 100책이며 권161~178의 일득록(日得錄)에는 정조가 경연 등 제반 행사에서 대신·각료·유생들과 나눈 대화와 내용이 수록되어 있다.

346 만천명월주인옹(萬川明月主人翁): 정조의 자호(自號). 자신을 달로 세상 사람들을 물로 비유하여 하늘에 하나뿐인 달이 세상의 모든 물에 비칠 때 형태에 따라 비칠 뿐 하늘에 떠 있는 달은 그대로 밝다고 하여, 세상과 상대하는 정조 자신의 처세와 의지를 나타내고 있다(弘齋全書 卷 10 序引 3).

무(文武)를 아우르는 강력한 왕권으로 노론 세력의 압박을 견제했다. 수원에 계획도시 화성과 행궁을 건설한 후 화성에서 장용영 군사훈련도 직접 지휘하며 강력한 왕권을 노론에게 과시했다. 수원 화성 건설을 통해 정조는 그의 개혁정치 실체를 구현했으며, 1795년 그가 즉위한 지 18년 되던 해, 어머니 혜경궁 홍씨의 회갑연을 위해 8일간에 걸쳐 서울에서 56km 떨어진 수원 화성으로 행차한다. 아버지 사도세자가 뒤주에서 8일째 되는 날 세상을 떠났으니 8일간 화성 행차도 큰 의미가 있다고 하겠다. 장용영 친위부대를 포함한 6,000명을 동반한 대규모 행차였다. 수원의 아버지 무덤 융릉을 조성한 후 12번 참배 행차했으며 한강을 건너기 위해 큰 배를 건조하거나 토목공사를 하지 않았고 다산 정약용은 36척의 배를 횡으로 연결하여 1km가 넘는 배다리를 긴 참배행렬이 무사히 건널 수 있게 하였다.

정조는 11세 어린 나이에 아버지 사도세자의 뒤주 속 죽음을 직접 목격하고, 24년간 재임 기간 중 노론 세력의 모함으로 시달렸으며, 즉위 1년도 안 되어 7번이나 암살 시도를 겪어야 할 정도로 늘 신변에 위협을 느끼며 살았으나, 세자 때부터 비서였던 홍국영,『금등지사(金縢之詞)』[347]의 내용을 알려준 채제공, 노론 벽파 심환 등의 도움으로 치세 안정을 도모했다. 서얼 폐지와 노비 혁파도 시도한 애민군주로 조선 전기의 성군 세종대왕과 비견할 만큼 많은 업적을 남긴 조선 후기의 개혁 군주이며 성군으로 평가된다. 정조는 1800년 1월 1일 왕세자 순조의 세자빈을 김조순의 딸로 결정하고 그해 6월 28일 창경궁(昌慶宮) 영춘헌(迎春軒)에서 49세 나이로 승하했으며 그의 시신은 현륭원

---

347 금등지사(金縢之詞): 비밀문서를 쇠줄로 묶어 단단히 봉해 넣어 개봉할 수 없는 문서. 영조가 사도세자를 죽인 일을 후회하며 쓴 글.

(顯隆園, 健陵) 동쪽 언덕에 안장되었다.

첨언

1762년 윤5월 21일 창경궁 내 휘령전(徽寧殿) 뙤약볕 앞마당에 놓인 소주방(燒廚房)[348] 쌀 담는 궤인 뒤주 옆에 사도세자가 용포(龍袍)[349]도 벗은 채 엎드려 울부짖는다.

"아버님, 잘못하였으니 이제 하라는 대로 하고, 글도 읽고 말씀도 다 들을 것이니 이리하지 마소서!"

영조의 바짓가랑이를 붙잡고 11세 어린 나이의 세손 정조도 울부짖으며 애원한다.

"할바마마, 아버님을 용서해 주소서! 아버님을 살려주소서!"

영조는 포도대장 구선본에게 세손을 대궐 밖으로 데리고 나가라 엄명을 내린다.

이미 폐서인이 된 부인 혜경궁 홍씨와 아들 세손(정조)이 궁궐 밖으로 쫓겨나 대문 앞에서 가슴을 부여잡고 통곡한다.

7일째 되는 날 군사들이 뒤주를 흔들어대며 조롱한다.

---

348 소주방(燒廚房): 불을 쓰는 부엌, 주방. 조선 시대 왕과 왕실의 음식을 만드는 주방으로 왕의 음식 재료를 보관하는 수라간(水剌間)이라고도 부름.
349 용포(龍袍): 조선 시대 군주, 태자, 왕이 평상시 입었던 평상복으로 곤룡포(袞龍袍)의 준말.

"떡 줄까? 술 줄까?"

뒤주 속 사도세자의 희미한 음성이 들려온다.

"어지럽다. 인제 그만 흔들어다오."

이것이 사도세자의 이승에서 마지막 남긴 말이다.

8일째 되는 날 사도세자는 결국 뒤주 속에서 굶어 죽으니 아들 세손은 비통한 마음으로 땅을 치며 울부짖는다.

영조가 이미 요절한 맏아들 진종 대왕(眞宗大王, 효장세자)의 아들로 입적하여 왕위를 계승케 하니(정조 13세, 1764년), 정조는 법률적으로 사도세자의 아들이 아니며, 어머니도 혜경궁 홍씨가 아닌 효순왕후(孝純王后) 조씨(趙氏)가 되어 정조는 또다시 괴로움과 슬픔에 젖는다. 할아버지 영조가 아버지 사도세자를 죽이는데 그 누구도 막거나 슬퍼하지 않는 비정한 세상인심에 恨이 맺힌다. 11세 나이의 어린 정조가 살해 위협까지 받으며 두렵고 무서운 삶을 보내며 쓴『尊賢閣日記(존현각일기)』[350]의 1775년 2월 5일 기록에는 어린 세손 정조의 아래와 같은 고백이 있다.

"두렵고 불안하여 차라리 죽고 싶다."

---

350 尊賢閣日記(존현각일기): 일성록(日省錄)의 모태가 된 일기로 정조가 세손 시절부터 쓴 문서.

미래를 찾아 과거 속으로

영조는 아들을 죽인 죄책감으로 정조에게 왕위를 계승하고자 하였지만, 사도세자의 죽음에 원죄가 있는 노론벽파(老論僻派)[351] 훈구세력은 사도세자의 아들이 왕이 되면, 연산군 때처럼 큰 화를 입을까 두려워 '罪人之子 不爲君王...죄인의 자식은 왕이 될 수 없다'라 주장하며 반대하였으나 1776년 3월 5일 영조 승하한 지 닷새 만인 3월 10일 정조가 서궐(西闕)인 경희궁 숭정전 (慶熙宮 崇政殿)에서 왕좌에 오르며, 빈전 앞뜰에서 대신들을 접견하며 이렇게 윤음(綸音)을 내렸다.

"과인은 사도세자(思悼世子)의 아들이다. 선대왕께서 종통(宗統)[352]의 중요함을 위하여 나에게 효장세자(孝章世子)를 이어받도록 명하셨다. 아! 이미 선대왕께 올린 글에 근본을 둘로 하지 말라 하였다."

(正祖實錄 1卷, 正祖 卽位年 1776年 3月 10日)

아버지 사도세자를 뒤주 속에서 죽음에 이르게 한 노론을 향해 선전포고하는 동시에 할아버지 영조의 명에 따라 종통을 둘로 나누지 않으니 사도세자의 아들이면서 효장세자의 아들이기도 하다며 노론 세력을 안심시키는 명분을 준다. 그러나 정조 즉위 1년 후인 1776년 7월 28일 자객이 침전까지 침입해 창덕궁으로 피신한 후, 아버지를 죽게 하고 자신의 왕위를 부정하며 자객을 일곱 번이나 보낸 노론 세력 홍인한, 정후겸, 김귀주 등을 사사하거나 귀양보낸다. 외할아버지 영의정 홍봉한은 어머니를 생각해 파직했지만, 노론 세력이 실세였기 때문에 소규모 복수에 그쳤다. 아버지를 조롱하며 처형을 집행했던

---

351 노론벽파(老論僻派): 사도세자의 복권과 정조의 정책에 반대한 훈구세력의 정파로 수장은 우의정 김종수와 좌의정 심환지.

352 종통(宗統): 宗家의 계통.

포도대장 구선복에게 원한을 품고 있었지만, 그가 막강한 병권을 쥐고 있어, 죽이지 못하고 복수의 칼을 품고 때만 기다렸다.

"역적 선복(善復)으로 말하면 인한(麟漢)보다 더 심하여 손으로 찢어 죽이고 입으로 그 살점을 씹어먹는다는 것도 오히려 부족한 말에 속한다. 매번 경연(經筵)에 오를 적마다 심장과 뼈가 모두 떨리니, 어찌 차마 하루라도 그 얼굴을 대하고 싶었겠는가마는, 그가 병권을 손에 쥐고 있고 그 부하들이 많아서 갑자기 처치할 수 없었으므로 다년간 괴로움을 참고 있다가 마침내 꼬투리를 잡아 법으로 다스렸노라."

"至於復賊則有浮於麟漢, 手磔口臠, 猶屬歇後. 每一登筵, 心骨俱顫, 豈忍一日對其面, 而手握重兵, 其徒寔繁, 不可遽然處置, 故多年隱忍, 竟因事端而用法"

(正祖實錄, 正祖 16年, 윤4月 27日)

구선복(具善復)은 정조를 죽이고 사도세자의 서손자(庶孫子)인 상계군 이담(常溪君 李湛)을 국왕으로 추대하는 역모를 도모하다 발각되어 1786년(정조10) 능지처사에 처했다.

주해

復(복): 포도대장 구선복(具善復)을 지칭.
麟漢(인한): 우의정 홍인한(洪麟漢)을 지칭.
手磔(수책): 손으로 찢다, 찢어 죽이다.
臠(련): 저민 고기.
歇後(헐후): 대수롭지도 않다, 뒤 끝말을 줄여 버림.

　　　　　　　　　　　　　　　미래를 찾아 과거 속으로

筵(연): 경연(經筵)[353]을 가리킴.

顫(전); (수족이) 떨리다.

遽然(거연) 갑자기 그러하게 하다.

事端(사단): 사간의 단서, 실마리.

10년 후 힘을 키운 정조는 18,000명의 최정예 왕실 친위부대 장용영(壯勇營)[354]을 설치했으며『무예도보통지(武藝圖譜通志)[355]』라는 무예서를 편찬했고 수원 화성을 개혁과 부국강병으로 가는 실용과 실학 체험을 위한 신도시로 삼아 건설했다.

以心傳心 인터뷰

"아버지 사도세자의 뒤주 속 처형에 관한 얘기는 할아버지 영조, 아버지 사도세자 장조, 그리고 당신 정조, 모두에게 가슴 아픈 비극적 가족사이니 거론하기 싫었을 것입니다. 그래서인지 영조실록이나 정조실록에는 아버님 죽음에 관한 자세한 기록이 없습니다. 당신이 어려서부터 작성한 문집『홍재전서(弘齋全書)』와 어머니 혜경궁 홍씨의 수필집『한중록(閑中錄)』이외에도 당시 상황에 관한 많은 기록이 있으나, 대부분 모두『조선왕조실록(朝鮮王朝實錄)』에 담기지 못해 정사(正史)가 갖는 신뢰성이나 문화유산으로서의 정당한 가치를 부여받지 못

---

353 경연(經筵): 임금이 유학의 경서를 강론·연마하고 신하들과 국정을 협의하던 행사.

354 장용영(壯勇營): 1785년 정조가 만든 국왕 호위 군대.

355 무예도보통지(武藝圖譜通志): 1790년(정조 14년) 정조의 명으로 규장각 실학자 박제가, 이덕무와 장용영 장교 등이 군사의 무예훈련을 위하여 편찬한 조선 시대 군인 무술 교본. 2017년 10월 30일 북한의 문화유산으로 유네스코 세계기록유산에 등재되었다.

하고 있습니다.『承政院日記(승정원일기)』[356] 내용 중 아버지 사도세자에
관한 불미스러운 기록들은 당신의 왕권 정통성 유지에 지장이 있으
니 영조에게 상소하시어 삭제하셨고,『홍재전서(弘齋全書)』는 당신의
치세와 개혁 사상, 그리고 조선 후기 사회의 전반적인 이해를 위한 중
요한 문서이나 실록에 포함되지 않았습니다. 아마도 노론벽파와 조선
후기 안동김씨, 풍양조씨 등 권문세가의 부정적 평가로 아버지 사도
세자가 복권되지 못했기 때문이었겠지요.『閑中錄(한중록)』은 친정아
버지인 영의정 홍봉한의 노론 세력이 사도세자를 죽이는 음모에 어
머니 혜경궁 홍씨가 친정 가문을 위해 남편을 죽이는 것을 극구반대
하지는 않았다는 사실을 미화하고 회피하기 위해 썼다는 논란도 있
습니다. 두 작품 모두 정치적 편향성 없이 객관적으로 기술되었다고
생각하십니까?"

"어머니는 나와 풍산 홍씨 친정 가문을 살리기 위해 시아버지 영조
와 노론의 뜻을 거역할 수는 없었지요. 나는 아버지 무덤 앞에 엎드려
잔디와 흙을 움켜쥐어 손톱이 상하도록 울다 혼절하였소(正祖實錄, 정
조 18년, 1794년, 1월 20일). 어머니도 아버지를 사별한 지 33년이 흐른 후
에야 비로소 나와 손을 잡고 아버지 무덤 앞에서 억만 가지 아픔을 울
음으로 고할 수 있었던 것이오. (閑中錄, 1795年 윤2月 15日)"

"역사는 정치적 승자도 패자도 함께 인정할 수 있도록 객관적으로
중립적으로 기술되어야 합니다. 그러나 그게 쉽지는 않지요. 사초나
역사를 기록하는 사람들도 어차피 인간이니 주관적 사유를 바탕으로

---

356 승정원일기(承政院日記): 조선 및 대한제국의 승정원에서 왕명 출납, 행정에 관한 일을 매일 기록한 일
기. 2001년 9월 세계기록유산에 등재되었다.

미래를 찾아 과거 속으로

글을 쓰지 않을 수 없지요. 어차피 '주관' 거치지 않은 '객관'은 있을 수 없으니 당신이 접한 역사적 문헌의 내용이 100% 객관적 타당성이 있다고는 판단하지는 마시오. 역사 문헌을 작성한 사람도 후세의 독자도 모두 주관적 생각과 자의적 판단이 가능합니다. 다만 역사를 기록하는 사람은 승자나 지배자와 같은 사람에 충성하지 않고 오로지 후세 사람들에게 역사적 사실을 목숨을 걸고 있는 그대로 전해야 한다고 이른 적이 있소."

"사관(史官)의 직책은 임금의 말이나 행동을 특별히 기록할 뿐만 아니라 반드시 임금의 과실을 기록한 뒤에야 그 책임을 다했다고 할 수 있다. 옛사람이 말하기를, 사관이 임금의 과실을 기록하지 않으면 그 죄는 사형이라고 하였고, 또 임금의 뒤를 따라다니면서 임금의 과실을 살펴 기록한다고 하였다. 너희들의 직책이 사관이니 반드시 이 뜻을 명심하도록 하라."

史官之職°不特記言記動°必書人君過失°然後可謂盡其責°古人有言曰°
史不記過°其罪殺之°又曰°從君之後°伺君過而書之°爾等職在史官°須銘
念此義
(弘齋全書 174卷, 日得錄 14, 訓語 1)

주해

伺(사): 엿보다, 찾다.

"노론 벽파와 소론세력의 갈등과 모함으로 할아버지가 생부 사도세자를 죽이는 장면을 11세 어린 나이에 직접 목격하셨으니 얼마나 마음의 고통과 한이 컸겠습니까? 25세에 즉위한 후에도 노론의 잦은 암살 시도로 신변 위협을 늘 느끼며 사셨지요. 그런 와중에도 규장각과 장용영을 설치하여 문무를 아우른 왕권 강화에 힘쓰셨습니다. 수원 화성 계획도시를 준공하여 개혁의 발판도 구축해 놓으셨지만 안타깝게도 46세 젊은 나이에 승하하셨습니다. 승하하시기 전 7년여 종기와 부스럼 질환이 악화하여 고통을 받았는데 죽을병은 아니었잖습니까? 연훈방(烟熏方)[357] 치료 때 쏘인 수은 중독성 연기에 의한 독살이었습니까? 아니면 원래 화기가 많아 보온 약재인 인삼을 평소에 꺼리셨는데, 어의(御醫) 강명길이 인삼이 대량으로 들어간 경옥고(瓊玉膏)[358]를 잘못 처방해 죽게 된 의료사고였습니까? 실록이나 승정원일기 등 정사에는 독살에 관한 언급이 없지만 다산 정약용은 그의 저서 『여유당전서(與猶堂全書)』에서 독살설을 의심할 만한 기록을 남겼습니다."

時相以逆醫沈鑌薦之 使進毒藥 吾不能手除此賊

"시상(時相)이 역의(逆醫) 심인(沈鑌)을 천거하여 정조에게 독약을 올리게 하였다. 그런데 나는 이 역적을 내 손으로 제거할 수 없었다."

(與猶堂全書, 茶山 丁若鏞, 紀古今島張氏女子事第, 一集詩文集第十七卷, 紀事)

주해

時相(시상): 정승, 노론의 수장인 좌의정 심환지(沈煥之)를 지칭.

---

357 연훈방(烟熏方): 염증과 통증을 가라앉히기 위해 수은이 들어간 약재를 태워 그 연기를 환부에 쏘이는 한방 치료법.

358 경옥고(瓊玉膏): 조선 시대 명의 허준이 그의 저서 동의보감에 무병장수 약으로 소개한 한약으로 피로, 허약 체질, 갱년기장애 개선, 스트레스로 인한 몸의 흥분상태를 진정시켜주며 인삼과 꿀의 작용으로 소모된 몸의 허기를 보완해줌.

"내가 죽기 2개월 전 규장각에서 실학파 정약용 복귀 등 남인 대거 등용을 선언하니, 대왕대비 정순왕후와 노론벽파들이 그때부터 나를 제거하기 위한 음모를 꾸미지 않았나 싶소. 당시 수정전(壽靜殿)[359]에 거처하던 대비 정순왕후는 승지도 사관도 모두 내가 앓고 누워있던 창덕궁(昌德宮) 영춘헌(迎春軒)[360]에서 내보내고 홀로 내게 다가왔지요. 정신은 혼미했지만, 아직 숨이 남아 있어, 나는 '수정전(壽靜殿)!'이라는 마지막 세 마디를 외치고 죽었지만, 나의 죽음에 관련된 독살설은 후세에도 확실히 밝혀지지 않았지요. 다만 내가 죽자마자 순조의 대리청정 기간 초에 대비 정순왕후는 사도세자를 복권하자는 순조의 청도 거절하고, 노론 세력과 더불어 나의 죽음과 관련 있는 노론 수장 좌의정 심환지를 영의정으로 승진시키고, 장용영과 규장각을 폐하고, 신유박해(辛酉迫害, 1801년, 순조 1년) 때 남인 세력을 모두 숙청하는 등 나의 모든 업적을 지워버리는 작업을 했소. 이런 결과를 보면 독살설이 절로 확인된 셈이지요. 나는 11세 어린 나이에 27세의 젊은 아버지의 비참한 죽음을 지켜본 쓰라린 마음의 상처와 恨을 품은 채 아버지를 죽인 원수들과 20년을 함께 살 수밖에 없었소. 평생 울화가 쌓였고 불면증, 화병(火病)과 스트레스로 힘들었으며, 학문, 무예, 술과 담배 등을 가까이하며 내 나름대로 포용과 회유로 국정을 개혁적으로 애써 운영했지만 죽기 전 쓰러지는 내 주위에는 안타깝게도 모두 적들만 있었소."

"당신의 죽음으로 조선의 개혁 시도는 중단되었으며 결과적으로 철종 때까지 63년간 부패한 권문세가의 세도정치가 전개되어 조선을

---

359 수정전(壽靜殿): 창덕궁의 대비전(大妃殿), 대비 정순왕후(貞純王后)가 거처했던 전각.

360 영춘헌(迎春軒): 창덕궁의 정조가 승하한 전각, 정조가 주로 서재로 사용했음.

망국의 길로 들어서게 한 원죄가 당신에게도 있지 않습니까?"

"조선왕조가 1392년에 세워져 경술국치 1910년에 망할 때까지 518년 동안 망해도 진작 망할 뻔한 위기는 늘 있었소. 내 시대에 중국과 일본에는 서점이 무수히 많았지만, 조선에는 없었소. 백성들은 배우지 못해 몽매했고, 왕, 신하 그리고 사대부 양반 지배계급 모두 비효율적이고 시대에 뒤떨어진 성리학 사조에 매달려 자신들의 이익만 추구하다 보니 급변하는 세상 문물을 외면했소. 되놈이니 왜놈이니 깔보며 주제 파악도 못 한 우물 안 개구리였소. 나는 그런 부패하고 무책임한 노론의 훈구세력들에 맞서 신진사대부 소론들을 고루 등용해 탕평 치세했으며, 천명(天命)을 받들어 천주학, 과학, 실학도 받아들여 치세(治世)에 적극적으로 활용한 개혁 군주였으니 조선 망국의 원죄가 있다고 치부하는 건 옳지 않소. 군신민(君臣民) 모두 한마음으로 나라를 개혁시켰어야 했는데 그렇게 하지 못한 내게 성군(聖君)으로서의 통솔력과 친화력이 부족했던 건 인정하오. 나라가 편안하고 부강하기 위해서는 왕과 신하, 그리고 백성 모두 명심해야 할 것이 있소. 그것을 잊고 살면 누가 왕이 되더라도 망할 수밖에 없소."

'모든 일에 있어서, 시간이 부족하지 않을까를 걱정하지 말고,
다만 내가 마음을 바쳐 최선을 다할 수 있을지, 그것을 걱정하라.'

做事不患日力不足 但患心力不逮耳
(弘齋全書, 正祖, 175卷)

미래를 찾아 과거 속으로

做(주): 짓다, 만들다.

逮(체): 뒤따라가 잡다, 이르다.

耳(이): 여기서는 '~할 따름이다, 뿐이다'라는 의미의 어조사.

"아버님을 현릉원(顯隆園)에 모셨고 어머님 회갑연을 화성행궁에서 베풀어 올렸고, 다산(茶山) 정약용의 도움으로 웅장한 계획도시 화성도 건축한 나는 개혁 군주였지만 나의 죽음으로 조선 후기 부패한 권문세가 세도정치의 시대를 연 허물을 피할 길 없소. 나의 미완성 개혁이 恨스러울 뿐이오. 아~, 나의 용감한 18,000명의 친위부대 장용영(壯勇營) 군사들의 훈련 모습을 다시 한번 보고 싶소. 팔달산 정상 화성장대(華城將臺)에 올라 호령하며 군사 지휘·감독하다 읊은 나의 초서체 친필 어제 시문(詩文)이 처마 밑 현판에 복원되어 전해지고 있다 하니 한 번 가서 보시길 바라오."

華城將臺親閱城操有詩題于楣上
拱護斯爲重 經營不費勞
城從平地迥 臺倚遠天高
萬堞規模壯 三軍意氣豪
大風歌一奏 紅日在鱗袍

화성장대에 올라 친히 성벽 안의 군사훈련을 보고 읊었다는 제목의 시문이다.

화성행차(華城行次)[361]를 호위하는 일도 위중하지만, 나랏돈 낭비하지 않고 백성을 힘들게 하지도 않았네.

성은 평지를 따라 멀리 뻗쳐있고, 서장대는 먼 하늘까지 높이도 솟았네. 끝도 한도 없는 규모의 성벽은 장대하고, 삼군의 의로운 기개가 온 세상을 뒤덮네.

한나라 유방이 항우를 물리치고 뜯은 대풍가(大風歌) 한 곡조를 연주하니 붉은 해가 두정갑 갑옷에 비쳐 반짝거리네.

주해

楣(미): 처마, 차양.

拱(공): 두 손을 맞잡다.

垛(타): 활 쏘는 터, 살받이터, 성벽.

三軍(삼군): 조선 시대 左中右 군부체제를 칭하며 삼군부는 지금의 합동참모본부에 해당함.

大風歌(대풍가): 한고조(漢高祖) 유방(劉邦)이 천하를 통일하고 고향 패현(沛縣)에 들러 잔치를 벌이며 술을 함께 마시며 축(筑)이라는 대나무 악기를 타며 읊은 노래.

鱗(인, 린): 비늘, 물고기, 여기서는 갑옷에 붙은 철판 조각을 말함.

"아~, 2022년 7월 28일에 나의 시호(諡號)를 함정 이름으로 한 이지스 구축함 DDG-995 정조대왕함(正祖大王艦)이 울산에서 진수되었다고 하니 기쁘고 고마운 마음 그지없소. 해상에서 대잠수함 어뢰를 발사할 수 있고, 적의 원거리 탄도미사일을 탐지하고 요격도 할 수 있는 수직발사대가 있는 차세대 첨단 이지스 구축함을 전부 국내 기술로

---

361 화성행차(華城行次): 정조의 아버지와 어머니에 대한 효심과 개혁 군주로서의 포부와 기개를 동시에 볼 수 있었던 6,000명 이상이 동원된 8일간의 임금의 화성행 행차.

개발했다니, 무인(武人) 대왕을 자처했던 나로서 감읍(感泣)의 눈물을 흘리지 않을 수 없군요. 이지스 구축함 DDG-995 정조대왕함(正祖大王艦)은 구축함 DDH-975 충무공 이순신(李舜臣)함과 잠수함 SS-068 무의공 이순신(李純信)함 함께 우리나라 바다 위와 바닷속을 영원히 지킬 것이오."

25. 무슨 할 말이 있으리오,
　　무슨 할 말이 있으리오

목릉(穆陵)

선조와 正妃 의인왕후·繼妃 인목왕후의 동원이강릉(同原異岡陵)[362]

경기도 구리시 동구릉

易置失宜[363] 是予之罪 將伯[364] 求助 何補輪載

予實負卿 卿不負予

痛結幽明 云何其

---

362 동원이강릉(同原異岡陵): 하나의 정자각을 두고 이웃한 두 언덕의 왕릉.

363 失宜(실의): 잘못해, 실수로.

364 伯(백): 우두머리. 여기서는 이순신 장군을 대신해 나라를 구해줄 수 있는 장수.

　　　　　　　　　　　　미래를 찾아 과거 속으로

대장을 잘못 바꾼 내가 잘못이라, 누가 도와준들 이미 짊어진 짐을 어찌
하리오?
나는 그대를 버렸건만 그대는 나를 버리지 않았으니 저승과 이승의 통
한을 말한들 그 탄식을 어찌하리오!

〈선조(宣祖)가 노량해전에서 이순신 장군 전사한 후

후회하며 작성한 사제문(賜祭文)〉

遞³⁶⁵卿之職俾從戴罪之律者亦出於人謀不臧³⁶⁶
而致今日敗衄³⁶⁷之辱尚何言哉尚何言哉

그대를 삭탈관직하고 그대에게 백의종군하도록 하였던 것은
역시 사람을 도모함이 어질지 못해서 생긴 일이었노라. 그리하여
오늘 이같이 패전의 욕됨을 만나게 된 것이니
짐이 무슨 할 말이 있으리오, 무슨 할 말이 있으리오

〈선조(宣祖)가 관직 박탈 후 투옥한 이순신 장군에게

삼도수군통제사로 재임명하며 한 말, 기복수직교서(起復授職教書) 중에서〉

---

365 遞(체): 갈다, 번갈아.

366 臧(장): 두텁다, 착하다.

367 敗衄(패육): 패전. 衄(뉵, 육): 기세가 꺾이다, 당하다.

선조(宣祖, 1552~1608, 재위 1567~1608)는 조선의 14대 왕으로 재위 기간은 41년이며, 명종(明宗)이 후사 없이 죽자 즉위했다. 본관은 전주(全州). 휘는 연(昖), 초명은 균(鈞), 뒤에 연(昖)으로 개명하였으며 군호(君號)는 하성군(河城君)이었다. 중종(中宗)과 후궁 창빈 안씨(昌嬪 安氏) 사이에서 태어난 서자 출신 아들인 덕흥대원군(德興大院君) 이초(李岹)의 셋째 아들이며, 이복 숙부인 명종이 후사 없이 승하하자, 명종의 양자로서 방계승통(傍系承統)[368]으로 왕위를 계승했다. 서자(庶子)[369]의 후손이고 방계승통이라는 두 가지 정통성 콤플렉스에 시달렸다. 계비 인목왕후에게서 얻은 적자 영창대군(永昌大君)이 왕위를 이어가기를 원했지만, 영창대군이 너무 어려 5세부터 13년간 인목왕후가 섭정하는 것이 불가능했다. 임진왜란 때에 평양에서 광해군(光海君)에게 분조(分朝)[370]를 맡기고 그를 한양으로 돌려보냈다. 대외적으로 여진족과 일본의 침략이 빈번하였지만, 외침에 대한 걱정이나 대비할 생각은 안 하고 동인.서인 당파싸움만 치열했던 시기인 1589년 일본의 침략을 대비해 대동계(大同契)를 조직하여 군사훈련을 하고 있던 정여립(鄭汝立)이 모반을 꾸민다는 누명을 씌어, 1,000여 명이 넘는 동인 사림파 유림을 죽이거나 유배 보냈다(己丑獄事기축옥사). 도요토미 히데요시가 일본의 전국시대(戦国時代, 센고쿠 시대)를 평정하고 1592년 4월 13일 일본군이 부산포에 상륙, 파죽지세로 북상해오자 조정은 보름 만에 한성을 버리고 개성으로 피난했으며, 이어 평양을 거쳐 의주까지 피신한 후, 명에게 요동의 심양으로 망명하겠다고 신청을 했다. 선조가 도

---

368 방계 승통(傍系承統): 증조부모, 조부모, 부모, 자녀, 손자 등 수직적인 혈통 관계인 직계가족이 아닌 방계가족 사람이 왕위를 계승함.

369 서자(庶子): 첩의 아들. 얼자(孼子)와 같은 의미.

370 분조(分朝): 국가에 비상사태가 발생했을 때, 국왕이 다스리는 조정과는 별도로 왕세자가 직접 다스리는 조정이 조직된 것

미래를 찾아 과거 속으로

망 다니던 임진왜란 기간 중 바다에서는 충무공 이순신 장군이 연전연승하며 일본 수군을 바다에 침몰시켰으며, 육지에서는 임진왜란 후 광해군이 북쪽의 명나라와 후금 사이에서 훌륭한 중립적 등거리 실리 외교를 펼쳐 더 이상의 외침은 발생하지 않았다. 그러나 선조는 충무공 이순신 장군을 삭탈관직(削奪官職)[371]한 후 전쟁에 내보내는 굴욕적 처벌인 백의종군(白衣從軍) 명령을 두 번씩이나 내렸으며 죽일 생각까지 했다. 선조는 충무공 이순신 장군의 전공(戰功)과 광해군의 업적을 폄하하고 시기했으며 전쟁 종료 후 논공행상에 포함하지도 않았다. 선조는 1608년 중풍과 소화불량으로 고생하다 재위 40년 7개월 만인 55세 나이에 영창대군을 잘 부탁한다는 고명(顧命)을 남기고 세상을 떠났다.

첨언

상이 하문하기를, "(풍신)수길이 어떻게 생겼던가? 하니, (황)윤길은 아뢰기를 "눈빛이 반짝반짝하여 담과 지략이 있는 사람인 듯하였습니다."하고, (김)성일은 아뢰기를. "그의 눈은 쥐와 같으니 족히 두려워할 위인이 못됩니다."...(중략)... 유성룡이 (김)성일에게 말하기를, "그대가 황(윤길)의 말과 고의로 다르게 말하는데, 만일 병화가 있게 되면 어떻게 하려고 그러시오?" 하니, (김)성일이 말하기를, "나도 어찌 왜적이 나오지 않을 것이라고 단정하겠습니까? 다만 온 나라가 놀라고 의혹될까 두려워 그것을 풀어주려 그런 것입니다."

---

371 삭탈관직(削奪官職): 관리의 벼슬과 품계를 빼앗고 관리 명부에서 아예 이름을 빼어버림. 한 가문의 파멸을 의미하는 가장 엄격한 징벌.

上問"秀吉[372]何狀?", 允吉言,"其目光爍爍[373], 似是膽智[374]人也."誠一曰,
"其目如鼠[375], 不足畏也"...(中略)...柳成龍謂誠一曰,"君言故與黃異, 萬一
有兵禍, 將奈河[376]?"誠一曰,"吾亦豈能必倭不來? 但恐中外驚惑, 故解
之耳[377]"

(宣祖修正實錄, 25卷, 宣祖 24年, 1591年 3月 1日)

　　일 년 달포 지난 후인 1592년 4월 13일 일본군이 부산포에 상륙해
동래성을 점령하고 4월 28일에 충주 탄금대에서는 신립 장군의 1만
6천 명의 군사가 몰살당했다. 일본군이 조선을 침략한 지 한 달도 안
된 4월 30일(선조 25년)에 장대 빗속에 선조의 100명 남짓 어가(御駕)
행렬은 창덕궁 인정전(昌德宮 仁政殿) 궐문 밖을 나와 개성, 평양을 거
쳐 명나라 국경에 인접한 의주로 피신하기 위해 임진강으로 향했다.
한양의 장병들은 탈영해 도망가기 급급했고, 어가(御駕)가 떠난 뒤 백
성들과 노비들이 경복궁을 포함한 모든 궁궐에 불을 질러 노비 문서
와 호적은 다 탔으며, 나라는 그야말로 무주공산(無主空山) 무정부 상
태가 되니, 일본군은 5월 3일 한양에 무혈 입성했다. 몽진(蒙塵)[378] 길에
오른 선조의 어가(御駕)[379] 행렬을 목격한 백성은 '이것도 나라냐? 너
같은 것도 임금이냐?'라 소리치며 돌팔매질을 날렸다 한다. 달포 만

372　秀吉: 도요토미 히데요시 (豊臣秀吉).

373　爍爍(삭삭): 빛나다, 뜨겁다.

374　膽智(담지): 담력과 지혜.

375　鼠(서): 쥐, 간신.

376　奈河(나하): 어찌하겠는가?

377　耳(이): 여기서는 '~일 뿐이다', '~할 따름이다'라는 의미의 어조사.

378　몽진(蒙塵): 머리에 먼지를 뒤집어쓴다는 의미. 왕이 난리를 피해 먼 곳으로 피신함. 파천(播遷)과 같은
　　의미.

379　어가(御駕): 임금이 타는 수레, 대가(大駕), 승여(乘輿)와 같은 의미.

　　　　　　　　　　　　　　　　　　미래를 찾아 과거 속으로

에 한양을 점령한 고니시 유키나가(小西 行長)는 군주가 도성을 버리고 도망친 행동에 대해 매우 어이없어했다. 센고쿠 시대 당시 다이묘(大名)[380]들은 자신의 城은 무슨 일이 있어도 목숨으로 지켜야 했는데 나라의 상징인 왕궁과 도성을 버리고 도망간 선조를 정말 이상한 군주라며 이해하지 못했다. 한양을 함락한 후 일본군은 개성, 평양 등을 차례로 함락한 후 요동 반도 인근 의주성 주위까지 가까이 점령해 왔지만, 명의 원군 도움으로 선조는 간신히 적의 포로가 되는 신세를 면했다. 다행히 남쪽에서는 승병과 의병 활약으로 전세가 역전되고, 이순신 장군이 부산포에서 왜선 128척을 격침하며 일본군의 전쟁 군수물자와 식량 보급로를 차단해 잠시 전쟁 소강상태에 돌입했다. 전쟁 중단을 위해 명과 일본이 화의를 원했지만 결국 깨져 1597년에 정유재란이 일어나지만 1598년 8월 도요토미 히데요시가 병사하면서 일본군은 철수하며 임진왜란 6년 전쟁은 끝났다. 전란 동안 선조는 북쪽 끝 의주까지 도망 다니기 바빴고, 남쪽에서는 광해군이 분조(分朝)를 성공적으로 운영하였고, 구국을 위해 승복(僧服)을 벗고 목탁과 염주 대신 칼을 든 서산대사(西山大師)와 사명대사(泗溟大師) 등 승병(僧兵)의 활약이 빛났다. 바다에서 일본 수군을 일망타진하다 마지막 노량해전에서 순국한 이순신 장군 없었더라면 1910년 일본에 의한 굴욕적 경술국치(庚戌國恥)가 300년 이상 앞당겨졌을 것이다. 전란 후 광해군은 피해 복구와 민심 수습에 온 힘을 다했지만, 선조는 1608년 계비 인목왕후 소생 영창대군을 보필하라는 고명을 남기고 죽었다.

---

380 다이묘(大名): 10세기에서 19세기에 걸쳐 일본 각 지방의 영토를 다스리며 권력을 누렸던 영주.

"재위 41년 동안 당신이 왕 노릇 하며 도대체 한 일이 뭐요?"

"임진왜란이라는 나라가 망하는 절체절명의 위기에 국가보다 자신의 목숨만 중시했던 당신을 선종(宣宗)도 아니고 선조(宣祖)로 높인 당신의 묘호(墓號) 이름이 부끄럽지도 않소? 임진왜란이 일어난 지 20일도 안 돼 한양 도성을 버리고 도망가기에만 급급했던 당신은 후세에 비겁하고 무능한 최악의 졸군(拙君)이라는 부정적 평가를 피할 길이 없소. 나라를 구하기 위해 목숨까지 바친 성웅(聖雄) 충무공 이순신 장군의 功을 시기와 질투로 충무공을 두 번씩이나 투옥 고문하고 죽음의 지경까지 몰아넣었던 의심 많고 비겁한 군주였소. 왜군과 원균의 모함에 넘어가 이순신 장군을 삭탈관직 투옥 고문하고, 간신 원균이 칠량포 해전에서 대패해 판옥선과 거북선이 거의 침몰해 절체절명의 국난에 이르자, 모친 상중(喪中)에 3년 시묘살이도 못 하게 하며, 이순신 장군에게 전투 복귀 명령인 「起復授職敎書(기복수직교서)」를 내렸습니다."

'상복(喪服)을 입은 채로 기용하고, 백의종군(白衣從軍)하여 다시 옛날같이 충청·전라·경상 삼군통제사(三道水軍統制使)로 임명하니 제발 충의(忠義)의 마음을 더욱 군건히 하여 나라 구제해주기를 바라는 임금의 소망을 이루어주길 간절히 바라고 있을 뿐이다.'

(원균이 칠천량해전에서 대패하자 선조가 내린
「기복수직교서(起復授職敎書)」 중에서)

이순신 장군은 명령을 받고 명량, 노량해전에서 대승한 후 전사하셨습니다. 장군께서는 죽음으로 나라를 구하신 구국 영웅임에도 당신은 전후 논공행상에 이름조차 올리지 않았소. 또 당신이 의주로 피신해 있을 때 아버지를 위해 나라를 책임지며 고군분투한 광해군의 업적은 차고 넘칩니다. 광해군은 임진왜란 때 분조(分朝)를 잘 운영했으며 오랑캐 후금과 명나라와 등거리 실리 외교로 국방을 안정시켰지요. 대동법(大同法)을 시행해 공물(貢物)[381]을 지역특산물이 아닌 쌀로 대신하되 쌀 소출량에 비례해 세금을 합리적으로 부과하며 가난한 백성들을 위해 방납(防納)[382] 조세 병폐도 없앴습니다. 광해군의 개혁적 대동법(大同法)은 토지를 많이 소유했던 양반 조정 대신의 반대를 무릅쓰고 시행되었지만, 백성들은 오히려 감사히 여겨 '소사(素砂, 중국 전설상 태평성대 무릉도원의 수도)'라는 大同法 시행기념 감사비까지 자진해서 세울 정도였습니다(평택에 現存). 어의(御醫) 허준에게 『동의보감(東醫寶鑑)』을 편찬케 하여 백성의 건강까지 챙겼으니 성군(聖君)은 못되어도 당신 같이 나라 버리고 도망만 다닌 졸군(拙君)은 아니었소. 어째서 그 많은 이순신 장군과 광해군의 업적을 외면하고 계비 소생 영창대군을 후사로 택한다는 고명(顧命)[383]만 남기고 떠났소?"

"이순신을 늘 시기하고 질투만 한 건 아니었소. 처음에 전공(戰功)을 많이 세울 때 종6품 현감인 이순신을 정3품 전라 좌수사 자리로 고속 승진시킨 사람이 바로 나요. 원균의 잘못된 장계로 내가 이순신을 잘못 판단했으며, 이순신도 싸움이 바빴는지 내게 전황에 관한 장계(狀

---

381 공물(貢物): 중앙 관서와 왕실에서 필요해 부과하는 물품.

382 방납(防納): 관리나 상인이 백성을 위해 공물(지역특산물)을 나라에 대신 바치는 제도였으나 실제로는 그 대가를 몇 배씩 덧붙여 백성에게 받아내는 폐해가 있었다. 거주지에서 생산되지도 않는 공물을 배정하여 백성을 착취하는 관리가 많았다.

383 고명(顧命): 왕이 임종 전에 세자나 대신들에게 뒷일을 부탁하는 말.

啓)³⁸⁴도 올리지 않았음을 조정 대신들도 비판했소. 그러나 정유재란 때 원균이 칠량포 해전에서 대패해 이순신이 인계해 준 거북선, 판옥선, 화포 등 군수물자가 거의 파괴되고 물속에 가라앉아 왜군에게 항복해야 할 지경에 이르게 되니, 후회가 막심했소. 내가 이순신에게 내린 마지막 전투 복귀명령서인 「起復授職教書(기복수직교서)」를 보면 그때 나의 후회와 반성하는 심정을 이해할 수 있을 것이오."

"큰 업적을 남기는 자들과 기개와 절의를 숭상하는 자들을 어째서 교만하고 불경하다고 여겼는지 나 자신도 모르겠소. 아마도 서자(庶子)의 후손이고 방계승통(傍系承統)이라는 두 가지 콤플렉스 때문에 열등의식이 내 늘 마음속에 있었나 봅니다. 전세가 불리하면 왕이 얼마든지 피신할 수도 있소. 내가 멀리 의주까지 피한 건 비판의 요건이 될 수 없소. 다만 국가가 위급상황인데 나라를 버리고 요동을 넘어 명나라에 망명을 시도한 내가 겁많은 조선의 졸군(拙君)이었다는 부정적 평가에는 불만이 없소. 후세의 지도자가 나의 행적을 반면교사로 삼아 나의 전철을 밟지 말기를 바랄 뿐이오."

"조선왕조 역대 27명의 임금과 왕비, 추존왕의 무덤 가운데 경기도 구리시 동구릉에 있는 당신의 무덤 목릉(穆陵)이 제일 아름답고 전원적 분위기로 유명합니다. 첫 번째 왕비 의인왕후 박씨(懿仁王后 朴氏)와 두 번째 왕비 인목왕후 김씨(仁穆王后 金氏) 두 왕비와 함께 안장된 목릉은 묘지 관리인조차 '동구릉 최고의 전원적 경관'이라고 자랑하

---

384 장계(狀啓): 왕명을 받들고 지방에 있는 관리가 해당 지역의 중요한 일을 국왕에게 보고하거나 요청하는 문서.

미래를 찾아 과거 속으로

는 동원이강릉(同原異岡陵)[385]형식의 왕릉입니다. 나라를 버리고 도망가려고 한 군주의 무덤으로는 과분한 예우인 듯합니다. 당신과의 사이에 아이가 없었던 첫 번째 왕비 의인왕후는 후궁 공빈 김씨(恭嬪 金氏)가 산후병으로 죽자 공빈 김씨의 소생 광해군을 자기 아들처럼 총애하시어 1597년 정유재란 때도 의인왕후는 광해군을 데리고 황해도로 피신하셨지요. 임진왜란 발발 때도 정유재란 때도 당신은 또 다른 후궁 인빈 김씨(仁嬪 金氏)만 데리고 피신하셨지요. 임진왜란 중 한양 도성을 버리고 떠난 후 어쩔 수 없이 광해군을 왕세자로 책봉하고 분조(分朝)를 맡겼을 때, 광해군의 훌륭한 전란 대처와 전후 수습의 업적으로 백성들의 칭송이 자자했습니다. 왕위를 잇지 못한 영창대군의 생모 인목왕후의 무덤이 어째서 당신 곁에 있습니까? 의인왕후가 아꼈던 광해군의 생모 공빈 김씨의 무덤이 함께 있어야 사후에 의인왕후께서도 반기시지 않겠습니까?"

"목릉에 의인왕후와 인목대비와 함께 안장된 것은 내 뜻이 아니었소. 원래 첫 번째 왕비인 의인왕후 박씨가 임진왜란이 끝난 직후인 1600년(선조 33년)에 세상을 떠나자, 현재의 자리에 유릉(裕陵)이라는 능호로 능이 만들어졌는데, 광해군이 즉위한 후, 1608년에 능호를 목릉(穆陵)으로 고친 것이오. 원래 내 무덤은 조선의 1대 왕인 태조의 건원릉(健元陵) 서쪽 산 중턱에 있었으나 물이 차는 등 터가 안 좋아 의인왕후의 목릉으로 이장한 게요. 원래 인목대비 무덤 혜릉(惠陵)이 정자각에서 보면 오른쪽 가까이에 있어, 내 손자이자 광해군의 조카인

---

385 동원이강릉(同原異岡陵): 한 능 내에 있지만, 정자각 하나를 사이에 두고 서로 다른 언덕에 2~3기의 봉분과 석물을 배치한 왕릉.

인조(仁祖)가 세 개의 신도(神道)[386]만 따로 깔아 놓아, 나와 의인왕후, 인목대비 능호를 목릉으로 합친 것이지 내가 원했던 바는 아니요. 내가 지은 죄를 잘 알고 있소. 광해군이 빨리 복권되어 왕으로 추존되길 간절히 빕니다. 광해군과 공빈 김씨의 묘가 경기도 남양주의 같은 지역에 있다 하니 이곳으로 이장하여 함께하길 간절히 원하오."

---

386 신도(神道): 왕릉의 홍살문과 정자각 사이에 깔아 놓은 박석길인 참도(參道)의 일부. 신도(神道)는 혼령의 길임으로 좌우의 어도(御道)보다 5cm 정도 높다.

미래를 찾아 과거 속으로

26. 개새끼 같은 것을 억지로 임금의 자식이라고 칭하니, 이것이 모욕이 아니고 무엇인가?

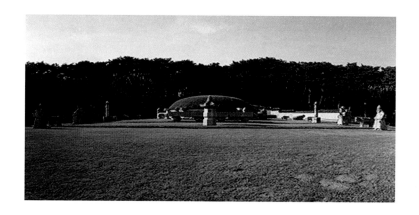

장릉(長陵)

인조(仁祖)와 인열왕후(仁烈王后)의 합장릉

경기 구리시 동구릉

1645년 4월 26일(인조 23년) 인조의 맏아들로 왕세자였던 소현세자가 병자호란(丙子胡亂) 이후 8년 동안 아내 민회빈 강씨(愍懷嬪 姜氏), 봉림대군(鳳林大君, 孝宗) 부부와 청나라 심양에서의 볼모 생활을 끝내고 조선으로 돌아온 직후 창경궁(昌慶宮) 환경당(歡慶堂)에서 죽었다.

사간원(司諫院)과 승정원 관료인 심로와 강호가 아뢰기를,

"강빈이 비록 전하의 자식은 아니지만, 빈(嬪)으로 있을 때는 소현(昭顯)의 배필이었으니, 전하의 자식이 아닙니까? 만일 전하의 자식이 아니라

면 신들이 어떻게 감히 전하를 위하여 선처의 방도를 다투어 말씀드렸겠습니까? 적절한 선처의 결과가 되도록 강구하소서."

인조는 윤허하지 않고 답한다.

"개새끼 같은 것을 억지로 임금의 자식이라고 칭하니,
이것이 모욕이 아니고 무엇인가?"

狗雛[387]强稱以君上之子, 此非侮辱[388]而何?

(仁祖實錄, 仁祖 24年, 1646年 2月 9日)

1646년 3월 인조는 맏며느리 민회빈 강씨가 자신을 저주하며 음식에 독약을 넣었다는 누명을 씌워 투옥한 후 사사(賜死)하였다.

인조(仁祖, 1595~1649)는 조선의 제16대 왕으로 재위 기간은 26년이다. 본관은 전주(全州), 이름은 종(倧), 자는 화백(和伯)이며, 호는 송창(松窓)이다. 친명배금(親明排金) 정책을 펴다가 정묘호란과 병자호란을 맞아 삼전도에서 청과 굴욕적 군신의 예를 맺고 소현세자·봉림대군, 삼학사(三學士)[389]를 볼모로 보내는 치욕을 겪었다. 할아버지 선조(宣祖)와 그의 후궁 인빈 김씨(仁嬪 金氏) 사이에서 출생한 정원군(定遠君, 추존왕

---

387 狗(구): 개, 雛(추): 병아리, 새끼. 狗雛(구추): 개새끼, 맏며느리 민회빈 강씨(愍懷嬪 姜氏)를 향한 욕설, 이미 죽은 맏아들 소현세자를 향한 욕설로 볼 수도 있음.

388 侮辱(모욕): 깔보고 욕되게 함.

389 삼학사(三學士): 병자호란(丙子胡亂) 때 척화(斥和)론자로 청과의 화친을 반대하다가 청에 끌려가 처형된 홍익한(洪翼漢), 윤집(尹集), 오달제(吳達濟)를 가리킴.

미래를 찾아 과거 속으로

명: 元宗)의 맏아들이며 군호는 능양군(綾陽君)이다. 친동생 능창군(綾昌君)이 역모로 몰려 16세의 어린 나이에 죽고, 인목대비의 서궁(西宮, 慶運宮, 德壽宮) 유폐 사건, 영창대군 살해, 대명 사대주의를 고수하지 않고, 명과 후금 사이에서 중립 외교 노선을 취하는 광해군과 대북파 세력을 제거하기 위해 능양군은 서인 세력 최명길, 이괄, 이귀, 김자점과 함께 군사쿠데타를 일으켜 광해군을 폐위하고 29세 나이에 왕위에 올랐다(인조반정, 1623년). 광해군 폐위의 죄목은, 인목대비를 서궁에 유폐시키고 영창대군을 죽인 폐모살제(廢母殺弟)의 죄, 인목대비가 주장한 대로 선왕 선조를 독살한 죄, 과도한 토목공사로 민생을 도탄에 빠뜨린 죄, 오랑캐 후금(後金, 淸)에 투항한 죄 등이었다. 이 같은 광해군 폐위의 죄목은 인조와 서인(西人) 군사쿠데타 세력의 거사 명분으로 광해군의 업적을 부정적으로 매도하기 위함이었으며, 인목대비의 서궁 유폐는 선조 독살을 거짓 유포시킨 그녀의 의도적 모함에 기인한다는 주장도 있다. 임진왜란 전후 파괴된 한성과 궁궐 복원을 위한 토목공사는 불가피했으며, 명과 후금과의 실리 등거리 중립 외교 정책은 광해군 집권 시기 이들로부터의 외침이 없어 성공적인 외교정책이었다고 평가되니, 결국 인조반정의 거사 명분 자체가 애당초 틀린 명분이라고 볼 수밖에 없다. 명분이 옳지 못하니 이괄의 난이 일어났고, 후금(後金, 淸)이 침입했을 때 정묘호란(1627년)을 피해 인조는 강화도로 피난하기도 했다. 국정은 무너지고 민생은 파탄 났다. 1636년 국호를 후금(後金)은 국호를 청(淸)으로 바꾸고 다시 조선을 침략해 인조는 남한산성에 진을 치며 항전하다 45일 만에 항복하고 인조는 삼전도(三田渡)[390]에서 청나라 황제 태종 홍타이지에게 무릎을 한 번 꿇을

---

390 삼전도(三田渡): 서울특별시 송파구 석촌동 부근 나루터가 있던 곳.

때마다 세 번 머리를 조아리며 절하기를 아홉 번(삼배구고두례三拜九叩頭禮)한 후 황제국 청나라의 신하가 될 것을 맹세하고, 소현세자 부부와 봉림대군을 볼모로 보내야 했다. 삼전도 굴욕의 원한과 대명 사대주의 노선의 인조는 1645년 청나라에서 9년간 볼모로 생활하며 청과 친밀한 관계를 유지한 소현세자가 볼모 생활을 마치고 귀국한 지 석 달 만에 독살한 후(추정), 소현세자의 부인 민회빈 강씨도 이듬해 임금을 독살하려 했다는 누명을 씌어 사약을 내려 죽였다. 인조는 그의 할아버지 선조와 함께 태조에서 순종에 이르기까지 518년 조선왕조 27명의 왕 중 제일 어리석고 무능하고 비겁한 졸군(拙君)이라는 역사적 평가가 있다.

첨언

1627년 1월 후금(後金)이 외교적으로 우호 관계였던 광해군을 인조반정으로 부당하게 폐위시키며 인조가 불법적으로 왕위를 찬탈했다며 압록강을 건너 침략하니(정묘호란丁卯胡亂), 인조는 강화도로 피신했고, 맏아들 소현세자에게 전주로 내려가 비상국가 분조(分朝)를 다스리라고 명했다. 1636년 12월 청태종 홍타이지가 명나라를 공격하기 전에 조선을 다시 침략하니(병자호란丙子胡亂) 인조는 조정을 남한산성으로 옮기고 항전했지만, 청의 포위로 45일 만에 항복하고 삼전도에 끌려가 굴욕적 군신의 의(君臣의 義)를 맹세한다. 인조는 맏아들 소현세자와 부인 민회빈 강씨, 봉림대군 부부를 심양으로 볼모로 보냈다. 광해군의 폐모살제를 명분으로 일으킨 서인들의 무장 쿠데타로 어쩌다 왕위에 오른 무능하고 준비도 안 된 인조는 즉위 초기부터 당면한 민생, 외교 문제를 외면하며 주제 파악도 못 하며 청을 향한 원한과 복수심에만 가득 차 있었다. 청에서 실학과 개혁에 필요한 선진 문명을 몸소 경험하고 8년 만에 인질 생활을 끝내고 돌아온 진보개혁 사상의 자기 맏아들과 맏며느리를 무참히 죽이고, 친손자까지 살해해버리는 극악무도한 패악질을 저질렀으니 나라가 제대로 굴러갈 수 있었겠는가? 후세의 인조에 관한 평가는 극히 부정적일 수밖에 없다.

以心傳心 인터뷰

"당신은 26년간 왕 노릇 하며 도대체 한 일이 뭐요?"

"강화도로 남한산성으로 도망 다니다, 삼전도에 끌려가 청나라 황제 홍타이지 앞에 무릎 꿇고 이마빼기에 피가 나도록 굴욕적으로 절한 거 말고 당신이 도대체 한 일이 뭐가 있냐 말이오? 며느리도 죽으면 시가(媤家)의 귀신이 되니 자식은 자식이오! 청나라에 볼모로 갔다가 8년 만에 돌아와 조선의 개혁을 꿈꾸던 맏며느리를 대신들이 만류하는 데도 죽여 버린 당신은 당신의 맏며느리 자식을 '개새끼'라 불렀으니, 당신은 '개'요."

"狗雛強稱以君上之子, 此非侮辱而何?"
(仁祖實錄, 仁祖 24年, 1646年 2月 9日)

"개새끼 같은 것을 억지로 임금의 자식이라고 칭하니, 이것이 모욕이 아니고 무엇인가?"

"자기 맏며느리를 '개새끼'라 부르며 독살한 당신은 '나는 사람이 아니라 개(狗)새끼 아비요!'라고 스스로 인정했소. 며느리도 자식인데 조선 역사상 유일하게 자식에게 '개새끼'라는 쌍욕을 내뱉은 왕입니다. 사람이 화가 나면 욕도 할 수 있지만, 왕이 된 주제에 자식에게 어찌 그런 쌍욕을 내뱉을 수 있단 말이오? 태조 이성계를 한 번 보시오. 막둥이 아들 이방원이 그렇게 대들어도 내치지 못하지 않았소? 자식은 부모를 겁박하고 칼을 들이댈 수 있어도, 부모는 자식에게 칼을 대지 못하는 법이오. 그런 부모 된 업보(業報)도 모르는 당신은 참말로 '개새끼 아비' 맞소. 조선왕조실록이니 사관들이 어느 정도 왕의 이미지 관리를 위해 품위 있게 걸러 기록했을 터인데, 왕이 얼마나 쌍욕을 자주 했으면 정사(正史)에까지 기록했겠습니까?"

"사랑하는 맏아들을 볼모로 보내놓고 마음 편한 아비가 이 세상에 어디 있겠소? 나도 한때는 소현세자를 사랑하고 그리워했소. 세자가 심양으로 끌려간 지 3년 되던 해 내게 다음과 같은 시를 보내왔소."

몸은 낯선 땅 못 가는 신세, 내 집은 서울 장안, 한강 기슭
달 밝고 깊은 밤 꽃잎에 눈물짓는데, 바람 맑은 연못 위엔 버들잎 푸르르고
황학의 울음소리 먼 고향의 꿈을 깨우네. 제비 찾아와 경회루의 봄을 알리고
온종일 누대에서 노래하고 춤추던 곳, 고개를 돌려 고향을 바라보며 쏟아지는 눈물에 손수건을 적시네.

(소현세자가 심양에서 인조에게 보낸 시. 1939)

身留異域未歸人 家留長安漢水濱
月白夜心花落泣 靑風地面柳絲新

미래를 찾아 과거 속으로

黃鶴嗅起遼西夢 玄鳥來傳慶會春
盡日樓臺歌舞地 不堪回首淚沾巾

주해

濱(빈): 물가.
黃鶴(황학): 신선이 타는 전설상의 황금빛 학.
嗅(후): (냄새를) 맡다.
玄鳥(현조): 제비.
不堪(불감): 견디어 내지 못함.
沾(점): 더하다, 첨가하다.
巾(건): 수건, 두건, 헝겊.

"세자의 시를 보며 너무 마음이 아파 밤새 잠을 못 이루었소. 내 마음을 위로하듯 창밖의 소쩍새 한 마리 피 맺힌 울음소리를 들으며 다음과 같은 화답 시를 세자에게 보냈소."

나는 네가 그리운데 넌들 어찌 그립지 않겠는가?
천리타향 머나먼 낯선 땅 심양에서 그 얼마나 고향이 그립겠는가?
창밖에서 슬피 울고 있는 접동새야. 못 돌아간다고 울지 말아라.

(인조가 소현세자에게 보낸 화답시)

"1945년 2월 돌아온 소현세자의 능력과 개혁 사상이 두려웠지만, 그는 오랜 세월 조선을 떠나 있어, 조선 내치(內治)와 조정 대신 관리가 불가능했다고 판단했으며, 난 이미 그의 동생 봉림대군에게 왕위를 물려주기로 마음먹고 있었소. 즉위한 지 2년 만에 인조반정 후 논공행상에 불만을 품은 이괄(李适)의 반란으로 수도 한성 경복궁을 점령당해 수원 거쳐 공주까지 도망갔고, 정묘호란, 병자호란 때는 강화도와 남한산성으로 도망갔소. 삼전도 굴욕과 원한에 북벌(北伐)을 계획했지만, 그것도 뜻대로 안 되고, 청나라에 볼모로 오래 생활하며 오랑캐 사상에 잔뜩 물들어 온 세자를 보면 세자가 꼭 오랑캐 되놈처럼 보였단 말이오. 물론 청나라에서 소현세자에게 왕위를 물려주라는 얘기도 있었지만, 이복 숙부인 광해군을 몰아내고 어렵게 차지한 내 왕좌를 쉽사리 내놓기는 싫었소. 소현세자는 2월에 돌아와 4월에 학질로 죽었으니, 내가 독살할 시간적 여유도 없었소. 소현세자 독살설은 사실무근이오."

"폐모살제의 패륜 행위, 배명친후금(背明親後金) 외교정책, 임진왜란 전후 복구를 위한 지나친 토목공사 등의 명분으로 당신과 서인 세력은 광해군을 몰아내고 대북파 세력을 제거했소. 당신이 광해군의 왕좌를 차지한 후 광해군의 복구·개혁 시도와 효과적 중립외교도 멈추어, 조선은 청나라의 신하국이 되는 역사적 굴욕을 당하게 되었으니, 인조가 '잘못된 것을 바로 되돌리기 위해 일으켰다'라는 '인조반정(仁祖反正)'이라는 명칭은 그릇된 명분이었소. 무장 쿠데타인 동시에 주도권이 대북파에서 서인으로 바뀌는 붕당 세력의 지배권 싸움에 지나지 않소."

"광해군을 몰아내기 위한 명분 중 하나가 광해군이 추진한 중립외교 정책에 대한 예조판서 김상헌과 같은 척화파(斥和派)[391] 신하들의

---

391 척화파(斥和派): 1636년 병자호란이 일어나 인조가 남한산성으로 피난 갔을 때 모두가 죽더라도 끝까지 싸우자는 예조판서 김상헌을 포함한 조정대신 일파. 이에 반해 청군에게 항복해 훗날을 도모하자는 이조판서 최명길의 주화파(主和波) 세력이 있었다.

미래를 찾아 과거 속으로

비판이었소. 유생들로부터 매국노라고 비난까지 받은 주화파(主和派) 이조판서 최명길의 말에 귀를 기울였어야 했는데 이제 와 후회한들 무슨 소용이 있겠소? 당시 명나라는 국운이 쇠하고 청나라는 떠오르는 태양이었지만, 당시 조선은 주자학 사상과 윤리적 가치를 통치·지배 수단으로 삼아 친명배금(親明拜金) 정책에 등을 돌리는 것은 자살 행위였소. 한번 오랑캐는 영원한 오랑캐로 낙인찍으며 화해와 소통을 통한 변화와 개혁을 외면한 조선의 불통 성리학에 모든 실패의 원인이 있었다고 판단하오. 결론적으로 '인조반정(仁祖反正)'이란 명칭보다 '인조(仁祖) 군사쿠데타'라는 명칭이 사실에 더 부합한다는 걸 나도 인정합니다."

27. 세자는 조선에 돌아온 지 얼마 안 되어 병을 얻었고 병이 난 지, 며칠 만에 죽었는데, 온몸이 전부 검은 빛이었고, 이목구비의 일곱 구멍에서는 모두 선혈이 흘러나오므로

소현세자의 무덤, 소경원(昭慶園)

경기도 고양시 덕양구 원당동

소현세자의 부인 민회빈강씨의 무덤, 영회원(永懷園)

경기도 광명시

미래를 찾아 과거 속으로

세자는 조선에 돌아온 지 얼마 안 되어 병을 얻었고 병이 난 지 며칠 만에 죽었는데, 온몸이 전부 검은 빛이었고, 이목구비의 일곱 구멍에서는 모두 선혈(鮮血)이 흘러나오므로, 검은 멱목(幎目)[392]으로 그 얼굴 반쪽만 덮어 놓았으나, 곁에 있는 사람도 그 얼굴빛을 분별할 수 없어서 마치 약물(藥物)에 중독되어 죽은 사람과 같았다. 그런데 이 사실을 외인(外人)들은 아는 자가 없었고, 왕도 알지 못하였다.

世子東還未幾, 得疾數日而薨[393], 擧體盡黑, 七竅[394]皆出鮮血, 以玄幎覆其半面, 傍人不能辨[395], 其色有類中毒之人, 而外人莫有知者, 上亦不之知也.

(仁祖實錄, 仁祖 23年, 1645年 6月 27日, 太白山史庫本 46卷)

소현세자(昭顯世子, 1612~1645)는 인조와 인열왕후의 장남으로 왕세자이며 봉림대군(효종)의 형이다. 병자호란(인조 14년, 1636) 때 인조와 함께 남한산성으로 피해 들어갔으나, 청 태종 홍타이지 군사가 남한산성을 포위해 겨울 추위와 굶주림을 못 이기고 인조가 항복한 후 소현세자는 8년간 청나라에 끌려가 볼모로 생활하며 당시 청나라가 서구 선진 문명을 흡수하며 발전하고 있는 모습을 보고 훗날 귀국 후 조

---

392 멱목(幎目): 송장 얼굴에 덮는 헝겊.

393 薨(훙): 죽다, 제후가 죽다.

394 竅(규) 구멍, 구멍을 뚫다. 칠규(七竅): 사람 얼굴의 일곱 구멍. 눈, 코, 귀의 각 두 구멍과 입 한 구멍.

395 辨(변): 분별하다.

선의 개혁을 꿈꾼다. 아담 샬을 만나 천주교, 과학 등 선진 문명을 접하며 실용주의 개혁 노선을 취했다. 1645년 2월 꿈에 그리던 조국으로 돌아왔지만, 삼전도 굴욕과 원한으로 숭명배청(崇明排淸) 사상을 고수하던 예조판서 김상헌 등 척화파(斥和波) 세력과 아버지 인조로부터 미움을 받아 귀국 후 두 달째 되던 4월에 갑자기 죽었다. 시신이 온통 검게 변했고 눈코귀입에서 피가 흘러 독살로 추정되는 의문의 죽음이었기 때문에 인조의 독사설이 제기되었으나 그 누구도 소현세자의 죽음을 입 밖에 내지 못했다. 『조선왕조실록』의 독살을 암시하는 기록과 반대로 『승정원일기』에는 소현세자가 감기 증상 악화로 인한 학질로 죽었음을 암시하는 내용이 있어 정사(正史)들도 소현세자가 죽은 이유에 관해 엇갈리게 기록했다. 사망 시점은 겨울 지난 봄철로 학질모기가 출현하는 시기도 아니다. 학질(瘧疾, Malaria)은 모기가 옮기는 전염병으로 한열(寒熱) 발작이 주기적으로 나타나며 사망에 이르는 기간이 보통 수개월 이상 걸리는 학질로 인해 2~3일 만에 급사했다는 주장은 설득력이 떨어져 학질로 인한 급사설은 의학계와 학계에서도 설득력을 얻지 못하고 있다. 병자호란 후 청 태종은 인조가 명나라를 계속 숭상하고 청을 배척하면 인조를 끌어 내리고 아들 소현세자를 왕으로 삼겠다고 주장한 적도 있고, 볼모 생활하며 청과 조선의 유화적 관계를 위해 노력하던 소현세자를 인조는 오히려 소현세자가 친청(親淸) 사상에 물든 오랑캐라고 비난했다. 소현세자의 귀국후 인조는 극도의 적개심으로 맏아들 소현세자를 오랑캐로 치부했으며, 1645년 4월 소현세자는 조선에 귀국한 지 두 달 만에 급사(急死)했다. 이듬해 며느리이자 세자빈인 강씨를 시아버지 인조의 수라에 독을 넣었다고 모함하여 궁궐에서 내쫓은 후 사사(賜死)하고 손자들까지 숙청한 인조의 사후 행보를 보면 독살설이 오히려 설득력이 있다고 볼 수 있다. 그러나 소현세자 죽음의 원인이 병사인지 독살 사망인지에 관한 확실한 고증자료가 없으니, 소현세자의 죽음은 역사 속에서 계속 의문으로 남을 수밖에 없다.

소현세자빈 강씨(昭顯世子嬪 姜氏, 1611~1646)는 민회빈 강씨(愍懷嬪 姜氏)라고도 불리며 인조의 장남인 소현세자의 부인이다. 고려 때 요나라를 전멸시키며 귀주대첩을 승리로 이끈 강감찬 장군의 18대손이며 인조 때 우의정 강석기의 딸이다. 세종의 외가 쪽 8대손인 신수근(愼守勤, 중종의 폐비 신씨의 오빠)의 손녀이다. 병자호란 때 강화도로 피신했다가 인조가 삼전도에서 청나라에 항복하자 강화조약에 따라 남편인 소현세자와 시동생 봉림대군(효종) 부부와 함께 청나라 심양으로 볼모로 끌려갔다. 1645년(인조 23년) 4월 26일에 소현세자가 의문의 죽음을 맞은 이듬해 시아버지 인조에 의해 36세 젊은 나이에 사사(賜死)되었다. 인조는 조선왕조 장자승계원칙을 어기고 소현세자의 원손(元孫)[396]인 맏아들 석철(石鐵) 대신 소현세자 동생 봉림대군을 세자로 책봉했다. 실록에서는 소현세자 사후 세자빈을 '강빈(姜嬪)'이라고 낮춰 불렀으며, 효종(봉림대군) 때는 자신의 불법 왕위승계의 정당성을 옹호하기 위해, '역적 강씨'라는 의미로 '역강(逆姜)'이라 부르다가, 사후 72년 후 숙종 때 송시열의 상소로 소현세자빈의 복위호(復位號)[397]를 회복시켜 민회빈(愍懷嬪)으로 추증하였다.

첨언

'세자는 본국에 돌아온 지 얼마 안 되어 병을 얻었고 병이 난 지 며칠

---

396 원손(元孫): 왕세자의 맏아들.

397 복위호(復位號): 빼앗았던 위호(位號)를 그 사람이 죽은 뒤에 다시 회복하여 줌.

만에 죽었는데, 온몸이 검은빛이었고 눈코귀입 일곱 구멍에서는 모두 선혈(鮮血)이 흘러나오므로… (하략)

世子東還未幾, 得疾數日而薨, 擧體盡黑, 七竅皆出鮮血... (下略)
(仁祖實錄, 仁祖 23年)

병자호란 때 청 태종 홍타이지에게 삼전도에서 이마가 피투성이 되도록 절하며 삼궤구고두례(三跪九叩頭禮)[398]를 올리는 굴욕을 당하며 항복한 후, 인조(仁祖)는 맏아들 소현세자(昭顯世子)와 맏며느리 세자빈 강씨(姜氏)를 청나라 심양에 8년간 볼모로 보냈다. 볼모 신분으로 유배 생활을 하면서 소현세자와 세자빈 강씨는 청나라가 이미 시대에 뒤떨어지고 비효율적인 성리학을 버리고 세계 선진문물과 천주교에 개방적이었음을 직접 눈으로 확인하고 아담 샬로부터 서구의 천문지리, 세계지도, 선진과학 지식을 습득해 8년 만에 풀려나 조선으로 돌아와 개혁과 발전을 도모하기 위해 노력하지만, 아버지 인조는 소현세자를 오랑캐 나라 청에 물들었다며 오히려 대립각을 세우고 정적(政敵)으로 여기며 어의(御醫) 김형익을 통해 창경궁에서 독살했다(추정). 시신이 검게 변하는 경우는 구타나 비상, 부자 등 독극물에 의한 독살인데, 『인조실록』에는 사인(死因)이 학질로 기록되어 있다. 말라리아로 죽는 경우는 오래 열이 나고 죽는 데 꽤 오랜 시간이 걸리는데, 34세의 젊고 건장한 소현세자가 복통으로 아픈 지, 이틀 만에 급사하고 시신(屍身)도 검은색으로 변해 있었으니 조정에서도 독살 의혹이 계속 제기되었다. 보통 임금이 죽으면 어의(御醫)는 의금부의 형식적

---

398 삼궤구고두례(三跪九叩頭禮): 황제에게 세 번 무릎 꿇고 아홉 번 머리를 땅으로 조아리며 절하는 청나라 예법.

미래를 찾아 과거 속으로

국문 후 유배나 처형을 받는다. 동의보감을 편찬한 허준도 선조 붕어(崩御) 때 유배당했다. 그런데 인조는 어의 김형익에게 아무런 조처도 안 하고, 시신 염습도 조정 대신들 입회조차 허용하지 않은 채 순식간에 처리하고 독살 증거인 검게 변한 시신을 못 보게 일반 사대부 장례 때처럼 3일장으로 치른 후 묻어 버렸다. 이듬해 며느리 세자빈 강씨까지 인조 자신을 독살하려 했다는 모함을 뒤집어씌워 사약을 내려 사사(賜死)시키고 어린 세 아들마저 제주도로 유배 보냈다. 할아비 선조(宣祖)를 닮아 비겁하고 무능하기 짝이 없는 데다 사악하기가 이를 데가 없다. 소현세자(昭顯世子)와 세자빈 강씨는 병자호란 때 남한산성에서 아들 원손을 낳고 심양으로 끌려가서 아들 얼굴을 5년간 보지도 못했다. 5년 만에 잠시 방문했을 때 아들 얼굴도 못 보게 하고, 상(喪)도 못 본 세자빈 강씨의 아버지 무덤에 가서 곡(哭)도 못 하게 했다. 세상에 이런 못된 아버지나 시아버지가 또 있을 수 있을까? 인조반정(仁祖反正)은 우리에게 있어서는 안 될 임진왜란이나 일제강점기 시대보다 더 불행한 역사였다. 임진왜란 잘 마무리하고, 탁월한 외교술로 명(明)과 후금(後金) 사이에 등거리 실리(實利) 외교로 외침(外侵)은 없었고, 대동법(大同法)실시로 가난한 백성들의 세금 문제 덜어준 광해군은 성군(聖君)은 못 되더라도 폭군(暴君)으로 매도하는 것은 정당한가? 임진왜란 전후 복구와 말년에 궁궐 복원을 위한 과다한 재정 지출이 폐위의 이유가 될 수 있을까? 그의 전후 궁궐 복구 업적이 없었다면 지금의 우리가 경복궁, 창덕궁 등 아름다운 궁궐과 왕릉 등 우리의 소중한 문화유산을 볼 수나 있을까? 왕권을 위협하는 인목왕후(仁穆王后)를 덕수궁에 가둔 소위 '폐모(廢母)'라는 명목의 죄가 인조가 서인, 남인 세력을 앞세워 광해군(光海君)을 폐위시킨 명분으로 타당한가? 인조반정(仁祖反正) 후 논공행상에 불만을 품은 이괄이 난을 일으켜 조선왕조 내부반란으로서는 최초로 경복궁까지 뺏기고 인조가 강화도로 도망갔을 때 전주(全州)에서 분조(分朝)를 성공적으로 운영하며 나라의 역경을 수습한 사람이 바로 맏아들 소현세자(昭顯世子)였다. 정묘호란 때는 강화도로 병자호란 때는 남한산성으로 도망 다니기 바빴던 인조는 겁 많고 무능한 조선조 최악의 군주일 수밖에 없다. 인조(仁祖)의 대를 이은 효종(孝宗)도 무능하긴 마찬가지였다. 국제정세와 청의 강성함을 애써 외면하고, 능력도 없으면서 이불 뒤집어쓰고 북벌(北伐)만 외쳐 댔지만, 실행에 옮긴 게 뭐 하나라도 있었나? 효종은 세자빈 강씨(姜氏)가 억울하게 죽었다며 사후 복권을 청하는 장계를 올린 황해감사 충신 김홍욱을 장살(杖殺)[399]로 죽였다. 세자빈 강씨(姜氏)가 사후 복권되면 효종(孝宗) 자신의 왕권 정통성이 무너지는 것을 두려워했기 때문이었다.

인조가 전교(傳敎)[400]하였다.

"강빈이 심양에 있을 때 은밀히 왕위를 바꾸기 위해 모의하면서 미리 홍금 적의를 만들어 놓았고 내전의 칭호를 공공연히 주제넘게 사용하였으며, 지난해 가을에는 분노하는 마음이 일자 처소와 가까운 곳까지 와서 소리를 고래고래 지르며 발악하였고, 사람을 보내 문안 올리는 예절도 지키지 않은 지 이미 오래되었으며, 이런 짓도 하는데 무슨 짓인들 못 하겠는가? 이렇게 환히 드러난 악행을 가진 그녀의 심술로 미루어 본다면 흉악한 것을 넣어 독을 넣은 것은 모두 다른 사람이 저지른 것이 아니다. 예로부터 난신적자가 어느 시대인들 없었겠

---

399 장살(杖殺): 조선 시대 사형법의 하나. 곤장으로 때려죽임
400 전교(傳敎): 임금이 명령을 내림, 하교(下敎)와 같은 의미.

미래를 찾아 과거 속으로

는가마는, 그 흉악함이 이렇게 지독한 경우는 없었다. 부왕(父王)을 해하고자 한 자를 이 세상에 하루라도 목숨을 부지하게 할 수 없으니, 폐위한 후 내쫓고 사약을 먹여 죽여라."

傳曰, 姜氏在瀋之時, 潛圖易位, 紅錦翟衣, 預爲造作, 內殿之號, 公然僭稱, 上年秋間, 乘其憤怒, 來在至近之處, 高聲發惡, 伻人問候, 亦廢累日, 是可忍也, 孰不可忍也? 以此現著之惡, 推度其心術, 則埋兇置毒, 皆非他人之所犯也. 自古亂臣賊子何代無之, 而未有如此賊之甚者也. 欲害君父者, 不可一日容息於覆載之間, 廢出賜死.

(세자빈 姜氏를 廢出하고 賜死하라는 傳敎, 承政院日記 93冊, 1646年, 仁祖 24年 3月 15日)

주해

瀋(양): 소현세자와 강빈이 볼모로 가 있던 청나라의 심양(瀋陽)을 의미.
潛圖(잠도): 은밀히 도모하다.
紅錦翟衣(홍금적의): 왕후가 입는 붉은 비단옷.
翟(적, 탁): 꿩.
僭稱(참칭): 주제도 모르고 멋대로 임금 또는 왕비라 부름.
伻人(팽인): 사람을 부리다, 시키다.
問候(문후): 웃어른의 안부를 묻다.
孰(숙): 누구, 어느, 무엇.
亂臣賊子(난신적자): 나라를 어지럽게하는 신하와 부모의 뜻을 거역하는 자식.
君父(군부): 임금과 아버지, 부왕(父王).
覆載之間(복재지간): 온 천지, 세상.

나라를 위해 개방개혁과 실리(實利)를 추구했지만, 시대에 걸맞지 않고 비생산적이라 중국에서조차 이미 버린 주자(朱子)의 사상과 철학을 숭상하며, 자신의 왕위 유지에만 급급했던 졸군(拙君) 인조(仁祖)에 의해 무참히 독살된(추정) 비운(悲運)의 왕세자 소현세자(昭顯世子)와 세자빈 며느리 강씨의 묘는 모두 철창 속에 갇혀있고 묘역은 코로나니 구제역이니 국민이 이해하지 못할 이유로 수년간 자유로운 출입이나 일상적 참배가 허용되지 않고 있다. 경기도 광명시의 민회빈 강씨(愍懷嬪 姜氏)의 원혼이 영회원(永懷園) 철책 안에 갇혀 구천(九天)을 떠돌며 멀리 경기도 고양시의 소경원(昭慶園) 소현세자(昭顯世子) 남편 묘를 애타게 바라보고 있지는 않을까? 합장(合葬)시켜 드리는 게 후손으로서 도리라는 생각을 하며, 소경원(昭慶園)과 영회원(永懷園)의 두 분을 쌍묘(雙墓)에라도 함께 안장시켜드리고 싶은 마음이 간절해 두 분 무덤 사진을 나란히 함께 올려 보았다. 영회원(永懷園) 입구 어디선가에서 세자빈 강빈(姜嬪)의 18대 할아버지 강감찬 장군의 호통 소리가 들리는 듯하다.

以心傳心 인터뷰

"청나라는 병자호란 이후 무능한 군주로 낙인찍힌 당신의 부친 인조를 왕위에서 끌어내리고 당신을 왕으로 세우겠다는 의사를 전해온 적이 있고, 세자께서는 9년간 청나라에서 볼모 생활을 하며 문호를 개방한 청나라와 가까이 지내며 조선의 통치·지배 수단이었던 성리학 윤리와 가치를 부정하는 실학, 천주교, 과학 등 선진 문명을 익혀 심양에서 이미 독자적인 개혁 세력을 형성하고 있었습니다. 1645년 4월 23일 발병한 지 사흘만인 26일 조선으로 귀국한 지 두 달 만에 급사한 이유가 학질에 의한 급사(急死)였습니까? 아니면 자신의 왕좌를 지키기 위한 부친 인조에 의한 독살이었습니까? 明을 멸망시킨 淸은 개방 정책으로 선진화하고 있는데, 淸을 오랑캐 나라라고 무조건 배척하고 이미 사라진 明나라를 숭상하는 조선은 우물 안 개구리 처지였으니 어차피 망할 수밖에 없었습니다. 차라리 군사쿠데타라도 일으켜 조선의 개혁과 변화를 시도했더라면 하는 아쉬움이 있습니다."

"장인이 돌아가서 잠시 귀국한 적이 있었는데 아버님은 우리 부부의 장례 참석도 못 하게 해 심양으로 돌아갈 수밖에 없었지요. 아버님의 한심한 숭명배청(崇明排淸) 정책으로 청나라가 인조를 조선 군주로 인정하지 않으니 보다 못한 조정 대신들이 '이제 아들에게 양위하면 어떻겠냐?'라고 아버님에게 압박하니, 마음이 편했겠습니까? 좌의정까지 지낸 심기원이 부왕 인조를 상왕(上王)으로 모시고 내가 볼모에서 풀려나면 왕위를 나에게 양위하는 방안으로 대놓고 아버님을 압박했지만, 오히려 내가 거절했소. 나는 태종 이방원처럼 아버지를 몰아내고 형제까지 모두 죽이며 왕위에 오르기를 바라는 그런 못된 아들이 아니오. 아버지는 심기원과 그의 수하 임경업을 친청(親淸) 정책과 내게 왕위를 양위하라고 종용했다는 이유로 역모사건을 도모했다며 모두 처형했지만 나는 전혀 관계가 없소. 나는 북경에서 명나라가 망하고 청이 흥하는 모습을 직접 목격했으며 청의 선진 문명을 향한 개방 정책의 성공을 경험해 明나라의 주자학 이론에 갇혀있는 조선의 개혁과 변화에 관한 꿈 꿨지, 왕위 따위엔 관심이 없었소. 조정 대신들의 이러한 움직임은 부자 관계를 더욱 멀어지게 만들었소. 아버님은 나라는 존재가 왕위찬탈을 노리는 정적으로밖에 여길 수밖에 없었을게요. 한가지 알 수 없는 건, 못된 아들이 아버지를 겁박할 수는 있어도 아버지는 낳은 정(情) 때문에 아들을 내치거나 죽일 수는 없지 않소? 태조 이성계가 아들 이방원에게 그리 했듯이. 영조는 사도세자를 죽였을망정 대신들의 만류에도 불구하고 손주 이산(정조)에게 왕위를 물려주지 않았소? 내가 죽은 후 아내는 물론 손주 세 명마저 모두 제주도로 유배 보낸 걸 보아 아버님 인조가 나를 독살했다는 주장이 설득력이 있소. 오죽하면 조선의 야사집『조야첨재(朝野僉載)』에 내가 귀국 후 두 달 만에 청나라 황제의 선물로 가져와 진상한 용연(龍硯)[401] 벼루를 인조가 집어던져 내가 머리를 맞아 죽었다는 얘기가 있을 정도니, 내 죽음에 관해 인조가 깊이 연루돼 있었다고 볼 수밖에 없소. 왕이나 왕세자가 죽으면 시신을 검사해 사인(死因)이 병사인지 독살인지 밝혀내는 것이 원래 궁중 법도이며, 학질로 급사했다면 치료 과실이나 무능으로 내의원(內醫院)[402]이나 어의(御醫) 이형익을 국문하여 죄가 밝혀지면 최소한 유배는 보냈어야 했는데, 내 경우 그런 절차가 모두 무시되었소. 조정 대신들이 내 시신의 염습과정 참관하지 못하게 서둘러 입관시킨 후 서삼릉 뒤편 구석에 무인석도 없이 일반 사대부 묘처럼 급히 처리해 버렸소. 내 시신을 부검하지 않더라도 독극물에 의한 독살 여부를 확인하는 건 아주 쉽소. 내 입안에 은비녀를 한 번만 넣어보면 비상이나 부자에 의한 독살인지 아닌지 금방 알 수 있었으니 조정 대신들로부터 그런 사인(死因) 확인을 요구하는 상소가 많았음에도 인조는 허용하지 않았소. 조선의 왕위 계승은 장자상속법에 따라 맏아들이 왕이 되며 맏아들이 죽었으면 맏아들의 맏아들인 원손(元孫)이 왕이 되어야 하는데, 내 맏아들 석철마저 제주도로 유배 보내 죽이고, 내 동생 봉림대군이 대신 왕위를 잇게 하였습니다. 삼전도에서 父王 인조의 삼배구고두례(三拜九叩頭禮)의 굴욕을 직접 목격

---

401 용연(龍硯): 龍이 조각된 임금을 위한 벼루. 소현세자가 인조가 던진 용연 벼루에 머리를 맞아 사망했다는 얘기가 전해온 이래 어린 사내아이를 꾸짖는 말로 '용연석(龍硯石)'이 점점 변하여 '요녀석'으로 되었다고 한다.

402 내의원(內醫院): 왕실의 의약을 조제·관리하던 관아.

미래를 찾아 과거 속으로

한 두 아들인 나와 내 동생은 청에 대한 원한과 복수심을 갖고 심양에서 볼모 생활을 잘 이겨냈소. 8년 후 풀려나 귀국한 나는 조선의 혁신과 개혁을 추구했지만 독살당했고, 내 동생 효종은 능력도 없으면서 북벌(北伐)만 주장했지만 실현한 게 아무것도 없이 죽었소. 당신 말이 맞소. '아~, 차라리 그때 좌의정 심기원의 말대로 군사쿠데타라도 일으켜 아버지를 상왕으로 모시고 내가 왕위에 올라 조선을 개혁으로 이끌었다면.' 하는 생각도 하며 한숨 짓지요."

"소현세자빈, 당신의 남편 소현세자가 사망한 후 당신의 호칭은 세자빈 강씨에서 '강빈(姜嬪)'으로 추락했고 효종 때는 '역적 강씨'라는 의미인 '역강(逆姜)'으로 칭해졌소."

"어머니와 오빠, 남동생 모두 억지로 만든 죄에 연루되어 처형되었으며, 세 아들 모두 제주도로 유배 보내졌으며 두 아들 '석철'과 '석린'은 장독과 병으로 죽고 막내 '석견'만 홀로 살아남았으니 지하에서 얼마나 애통해하십니까? 그나마 송시열의 상소로 당신 사후 72년만인 숙종 44년(1718년)이 되어서야 당신의 소현세자빈 신분이 복원되고 위호(位號)[403]도 회복되어 민회빈(愍懷嬪)으로 추증된 것은 천만다행입니다. 『승정원일기』에 쓰여있듯이 시아버지 인조의 왕좌를 찬탈하기 위해 은밀히 도모했으며, 인조의 수라상(水剌床)[404] 음식 중 전복 요리에 독을 넣었다는 게 사실이었습니까?"

"내가 수라상 전복 요리에 독을 넣었다는 인조의 주장은 모함이오.

---

403 위호(位號): 벼슬의 등급과 그 명칭.

404 수라상(水剌床): 임금에게 올리는 밥상을 높여 부르는 말.

조정 대신들도 확증이 없다고 하지 않았소? 왕의 수라상을 올리기 전 음식에 독이 있는지 안전한지 감별하는 소주방(燒廚房)[405]의 주방상궁(廚房尙宮)도 있고 왕이 음식을 드시기 전 맛을 보는 기미상궁(氣味尙宮)[406]도 있는데 내가 어떻게 독을 넣을 수 있단 말이오? 시아버지가 나를 없는 죄를 씌워 내쫓았소. 내가 폐출되어 궁궐 밖 서대문 친정집으로 쫓겨나 사약 받고 죽으니 백성들도 한탄했소."

"의금부 도사 오이규(吳以奎)가 덮개가 있는 검은 가마로 강씨를 싣고 선인문을 통해 나가니, 길 곁에서 바라보는 이들이 담장처럼 둘러서서 남녀노소 모두 바삐 오가며 한탄하였다. 강씨는 성격이 거셌는데, 끝내 불순한 의도를 갖고 上(인조)의 뜻을 계속 거역해 오다가 마침내 죽음에 이르게 되었다. 그러나 그 죄악이 아직 밝게 드러나지 않았는데도 단지 추측만을 가지고 법을 집행하였기 때문에 바깥 민심이 수긍하지 않았고…"

義禁府都事吳以奎以有屋黑轎, 將姜氏由宣仁門出, 路傍觀者如堵, 男女老少奔走噓唏. 姜氏性剛戾, 卒以不順, 積忤上意, 遂及於死。 然其罪惡猶未彰著, 特以推度而行法, 故中外民心不厭...(下略)

(仁祖實錄 47卷, 仁祖 24年 3月 15日)

주해

---

405 소주방(燒廚房): 왕의 음식을 만드는 주방. 수라간(水刺間)과 동일. '수라'라고 한데서 기인했다. '수라'는 고려 말 원나라 지배 시 '슐라'라는 몽골계 언어로, 밥이나 음식을 지칭.

406 기미상궁(氣味尙宮): 임금이 음식을 먹기 전 독이 있나 없나 알아보기 위해 먼저 맛을 보는 상궁.

미래를 찾아 과거 속으로

轎(교): 가마.

堵(도): 담장.

嘘唏(허희): 한탄하며 울다.

剛戾(강려): 강하고 거세다.

忤(오): 거역하다, 거스르다.

猶(유): 지금도 아직, 오히려, 마치.

彰著(창저): 어떤 일이 밝혀져 드러남.

厭(염): 억누르다. 싫어하다.

"나는 강감찬 장군 18대 후손으로 할 얘기는 하는 사람이오. 심양에 볼모로 있을 때 청에서 사들인 둔전(屯田)[407] 농사로 자금을 모아 청으로 끌려온 수십만 조선인 노예를 사들여 조선으로 돌려보내니 나와 소현세자가 민심을 얻을 수밖에 없었소. '청나라가 나를 쫓아내고 소현세자를 왕으로 앉히면 어떡하나?'라는 생각에 불안해하던 인조는 소현세자와 내가 왕위찬탈을 위한 모반이나 정치적 야심이 있다고 곡해하고, 우리가 둔전 농사로 돈을 모아 포로로 끌려온 조선인들을 사고파는 속환시장(贖還市場)[408]에서 사들여 힘들게 귀향시켰더니 그런 조선인들을 '화냥년(환향년, 還鄉년)', '호로(胡虜자식)', '후레자식'[409]이라고 까지 비하하였습니다. 청 태종 홍타이지의 왕실과 우호 관계를 유지하며 청과 조선의 국제무역을 활성화하며 조선의 경제 개혁과 발전을 시도한 여성으로서 나는 조선 역사상 최초의 국제 경영 CEO였지만 시아버지 인조의 시기와 사악함으로 꿈을 이루지 못했소. 나는 낡

---

407 둔전(屯田): 군대 식량 보급을 위한 밭.

408 속환시장(贖還市場): 소현세자 부부가 볼모로 머물던 심양관(瀋陽館) 인근의 조선인 포로 매매 시장, 소현세자 부부는 병자호란 패배 후 조선에서 끌려온 포로들을 돈 주고 사서 조선으로 돌아가게 했음.

409 호로(胡虜자식): 후레자식. 환향녀가 낳은 아이를 가리키며 오랑캐 자식이란 의미.

아빠진 여성의 삼종지도(三從之道)[410] 윤리적 가치를 맹신하던 질투의 화신 시아버지 인조에 의해 억울하게 죽어간 비운(悲運)의 세자빈이었으며, 나의 죽음은 결국 조선이 개혁 기회를 놓치게 되는 불행을 초래했다고 판단합니다. 이미 세상을 떠난 소현세자의 넷째 아들을 피투성이로 유산하며 고통받고 있었소. 바로 그날 내가 사사(賜死)되었던 것이오. 내게 죄가 있었다면, 약소국 조선의 무능하고 사악한 시아버지 인조의 시기와 질투를 견뎌내며 시대를 앞서가며 개혁에 앞장서며 애민(愛民)했던 죄밖에 없소."

---

410 삼종지도(三從之道): 조선 시대 여자의 자유를 구속했던 전근대적 유교 문화습관. 어려서는 아버지를, 시집가서는 남편을, 남편이 죽으면 아들을 위해 사는 것이 사대부 여성의 올바른 여성 삶의 방식이라는 뜻(在家從父 出嫁從夫 夫死從子).

미래를 찾아 과거 속으로

28. 내가 죽어야 할 의무는 없지만, 나라가 선비를 기른 지 오백 년에, 나라가 망하는 날, 한 사람도 죽는 사람이 없어서야 어찌 슬프지 않겠는가?

매천 황현(梅泉 黃玹) 선생의 묘

전라남도 광양시 봉강면 석사리

鳥獸哀鳴海岳嚬[411]

槿花[412]世界已沈淪[413]

秋燈掩卷[414]懷千古

難作人間識字人

(梅泉 黃玹 선생의 絶命詩 중 三 首, 梅泉集)

---

411 嚬(빈): 얼굴을 찌푸리다. 찡그리다.

412 槿花(근화): 무궁화 나무의 무궁화 꽃. 우리나라의 이칭.

413 沈淪(침륜): 침몰, 깊이 빠져 몰락하거나 망함.

414 掩卷(엄권): 책을 덮다, 가리다.

새 짐승도 슬피 울고 바다와 산도 찡그리니

무궁화 우리나라 침몰되어 없어지고 말았구나.

가을 등불 아래 책 덮고 흘러간 오랜 역사를 뒤돌아보니

인간 세상에서 지식인 노릇하기 참으로 어렵구나.

황현(黃玹, 1855년~1910년)은 대한제국 조선왕조 말기의 선비로 본관은 장수(長水), 자는 운경(雲卿), 호는 매천(梅泉). 전라남도 광양 출신으로 시인, 역사가, 문장가, 우국지사이며 대한민국 독립유공자이다. 세종 때 황희 정승의 후손으로 조선 말기에 이르러 3대가 과거제도의 부패로 급제를 이루지 못해 몰락한 양반 가문의 후손이다. 전라남도 광양에서 태어나 구례군(求禮郡) 간전면(艮田面) 만수동(萬壽洞)에서 16년간 구례 출신 詩人 왕석보(王錫輔) 선생 문하에서 수학했다. 조선 말기의 정치적 주류는 훈구파 보수세력인 서인(西人) 중 노론(老論) 송시열의 후계였으나, 20대 때 황현은 가끔 서울을 방문해 부정부패와 신분질서 혁파 등 개혁을 주장하는 신세대 비주류 지식인인 창강(滄江) 김택영(金澤榮)과 영재(寧齋) 이건창(李建昌, 황현의 멘토) 등과 교분을 쌓았다. 29세 때 생원시 1차 시험에서 장원 급제했지만, 사조단자(四祖單子)[415]에 적힌 조상이 모두 '학생(學生, 벼슬하지 못한 故人)'으로 과거급제자가 없다며 과거시험 검시관은 황현의 2차 시험 응시를 불허했다. 그렇지 않아도 입신양명의 등용문인 과거(科擧)시험 과정에 시험문제 사전 유출, 시권(試卷)[416] 사고팔기, 합격자 바꿔치기 등 부정행위가 만연함을 목격하고, 혼란한 정국과 집권층의 부패로 더럽고 혼탁한 세

---

415 사조단자(四祖單子): 四祖 (아버지, 할아버지, 증조할아버지, 외할아버지)의 관직, 성명, 본관을 기록한 확인서.
416 시권(試卷): 科擧시험 응시자의 시험답안지.

미래를 찾아 과거 속으로

상을 떠나 여생을 후학을 양성하며 살기로 결심했다. 과거급제에 대한 미련을 버리고 8년 서울 생활을 끝내고 낙향했다. 서울을 떠난 그는 32세부터 48세가 될 때까지(1886년~1902) 구례시 만수동 '구안실(苟安室, 구차하지만 그런대로 편안하게 지낼 만한 방)'이라는 현판을 건 서재를 만들어 놓고 16년간 은둔처사(隱遁處士)로 살며 『매천야록(梅泉野錄)』[417], 『오하기문(梧下記聞)』[418], 『매천집(梅泉集)』[419] 등의 귀중한 저서를 남겼다. 『매천야록(梅泉野錄)』의 전반부는 무능하고 부패한 조선말 관료체제, 외세에 의한 혼란, 1864년부터 한일합방조약이 체결된 1910년까지 구한말 47년간의 역사를 기록했으며, 후반부에 1894년 동학농민운동 이후 친일파와 일제의 만행과 우리 민족의 저항역사를 기록했으며, 고종과 명성황후의 그릇된 결정과 행적에 대한 신랄한 비판도 서슴지 않았다. 황현 선생은 1908년 '호양(壺陽)'이라는 사학(私學)을 설립한 애국 실사구시 계몽 사상가이며 2,027수의 시도 남긴 문학가이다. 30세 때에는 이순신 장군의 격전지도 순례하며 거북선에 관한 시도 남기며 2,000수가 넘는 시를 남겼지만, 대부분 구한말 무너져가는 조국의 모습을 보며 속수무책인 자신의 처지를 한탄하며, 조정의 무능과 일제의 강압에 비분강개하는 심정을 글로 표현하였다. 말년을 광양에서 구례 가는 백운산 첩첩산중 구안사에서 제자를 가르치며 은거했다. 1905년 을사늑약이 체결됨으로써 한국이 외교권을 빼앗기고 자주성을 상실하자 울분을 참지 못하고 자결한 충정공(忠正公)

---

417 매천야록(梅泉野錄): 조선 말기부터 대한제국 때까지(1864~1910) 47년간의 역사를 황현이 편년체로 서술한 역사 기록.

418 오하기문(梧下紀聞): 조선 말기 황현이 당시 당쟁 및 세도정치 등 부패상과 동학 농민전쟁 등에 관해 서술한 역사 기록.

419 매천집(梅泉集): 조선 말기부터 대한제국 때까지 황현의 시·논·설·서(書) 등을 수록한 시문집. 1910년 8월 일본이 우리나라를 강제로 병합하자 자신의 목숨을 끊으며 남긴 절명시(絶命詩) 4수가 포함되어 있다.

민영환(閔泳煥)의 순국을 슬퍼하며 '혈죽(血竹)'이라는 시를 지어 그의 죽음을 추모했으며, 일제에 빌붙은 친일파들을 조롱하는 시들을 지어 그들의 행태를 비판하기도 했다. 황현 선생은 1907년부터 전라도 구례군 광의면 지천리에 호양 학교를 지어 신학문을 가르쳐 인재들을 양성하려 했지만 기울어가는 대세를 막을 수는 없었다.

일제는 순종에게 1910년 8월 20일 한일병합조약에 서명하라고 강요했지만, 순종은 끝까지 거부하고, 8월 22일 내각 총리대신 이완용이 대신 서명했다. 일주일간 조정의 여론과 동정을 살핀 후 경술국치일인 8월 29일에 병합을 공표하여 주권은 완전히 박탈되었으며 순종(純宗)의 대한제국 '황제(皇帝)' 호칭은 사라졌고 '창덕궁 이왕(昌德宮 李王)'이 다스리는 일제 식민지 신하국으로 전락하게 되었다. 구례군청에 전달된 순종의 공문을 보고 일제에 국권을 빼앗긴 국치(國恥)를 통분하며 황현은 맥수지탄(麥秀之嘆)[420]의 심정을 담은 기승전결 형식의 절명시(絶命詩) 4 首(七言絶句 4行)를 남기고 구례군의 '국권 회복을 기다린다(待月)'라는 의미의 '대월헌(待月軒)' 그의 집에서 소주에 아편을 섞어 마시며 죽음으로 항거하니 그때 나이 향년 56세였다. 묘지는 고향인 전라남도 광양시 봉강면 석사리에 있다.

첨언

매천 황현 선생(1855~1910)의 위패를 모신 전라남도 광양의 생가 인근의 사당 매천사(梅泉祠)에 황현 선생의 사진과 초상화(둘 다 문화재 보물)가 함께 모셔져 있다. 예나 지금이나 신념이나 절개를 중시한 선현

---

420 맥수지탄(麥秀之嘆): 고국의 멸망을 한탄함.

들의 모습을 보면 마음이 숙연해진다. 사람의 얼굴은 모든 것을 설명해주기 때문이다. 사진 속의 지독한 근시와 사시로 두꺼운 안경까지 쓴 황현 선생 얼굴은 깡마르고 강직한 선비의 모습 그대로 실오라기 흠결의 흔적조차 없는 절의(節義)에 찬 모습이다. 매천사에는 매천 선생 사후 일 년 후 고종의 어진화사(御眞畵師)[421] 채용신(蔡龍臣)이 그린 선생의 초상화도 사진과 함께 있다.

1909년 10월 26일 55세 나이의 황현 선생은 서울 청계천에 있던 우리나라 최초의 사진관 천연당 사진관(天然堂 寫眞館)에서 자신의 영정 사진을 찍고 사진 오른쪽에 '梅泉居士55歲小影(내 나이 55세 때 찍은 작은 사진)'이라 적고 오른쪽에 그의 『매천집(梅泉集)』 7卷, 贊편에 수록된 자찬시(自贊詩)를 남겼다.

일찍이 혼탁한 속세와 어울리지도 못하고
비분강개 울분 토하는 선비도 못 되었네
책 읽기 즐겼으나 문단에도 못 끼고
멀리 유람하기 좋아해도 발해도 못 건넜고
그저 옛사람 말만 조잘대고 있나니
묻노니, 너는 한평생 무슨 마음속 응어리가 그리 많았느냐?
曾不和光混塵
亦非悲歌慷慨
嗜讀書而不能齒文苑
嗜遠游而不能涉渤海
但嘐嘐然古之人古之人
問汝一生胸中有何壘塊

---

421 어진화사(御眞畵師): 왕의 초상화(御眞어진)를 그리는 화사(畵師).

文苑(문원): 홍문관. 사헌부, 사간원과 함께 궁중 언론 기관.

嘐嘐(교교): 큰소리치다, 새가 지저귀다.

壘塊(누괴): 쌓인 응어리, 흙덩이

마치 나라가 망해가는 모습을 슬퍼하며 자신의 순국 자결을 예언하는 유언 같은 글이다. 매천 선생이 유언을 사진에 남긴 날, 1909년 10월 26일은 안중근(安重根) 의사가 중국 하얼빈역에서 이토 히로부미(伊藤博文)를 저격 살해한 날, 1979년 10월 26일 박정희 대통령 피격 사건이 있었던 날 모두 같은 10월 26일이었다. 우연의 일치로 이해해야 할까?

황현 선생은 1910년 8월 29일 경술국치로 대한제국의 주권이 박탈된 후 구례군청을 통해 그 비보를 전해 듣고 울분을 참지 못하다 10월 7일 독약을 마신 후 자식과 제자들을 불러모았다. 독이 퍼져 가는 몸으로 아래와 같이 말했다.

"나는 조정에 벼슬하지 않았으므로 사직을 위해 죽어야 할 의무는 없다. 그러나 나라가 오백 년간 선비를 길렀는데도, 나라가 망하는 날 죽는 선비 한 명도 없다면, 이 또한 애통한 노릇 아니겠는가? 나는 위로 하늘에서 내려받은 올바른 마음씨를 저버린 적이 없었고 아래로는 평생 읽던 좋은 글을 저버리지 않았다. 이제 영원히 잠들고자 하니 속이 시원한 마음이다. 그러니 너희들은 내가 죽더라도 너무 슬퍼하지 말거라."

미래를 찾아 과거 속으로

吾無可死之義

但國家養士五百年 國亡之日

無一人死難者 寧不痛哉?

吾上不負皇天秉彝之懿, 下不負平日所讀之書

冥然長寢 良覺痛快

汝曹勿過悲

秉彝(병이): 잡을 병(秉), 떳떳할 이(彝), 타고난 천성을 그대로 지킴.

懿(의): 올바르다, 아름답다, 훌륭하다

汝曹(여조): 너희들

以心傳心 인터뷰

"선생께서는 1910년 8월 29일 일본에게 나라를 빼앗기자 울분을
참지 못하시고 56세 때 스스로 목숨을 끊으며 항거하셨습니다. 선생
께서 남긴『매천야록(梅泉野錄)』과『오하기문(梧下紀聞)』등 소중한 역사
기록과 유고집『매천집(梅泉集)』등이 우국지사인 동생 석전 황원(石田
黃瑗, 1870 1944) 선생의 끈질긴 반환요구가 없었다면 총독부의 압수
로 영원히 빛을 보지 못했을 것입니다. 아우 황원 선생도 일제의 창씨
개명과 신사참배 강요를 거부하며 일제에 맞서다 1944년에 형처럼
절명시 2수를 남기고 선생님의 사당 매천사 아래 월곡 저수지에 뛰
어들어 자결하여 황현, 황원 두 형제 모두 결국 죽음으로 항거했습니
다. 지금은 2022년, 선생께서 구례 대월헌(待月軒)에서 자결하시기 전
'대월(待月, 때를 기다림, 독립을 기다림)'하며 애타게 기다리던 국권도 회
복되었고 침략국 일본도 없습니다. 황현, 황원 두 순국 지사께서는 국

권이 회복되고 강화된 나라의 모습을 보시고 편히 영면하시길 바랍니다. 조선 말기 치욕과 굴욕의 시대에 선생의 구국을 위한 순국(殉國)의 마음은 우리가 모두 기억해야 할 소중한 역사입니다. 힘이 없어 나라가 망하는 상황에 지식인이 무엇을 할 수 있었겠습니까? 일제의 무장해제로 붓든 선비가 칼 들고 싸우는 의병 되기도 이미 틀렸고, 왕이나 관료가 아니니 잠시 피신해 망명해 훗날을 도모할 수도 없었을 겁니다. 자결을 택하신 선생의 무덤 상석 앞에 서서 머리 숙여 추모 기도 올립니다. 나라를 위한 文.史.節을 모두 갖춘 우리나라 마지막 선비 황현 선생을 영원히 잊지 않겠습니다."

"선생께서는 조선조 500년 동안 선비를 키웠는데, 나라가 망했을 때 죽는 선비가 하나도 없음을 통탄해하시며 '노블레스 오블레주(Noblesse obilge)[422]', 지식인의 사회적 도의적 책임을 지고 자결하셨습니다. 선생님과 달리 조상이 이조판서, 영의정을 배출한 명문 가문 경주 이씨 백사 이항복(白沙 李恒福)의 후손인 우당 이회영(友堂 李會榮) 선생은 1910년 경술국치 후 망명의 길을 택한 후, 연해주, 상하이, 만주 등에서 독립운동과 무장투쟁 등 항일 구국 투쟁을 하시다가 일제 고문에 의해 대련(大連)에서 옥사하셨습니다. '선비가 나라를 구하고 세상에 이름을 드높이는 길은 다양하다'라는 말이 있듯이 (士之播名於世固非一道, 사지파명어세 고비일도)[423] 매천과 우당 두 선현께서는 자결과 망명이라는 서로 다른 길을 택하셨지만, 나라를 위해 숨진 우국지사로 함께 추앙받고 있습니다."

---

422 노블레스 오블레주(Noblesse obilge): 프랑스어로 '귀족은 의무를 갖는다'라는 의미. 부와 권력, 명성은 사회에 대한 도덕적 책임과 함께 해야 한다는 의미

423 士之播名於世 固非一道(사지파명어세 고비일도): 김병연(金炳淵, 김삿갓, 김립)의 지인이었던 조선 후기의 문신 해장(海藏) 신석우(申錫愚)가 1939년 편찬한 시문집 『해장집(海藏集)』에 나오는 말.

"1905년 을사조약 체결 이후 일제의 우리나라 주권 강탈, 친일파의 매국 행위를 보며, 실로 많은 충신이 목숨을 끊었소. 참판 홍만식, 충정공 민영환, 특진관 조병세, 군사 김봉학,…. 그러나 나는 평생 학문과 교육에만 몰두한 고지식한 시골 선비로 관직에 나가본 적도 없고 국록을 받아 써본 적도 없으니, 나라가 망할 때 굳이 죽어야 할 의무는 없었소. 칼이나 총 한 번 쥐어본 적도 없는 선비가 무엇을 할 수 있었겠소? 선비의 나라가 망했는데 선비가 순국 자결로 항거를 표할 방법 이외엔 도의적, 사회적 책무를 다할 길이 없었소. 우당 이회영은 망명 후 독립투사로 싸우다 죽었고 내 아우 석전 황원도 일제에 항거하다 자결하였으니 국립묘지에 안장되는 건 당연하지만, 나는 다른 길을 택해 여기 전라남도 광양시 봉강면 석사리에 묻히게 되었소. 조선의 선비로서 비통한 마음과 울분을 참을 수 없었지요. 나의 자결은 나라를 위한 충의(忠義)에서라기보다는 조선의 마지막 선비로서 '인(仁)'을 완성하기 위해서였소."

세파에 어지럽게 휩쓸리며 백발 나이에 이르기까지
몇 번이고 목숨을 끊으려 해도 이루지 못하였노라
오늘날 진실로 어찌할 수 없는 지경까지 이르렀으니
바람 앞의 가물거리는 촛불이 푸른 하늘을 비추는구나

亂離滾到白頭年
幾合捐生却未然
今日眞成無可奈
輝輝風燭照蒼天
(梅泉 黃玹 선생의 絶命詩 중 1 首, 梅泉集)

滾(곤): 흐르다, 물이 끓다.

捐(연): 버리다, 없애다, 바치다

却(각): 멈추다, 그치다, 물리치다.

未然(미연): 아직 그렇게 되지 못한 상태.

無可奈(무가내): 어찌할 수가 없다. 막무가내(莫無可奈)와 같은 의미.

輝(휘): 빛나다, 광채를 내다.

風燭(풍촉): 풍전등촉(風前燈燭, 風前燈火, 바람 앞 촛불)와 같은 의미.

  1855년 매천 황현 선생이 태어나서 아우 석전 황원(1870~1944) 선생과 32년간 함께 살다 1886년 구례 만수동으로 이사하기 전까지 살았던 전라남도 광양시 봉강면 서석길에 있는 선생의 원래 생가인 초가(草家)는 복구되어 옛 모습은 아니겠지만, 기둥에 걸려있는 주련은 옛날 그대로이다. 조선의 마지막 선비로서 문(文), 사(史), 절(節)을 순국 자결로 이룬 애국지사 황현 선생의 고결한 시심(詩心)과 의혼(義魂)을 느끼며 주련 글귀를 따라 내 마음도 숙연히 따라 내려간다.

  주련(柱聯) 오언절구

山居三十年
산속에 삼십 년 묻혀 살면서
種德不種木
덕을 키웠을 뿐이지 나무를 키우진 않았다네

柿栗自能生
감나무며 밤나무들은 저절로 자라나서

　　　　　　　　　　　　미래를 찾아 과거 속으로

低低秋晚熟

주렁주렁 가을 열매가 가득 열린다네

주해

柿栗(시율): 감나무와 밤나무.

低(저): 속, 안, 밑.

29. 누구나 단 한 번 살고, 단 한 번 죽는 인생.
그 한 번의 삶을 어찌 살아야 하는가? 또, 그 삶에
주어진 한 번의 젊음을 어찌 보내야 하는가?

우당 이회영(友堂 李 會榮) 순국 지사의 묘

국립서울현충원, 서울특별시, 동작구, 동작동

독립을 위해서는 먼저 백성을 깨우쳐야 한다.

인간으로 세상에 태어나 누구나 자기가 바라는 목적이 있다.

이 목적을 달성한다면 그보다 더한 행복은 없을 것이다.

그리고 그 목적을 달성하기 위해서

그 자리에서 죽는다고 하더라도

이 또한 행복 아니겠는가.

한 민족의 독립운동은 그 민족의 해방과 자유의 탈환이므로, 자유의사

와 자유 결의에 의한 조직적 운동으로,

강권적인 권력 중심의 명령조직으로서

혁명운동이나 해방운동이 이루어진 예는 없다.

〈1925년 중국 천진에서 독립운동가 시야 김종진(是也 金宗鎭)과의 담론 중에서〉

미래를 찾아 과거 속으로

이회영(李會榮, 1867~1932)은 조선 선조 때 영의정을 지낸 이항복(李恒福)의 10대손으로 재상을 10명 이상 배출한 조선 최고의 명문가인 경주 이씨(慶州李氏) 이조판서 이유승(李裕承)의 육 형제 아들 중 넷째 아들로 서울 저동(苧洞)에서 태어났다. 자는 성원(聖元), 아호는 우당(友堂). 종교는 감리교로 대한민국 초대 부통령을 지낸 이시영(李始榮)의 형이다. 부와 명예에 부족함이 없어 편안한 생을 보낼 수 있었음에도, 1905년 을사늑약 체결로 일본의 국권 침탈이 가시화되자 형제들과 부와 명예를 버리고 독립운동을 하며 여생을 바치기로 하고 모든 재산(지금의 약 700억 원으로 추정)을 정리하여 독립운동 자금을 마련한 후 집안 식구 40여 명을 이끌고 1906년 만주로 망명해 독립운동 초기 근거지이며 신학문 민족교육기관인 서전서숙(瑞甸書塾)을 세웠고, 1911년에 간도 용정촌(龍井村)에 최초의 한인 자치기관인 경학사(耕學社)를 조직하였으며, 1912년 독립군 지도자양성을 위해 군사 신흥강습소(新興講習所, 新興武官學校의 전신)를 설립한 후 1919년 3·1운동 이후 본격적인 독립군 양성에 몰두했다.

1910년 일본에게 국권을 빼앗긴 후 독립운동을 하기 위해 만주로 망명하기 전 이회영은 자문했다는 얘기가 전한다. "누구나 단 한 번 살고, 단 한 번 죽는 인생. 그 한 번의 삶을 어찌 살아야 하는가? 또, 그 삶에 주어진 한 번의 젊음을 어찌 보내야 하는가?" 중국에서 비밀결사대인 신민회(新民會)를 결성하며 항일운동을 하였으며 1905년 강압에 의한 을사늑약이 체결된 후 1907년 네덜란드 헤이그에서 만국평화회의에 찾아가 을사늑약 체결의 부당성을 알리기 위해 고종의 특사가 파견되었는데, 이때 이회영은 의정부 관리 이상설(李相卨)과 평리원 검사 이준(李儁)을 특사로 추천했고 이들에게 고종의 밀서를 전달하는 계획을 세우고 실행에 옮겼다. 1912년 서간도로 피해 신흥무관학교를 세우는 등 독립운동에 이바지한 그의 업적과 공헌은 지대하다. 1918년 고종의 중국 망명을 비밀리 도모하였으나 1919년 고종의 갑작스러운 사망으로 뜻을 이루지 못했다. 그는 일제의 식민 통치는 물론 경술국치로 망한 대한제국의 국권 회복을 위해 신익희 안창호 등이 결성한 망명정부인 상해 임시정부도 민중 합의에 따른 자유 독립 정부가 아니라며 받아들이지 않았다. 소수 권력자의 상의하달식 일방적 지시로 움직이는 코민테른[424] 조직의 공산혁명도 부정했다. 이회영은 중국에서 망명 시절 말년 민족해방운동을 이끌어갈 반제국주의적 사고체계로서 아나키즘을 수용하며 아나키스트의 입장에서 민족주의와 공산주의와는 다른 제3의 독자적인 민족해방운동에 앞장섰다.

1931년 흑색공포단을 조직하여 중국 내 일본 군사시설 파괴와 일본인 암살을 지휘하다 발각되어, 1932년 11월 17일에 안중근 의사가 처형당한 중국 다롄시 뤼순(大連市 旅順) 감옥에서 재판도 거치지 않고 고문 치사당했다. 이회영을 교수형에 처했다는 당시 독립운동가였던 김소묵의 증언도 전한다. 4선 국회의원이며 전 국정원장이었던 이종찬(李鍾贊)이 그의 첫째 부인인 달성 서씨(達城徐氏) 사이에 태어난 손자이며, 3선 국회의원 이종걸(李鍾杰)이 둘째 부인인 한산 이씨(韓山李氏) 이은숙(李恩淑) 사이에 태어난 손자이다. 이은숙이 1979년 사망하기 전 출간한『서간도 시종기(西間島始終記)』는 한국독립운동사의 역

---

424 코민테른: 1920년 소련이 피식민지 및 반식민지 국가들을 끌어들이기 위한 공산주의 단체의 연합체이며 지도 조직으로 공산주의 인터내셔널(Communist International)의 약칭이다. 코민테른은 그 지도적 위상이 크게 훼손되고 무력화되어 1943년에 해체되었다.

미래를 찾아 과거 속으로

사를 기록한 소중한 문화적 유산으로 인정받고 있다. 나라를 뺏긴 국치 굴욕의 시대에 자유와 평등의 사회 원리와 민족자결과 자발적 혁명에 의한 독립을 위해 외롭게 싸우다 순국한 우국지사 이회영에게 1962년 건국훈장 독립장이 추서되었으며, 그의 시신은 서울 현충사 독립유공자 묘역 입구 제 1基에 안장되었다.

첨언

"동서 역사에 나라가 망할 때 망명한 충신열사가 비백비천(非百非千)이지만 우당과 같이 6형제 가족 40여 인이 한마음으로 결의하고 일제 거국한 사실은 예전에도 지금도 없는 일이다. 그 미거(美擧)를 두고 볼 때 우당은 이른바 유시형(有是兄)이오, 유시제(有是弟)로구나. 진실로 6인의 절의(節義)는 백세청풍(百世淸風)이 되고, 우리 동포의 절호(絶好) 모범이 되리라 믿는다."

〈월남 이상재(月南 李商在) 선생의 어록 중에서〉

주해

미거(美擧): 장하고 훌륭한 일, 업적.
유시형 유시제 (有是兄 有是弟): 그 형에 그 아우, 형을 닮아 아우도 훌륭함.

조선 최고 갑부였던 우당이 중국으로 망명한 후 전 재산을 모두 독립운동에 써서 자금이 고갈되어 추위와 굶주림에 시달리게 되자, 서화(書　)에도 능했던 명문가 출신 우당은 대원군의 난(蘭) 그림을 모작하여 팔아 독립군 군자금을 마련했다. 묵란(墨蘭, 난초 묵화)을 그려 팔아 겨우 끼니를 이을 수 있을 정도로 가난한 삶을 이어갔다. 우당의 항일 저항정신을 담은 묵란 작품은 중국에서 고평가되어 비싸게 팔리게 되니 그 돈마저 독립운동 자금에 보탰다 하니, 그의 독립운동에 관한 변함없는 절의(節義)를 느낄 수 있다. 뿌리가 없거나 땅 위로 솟구친 묵란을 그려 나라를 빼앗겨 침략자가 지배하게 된 그 땅에는 발을 딛고 뿌리를 내리지 않겠다는 절의에 찬 저항정신을 묵란으로 표현했다. '난을 그린다'가 아닌, '난을 친다'라고 표현한다. '칼로 적을 벤다'라는 비장한 각오로 난을 쳤다는 의미로 해석하면 된다. 우당은 다롄(大連) 일본 수상경찰서의 고문치사에 의해 사망했다. '안면에 선혈이 낭자하고 치파오[425]에 피가 많이 묻어 있었다.'라는 목격자 진술도 있었지만, 일본 영사관 당국은 체포된 노인이 유치장에서 목을 매어 자결했다고 발표했다. 당시 일제의 언론통제하에 있던 중앙일보는 '스스로 목을 매어 자살했다'라고 보도했다.

'대련수상서유치중 괴! 액사한 노인(大連水上署留置中 怪! 縊死[426]한 老人)'

출처 불명의 명언, '역사를 잊은 민족에게 미래는 없다'라는 경구가 머리를 때린다. 우리는 우암 이회영이라는 역사적 인물을 기억하고 있으며 그의 자랑스러운 후예인가?

부와 명예를 버리고 오직 구국을 위해 중국으로 망명해 교육과 독립운동을 하다 만리타향 객지에서 일제에 의해 처참하게 고문치사 당한 순국 지사 우암 이회영 선생의 서울국립현충사 묘 상석 앞에 누군가 헌화한 흰 국화꽃 조화(弔花) 한 송이가 놓여있다.

---

425 치파오(旗袍): 몸에 딱 맞는 형태의 만주에서 유래된 중국의 원피스 의상으로 만주족의 지배를 받던 청나라 시절 변발과 함께 강요된 문물 중 하나임.

426 縊死(액사): 목을 매어 죽음.

당신이 쓰러져 다시 소생할 가망이 보이지 않는 나라에 살고 있던 지식인이었다면 당신은 어떤 선택을 했겠습니까? '노블레스 오블리주(noblesse oblige)[427]', 이회영 선생처럼 망명, 독립운동, 옥사의 길을 택했겠습니까? 아니면 충정공 민영환과 황현 선생처럼 순국 자결의 길을 택했을까? 사회적으로 신분이 높은 사람이 자신의 책임과 의무를 다하기 위해 어떤 길을 택해야 한다고 생각합니까?

以心傳心 인터뷰

"재상을 10명 이상 배출한 경주 이씨 명문가에서 태어나 아우분 이시형과 같이 과거로 입신양명하여 국가 지도자의 길을 걸으시지 않고, 굳이 망명과 독립운동의 험난한 가시밭길을 택하셨습니까?"

"선비가 세상에 이름을 드높이는 길은 다양합니다. 나라가 망할 때 선비나 지식인은 의병(義兵)을 일으켜 끝까지 구국 항전을 하거나, 순국을 위해 자진(自盡)[428]하거나, 해외로 망명하여 밖에서 독립운동을 펼칠 수도 있소. 명성황후 민씨(明成皇后 閔氏) 시해에 격분해 일어난 을미의병(乙未義兵)이나, 일제에 의한 고종의 강제 퇴위에 반발해 일어난 정미의병(丁未義兵) 모두 독립운동의 모체가 된 강인한 민족 저항정신을 표현한 활동이었지만, 모두 소기의 목적을 이루지는 못했소. 당시 침략 경쟁이 국제적으로 묵인되던 시대에 외교권마저 박탈된 국제적 고립 상태에서 의병 활동은 실패할 수밖에 없었소. 1907년 대한제국

---

427 노블레스 오블리주(noblesse oblige): 프랑스어로 '귀족은 의무를 갖는다'라는 의미. 부와 권력, 명성은 사회에 대한 책임과 함께 해야 한다는 의미.

428 자진(自盡): 자살.

군 해산으로 무장해제까지 당한 후 국내 의병 활동은 내 선택에서 제외되었소. 매천 황현이나 그의 아우 황원, 혹은 민 충정공처럼 선비로서 관료로서 역사적 사회적 책임을 안고 순국 자결할 수도 있지만, 조선조 500년 역사 조상 때부터 자자손손 재상 집안으로 받은 과분한 국록(國祿)과 토지를 생각하면 내 한목숨 버리고 끝낼 수는 없었소. 그 재산 다 팔아 독립운동 자금 마련하여 중국에서 활동하면 구국과 독립을 쟁취할 수 있는 충분한 승산이 있었다는 게 그때 나의 판단이었소. 조선이 망한 근본적 이유가 비효율적이고 병든 성리학적 가치에 애처롭게 매달리며 국가의 안위에는 관심 없고 자신의 부와 명예에만 집착하는 군주와 벼슬아치 때문이었던 게 아니오? 시권 매매, 급제자 바꿔치기, 초시 매매 등 부정행위로 혼탁한 과장(科場)에는 발도 들여놓기 싫었소."

"선생께서 왜 상하이 임시정부에서 탈퇴하셨으며, 함께 싸우던 김좌진 장군과 결별하게 되었습니까? 선생은 삶의 후반부 어째서 무정부주의자가 되었습니까?"

"아나키즘(anarchism)[429]은 무정부주의라는 말이 아니오. 아나키즘의 원래 의미는 반권위주의(Anti-authoritarianism)와 같은 의미로 반국가주의 사상이 아니며, 지배자의 상의하달식 절대권력의 체재가 아닌 민중에 의한 하의상달식 자유로운 체재를 의미하며 질서 부재의 나라를 의미하는 것이 아니라, 권위주의적 지배자의 부재를 의미하는 것입니다. 나는 부패 무능한 군주와 정치 관료에 의해 나라가 통치되는

---

429 아나키즘(anarchism): 누구에게도 속박과 지배를 당하지 않으며 개인의 자유와 권리를 최대한 보장하기 위해 사회적, 경제적, 정치적 '지배자가 없는 상태'를 추구하는 사상.

미래를 찾아 과거 속으로

걸 원치 않았고, 인민을 위한다는 말뿐인 독재자의 권위주의적 공산주의도 배척했습니다. 나는 1919년에 상하이 임시정부 수립에도 반대했소. 임시정부 내 주도권을 놓고 분쟁이 일어날 것이라고 예상했기 때문이었소. 내 예상대로 임시정부 내 독립운동단체 간 알력과 내분이 심각한 지경에 이르렀고 그때 신채호가 조정하여 안정되었을 때 나는 이미 아나키스트 독립운동 지도자로 변한 후였소. 독립항쟁은 이념이나 사상에 의해 구속되는 그런 제한적 의미에서 펼쳐지면 안 됩니다. 한 민족의 독립운동은 그 민족의 해방과 자유의 탈환이므로, 자유의사와 자유 결의에 의한 조직적 운동으로, 절대적 권력 중심의 명령조직에 의한 혁명운동이나 해방운동으로 이루어진 예는 없습니다. 나는 절대적 권력을 휘두르지 않고 자유와 질서를 존중하고 민의를 모아 대변하는 그런 아나키스트 독립운동 지도자였습니다. 만리타향 객지에서 비참하게 죽었다고 슬퍼 마시오. 살고 죽는 것 둘 다 인생의 한 부분이며, 죽음이란 육체(肉體)에서 영체(靈體)로 바뀌는 하나의 사건에 불과하니 변하는 건 없지 않소? 내 직계 후손도 아니고 먼 친척도 아닌데 이렇게 찾아와 작헌례(酌獻禮)를 올려 주시니 고맙소이다."

30. 한 번 죽음으로써 우러러 임금님의 은혜에 보답하고, 우리 이천만 동포 형제에게 사죄하노라.
(충정공 민영환忠正公 閔泳煥)

나도 죽어야 한다. 내가 지금 죽지 않는다면 죽은 후에 '민영환'을 무슨 면목으로 볼 수 있단 말이냐? (충정공 조병세忠正公 趙秉世)

충정공 민영환(忠正公 閔泳煥)과 부인 박씨의 합장묘

경기도 용인시 기흥구

충정공 조병세(忠正公 趙秉世)의 묘역

대전국립현충원

최익현(崔益鉉), 조병세(趙秉世), 민영환(閔泳煥)의 넋을 기리기 위해 조성된 三忠壇

경기도 가평

우리 인민은 장차 생존 경쟁 가운데에서 모두 진멸 당하려 하도다.

대저 살기를 바라는 자는 반드시 죽고 죽기를 각오하는 자는

삶을 얻을 것이니, 여러분이 어찌 헤아리지 못하겠는가?

영환은 한 번 죽음으로써 우러러 임금님의 은혜에 보답하고,

우리 이천만 동포 형제에게 사죄하노라.

(나의 조국 대한제국 이천만 동포에게 이별을 고함,

민영환의 자결 전 유서, 1905년 11월 30일)

我人民將且殄滅於生存競爭之中矣

夫要生者必死, 期死者得生, 諸公豈不諒只

泳煥徒以一死仰報皇恩以謝我二千萬同胞兄弟

(訣告我大韓帝國二千萬同胞)

민영환(閔泳煥, 1861년~1905년)은 고종(高宗) 시기의 대표적인 척신(戚臣)[430]으로 자(字)는 문약(文若), 호(號)는 계정(桂庭), 시호는 충정(忠正)으로 고종의 종묘배향공신(宗廟配享功臣)[431]이다. 고종의 외가이자 처가인 여흥 민씨(驪興閔氏) 가문을 배경으로 내외의 요직을 두루 거쳤으며 명성황후 민씨(明成皇后 閔氏)의 13촌 지간 먼 친척이다. 민영환은

---

430 척신(戚臣): 왕실이랑 혼인을 맺는 가문에 속해있는 신하. 외척(外戚)과 같은 의미. 왕의 장인은 국구(國舅)라 불렀음.

431 종묘배향공신(宗廟配享功臣): 국왕의 신주를 봉안할 때 그 국왕을 최측근에서 모시다 죽은 후에도 국왕을 위해 종사하는 공신(功臣).

불과 스무 살에 고위직인 당상관(堂上官)[432]이 됐을 정도로 고종이 신뢰하는 최측근으로 국정 운영에 관여하며 개혁 사업을 주도했다. 당시 한반도를 둘러싼 제국주의 열강과 국내 정치세력의 동향이 변화하는 와중에 1896년과 1897년에는 고종 황제의 특명전권공사로 러시아와 영국에 파견되기도 했다. 1904년 러일전쟁에 승리한 일본이 1905년 11월 을사늑약을 강제로 체결하여 외교권을 박탈하자, 의정부의정(議政府議政)과 재상까지 지낸 조병세(趙秉世)와 함께 일제의 내정 간섭을 비판하며 조약 파기와 이완용을 포함한 을사5적(乙巳五賊)[433]의 처형을 요구하는 상소 운동을 벌였다. 일본군의 방해로 고종과의 면담이 거절되어 뜻을 이루지 못하여 상소는 받아들여지지 않았고 그는 오히려 지금의 서울특별시 중구 서소문에 있던 평리원(平理院)[434] 감옥에 구금되었다가 풀려났다. 구한말 국권 상실의 울분과 고위직 관료로서 정치적 책임을 실천하기 위해 순국 자결의 길을 택했다. 민영환은 임신 중이었던 부인 박수영 반남 박씨(潘南 朴氏)에게 자신의 갑작스러운 죽음을 보이지 않기 위해 지금의 종로구 견지동에 있던 자신의 집 부근의 청지기 시중 이완식의 집(지금의 공평동 공평빌딩 앞)에서 1905년 11월 30일 새벽에 자결했다. 그의 나이 44살이었다. 충정공 민영환과 부인 박씨의 합장묘가 경기도 용인시 기흥구에 있으며 묘역 앞에는 1959년에 세운 묘표(墓表)[435]가 있는데 이승만 전 대통령의 친필 글씨

---

432 당상관(堂上官): 조선왕조의 정3품 상계(上階) 이상의 품계 또는 그 품계에 해당하는 벼슬에 오른 관원으로 지금의 국장급 공무원에 해당함.

433 을사오적(乙巳五賊): 을사늑약의 체결에 동의한 다섯 명의 내각 대신: 외부대신 박제순(朴齊純), 내부대신 이지용(李址鎔), 군부대신 이근택(李根澤), 학부대신 이완용(李完用), 농상공부대신 권중현(權重顯).

434 평리원(平理院): 대한제국 고종 때 최고법원 고등재판소.

435 묘표(墓表): 묘비 앞에 세우는 비석. 고인의 성명, 생년월일, 업적을 기록함. 표석(表石)과 동일.

가 앞면에 새겨져 있으며, 대전 유성구 장동의 충렬사(忠烈祠)[436]에 그의 위패가 봉안되어 있다.

첨언

민영환이 을사늑약(乙巳勒約)의 부당함을 고종에게 상소하기 위해 궁내부(宮內府)[437]에 들어가니, 을사오적(乙巳五賊) 중 두 사람인 내부대신 이지용(李址鎔)과 군부대신 이근택(李根澤)이 민영환을 포박하여 평리원(平理院) 감옥으로 보낸다. 이틀 후 풀려난 민영환은 집으로 가지 않고 시종 청지기 이완식(李完植)의 집에서 하룻밤 지새고, 다음날 어머니 서씨를 찾아가 뵙고 어머니 볼을 만지니 서씨는 좋아하며 "얘가 마음이 약해졌나 보구나. 이제 됐으니 가서 자거라."고 했다. 부인 박씨 침실을 들르니 임신 중인 부인 박씨는 코 골며 자고 있는 세 아이 곁에 등불을 켜고 앉아 있었다. "관상 보는 자가 나는 아들 다섯을 갖는다고 하니, 부인이 쌍둥이를 임신한 게 틀림없소."라 하니 부인은 조용히 미소만 지었다. 민영환은 저녁에 집을 나오며 갑자기 통곡하며 청지기 이완식의 집으로 향한다. 다음 날 새벽 성대를 여러 번 베어 선혈이 낭자한 가운데 누워있는 민영환을 보고 청지기가 크게 소리쳐 통곡하니 집안은 온통 눈물바다가 되고 그 소식이 순식간에 온 장안에 퍼져 곡소리가 끊이지 않았다.

1905년 11월 30일 새벽 충정공 민영환(忠正公 閔泳煥)이 자결하기 전에 남긴 유서 내용이 1905년 12월 1일 자 대한매일신보에 실렸다.

---

436 충렬사(忠烈祠): 독립운동가 민영환, 최익현 선생, 이준 열사, 안중근, 윤봉길 의사의 위패 봉안한 사당. 대전 유성구 문화재.

437 궁내부(宮內府): 조선 말 왕실의 일을 담당하던 관아.

嗚呼, 國恥民辱 乃至於此 我人民行將殄滅生存競爭之中矣. 夫要生者必
死 期死者得生 諸公豈不諒. 只泳煥結以一死 仰報皇恩 以謝我二千萬同
胞兄弟. 泳煥死而不死 期助諸君於九泉之下 幸我同胞兄弟 千萬倍加於
奮勵 堅乃志氣 勉其學問 決心戮力 復我自主獨 則死者當喜笑於冥冥之
中矣. 嗚呼 勿小失望 訣告我大韓帝國二千萬同胞

(大韓每日申報, 1905年 12月 1日)

주해

訣告(결고): 이별을 고함, 알림.

將且(장차): 장차(將次)와 같은 의미.

殄滅(진멸): 다하여, 끊어져, 모조리 사라짐.

矣(의): 단정, 결정을 의미하는 어조사.

夫(부): 여기서는 '대저', '대체로 보아'라는 의미의 발어사(發語辭).

幸(행): 여기서는 '바라건대', '희망하건대'의 의미.

奮勵(분려): 기운 내 힘씀.

決心戮力(결심육력): 마음을 합해 서로 돕고 힘을 모음. 戮力(육력): 서로
힘을 모으는 것.

冥冥(명명): 어둡고 어두운.

(경고한국인민유서)

오호라, 나라의 수치와 백성의 욕됨이 바로 여기에 이르렀으니, 우리
인민은 장차 생존 경쟁 가운데에 모두 멸망하리다. 대저 살기를 바라
는 자는 반드시 죽고 죽기를 기약하는 자는 삶을 얻나니, 제공(諸公)들
은 어찌 헤아리지 못하는가? 민영환은 다만 한 번 죽음으로써 황은(皇
恩)에 보답하고 그리하여 우리 2000만 동포 형제에게 사죄하려 하노

라. 영환은 죽되 죽지 아니하고 저승에서라도 제군(諸君)들을 돕기를 기약하니, 바라건대 우리 동포 형제들은 더욱더 분발하고 힘을 써서 그대들의 뜻과 기개를 굳건히 하여 학문에 힘쓰고, 마음으로 단결하고 힘을 합쳐서 우리의 자유 독립을 회복한다면, 죽은 자는 마땅히 저 어두운 저세상에서 기뻐 웃을 것이다. 오호라, 조금도 실망하지 말지어다. 우리 대한제국의 2000만 동포에게 이별을 고하노라.

(대한매일신보, 1905년 12월 1일)

고종이 민영환의 부음을 접하고 비서 조남승(趙南升)을 보내 위로의 말을 보내니, 민영환의 모친 서씨가 말하길, "신첩의 못난 자식이 국가의 위급을 구하지 못했으니 어찌 한 번 죽음으로 속죄를 했다고 하겠습니까? 바라옵건대 폐하께서는 힘써 중흥을 도모하시어 위로는 종사를 편안케 하시고 아래로는 영환의 한을 풀어주십시오."라고 했다. 조남승이 궁궐로 돌아가니 궁궐 문을 닫고 들어오지 못하게 하라는 명령이 있었다. 그 이유는 영친왕 '은(垠)'이 때마침 몸이 조금 아파 무당 푸닥거리를 하고 있어 상가(喪家)에 다녀오는 사람을 꺼렸기 때문이었다 한다.

命祕書丞趙南升往唁, 徐氏對曰, "臣妾有子無狀, 不能扶國家之急, 一死何能贖罪? 願陛下勵圖中興, 上以安宗社, 下以洩泳煥之恨." 南升返, 則止于宮門, 命勿入, 以英王垠適微恙祈禱, 忌人從喪次來也.
(梅泉野錄, 黃玹, 乙巳년 민영환의 모친 서씨가 조남승을 통해 고종에게 보낸 기록 중에서)

祕書丞(비서승): 대한제국 때에 둔 비서의 관직, 비서실장

唁(언): 위문(위로)하다.

無狀(무상): 공적이 없음, 버릇이 없음.

扶(부): 돕다, 떠받치다.

勵圖(여도): 힘써 도모하다.

洩(설): 훨훨 날다, 흘러나오다, 퍼지다.

英王垠(영왕은): 영친왕(英親王) 이은(李垠), 고종의 일곱째 아들이며, 어머니는 귀비 엄씨(貴妃 嚴氏). 순종과는 이복형제 사이.

恙(양): 병, 근심.

醮(초): 제사, 푸닥거리, 여기서는 가벼운 병이니 무당의 푸닥거리.

민영환의 순국 소식을 전해 듣고 다음 날인 12월 1일에 민영환과 함께 을사오적 처벌을 요청하는 상소가 거부되어 평리원 감옥에 있다 풀려난 특진관(特進官) 조병세(趙秉世)[438]도 자결했다.

"나도 죽어야 한다. 내가 지금 죽지 않는다면 죽은 후에 '민영환'을 무슨 면목으로 볼 수 있단 말이냐?"

조병세는 고종에게 올리는 마지막 상소를 쓴 후 목숨을 끊었다. 향년 79세였다.

고종은 조병세의 죽음을 슬퍼하며 '충정(忠正)'이라는 시호를 내린 후 그가 자결 전 남긴 마지막 상소문을 읽어 본다.

---

438 조병세(趙秉世): 조선 말기 왕실 업무를 총괄한 관청인 宮內府의 왕실 고문 관리

"신이 폐하 앞에서 한 번 죽음을 결단하지 못하고 심지어 저들의 위협을 받아 잡혀감으로써 나라를 욕되게 하고 자신을 욕되게 하여 스스로 크나큰 죄를 자초했으니, 이것이 어찌 죽을 날이 장차 임박하여 하늘이 그 넋을 빼앗아서 그런 것이 아니겠습니까? 그렇다면 신은 폐하의 죄인일 뿐 아니라 절개를 지키고 죽은 민영환의 죄인이기도 합니다. 신이 무슨 낯으로 다시 천지 사이에 서겠습니까? 신은 죄가 중하고 살아서는 폐하의 뜻을 감동시켜 역신들을 제거하지 못하고 강제 조약을 파기하지 못한 만큼 죽음으로 나라에 보답하지 않을 수 없었기에 감히 폐하와 영결합니다."

(참고 자료)

1. 매천야록, 황현 저, 나중현 옮김, '민영환의 자결', pg. 287~296
2. 조선일보 박종인 선임기자 기사, '121년 전 나라를 해체하며 검찰권을 박탈했던 고종', 2022.04.16
3. 한국농어촌방송, '대한제국 돌아보기', 김세곤 칼럼니스트, 2021.09.24, http://www.newskr.kr)

민영환과 조병세가 자결하자, 이조참판, 해주 관찰사 관직 제수도 거부하며 명성황후 시해, 을사늑약 체결 등 고종의 대처가 부당함을 계속 상소하던 홍만식(洪萬植)도 자결했다. 그는 상소 때마다 직함을 쓰지 않고, '미사신(未死臣, 아직 못 죽은 신하)'이라고 써서 스스로 죄인임을 자처했다. 학부주사 이상철(李相哲), 평양대 군인 김봉학(金奉學) 등 수많은 우국지사가 30대 젊은 나이에 스스로 목숨을 끊었으며, 계동(桂洞)의 인력거꾼도 경우궁(景祐宮) 소나무에 목매달아 숨을 끊으며 일제에 항거했다.

필자가 1970년대 초 업무차 일본을 방문했을 때 '노기신사(乃木神社)'라는 곳을 방문한 적이 있다.

　청일전쟁과 러일전쟁에서 승리한 일본의 전쟁영웅 노기마레스케(乃木希典, 1849~1912)의 넋을 일본인들이 기리는 신사(神社)이다. 러일전쟁 때 러시아함대를 전멸시키고 대승한 일본 해군 명장 '도고 헤이하치로(東鄕平八郞)'와 함께 육군 명장으로 일본에서 군신(軍神)으로 추앙받는 인물이다. 1894년 11월 청일전쟁 때 뤼순(旅順여순)을 점령한 그는 4일간 최소한 2만여 명을 학살하고 닥치는 대로 약탈, 강간, 노략질, 방화하는 전쟁범죄를 묵인했다. 1904년 러일전쟁 때 승리는 했지만, "천황폐하 만세! (天皇陛下万歳!텐노헤이카 반자이!)"를 외치며 적의 총탄 속으로 진격하는 '반자이돌격(万歳突擊バンザイ突擊)' 같은 무모한 공격으로 일본군의 희생이 너무 커 일본 내 비판이 거셌다. 1905년 2월 러일전쟁의 마지막이자 가장 치열했던 만주 봉천(奉天) 전투에서도 자기 휘하의 수만 명 젊은 군사들이 목숨을 잃은 데 대한 죄책감으로 할복(割腹)을 요청했지만, 메이지 천황이 허락하지 않았다. 3만 명에 이르는 젊은 일본 군인의 희생으로 노기마레스키는 거센 비판을 받았고, 천황의 죽음은 자신의 순사(殉死)[439]의 허락을 의미한다며 스스로 할복했다. 아마도 거센 비난에 대한 그의 고통과 죄책감으로 할복하기 위한 출구전략을 이미 세워둔 듯하다. 1912년 9월 13일 메이지천황(明治天皇)의 장례식 종이 울리는 때를 맞춰 할복(割腹)했다. 10살 연하의 아내도 동반 자결하며 63세의 생을 순사(殉死)로 마감한 황국주의자 노기마레스케(乃木希典)의 도쿄 미나토구에 있었던 저택 자

---

439 순사(殉死): 일본 무사들의 자결 방법. 17세기 왕이나 다이묘(大名, 영주)가 죽으면 따라 죽음. 부인이 남편을 따라 죽는 것도 포함.

리에 세운 것이 노기신사(乃木神社)이다. 온갖 전쟁범죄를 저지른 후 자신을 총애하던 일본 천황이 죽자, 따라 죽은 노기는 일본 사무라이 정신의 일본만을 위한 충신일지는 몰라도 일본에서조차 군신(軍神)으로 평가하는데 비판과 논란이 있다. 일본 사람들조차 추앙하는 이순신(李舜臣) 장군이나 안중근(安重根) 義士와는 언감생심 비교할 가치도 없다. 군인도 인간이다. 아무리 전쟁범죄가 문제시되지 않는 시대에서 전쟁을 수행했더라도, 안중근 의사의 동양평화론(東洋平和論)까지는 못 가더라도, 인간으로서 지켜야 할 최소한의 윤리와 도덕, 군인으로서의 버릴 수 없는 명예라는 게 있다. 충신(忠臣)이건 역신(逆臣)이건 역사적 인물의 자결 현장을 노기신사(乃木神社)라는 역사적 성역(聖域)으로 조성해 관리하며 그곳에서 휴식도 취하고 결혼식도 여는 그들의 역사 인식과 문화관을 부러워 배우고 싶은 필자는 친일파(親日派)인가? 충정공 민영환(忠正公 閔泳煥)이 순국 자결한 우리의 역사적 성지는 어디에 있는가? 그의 저택이 있던 서울특별시 종로구 견지동에 있는 조계사(曹溪寺) 경내 잘 보이지도 않는 북쪽벽 구석 모퉁이에는 충정공의 동상 하나가 있고, 길 건너 인사동 공평빌딩 앞 자결 터에는 작은 추모 표석(表石) 하나가 외로이 서 있다, 한 손에 든 스타벅스 커피를 마시며 젊은이들이 자결 터 옆을 무심히 지나치며 떠들고 지나간다.

나라가 망할 때 민영환(閔泳煥)과 뜻을 같이하며 순국(殉國)의 길을 택한 최익현(崔益鉉)과 조병세(趙秉世) 순국열사(殉國烈士)에 관한 글을 덧붙인다.

경기도 가평 방면 운악산 밑자락에 있는 「가평 삼충단(加平 三忠壇)」

은 한말 일제의 무단 침략에 항거하다 순국한 최익현(崔益鉉), 조병세(趙秉世), 민영환(閔泳煥) 세 열사의 넋을 기리기 위해 조성된 제단이다. 세 분 모두 영원히 추모하고 잊어서는 안 될 우국충절(憂國忠節)의 충신들이다.

최익현(崔益鉉, 1833~1906)

면암(勉庵) 최익현은 고종 때 궁내부 특진관 (宮內府 特進官)[440]이며 의병장이었다. 일본이 조선에서 일본 화폐 사용과 수출입 상품에 대한 무관세를 요구하는 불평등조약인 「조일수호조규(朝日修好條規), 一名 강화도조약」 체결 직전 그는 부당한 강화도조약 체결을 반대하는 상소를 고종에게 올리고자 1876년 1월 23일 도끼를 들고 덕수궁 대한문(大漢門) 앞에 엎드렸다. 조약을 체결하기 전에 도끼로 자신의 목부터 자르라는 비장한 지부상소(持斧上疏)[441] 결의를 표명한 우국(憂國) 충신이었다.

최익현은 상소에서 "비록 왜인(倭人)이라고 평계 대지만 실제로는 서양 도적 떼들이며 왜인들은 서양 옷을 입고 서양 총을 쏘며 서양배를 타고 다니니 이는 왜인이나 서양 사람이나 다 그놈이 그놈이다."라

---

440 궁내부 특진관 (宮內府 特進官): 조선 말기 고종 때 신설되어 왕실 업무를 총괄한 관청인 궁내부 소관으로 왕실의 전례(典禮)·의식(儀式)에 관한 일을 포함하여 왕실 업무에 관한 왕의 자문에 응했던 관리.

441 지부상소(持斧上疏): 도끼(斧)를 지니고(持) 임금이 계신 대궐(闕)에 엎드려(伏) 상소(上疏)를 올린다는 의미로, 못 받아들이겠다면 도끼로 내 머리부터 쳐 달라며 임금에게 올리는 상소. '지부복궐상소(持斧伏闕上疏)'의 줄임말.

며, '왜양일체론(倭洋一體論)'을 주장하고 일본과 화친을 위한 강화도조약 체결을 결사반대했다. 그러자 고종은 최익현의 왜양일체론 주장을 묵살하고, 그를 전라남도 흑산도로 귀양 보낸 후 강화도조약을 체결했다. 최익현은 특진관 벼슬을 거절하고 의병장으로 왜구를 토벌하며 싸우다 체포되어 1907년 1월 1일 쓰시마섬 감옥에서 단식항거 중 74세의 일기로 사망했다.

조병세(趙秉世, 1827~1905)

구한말 한성부판윤(漢城府判尹)[442]과 우의정, 좌의정, 궁내부 특진관 등을 역임한 대한제국 고위관료였던 조병세는 1905년 11월 일제에 의해 강제로 을사늑약 체결로 외교권이 박탈당하자, 을사늑약 체결을 밀어붙인 을사5적 (乙巳五賊)의 처형을 고종에게 요구하려 했으나 일본군의 방해로 뜻을 이루지 못했다. 조병세는 덕수궁 대한문(大漢門) 앞에 엎드려 을사늑약 파기를 주장하던 중 일본 헌병에 강제연행되어 평리원(平理院)[443]의 감옥에 갇힌다. 민영환도 곧이어 평리원에 구금되었다. 다음날 평리원에서 풀려났지만, 그는 다시 일본 공사 및 각국 공사에게 보내는 유서를 남기고 자결했다. 뜻을 이루지 못하고 강제 추방되어 가평 시골집으로 돌아오는 길에 민영환의 자결 소식을 전해 듣고, 한탄하며, "나도 죽어야 한다." 하며, 주위 사람의 만류에도 불구하고, 음독 자결하며 생을 마감한 순국지사이다.

---

442 한성부판윤(漢城府判尹): 조선 시대 한성부(漢城府)를 다스리던 정2품의 관직. 지금의 서울특별시장에 해당.

443 평리원(平理院): 대한제국 때 재판을 맡아보던 중앙 관청으로 당시 최고의 사법기관.

특진관 조병세가 약을 먹고 쓰러지니 왜군이 병세를 잡아 가둔 지 하룻밤 지나 풀어준다. 병세가 민영환의 죽음을 전해 듣고, 탄식하며 이르되,

"나도 죽어야 한다."

만류하는 자가 있어 가로되,

"헛된 죽음은 아무런 도움이 되지 않습니다. 어찌하여 조금 더 기다리지 않으십니까?"

병세가 대답하여 이르되,

"내가 지금 죽지 않는다면, 죽은 후에 민영환을 무슨 면목으로 대할 수 있단 말인가?"

병세는 소매에서 아편을 꺼내 삼켰다...(하략)

特進官趙秉世, 仰藥卒, 倭拘秉世, 經宿釋之,
秉世, 聞閔泳煥死, 歎曰, "吾可以死矣."
客有止之者, 曰, "徒死無益, 盍少待?"
秉世曰, "吾不死, 死日何以對文若?" 袖出鴉片, 呑之...(下略)
(梅泉野錄, 黃玹, 乙巳년 趙秉世 殉國 관련 기록 중에서)

주해

仰藥(앙약): 독약을 먹고 쓰러짐.
盍(합, 개): 어찌 합, 덮을 개.
文若(문약): 민영환의 호.

　　　　　　　　　　　　　　　　　　미래를 찾아 과거 속으로

袖(수): 소매.

鴉片(아편): 阿片(아편)과 동일.

呑(탄): 삼키다, 싸다.

구한말 종2품 무관이었으며 어진화사(御眞畫師)[444]였던 석지(石芝) 채용신(蔡龍臣, 1850~1941, 배우 채시라의 高祖父)이 망국(亡國)의 한(恨)을 절실하게 표현한 최익현과 조병세의 초상화(국립중앙박물관 소장)가 전한다.

구한말 일제의 침략에 항거한 최익현(崔益鉉), 민영환(閔泳煥), 조병세(趙秉世)의 넋을 기리기 위해 제단이 조성된 「가평 삼충단(加平 三忠壇)」을 찾아, 머리 숙여 영모(永慕)의 시간을 보내며, 개성에 「송도삼절(松都三絶)[445]」이 있다면 가평에는 「가평삼절(加平三絶)」이 있다는 생각을 마음속 깊이 되뇌며 발길을 돌렸다.

以心傳心 인터뷰

"충정공(忠正公)께서는 고종황제의 특명전권공사로 러시아, 영국, 독일 등 여러 나라를 다니시며 서양의 선진 문명에 일찍 눈을 뜨셔 정치·군사제도를 개선하고 민권 신장을 개혁을 선도하셨습니다. 조선과 대한제국의 대신(大臣)이자 척신(戚臣)으로 독립협회를 적극적으로 후원하는 등 조국 근대화와 개혁을 위해 많은 일을 하셨습니다. 나라가 망할 때 의병에 의한 항쟁, 망명을 통한 해외에서의 독립운동, 자결

---

444 어진화사(御眞畫師): 왕의 초상화(御眞, 어진)를 그리는 화사(畫師).

445 송도삼절(松都三絶): 송도(松都, 개성)에서 꺾을 수 없는 제일 훌륭한 세 가지; 웅장함과 수려함의 대명사 박연폭포(朴淵瀑布), 대문장가이며 성리학자인 화담 서경덕(花潭 徐敬德), 절세의 미인 황진이(黃眞伊).

등 구국을 위한 선택 등 여러 가지 방법이 있을 수 있는데 굳이 순국 자결을 택하신 결정적 이유가 무엇이었습니까?"

"국가의 지도자가 나라가 무너질 때 정치적 책임을 사죄하며 자결하는 것은 굴복이나 포기가 아니라 마지막으로 표출할 수 있는 강한 저항을 의미하는 무기와도 같습니다. 살상을 위함이 아닌 군사 지휘와 전투 각오를 다지기 위하여 휘두른 충무공의 장검(長劍)과 정조 대왕의 청룡언월도(青龍偃月刀)와도 같은 것이오. 1895년 명성황후 시해와 1919년 고종 독살설로 1919년 3·1절 만세운동이 일어났듯이, 매천 선생 형제나 나의 죽음도 일제에 항거하고 중국에서 독립운동을 가능케 한 기폭제가 되었다 할 수 있으니, 순국 자결과 망명 투쟁은 방법은 서로 달라도 추구하는 목적을 함께하는 구국 행위이지요."

"근대적인 개혁을 여러모로 시도했으나 수구세력인 민씨 일파에게 반감을 사 한때 요직에서 파직되었소. 나를 총애하던 고종도 전제왕권을 추구했던 이유로 입헌군주제를 통한 개혁과 근대화 사상을 지닌 나와는 생각이 일치하지 않아 관계가 점점 소원해졌소. 을사오적의 죄를 묻고 일제의 불법적 내정 간섭을 비판하기 위해 고종에게 상소를 올렸는데, 일개 선전관(宣傳官)⁴⁴⁶이었던 이근택(李根澤)이 명성황후 눈에 들어 승승장구하다, 군부대신까지 올라 고종이 상소를 올리지 못하게 했다는 거짓 칙령(勅令)⁴⁴⁷으로 나를 반역자로 몰아 평리원(平理院) 감옥에 가뒀소. 이튿날 석방되긴 했지만, 내가 충절로 모신 군주가 을사오적 친일파의 매국 행위에 동조하며 나라가 이미 망했으

---

446 선전관(宣傳官): 왕명의 출납을 관리하던 조선 선전(宣傳) 관청의 무관 벼슬.

447 칙령(勅令): 왕의 명령을 적은 문서.

니, 나라의 고위관료였던 내가 국가의 멸망에 대한 정치적 도의적 책임을 지기 위해 할 수 있는 일이 무엇이 남아 있었겠소? 순국 자결로 항거를 표하는 것 이외에는 선택의 여지가 없었소. 11월 말 추운 겨울 아침 평리원 감옥에서 풀려나와 집을 향해 걷다 지금의 조계사 경내에 있던 집의 어머니와 아내를 보면 내 마음이 흔들릴 것 같아 길 건너 견평방(堅平坊)[448] 아랫마을에 있는 나의 청지기 이완식 집으로 갔지요. 고종과 각국 사절에게 보내는 글을 두루마기에 쓴 후, 우리 이천만 동포 형제들에게 보내는 유서를 명함[449] 앞뒷면에 쓰고 목숨을 끊었소. 동포에게 보내려고 내 명함에 쓴 유서는 대한매일신보가 그다음 날 신문에 실었더군. 장안은 사람들 곡(哭)소리로 눈물바다였으며 심지어는 공관 일본인들조차 통곡하였다는군."

"충정공의 여흥민씨(驪興閔氏) 가문은 권력가 집안이었습니다. 태종(太宗)의 원경왕후(元敬王后 閔氏)에서 명성황후 민씨(明成皇后 閔氏), 순종(純宗) 순명효황후 민씨(純明孝皇后 閔氏)에 이르기까지 가문의 명성과 부에 모자람이 없었습니다. 구한말 나라가 존망 위기에 처했을 때 여흥 민씨 가문의 역할을 어떻게 판단하십니까?"

"명성황후는 국고 탕진과 외척에 편중된 권력 행사로 비판이 컸고, 나의 아버지 민겸호는 임오군란 때 13개월 치 체불 임금인 쌀에 겨와 모래를 섞어 넣고 선혜청(宣惠廳)[450] 국가 재물을 개인적으로 착복한 탐

---

448 견평방(堅平坊): 지금의 서울특별시 인사동 남쪽 공평동, 방(坊): 동네, 마을, 지금의 동(洞)이 여러 개 합친 형태의 조선 시대 행정구역.

449 명함의 관직명: 陸軍副將正一品大勳位 閔泳煥(육군부장정일품대훈위 민영환)

450 선혜청(宣惠廳): 조선 시대 쌀과 나무를 출납하던 관청.

관오리로 군인들에게 맞아 죽었소. 내 동생 영찬과 병철 둘 다 친일 행위, 술주정뱅이, 난봉꾼이었으니, 민씨 가문이 몰락한 게 차라리 잘 되었다고 평가하는 내 후손이 한 분 계시오. '민씨 가문이 안 망했으면 나라를 힘들게 하는 웃기는 일이 더 벌어졌을 것'이라더군. 내 중손녀 민명기[451] 의 평가에 전적으로 동의합니다."

"공(公)께서는 대한제국의 외교권을 강제로 박탈한 을사늑약(乙巳勒約, 1905.11.17)의 부당성과 무효를 주장하며 조약이 체결된 지 보름도 안 된 11월 30일에 자결하셨습니다. 그로부터 5년 후 경술국치(庚戌國恥, 1910.8.29) 한일병합조약(韓日倂合條約) 체결로 국권을 빼앗긴 지 열흘도 안 된 9월 7일 조선의 마지막 선비이신 매천 황현(黃玹) 선생께서도 목숨을 끊으셨습니다. 두 분 모두 구국을 위해 순절하신 우국지사로 후세에 영원히 추앙받고 계십니다."

"황현(黃玹) 선생께서 충정공의 순국(殉國) 자결을 슬퍼하며 남긴 혈죽(血竹)이라는 시를 남겼습니다."

아름다운 몇 줄기 푸른 대나무 푸른 강산을 숙연케 하네.
흘리신 피는 흙이 되었고 그 기운은 맺혀 뿌리가 되었네.
그때 그 원통함과 울분이 잎새마다 칼자국처럼 혈흔으로 남았네.
이 땅의 모든 사람들 공이 다시 살아남을 와서 보는데,
생전의 공의 모습은 볼 수 없고 오로지 대나무만 청청하구나.
오적들이 이 소식 듣게 되면 날이 춥지 않아도 벌벌 떨리라.
방문 닫고 깊은 잠 자려고 누우니 푸른 대나무 눈에 선하네

---

451 민명기: 민영환의 증손녀이며 『죽지 않는 혼』 『하린』의 저자. 정치학자 최장집 고려대 명예교수의 부인.

娟娟數竿 蕭我靑丘

血化爲土 氣結爲根

分明冤憤 葉葉刀痕

都人士女 來見公生

公不可見 惟竹靑靑

賊臣聞之 不寒而粟

鎖戶深臥 竹常在目

(혈죽명(血竹銘), 황현(黃玹), 매천집(梅泉集) 권7)

주해

娟娟(연연): 예쁘다, 아름답다, 가늘게 흐르다.

竿(간): 곧은 대나무, 장대, 죽순

冤憤(원분): 원통하고 분함.

士女(사녀): 신사와 숙녀, 남녀 모두.

鎖(쇄): 자물쇠, 걸어 잠그다.

31. 고종은 나라를 망친 무능한 군주였나, 국권 회복과 근대화에 힘쓴 비운의 황제였나?

대한제국 제1대 황제 고종과 명성황후 민씨의 합장묘, 홍릉(洪陵)

경기도 남양주시

乙巳條約 第二條

日本國政府는 韓國과 他國間에 現存하는
條約의 實行을 完全이 하는 任에 當하고
韓國政府는 今後에 日本政府의 仲介에 由치 아니하고
國際的性質을 有하는 何等條約이나 又約束을 아니함을 約함

光武九年十一月十七日
外部大臣 朴齊純

明治三十八年十一月十七日
特命全權公使 林權助

미래를 찾아 과거 속으로

을사조약 제2조

일본국 정부는 한국과 다른 나라 사이에 현존하는

조약의 실행을 완전히 하는 책임을 지며

한국 정부는 앞으로 일본 정부의 중개를 거치지 않고

국제적 성질을 띠는 어떠한 종류의 조약이나 약속을 하지 않기로 한다.

광무 9년 11월 17일

외부대신 박제순

메이지 8년 11월 17일

특명전권공사 하야시 곤스케

고종(高宗, 1852~1919)은 철종 3년 홍선대원군 이하응(興宣大院君 李昰應) 개인 사저인 한양 안국방(安國坊) 운현궁에서 이하응과 부인 여흥 민씨(驪興閔氏)의 둘째 아들로 태어났다. 본관은 전주(全州)이며 아주 어릴 때는 '개똥(介洞)'[452]이라고도 불렸으며, 임금이 되기 전 이름은 명복(命福), 자는 명부(明夫), 휘는 형(㷩)이다. 1863년 12살의 어린 나이에 조선 26대 왕이 되었지만, 당시 시대적 상황은 안동김씨 부패 세력의 횡포와 일본과 서구 열강의 압박으로 왕조가 풍전등화의 몰락 위

---

452 개똥(介洞): 조선 시대에 귀한 자식일수록 천한 이름으로 불러야 액운을 막고 오래 산다고 하여 붙여진 이름 중 하나라고 전해지지만, 개똥(介洞)이나 뚱개(洞介)라는 이름은 조선왕조실록에도 나오는 이름으로 개의 배설물과는 전혀 관계가 없고 비천한 의미도 없는 우리나라 고유의 이름으로 단지 한자음만 빌려 쓴 차음(借音) 표기 이름이다.

기에 처한 어려운 시기였다. 정조(正祖)의 고명대신(顧命大臣)[453] 김조순 (金祖淳) 이후 60년 넘게 지배해온 벌열가문(閥閱家門)[454] 중 제일 막강 했던 안동김씨(安東金氏) 세도가문의 횡포로 왕권이 약화 되자, 헌종 의 어머니 신정왕후 조씨(神貞王后 趙氏)는 이하응(李昰應)과 결탁하여 그의 둘째 아들 명복(命福)을 양자로 삼아 왕위를 잇게 하였으며, 신정 왕후의 수렴청정과 흥선대원군의 실질적인 섭정으로 고종 자신이 직 접 친정(親政)할 기회가 없었다. 1866년 고종은 친영(親迎)[455] 혼례법에 따라 왕비로 간택된 민치록의 딸 민자영(閔玆暎, 閔妃)을 데리고 창덕 궁으로 들어갔지만, 고종은 15세 때부터 이미 후궁 귀인 이씨(貴人 李 氏)를 총애하고 있었으며, 명성황후와 가례(嘉禮)를 올린 첫날 밤도 그 녀의 처소에 들지 않고 귀인 이씨의 처소에 들 만큼 1년 연상의 명성 황후와의 부부관계는 소원했다. 대원군은 아무런 법적 제도적 근거도 없이 나이 어린 고종의 생부라는 이유 하나로 실질적인 상왕(上王)처 럼 군림하며 안동김씨 가문의 세력을 격파하고 쇠락한 왕권을 회복 하기 위해 나름대로 서원 철폐, 부패한 비변사(備邊司)[456] 폐지, 경복궁 중건 등 개혁 정책을 시도했으나, 천주교 신부를 오랑캐라 부르며 병 인박해(丙寅迫害, 1866~1872) 때 8천 명에 달하는 신자와 프랑스 신부들 을 학살했다. 프랑스는 군함 7척을 강화도에 보내 항의하며 수교를 원

---

453 고명대신(顧命大臣): 임금이 나이가 들거나 병들어 퇴임 또는 임종할 때 임금의 마지막 유언을 받드는 대신. 정승, 판서, 참판 등 고위 관리.

454 벌열가문(閥閱家門): 나라에 공로가 많고 벼슬과 경력이 많았던 조선 후기 (정조 ~ 헌종) 사회를 지배했던 양반 가문. 新안동 김씨(安東 金氏)인 장동 김씨(壯洞 金氏)를 포함해 풍양조씨(豊壤 趙氏), 반남 박씨(潘南 朴氏) 등 한양에 53개의 벌열가문이 있었다.

455 친영(親迎): 주자의 성리학 『주자가례』에 따른 조선 시대 혼례법으로 남귀여가(男歸女家), 신랑이 장인(丈 家, 장가)댁에 가서 혼례를 치르고 일정 기간 사는 기존 풍속과 반대되는 혼례방식. 신부가 신랑집으로 가서 혼례를 올리고 사는 '여귀남가(女歸男家)' 방식의 혼례문화로 흔히 시집살이를 이름.

456 비변사(備邊司): 조선 시대 후기 의정부를 대신하여 국정 전반을 총괄한 실질적인 최고의 관청.

미래를 찾아 과거 속으로

했지만, 대원군의 치밀한 준비로 프랑스 군대를 격퇴했다. 당시 국제 정세의 흐름을 제대로 읽지 못하고 1871년 미국의 통상요청을 거절한 신미양요(辛未洋擾)[457] 이후 전국에 척화비(斥和碑)[458]를 세우며 우물 안 개구리식의 쇄국정책(鎖國政策)을 이어갔다.

고종은 서원철폐 등 유교의 기본 질서를 무너뜨리는 대원군 정책에 반대하던 유림세력과 민씨 가문 세력과 제휴하며 대원군 탄핵에 크게 기여한 명성황후를 총애하기 시작했다. 1875년 고종은 강화도조약으로 문호를 개방하고 총리대신 김홍집(金弘集)[459]등 친일파 젊은 개혁파 인사를 등용하고 별기군 신식 군대창설, 내정개혁, 및 개화운동을 전개했으나 1882년 구식군대의 13개월 치 미지급분 급여 문제로 임오군란(壬午軍亂)이 일어나며 고종의 요청으로 대원군은 재집권했지만, 임오군란의 책임을 물은 청나라에 의해 대원군은 3년간 중국 텐진(天津)에서 유폐(幽閉)[460]되어 살아야 해야 했다. 부국강병과 개혁에 관해 목적은 같았지만, 구식 군대의 지지를 받으며 쇄국주의 자주정책을 펼친 대원군과 신식 군대 별기군의 지지를 받으며 국호 개방을 통한 개혁 정책을 펼친 고종과의 갈등으로 대원군은 고종 폐위를 도

---

457 신미양요(辛未洋擾): 1871년 6월 1일에 발생한 조선과 통상교섭을 요구하는 미국 간의 강화도 해협에서 있었던 전투. 조선의 완강한 통상수교 거부정책으로 미국은 철수했고, 조선의 쇄국정책은 더욱 강화되었다.

458 척화비(斥和碑): 조선 고종 때 흥선대원군이 통상수교 거부 의지를 널리 알리기 위하여 종로 네거리를 위시한 전국 교통 요충지 200여 개소에 세운 비석으로 '洋夷侵犯 非戰則和 主和賣國, 서양 오랑캐가 침입하는데 싸우지 않는 것은 화의를 주장하는 것이오, 화의를 주장하는 것은 나라를 팔아먹는 거나 마찬가지다'라는 수교통상을 철저히 거부하는 각오가 쓰여있다.

459 김홍집(金弘集, 1842~1896): 총리대신 재직 당시 단발령을 강행하며 일본의 도움으로 개혁, 개방을 단행한 뒤 친일파로 몰려 명성황후 시해와 단발령에 분노한 백성들에게 뭇매를 맞아 죽음. 독립운동가이며 대한민국 초대 부통령을 지낸 이시영(李始榮)의 장인이다.

460 유폐(幽閉): 사람을 밖으로 나오지 못하도록 일정한 곳에 깊숙이 가둠. 감금(監禁)과 같은 의미.

모하니, 고종은 대원군을 운현궁 사저에 가택연금 시키는 등 부자간의 갈등은 갈수록 심각해졌다.

대원군이 텐진에서 유폐 생활을 하고 있을 때 재집권한 고종은 명성황후와 친청(親淸) 정책을 펼쳤지만 급변하는 대내외적 변화에 대처하지 못해 1894년 동학 농민 봉기로 관군과 농민 간 싸움이 전면전으로 확대되며 고종의 치세가 어려워지자 대원군이 재집권했다. 동학농민운동을 빌미로 청나라와 일본은 내정 간섭을 하며 경쟁하다 결국 청일전쟁이 발발하고 청일전쟁에 승리한 일본은 1894년 경복궁을 점령한 후 친러성향의 명성황후를 시해했다(乙未事變, 1895).

명성황후 시해 사건이 알려지자 전국 각지에서 의병들이 일어나 일본군과 싸움이 그치지 않았고, 고종은 1896년 러시아영사관으로 피신했다(아관파천俄館播遷). 동학농민운동으로 나라가 분열되어, 왕은 파천하고, 국권을 러시아를 포함한 열강 각국이 나눠 갖게 되자, 국민의 비난 속에 고종의 왕위 선양 요구가 계속되었다. 고종은 1897년 러시아영사관으로 피신한 지 1년 만에 환궁하여 국호를 대한제국(大韓帝國)으로 고치고 스스로 황제(皇帝)라 칭하며 연호를 광무(光武)로 정했다. 대원군은 텐진 유폐 때 얻은 병이 악화하여 경기도 양주에 은거하다 1898년에 죽었다. 죽기 전 대원군은 고종과 화해를 원했으나 고종은 대원군 장례식에 문상도 안 가며 아버지의 죽음을 외면했으니 부자간의 화해는 끝내 이루어지지 못했다. 1895년 10월 8일 일본 공사 미우라 고로(三浦梧樓)의 지휘 아래 일본 낭인들이 경복궁(景福宮)에 난입하여 건청궁 옥호루 곤녕합에서 명성황후 민씨(明成皇后閔氏)를 시해할 때 가마를 타고 암살조직과 함께한 흥선대원군을 고종은 사후

　　　　　　　　　　　　　미래를 찾아 과거 속으로

에도 용서하지 않았다고 볼 수 있다. 고종은 왕후 민씨가 암살당한 지 2년 후 '명성황후'로 추존하고 새로운 국호 '대한(大韓)'을 반포하였다. 1905년 러일전쟁에 승리한 일본은 친러정책을 고수하던 고종에게 강제로 을사늑약을 체결해 외교권을 박탈했다. 을사늑약의 부당함과 무효를 호소하기 위해 당시 미국 공사 헐버트에게 밀서를 보냈지만, 대한제국과 필리핀에서의 우월권을 서로 약속한 일본과 미국의 '가쓰라-태프트 협약(Katsura-Taft 協約)[461]' 체결로 고종의 밀서 전달과 공포는 실패했다. 1907년 네덜란드 헤이그에서 개최된 만국평화회의에 이준 열사와 이상설을 특사로 보내고 러시아 황제 니콜라이 2세에게 특사 활동을 지원해달라고 요청했지만, 일본의 방해와 세계열강의 비협조로 실패하고, 일본은 헤이그 특사 사건을 트집 잡아 고종을 강제로 폐위하고 아들인 순종이 대한제국 2대 황제로 즉위했다. 순종 황제에게 선위하고 퇴위한 고종 황제는 태황제(太皇帝)[462]로 물러났다. 1907년 이토히로부미와 이완용이 위조한 순종 황제의 조칙(詔勅)[463]에 의해 대한제국군(大韓帝國軍)이 해산되었다. 1910년 한일병합조약 경술국치로 대한제국이 일본의 신하국이 되자, 태황제는 '덕수궁 이태황(李太王)', 순종 황제는 '창덕궁 이왕(李王)'으로 명칭이 격하되었으며, 이태황은 덕수궁에 머무는 동안 독립운동을 위한 비밀결사조직을 만들고 지원하며 국권 회복을 시도하다가, 1919년 정월 68세 나이로 식혜를

---

461 가쓰라-태프트 협약(Katsura-Taft 協約): 1905년 7월 27일 필리핀의 초대 총독을 역임한 육군장관 태프트(William Howard Taft)와 가쓰라 타로(桂太郞) 일본 수상이 '일본은 한반도에 대해, 미국은 필리핀에 대해 자국의 이해관계를 서로 양해한 일종의 구두 언약. 정식 외교문서가 아닌 구두에 의한 비정상 언약이 외교적 의미가 있는지에 대해서는 논란이 있음. 일본이 대한제국의 외교권을 박탈하고 통감부 설치를 위한 을사늑약(乙巳勒約, 1905년 11월 17일)의 사전 조치였다는 주장도 있음.

462 태황제(太皇帝): 상황(上皇)의 높임말로 죽지 않은 상태에서 물러난 황제를 높여 부르는 칭호, 태상황제(太上皇帝)라고도 함.

463 조칙(詔勅): 임금의 명을 적은 문서, 조서(詔書)와 같은 의미.

마신 후 의문의 죽음으로 세상을 떠났다. 사망 후 이빨이 다 빠지고 혀가 다 녹아 없어지는 등 독살 의혹이 조정과 장안에 퍼지며 분노가 들끓었으며, 3월 1일 고종 장례식을 계기로 전국에 3·1만세운동이 일어나게 되었다. 일본에 의한 명성황후의 시해 사건, 고종의 독살설로 야기된 백성의 울분과 민영환, 황현 등 수많은 순국 지사들의 죽음이 기폭제가 되어 1919년 3·1만세운동이 일어났고, 국내외의 독립운동과 항거는 급속도로 거세졌다. 고종은 태극기를 디자인했으며, 상하이임시정부에 의해 수립된 '대한민국 임시정부'의 명칭과 지금 대한민국의 국호 '대한(大韓)'은 고종의 대한제국(大韓帝國)에 기인한다.

경기도 남양주시 금곡동에 대한제국 1대 황제 고종과 명성황후 민씨의 동봉이실(同封二室) 합장릉인 홍릉(洪陵)이 있으며, 2대 황제 순종과 순명효황후 민씨와 순정효황후 윤씨 세 분을 함께 안장한 동봉삼실(同封三室) 합장릉인 유릉(裕陵)이 있다. 대한제국 황제릉인 홍릉(洪陵)과 유릉(裕陵)은 기존 조선왕릉의 형식과 다른 대한제국 황제릉의 형식으로 정자각(丁字閣) 제향(祭享) 공간 대신 일자형(一字型) 건물의 침전(寢殿)[464]을 조성하였으며, 기존의 능침공간에 있던 석양(石羊)과 석호(石虎)는 없다.

홍살문에서 침전에 이르는 길은 향과 축문을 들고 제관이 가는 향로(香路, 神道), 양쪽의 낮은 길은 임금이 가는 길로 어로(御路, 御道)가 있다. 향로와 어로 양옆으로 문석인, 무석인을 비롯하여 기린·코끼리·사자·해태·낙타·말 등 동물 석상 등 석물(石物)들을 침전 전면까지 배치했다.

---

464 침전(寢殿): 궁궐 건축 용어로 임금의 숙소라는 의미. 실제로는 정자각(丁字閣)과 같은 제향(祭享) 공간 건축물.

　고종은 12살의 어린 나이에 왕위에 올라 양어머니인 신정왕후의 수렴청정과 10년간의 아버지인 흥선대원군의 섭정을 받아야 했다. 흥선대원군은 섭정 기간에 순조 이후 60여 년간 지속하여오던 안동김씨와 풍양조씨 세도 가문의 횡포를 추락시키며 왕권을 회복하고 왕실의 권위를 높이기 위해 임진왜란 이후 폐허로 방치되어오던 경복궁 중건을 위해 과도한 세금 징수, 구습혁파를 위한 서원 철폐를 시행하며 급진개혁 정책을 펴니 500년간 지속하여온 유교적 지배·통치 이념에 길들어진 성리학 지식인과 백성들로부터 원성을 살 수밖에 없었다. 더욱이 '오랑캐와 교류하는 것은 나라를 파는 행위'라며 전국에 척화비를 세우며 천주교 신자와 신부를 학살하며 집착한 쇄국정책은 병인양요와 신미양요 전쟁을 초래했다. 신권(臣權)과 세도 가문을 몰락시키며 왕실의 권위는 회복했지만, 국제 교류를 통한 개혁과 근대화의 길은 원천 봉쇄했다. 19세기 말 일본을 포함한 세계열강이 약소국 지배를 통해 자국의 국제적 경제적 이권을 넓히려고 고군분투하는 국제정세를 의도적으로 외면하면서 '우물 안 개구리' 신세가 되었으니 망국(亡國)은 이미 예견되었다. 1863년 고종이 친정(親政)을 시작하며 점진적 개혁·근대화정책을 펴나갔지만, 소 잃고 외양간 고치려 애쓰는 처지나 다름없었다. 1854년 일본은 미국과 체결한 미일 수호 통상조약이 전형적인 불평등조약이었음에도 일본은 국호를 완전히 개방하며 미국의 선진문물을 적극적으로 받아들여 급격한 근대화를 이루며 아시아의 대표적 근대국가이며 군사 강국이 되어 조선은 물론 청, 러시아 등 해외 열강과 싸워 이길 수 있는 군사력과 외교력을 갖춘 나라가 되었다. 고종이 뒤늦게나마 1876년 강화도조약 체결로 개항하며 문호를 개방했지만, 강한 군사력을 앞세운 일제와의 상품교역과 통상외교 조약은 불공평할 수밖에 없었다. 고종은 신식 군대 별기군을 만들어 국력 강화를 도모하지만, 구식군대의 차별대우로 야기된 임오군란 때 오히려 백성들로부터 비난을 받고 폐위의 위기까지 몰렸지만, 흥선대원군의 도움으로 간신히 위기를 모면했다. 한반도에서의 이권 선점을 위한 청일전쟁에서 승리하고 러시아마저 격파한 일본은 국모 명성황후까지 시해하니 고종은 러시아의 보호를 받기 위해 덕수궁 옆 러시아 공사관으로 피해 1년간 머문다. 러시아 공사관은 국제법상 조선의 영토가 아니니, 고종은 임진왜란 때 의주로 피한 선조보다 해외로 더 멀리 도망간 나약한 군주였다. 아관파천(俄館播遷)이 아니라 아관해외망명(俄館海外亡命)인 셈이다. 1년 후 덕수궁으로 돌아와 1897년에 10월에 국호를 '대한제국(大韓帝國)'이라 선포하고 자신을 청나라처럼 황제(皇帝)라 칭하지만, 알아주는 사람이 있었을 리 만무하다. 조선의 고종이 대한제국 황제가 되었다는 얘기를 들었을 때 바다 건너 일본에서는 메이지 덴노(明治天皇, 1852~1912)가 아마도 웃음을 참지 못했을 것이다. 1905년 을사늑약 체결로 외교권을 일본에 완전히 박탈당하자 헤이그에 이준, 이상설 특사를 보내 을사늑약의 부당성을 알리고자 했으나 실패했고, 특사파견을 빌미로 일본은 1907년 고종을 강제퇴위시켰다. 고종은 퇴위 후 덕수궁에 머물며 독립운동을 지원하다 1919년 1월 21일에 덕수궁 함녕전(咸寧殿)에서 세상을 떠났다. 침략과 착취가 국제적으로 큰 비판을 받지 않던 시대에 무너져가는 조선의 왕으로 아무리 개혁과 근대화를 위해 노력하고 성과를 이루었다 해도 고종은 1905년 을사늑약 체결로 나라의 외교권과 주권을 완전히 상실케 한 무능한 혼군(昏君)으로밖에 평가할 수밖에 없다.

미래를 찾아 과거 속으로

당신은 1905년 11월 17일 을사늑약을 체결하여 외교권을 일본에 빼앗기고 조선왕조와 대한제국을 망친 장본인으로 518년 왕업을 모진 시련과 풍파를 이겨내며 이어온 선왕들에게 죽어서도 용서받지 못할 죄를 지었습니다. 부친 흥선대원군과는 살아서도 죽어서도 부자유친(父子有親) 하지 못했으니 조선의 삼강오륜(三綱五倫)[465] 윤리적 도덕적 가치도 따르지 않은 패륜군주였소. 조선 말기 순조 때부터 60년간은 이씨 왕조가 아니라 장동 김씨(壯洞 金氏) 나라였습니다. 세도가문의 세력으로 무너진 왕권을 부친 흥선대원군이 회복했습니다. 당신이 즉위한 후에도 임오군란으로 나라가 내부분열될 때에 해결해 준 사람도 흥선대원군이었습니다. 당신과 흥선대원군 사후에도 부자간의 화해가 없어 안타깝습니다. 명성왕후 암살을 위해 일본 공사 미우라 고로(三浦梧樓)가 일본인 낭인들이 경복궁에 진입했을 때 명성황후 양녀이자 첩자인 고무라(小村)의 딸의 인도하에 가마를 타고 대원군이 앞장서 왔다고도 전하며, 일본이 명성황후 시해는 흥선대원군과 우범선 훈련대대장이 시도한 조선 내 쿠데타 문제로 돌리며 일본과는 무관하다는 주장도 있지만, 이미 동이 트는 아침 6시가 지나서 명성황후 시해가 이루어져 목격자도 많아서, 일본 측의 왕후 시해 사건을 조선인의 반란으로 호도하는 공작은 사실이 아니라는 당시 각국

---

465 삼강오륜(三綱五倫): 조선이 숭상한 정치적·도덕적 유교 지침.

  삼강(三綱) | 군위신강(君爲臣綱): 신하는 임금을 섬기는 것이 근본.
          부위자강(父爲子綱): 자식은 부모를 섬기는 것이 근본.
          부위부강(夫爲婦綱): 아내는 남편을 섬기는 것이 근본.

  오륜(五倫) | 부자유친(父子有親): 부모와 자식 사이에는 친함이 있어야 한다.
          군신유의(君臣有義): 임금과 신하 사이에는 의로움이 있어야 한다.
          부부유별(夫婦有別): 부부 사이에는 구별(분별)이 있어야 한다.
          장유유서(長幼有序): 어른과 아이 사이에는 차례와 질서가 있어야 한다.
          붕우유신(朋友有信): 벗 사이에는 믿음이 있어야 한다.

공관의 증언도 있었습니다. 1898년 부친 홍선대원군이 죽었을 때 장례식에 문상도 가지 않았다는데, 부자간의 인연(因緣)이나 정(情)이 부친 사후(死後)에도 회복될 수가 없었습니까? 1895년 7월 명성왕후 시해 사건은 친일 급진개혁세력 박영효가 시해를 계획하고 일본군 병력을 요청하다 비밀이 누설되어 일본으로 도피한 사실이 있으니, 시해를 계획하고 행동에 옮긴 일본과 친일세력 박영효 같은 조선인 내부 인사를 탓해야지 대원군이 시해에 가담했다는 증거는 없습니다. 사후에라도 화해하시고 부자의 연을 영원히 잇길 바랍니다."

"새벽 3시에 일본군에 의해 76세의 아버지 대원군께서 경복궁까지 반강제로 끌려왔으며, 일본 낭인들이 경복궁 후원에 있는 건청궁(乾淸宮)에서 명성황후를 시해하는 동안 대원군을 근정전(勤政殿) 뒤에서 기다리게 한 이유를 훗날 알게 되었소. 황후 시해를 조선 왕실 내부쿠데타로 돌리기 위한 일본의 계책이었다는 사실도 나중에야 알았소. 어머니 여흥부대부인(驪興府大夫人)과 합장된 묘가 서울 마포구 공덕동에 처음 조성되었다가 파주와 남양주로 천장(遷葬)⁴⁶⁶되었다는 얘기는 들었지만, 찾아가 뵌 적은 없소. 살아생전 왜 그리 아버지가 미웠는지 오해도 있었고, 황후의 영향도 있었소. 아버지 홍선대원군, 명성황후, 그리고 나, 모두 생각은 달랐지만, 개혁과 근대화 생각도 같았고 일본에 빼앗긴 주권을 회복을 위해 애쓴 것도 같았소. 다만 개혁과 근대화 노력이 너무 늦었던 게 안타깝소. 소 잃고 외양간 고치며 모진 인생 만시지탄(晚時之歎)⁴⁶⁷하며 살다 죽었을 뿐이오."

---

466 천장(遷葬): 풍수지리 이론에 따라 무덤을 더 좋은 곳으로 옮김. 이장(移葬)과 같은 의미이며 왕의 경우는 천봉(遷奉)이라 했음.

467 만시지탄(晚時之歎): 시기나 기회를 놓쳐 원하는 것을 얻지 못해 한탄함.

미래를 찾아 과거 속으로

1894년 고종과 명성황후와의 갈등으로 갑신정변(甲申政變)을 일으킨 김옥균, 서재필, 박영효 등의 개화파 정권이 삼일천하로 끝난 후 고종은 그들을 대역죄인으로 공표하고 죽이라는 명령을 내렸지만, 1905년 외교권 박탈로 나라의 주권을 빼앗기게 한 을사오적(乙巳五賊)에겐 아무런 조처를 하지도 않았다. 1910년 8월 29일 나라를 통째로 일본에 넘긴 한일병합조약 체결 후 고종과 이완용을 포함한 을사오적은 호의호식하며 잘 살았다. 고종은 일본 메이지 천황의 황족 책봉 명을 하사받아 '도주쿠노미야이태왕(德壽宮李太王, 덕수궁이태왕)'으로 덕수궁에서 살다 1919년 운명했다. 덕수궁에서 10년간 태평세월 보내며 소주방(小廚房)[468], 세수간(洗手間)[469] 궁녀들과 어울려 이은(영친왕), 덕혜옹주, 이육, 이우 등 배다른 자손도 많이 보았다. 개혁과 근대화, 독립운동 지원에 공과가 있었다손 치더라도 518년 조선왕조를 일본에 상납한 원죄로부터 자유로울 수는 없다. 고종은 나라를 빼앗긴 황제로 정실인 명성황후 민씨를 제외하더라도 공식적으로 12명의 궁녀에게 승은(承恩)을 내려 자손을 대량생산했다고 하니 우리나라 역사상 가장 허약하고 이해할 수 없는 군주로 평가될 수밖에 없다. 총 한 번 쏴보지 않고 나라를 일본에 넘긴 고종은 조선 역사를 망친 최악의 무능한 군주로 판단된다. 굳이 고종의 공을 찾는다면 고종독살설이 3·1만세운동을 촉발한 계기가 되었다는 점을 들 수 있을까?

소 잃고 외양간 고치고, 사후약방문(死後藥方文) 쓰시느라 고생이 많아서 그랬나? 아니면 일제와 친일파에 의한 고종 독살에 공분(公憤)했

---

468 소주방(小廚房): 왕과 왕실의 일상 음식을 만드는 주방, 수라간(水剌間)과 같은 의미.
469 세수간(洗手間): 황제와 황후의 세숫물과 목욕물을 대령하고, 요강과 변기 등의 시중을 담당하던 곳.

기 때문이었나? 1919년 3월 3일 고종의 상여 운구행렬 요령(搖鈴)[470] 소리에 맞춰 선소리꾼의 애달픈 상여 소리(薤曲해곡) 앞소리에 백성의 통곡하는 뒷소리가 지금 필자의 귓전에 울려 퍼지는 듯하다.

태사황제 붕어해곡 ... 어허 ~ 어허

만백성의 통곡소리 ... 어허 ~ 어허

북망산천 가지마오 ... 어허 ~ 어허

이제가면 언제오나 ... 어허 ~ 어허

(기려수필騎驢隨筆, 이도희 저, pg. 80, 대명출판사, 2020)

3월 3일 고종의 국장(國葬)을 이틀 앞둔 3월 1일에 '3·1 만세운동'이 일어났다. 대한제국 황제 고종의 승하는 일제와 친일파에 의한 고종의 독살설에 공분한 백성들을 대거 서울로 모이게 했으며 일제에 항거하는 거국적 만세운동과 조선반도와 만주에서의 독립운동에 불씨를 지피는 기폭제가 되었다.

이제 나라가 망해 제향할 왕이나 황제도 없는데 판위(版位)와 참도(參道)가 무슨 필요가 있나?

고종의 무덤 홍릉(洪陵)에는 홍살문을 통과하자마자 참도(參道)[471]의 우측에 흔히 설치하는 판위(版位)[472]가 홍살문 좌측에 멀리 떨어져 있다. 조선왕릉 건축 양식이 아닌 명나라 황제릉 형태를 따랐다지만 나

---

470 요령(搖鈴): 장례를 치를 때, 상여로 고인의 유해를 운구하며 슬프게 부르는 소리가 상여 소리(薤曲해곡), 선소리꾼이 소리의 장단을 맞추기 위해 흔드는 놋쇠 방울을 요령(鐃鈴)이라 함. 앞의 상여꾼이 앞소리를 메기면, 상여를 메고 가는 상여꾼들이 뒷소리를 받는다.

471 참도(參道): 왕릉에서 정자각까지 깔아 놓은 이중의 박석길. 신도(神道, 香路)와 어도(御道, 御路)로 구성.

472 판위(版位): 임금이 능역에 제향하러 들어가기 전 절을 네 번(국궁사배) 하는 자리, 배위(拜位)라고도 함.

라가 망해 제례를 올리기 위해 후대 왕이나 황제도 없는데 '국궁사배(鞠躬四拜)[473] 절을 올리는 판위(版位)는 뭐하러 만들었는가?' 하는 생각이 든다. '결국 나라가 망하긴 망했구나'하는 상념(傷念)을 뒤로하며 쓸쓸히 발길을 돌렸다.

---

[473] 국궁사배(鞠躬四拜): 왕릉 제사 때 왕이 홍살문 옆에 판위(版位)라 불리는 4각형 모양의 돌판에 올라 제례를 집행하는 집례관(執禮官)의 구호에 따라 왕릉을 향해 네 번 올리는 절.

국궁(鞠躬)!　　　▶ 무릎을 꿇어앉으시오!
사배(四拜)!　　　▶ 4번 절하시오!
흥(興)!　　　　　▶ 일어나시오!
평신(平身)!　　　▶ 몸을 바르게 하시오!

32. 오랑캐는 오랑캐로 제압하자(以夷制夷)
일본을 제압하기 위해 러시아를 끌어들이겠노라

홍릉(洪陵)

대한제국 제1대 황제 고종과 명성황후 민씨
의 합장묘

경기도 남양주시

감고당(感古堂)

명성황후 민씨의 생가

숙종비 인현왕후 부친의 묘막(墓幕)

경기도 여주시

나는 조선의 국모다

비록 타오르고 타올라 그저 한 줌의 재로 흩어져

바람을 타고 빗물에 쓸려 외롭게 떠돌지만

이것이 어찌 내 마지막이라고 하겠는가?

(이문열의 '여우사냥, 뮤지컬 명성황후 OST 나레이션)

나는 원래 명성황후에 대한 애정이 없었다.

못된 며느리에 '우는 암탉'이었고

왕비로서도 사치가 심했다는

막연한 적대감을 갖고 있었다.

(이문열)

명성황후 민씨(明成皇后 閔氏, 1851~1895)는 조선의 26대 왕이자 대한 제국의 초대 황제인 고종(高宗)의 왕비이자 추존 황후이다. 아명은 자영(玆暎), 본관은 여흥(驪興)이며, 출생지는 조선 19대 왕 숙종비(肅宗妃) 인현왕후(仁顯王后)의 친정아버지 민유중의 묘소를 관리하던 묘막에 지은 경기도 여주에 있는 감고당(感古堂)이다. 1866년 고종이 15세일 때 한 살 위인 민씨를 운현궁에서 창덕궁으로 데리고 들어가 친영(親迎) 방식 혼례를 올렸다. 민씨가 가례를 올릴 때 고종은 이미 후궁 귀인 이씨(貴人 李氏)를 총애하고 있었으며, 가례를 올린 첫날 밤 고종은 왕비의 처소엔 들지 않고 귀인 이씨의 처소에 들었을 정도로 혼례 첫날부터 부부관계는 소원했다.

그러나 민비는 대원군에 의해 세력을 잃은 풍양조씨, 안동김씨 세도가문과 규합하며 대원군 세력을 제거한 후 나라의 실권과 요직 대부분을 민씨 인사로 채웠다. 민비를 중심으로 민씨 일가 세족(世族)들의 부정부패로 1894년에 동학 농민반란이 일어났지만, 관군으로 반란 확산을 막기 힘들다고 판단한 민비는 청나라에 도움을 요청해 청나라 군사들이 반란을 진압했으며, 청나라의 개입을 이유로 일본의 개입을 초래했다. 경복궁 북쪽 끝 깊숙이 위치한 건청궁(乾淸宮)에서 주로 생활했다. 1882년 임오군란 때 일본의 내정 간섭 견제를 위해 청에 의존하다가, 청이 청일전쟁에 패하자 러시아를 끌어들여 일본을 견제하며 '돌려막기'식의 외교정책을 펼쳤다. 결국, 민비는 청일전쟁과 러일전쟁의 빌미를 제공했다고 볼 수 있다. 이이제이(以夷制夷)[474] 외교정책과 점진적 개화 정책으로 박영효, 김옥균 등 급진 개화파와 각을 세우며 암살 시해 위협을 받다가 '사치와 탐욕으로 부패한 민씨를 제거하지 않고는 조선의 미래는 없다'라는 그럴듯한 명분을 내세우며 일제의 앞잡이가 된 대한제국 무신 우범선(禹範善)은 1895년 10월 8일 일본 공사 미우라 고로(三浦梧楼)의 주도하에 일본 낭인들과 명성황후 시해(을미사변乙未事變)에 가담했다. 위협을 느낀 고종이 1897년 러시아영사관으로 피신한 지 1년 만에 환궁하여 국호를 대한제국(大韓帝國)으로 고치고 스스로 황제(皇帝)라 칭하며 연호를 광무(光武)로 정했다. 민비 시해에 가담했던 우범선은 일본 도쿄로 피신하여 살다 고종의 충신 고영근(高永根)에 의해 살해되었다. 러일전쟁 준비 중이던 일본이 고종을 회유하기 위해 고영근의 사형선고는 5년형으로 감형되었고, 형량을 마친 고영근은 고종과 명성황후의 홍릉을 관리하는 능참봉(陵參奉)으로 살며 일제강점기하에 '도주쿠노미야이태왕(덕수궁이태왕德壽宮李太王)'으로 격하된 고종의 명칭을 황제(皇帝)로 격상시킨 아래와 같은 비문의 비석을 몰래 홍릉 봉분 앞에 세웠다. 일제에 의해 발각되어 파직된 후, 생을 마감한 고종과 명성황후의 마지막 충신이었다.

高宗太皇帝洪陵 明成太皇后祔左[475]

---

474 이이제이(以夷制夷): 오랑캐를 이용해 다른 오랑캐를 무찌른다는 의미로 한 세력을 이용하여 다른 세력을 제어함을 이르는 말.

475 祔左(부좌): 합장할 때 아내를 남편의 왼쪽에 묻는 것을 말함.

미래를 찾아 과거 속으로

1898년 대한제국이 성립되면서 명성왕후는 황후로 추봉되었다. 홍릉(洪陵)은 경기도 남양주시 금곡동에 대한제국 1대 황제 고종과 명성황후 민씨의 동봉이실(同封二室) 합장릉이다

첨언

'갑술년 초에 고종이 친정을 시작하니, 안으로는 명성왕후가 주관하고 밖에서는 민승호가 고종의 명을 받들어 행하였다. 왕후는 총명하고 권세와 모략에 능해 왕 주위에서 늘 보필하며 부족한 부분을 보완해주었고, 처음에는 왕의 힘을 빌려 좋고 싫음을 표하더니, 얼마 안 되어 날로 제멋대로 방자해져 왕이 도리어 제약을 받게 되는 지경에 이르렀다.'

甲戌初, 上始親政, 而內則明星王后主之, 外則閔升鎬[476]奉行之. 后聰敏饒權略, 常左右上, 補其不逮, 始猶藉上, 以售其愛憎, 旣而專恣日甚, 上反爲所制.

(梅泉野錄, 黃玹, 고종의 친정과 민승호에 관한 글 중에서, 1874)

주해

權略(권략): 권세와 모략.
藉(자): 빌리다, 꾸다.
售(수): 팔다, 팔리다.
專恣(전자): 거리낌 없이 제 마음 내키는 대로 함부로 함.

---

476 閔升鎬(민승호, 1830~1974): 조선 시대의 고종 때 문신으로, 명성황후의 양 오빠. 흥선대원군의 부인 여흥부대부인민씨(驪興府大夫人閔氏)의 친동생. 1874년 11월 흥선대원군이 권좌에서 축출된 직후 민씨 정권의 수장이었으나 의문의 폭사를 당함.

"당신이 처음부터 시아버지와 갈등이 있었던 건 아니었습니다. 국모로 무당 푸닥거리에 심취하고 정치개입이 지나쳤고 국고 탕진도 도를 넘어, 일본인에 의해 시해당했어도 당신에 관한 역사적 평가는 그리 호의적이지는 않습니다. 9세 때인 1858년 아버지 민치록의 시신을 襲斂(습렴)[477]하는 모습을 여장부처럼 지켜보아 주위 사람을 놀라게 했습니다. 당신은 감고당 어린 시절 학문도 깊고 영민하여 고종의 정비로 간택되었습니다. 고종과 가례 첫날밤도 후궁 귀인 이씨로 처소로 간 고종을 탓하지 않았습니다. 귀인 이씨가 아들을 낳아 시아버지 대원군이 귀인 이씨 쪽으로 후사를 이을 듯 움직여도 개의치 않고, 홍선대원군을 몰아내고 고종의 친정을 유도한 고종의 부인이라기보다는 정치적 참모이자 동반자였습니다. 서양식군대인 별기군을 창설하며 구식군대를 외면하며 푸대접하여 임오군란까지 일어났습니다. 시아버지 대원군 때는 그런대로 충족했던 국가 재정과 선혜청 곳간은 고종 친정 6개월도 안 돼 바닥나고, 당신은 매관매직에 과거 합격증까지 팔아먹었습니다."

'명성왕후는 씀씀에 모자랄까 염려되어 결국 수령 자리까지 팔아먹고'

明成后患用絀, 遂賣守令

(黃玹의 梅泉野錄, 明成皇后의 매관매직에 관한 글 중에서)

---

477 **襲斂**(습렴): 고인의 시신을 물로 씻고 수의를 입는 상례(喪禮)의 한 절차.

患(환): 근심 걱정하다, 병들다.

用絀(용출): 비용이나 씀씀이를 메꿈.

"당신은 어려서부터 글을 깨우친 지식인인데 중전이 된 후 혹세무민(惑世誣民)하는 천민 무녀(巫女)[478]에게 현혹되어 매달렸습니다. 당신의 측근이 된 무녀에게 진령군(眞靈君)이란 군호와 봉록을 내리니, 진령군 주위에 빌붙어 출세 좀 해보려는 사람들이 들끓었지요. 진령군과 돈을 받고 충청도 사람 이용직(李容稙)을 경상도관찰사(慶尙道觀察使)[479]로 봉했습니다. 진령군과 북한산에서 잠자리 함께한 후 내연관계를 가진 후 진령군이 자기 누이니 동생이니 주장하며 허세를 부리는 경남 김해사람 이유인(李裕寅)을 진령군은 그가 자기의 수양아들이라 주장하면서도 관우 사당 북묘에서 함께 잠자리까지 했지요."

'중전이 임오군란을 피해 충주로 피했을 때 한 여자무당의 알현을 받는 자리에서 대궐로 돌아가는 길일(吉日)을 점쳤는데 일시가 딱 들어맞아 신기하게 여긴 중전은 환궁할 때 데리고 와 아플 때마다 아픈 곳을 어루만져주면 통증이 가라앉아 날로 가까워져 들어주지 않는 말이 없게 되었다. 드디어 무당은 자신이 관운장의 딸이 되었다며 사당을 짓자 하니 들어주며 중전은 무당을 진령군에 봉했다.

(중략)

이유인(李裕寅)은 김해사람이며 서울에서 걸식하던 중, 진령군이 나라

---

478 무녀(巫女): 여자 무당.

479 경상도관찰사(慶尙道觀察使): 경기도의 행정, 군사, 사법을 처리하는 최고의 지방 행정장관, 지금의 경상도지사(慶尙道知事)에 해당.

의 권력을 쥐고 기교와 기술을 좋아한다는 말을 듣고 사람을 시켜 이유인이란 사람이 귀신을 부리고 능히 비바람도 부른다는 말을 전하게 했더니, 진령군이 놀라며 즉시 만나 먼저 귀신을 시험해줄 것을 청했다. 유인이 이르길, "쉬운 일이긴 하나 놀라실까 두려울 따름입니다. 며칠 동안만 목욕재계하고 기다리십시오."라 했다.

(중략)

기일이 되자 진령군을 데리고 밤중에 북한산 깊은 골짜기로 들어갔다....(중략)... (이유인은) 일 년간 양주목사의 직위에 오르게 되었다. 이유인은 진령군과 모자의 의를 맺었으며, 관우(關羽)의 사당인 북묘(北廟)[480]에서 진령군과 함께 유숙했다는 추잡한 소문이 있었다.

中殿之遷于忠州也 有女巫上謁

爲之筮還御之期, 時日不爽, 中殿神之

携而還宮, 凡有疾恙, 巫手摸痛處, 疾隨以減

日見親幸, 言無不聽, 巫遂倡言, 己爲關聖帝君之女

當建廟以虔奉之,中殿曲從之, 封巫爲眞靈君

...中略...

李裕寅者, 金海人也, 窮賤無賴, 擧武科, 丐京中

聞眞靈君擅國柄而好伎術, 使人言有李裕寅者, 役鬼神

能致風雨, 眞靈君驚異, 卽邀見之, 請先試鬼物

裕寅曰, "易爾, 恐悸耳, 第齋沐幾日."

...中略...

至期 拉眞靈君, 夜入北山最深處

...中略...

一歲中至楊州牧使.

---

480 북묘(北廟): 무녀 진령군과 명성황후가 자손 번성과 나라의 복운을 기원하기 위해 세운 관우 사당. 한양의 혜화동에 있었음.

미래를 찾아 과거 속으로

裕寅因與眞靈君結母子, 止宿北廟, 有醜聲.

(梅泉野錄, 황현, 무당 진령군에 관한 글 중에서)

주해

遜(손): 몸을 낮추다, 양보하다, 따르다.

謁(알): 아뢰다, 뵈다, 알현하다.

筮(사): 점을 치다.

爽(상): 시원하다, 잘못되다.

携(휴): 이끌다, 가지다.

疾恙(질양): 병과 근심·걱정

摸(모): 더듬다, 찾다.

關聖帝君(관성제군): 중국 삼국시대 촉한의 명장 관우가 신격화된 도교 계통의 민속신앙의 신.

虔(건): 공경하다.

丐(개): 빌다, 비럭질하다, 걸인.

擅(천): 멋대로 하다, 마음대로 하다.

柄(병): 권세, 손잡이, 자루.

伎(기): 재간, 방술

邀(요): 부르다, 만나다, 초대하다.

易(이, 역): 쉽다, 바꾸다.

悸(계): 두려워하다. 두근거리다.

耳(이): 귀, 여기서는 '~할 뿐이다', '할 따름이다'라는 의미.

齊(제): 가지런히 하다, 갖추다.

"당신은 광대와 더불어 최하의 천민 신분이었던 무당에게 신사임당(申師任堂)의 당호(堂號)보다 높은 군호(君號)를 내리며 그 무당을 궁궐 안까지 들여 총애하다 숭상까지 하며 국고를 탕진했으니, 조선 역사상 최악의 왕비였소. 무능하고 부패한 고종과 당신의 총애를 받으며 11년간 나라 살림 거덜 내며 권세를 휘두르던 진령군이 을미사변 왕비 시해 사건 후 체포되어 거열형(車裂刑)에 처했다는 얘기가 전합니다."

"당신에 관한 후세 평가는 그리 호의적이지도 않고 국모였던 당신의 호칭은 고종 왕비 민씨(高宗 王妃 閔氏)가 옳을 듯합니다. 당신에 관한 호칭 문제에 민비(閔妃), 민왕후(閔王后), 명성황후(明成皇后) 등 논란이 많습니다. 혹자는 민비나 민왕후 호칭이 일본에 의한 비하 때문이라 하지만 꼭 그런 것만은 아니오. 대부분 조선 왕비 호칭이 그랬듯이 왕비나 왕후 호칭에 문제가 있을 수는 없소, 정사(正史)건 야사(野史) 그 어디에도 민비라는 명칭은 없소. 민중전(閔中殿)이라 부르는 것도 옳을 듯하오. 당신 같은 탐욕과 부패의 왕비가 있는 한 조선은 일본이 아니라도 어차피 망할 수밖에 없었소. 민중전(閔中殿), 당신은 대한제국 설립 후 명성황후라고 추존되었지만, 당신의 사후 호칭을 막연한 애국심으로 명성황후라 부르고 싶지는 않소. 어찌 되었든 당신은 조선의 마지막 국모(國母)로 비운의 삶을 살다 빛바랜 사진 한 장조차 남기지도 않고 떠났다는 사실이 그저 안타까울 뿐이오"

미래를 찾아 과거 속으로

33. 이제 더는 물러설 곳이 없다. 여기서 밀리면 바다에 빠져야 한다. 내가 두려움에 밀려 물러서면 나를 쏴라.

백선엽(白善燁) 장군의 묘역

대전국립현충원

피아(彼我) 공방의 포화가 한 달 내리 울부짖던 곳…

일찍이 한 하늘 아래 목숨 받아 움직이던 생령(生靈)들이 이제

싸늘한 가을바람에 오히려 간 고등어 냄새로 썩고 있는 다부원…

죽은 자도 산 자도 다 함께 안주(安住)의 집이 없고 바람만 분다.

(조지훈, 다부원[481]에서)

---

481 다부원(多富院): 다부동(多富洞), 6·25 전쟁 최고의 격전지. 백선엽 장군의 다부원 전투 승리로 적화통일 직전 전세를 역전시키고 인천상륙작전의 견인 역할을 함.

"내가 죽은 후 유해를 바로 묻지 말고 서울 동작동 국립서울현충원에 들러 전우에게 인사를 하고, 경기도 평택의 미군 부대를 찾아 부대 내 워커 장군 동상 앞에서 한미동맹 강화를 위한 메시지를 남겨달라."[482]

(조선일보 2020년 07월 07일 자 기사, 이승규 기자)

백선엽 장군이 2020년 임종 전 남긴 마지막 유언이다. 워커[483] 장군은 6·25 전쟁 당시 백 장군과 함께 낙동강 전선 방어선인 '워커라인(Walker Line)[484]'을 사수해 승리를 이끈 전우였다. 경상북도 칠곡 다부동은 백 장군을 상징하는 곳으로, 1950년 8월 낙동강 다부동 전투에서 그가 이끈 육군 1사단이 승리하면서 낙동강 전선 방어에 성공했다. 당시 백 장군은 "내가 앞장설 테니, 내가 물러서면 나를 쏘라" 하면서 북한군이 점령한 고지로 돌격해 전세를 뒤집었다. 백 장군은 32세이던 1952년 최연소로 육군참모총장에 임명됐고, 이듬해 1월 우리 군 최초 4성 장군이 됐다. 1959년 합참의장을 지냈고, 이듬해 예편했다. 지난 2020년 7월 10일 향년 100세로 타계해 국립 대전현충원에 안장됐다.

안타깝게도 일부 친일적폐 몰이와 반미 여론으로 백 장군의 유언은 결국 지켜지지 못했다. 유해도 서울이 아닌 대전의 국립현충원에 안장되었으며, 일부 시민단체는 '친일행적'을 이유로 백선엽 장군 묘지 앞에서 파묘(破墓) 퍼포먼스를 하거나 오물을 투척해 논란이 된 적도 있다.

---

482 백선엽 장군의 장녀 백남희 씨가 2022년 7월 7일 경상북도 칠곡동 다부동전적기념관에서 백 장군 서거 2주기 추모식을 찾아 전한 백 장군의 유언.

483 워커(Walton Harris Walker, 1889~1950): 백선엽 장군의 전우로 6·25 전쟁 때 순직한 미국 8군 사령관. 사망 당시 계급은 중장이었으나 사후에 대장으로 추서됨.

484 워커라인(Walker Line): 6·25전쟁 당시 임시수도 부산을 점령을 막기 위한 낙동강 최후의 방어선을 말함. '부산교두보'라고 불렀음.

미래를 찾아 과거 속으로

백선엽(白善燁, 1920~2020) 장군의 본관은 수원(水原), 호는 우촌(愚村), 운산(雲山)이며 일제강점기 때 일본이 조선을 속국으로 만들기 위한 내선일체(內鮮一體) 정책으로 강행한 창씨개명(創氏改名)의 일본 이름은 '시라카와요시노리(白川義則백천의칙)'[485]이다. 대한민국 군인으로 육군 참모총장·합동참모의장 등을 지냈으며, 주중한국대사, 교통부 장관 등을 지낸 정부 관료 출신 인물이다. 일제강점기 때 일본의 만주 육군 군관학교를 졸업하고 일제 괴뢰국인 만주국의 '간도특설대'의 독립군 소탕 전력이 밝혀져 대한민국 정부에 의해 친일반민족행위자로 단죄된 인물이지만, 백선엽 장군이 간도특설대에 부임한 1943년은 항일 독립군이 거의 궤멸된 상태였고 홍범도, 김일성 등 일부 생존자는 이미 소련으로 도피한 후이니, 교전은 없고 순찰 활동만 있었다고 백선엽 장군은 회고했다. 독립군 소탕이나 친일 반민족 행위에 관한 구체적 증거는 밝혀지지 않았다. 만주군관학교를 거쳐 간도특설대에서 활동했다는 원죄로부터 자유로울 수 없다는 비판도 있지만, 일제강점기 때 부역한 공무원, 군인, 기업인 대부분을 친일파 적폐 대상으로 규정할 수는 없다는 주장도 있다. 일본의 식민지 시대에 국가 행정, 치안, 금융을 우리나라 사람 누군가가 운영할 수밖에 없었으며 해방 후 그들이 국가 운영을 계속 이어온 것도 사실이다. 식민지 시대에 한국인 기업인, 정부 관료, 금융인 모두를 친일파로 규정하는 데는 문제가 있다. 설사 친일세력이었다 하더라도 그들이 축적한 국가 운영에 관한 지식과 경험은 해방 후 신속한 국가 재건에 필요 불가결했으며, 대한민국의 경제발전과 선진화에 이바지한 그들의 공로와 업적 또한 간

---

485 시라카와 요시노리(白川義則백천의칙): 백선엽의 창씨개명(創氏改名) 일본 이름. 1932년 4월 중국 상하이 훙커우 공원에서 열린 일왕 생일 축하식에서 윤봉길 의사가 던진 폭탄에 맞아 죽은 상하이 일본 사령관의 이름과 같다.

과할 수 없기 때문이다. 6·25 전쟁 때 백선엽 장군이 구국의 투혼으로 싸워 전세를 역전시키지 않았다면, 지금의 대한민국은 존재할 수 없다. 1950년 6월 25일 파죽지세로 남하하는 북한군과의 전투에서 55일 동안 남북 2만7500여 명의 사상자를 내며 6·25 전쟁 중 가장 치열했던 다부동 전투를 승리로 이끌어 전세를 역전시키며 유엔군이 낙동강 전선을 고수할 수 있게 함으로써 인천상륙작전을 가능케 했다. 주한 미군은 2013년 그를 '명예 미8군사령관'으로 위촉했을 정도로 그는 한국과 미국을 포함한 유엔군에게도 '살아있는 전설(Living Legend)'로 극진히 예우한 전쟁영웅이다. 6·25 전쟁 중 학살과 실종 등으로 부모를 잃은 고아들을 위해 서울과 전라남도 광주에 유아원을 설립하고 '백선 유아원'을 만들어 전쟁고아들을 보살폈다. '백선 유아원'은 전후 1983년에 천주교 수녀회가 맡아 '백선 바오로의 집'으로 운영하고 있다. 나라의 운명이 백척간두에 처했을 때 불퇴전(不退轉)의 각오와 투혼으로 싸워 이겨 나라를 구한 전쟁영웅 백선엽 장군은 만주군 간도특설대 장교로 2년 반 동안 복무한 전력이 있다는 이유로 2009년 좌파 진보 성향의 친일반민족행위진상규명위원회에 의해 친일반민족행위 705인 명단에 포함되었다.

일본군 장교로 독립군에 총부리를 겨눴다는 비판을 받음과 동시에 6·25 전쟁 때 적화통일의 위기에서 대한민국을 구해낸 구국 전쟁영웅이라는 찬사를 받으며, 대한민국 현대사에서 나라를 구한 애국자로, 친일 적폐청산 대상으로 동시에 평가받고 있으며 사망 후 현충사 국군묘지 안장에도 자격 논란이 많았던 인물이다.

미래를 찾아 과거 속으로

6·25 전쟁이 민족해방전쟁이라며 역대 국군 참모총장과 건국 인사들은 모두 조선총독부 뒤를 이은 친일파라고 주장하는 좌파 진보 친북 성향의 김원웅(金元雄)이라는 정치인이 있었다. 그는 박정희와 전두환 정권 시절에는 공화당, 민정당, 한나라당, 그리고 진보 세력이 강해지면 민주당, 보수와 진보 사이를 오가며 개인적 유불리에 따라 당적 이동을 수시로 해 철새정치인이라 비판받던 이 정치인은 극단적 종북(從北) 발언을 서슴지 않으며 2019년 광복회(光復會) 회장 위치까지 올랐다. 군사정권 하에서 기득권 세력 정당과 함께했던 이력에 관해서는 '생계(生計)를 위한 어쩔 수 없는 선택'이었다고 강변한다. 그렇다면 그가 친일파 적폐세력이라고 부르짖은 일제강점기 시대에 관공서 직원, 금융인, 군인들은 어떠한가? 생계가 아니라 생존을 위한 어쩔 수 없는 선택을 한 속칭 '친일파(親日派) 적폐세력'은 그나마 지식인과 중산층이 대부분이었다. 친일(親日)했건 극일(克日)했건 그들이 이루어 놓은 행정, 금융, 치안, 국방 등 국가 운영에 필수적인 경험을 디딤돌 삼아 대한민국은 새마을운동, 경제개발 5개년 계획, 경부고속도로 건설, 한강 유역 개발공사 등 다양한 개혁과 변화로 국가발전을 계속해 지금의 대한민국으로 성장하게 되었다. 김원웅은 백선엽 장군은 사형감이며, 애국가는 불가리아 민요를 베꼈으니 대한민국 국가인 애국가의 작곡가 안익태(安益泰)를 민족반역자로 규정하고 공식행사에서 애국가를 부를 수 없다고 주장했고, 대전 현충사에 안장된 백선엽 장군의 묘를 다른 곳으로 이장하지 않으면 묘지 앞에 친일행적비를 세워야 한다고 주장했다. 평생 그가 지칭하는 '보수 우익 친일파 적폐세력'이 이룩한 경제발전의 자양분을 실컷 흡수한 후 보수 여당 인사들을 한결같이 '토착 왜구 친일파 적폐세력'으로 규정하며, 국민 분열

과 갈라치기를 일생의 업으로 삼던 그는 다른 단체도 아니고 국민의 혈세로 운영되는 단체인 광복회(光復會)를 개인 1인 독재 사(私)조직으로 운영하며 가족이 운영하는 회사에 일감 몰아주기, 불법 채용, 대가성 기부금 수수, 가발 미용비, 개인 반찬값 법인카드 유용 등 온갖 비리가 드러나 광복회 내부에서도 비판이 많았다. 순국선열과 독립유공자 후손들이 참으로 비분강개할 일이다. 그는 광복회 내부의 비난과 사회적 비판을 받고 결국 2022년에 사퇴했다. 이제 먹고살 만한 나라가 되니 정치 모리배가 난무하고 혹세무민 간교한 인물들이 창궐하는가 보다.

2022년 7월 8일 故 백선엽 장군 2주기 추모행사를 맞아 한국을 찾은 장녀 백남희 씨가 회고한다.

"아버님은 1920년생이에요. 대한민국이라는 국호가 없었던, 조국이 없었던 땅에서 태어나신 분입니다. 나라를 뺏긴 뒤 태어난 식민지 조선인이었고, 일본의 힘이 무엇이고 단점이 무엇인지를 주시하며 일본을 극복하려 했던 세대입니다. 그들이 광복 후 대한민국 정부와 은행, 기업을 세우고 군대를 만들었어요. 지금의 시각으로 그 시절을 재단하면 안 됩니다. 아버지는 목숨 걸고 6·25전쟁을 지휘하며 나라를 지킨 분이에요. 늘 자살 총을 지니고 다니신 걸 저는 기억합니다. 나라가 없으면 본인도 없다고 생각하면서 대한민국을 지킨 분이 저희 아버지 백선엽 장군이에요."

(조선일보 2020년 07월 16일 자 기사, 허윤희 기자)

대한민국에 충성하지 않고, 정권이나 사람에 충성해서 그런가? 집권 정당이나 대통령이 바뀌면 구국 영웅을 대우하는 판단기준조차 바뀌니, 국민적 영웅에 관한 인식이 혼란스러울 수밖에 없다.

以心傳心 인터뷰

"적화통일 일보 직전의 다부동 전투에서 승리하며 낙동강 전선, 부산 지역을 고수한 결과 맥아더 장군이 인천상륙작전을 펼 수 있었기에 전세를 역전시켜 적화통일을 막을 수 있었습니다. 나라를 위한 큰 업적에도 불구하고 장군께서는 간도특설대 복무 경력으로 친일반민족행위자의 오명과 폄훼에서 벗어나지 못한 듯합니다. 간도특설대 복무 시 독립군 동포를 향해 총을 겨눈 적이 없었습니까?"

"내가 1943년 이전에 부임했더라면 아마 독립군을 토벌할 수도 있었겠지만, 1943년에 내가 부임하여 지휘하던 간도특설대가 독립군과 전투한 적은 없소. 독립군은 내가 부임하기 전 이미 궤멸하였기 때문이오. 을미사변 전 고종의 민씨 왕후가 일본의 세력을 견제하기 위해 러시아의 세력을 이용했듯이, 만주국에서의 간도특설대와 독립군 전투가 있었다 하더라도 같은 조선 동족 간의 싸움을 바라는 일본의 이간계(離間計) 전술 때문이 아니겠소? 간도특설대의 조선인이 독립군에게 총을 겨눈 건 사실이지만, 일본의 이이제이(以夷制夷, 오랑캐를 이용해 오랑캐를 무찌름) 정책으로 우리 동족끼리 총부리를 겨눌 수밖에 없었던 것도 사실이오. 나의 간도특설대 복무 경력으로 비판을 받더라도 당시 식민지배하에 있던 조선인으로서는 어쩔 수 없는 선택이었소."

"조선을 병합한 일본이 1933년에 괴뢰국인 만주국(滿洲國)을 세울 때 만주국의 행정, 치안 등 만주국 운영과 관리를 위해 30만 명 이상의 조선인을 만주로 이주시켰지요. 일본 본토인과는 달리 조선인 대부분은 자진해서 이주하였소. 일부 독립운동을 위해 이주한 조선인들도 있었지만, 대다수는 가난에 시달리며 신분 상승의 기회조차 사라진 조선 땅을 버리고 차라리 새로운 곳으로 이주해 새로운 삶을 스스로 선택했소. 이들은 자의건 타의건 일본의 만주국 침탈의 일본 앞잡이 노릇을 하며 생계를 유지한 건 사실이오. 약소국을 무력으로 침략하고 지배하는 것이 국제적으로 묵인되던 시절에 배고픔과 신변 보호조차 해결해주지 못하는 나라를 버리고 이주해 일본인들 보호 아래 밥과 잠잘 곳을 얻은 대다수 조선인을 일본 앞잡이니 친일파로 낙인찍는 주장에는 동의할 수가 없소. 부패해 자멸한 조선과 침략국 일본에 모든 것을 수탈당하고 간도와 만주로 이주한 조선인들에게 민족, 이념, 사상이 뭐 그리 중요했겠소? 『파친코』 작가 이민진이, '우리는 강한 가족이다(We are a powerul family)'라 주장했듯이, 나라가 허약해 역사가 우리를 망쳐놓았어도, 아이들을 배고픔에서 벗어나게 해주는 일은 멈출 수가 없지 않소?"

"가족부터 먹여 살려라. 굶지 말고 네 배부터 채워라. 조선 민족주의 지도자들이 나라를 되찾지 못한다면, 차라리 아이들에게 뒤처지지 않게 일본말을 배우게 해 세상살이에 적응하게 하라. 당연한 말 아닌가? 나라를 되찾기 위해 싸우는 독립군이나, 일본 앞잡이가 되어 독립군 소탕을 위해 싸우는 미친놈들도 있지만, 그게 나하고 무슨 상관? 수많은 동포들에게 배고픔에서 벗어나는 일보다 더 중요한 건 없소. 황제(皇帝)가 별건가? 내 배가 바로 절대 권위의 황제란 말이오."

미래를 찾아 과거 속으로

Save your family. Feed your belly.

If Korean nationalists couldn't get their country back, then let your

kids learn Japanese and try to get ahead. Adapt.

Wasn't it as simple as that?

For every patriot fighting for a free Korea, or

for any unlucky Korean bastard fighting on behalf of Japan,

there were ten thousand compatriots on the ground and

elsewhere who were just trying to eat.

In the end, your belly was your emperor.

(Min Jin Lee, 『PACHINKO』, page 174., Grand Central Publishing, NY Boston)

여하튼 나는 조선이 사라져 조국이 없는 그런 시대에 살았으며, 동포에게 총부리를 겨눈 적은 없어도 일본의 간도특설대에 근무했다는 사실만으로 친일반민족행위자 명부에 올린다 해도 그런 거 두렵지 않소. 6·25 전쟁 때 적화통일 일보 직전에 전세(戰勢)를 역전시켜 지금의 대한민국을 이룩함에 일조(一助)했다는 데에 만족할 뿐이오."

"일본의 창씨개명(創氏改名) 정책을 강압으로 따를 수밖에 없었다손 치더라도 1932년 4월 일왕 생일 축하식이 있었던 상하이 홍커우 공원에서 윤봉길 의사가 던진 폭탄에 맞아 죽은 상하이 일본 사령관의 이름 '시라카와 요시노리(白川義則백천의칙)'와 같은 일본명으로 이름을 지을 필요까지야 없지 않았소?"

"러일전쟁을 대승으로 이끈 일본의 해군 명장 도고 헤이하치로(東鄉平八郎)도 충무공 이순신 장군을 존경하고 숭상했음을 대외적으로 숨기지 않았습니다. 러일전쟁 마지막 쓰시마 해전이 있기 전 도고는 충무공에게 승리를 기원하는 기도를 올렸습니다. 박정희 대통령도 창 씨명이 高木正雄(다카키 마사오)이며 일제 만주군관학교에 지원할 때, '한번 죽음으로써 충성함, 박정희 (一死以テ御奉公 朴正熙)'라는 혈서(血 書)를 써 보냈으니 일제하에서 친일파였던 건 사실이오. 그러나 해방 후 그의 삶은 전혀 다르지 않았소? 그는 훗날 세계에서 제일 가난하 고 후진국이었던 대한민국을 위해 산업화와 경제발전의 초석을 깔며 지금의 번영을 이루게 하였소. 군인 그 누구도 살면서 허물이 없는 사 람이 있을 수는 없소. 허물을 탓하되 공과 업적을 함께 기억하며 평가 해주길 바라오."

"나 죽은 후 친일행적 경력으로 현충사 안장에 논란이 많았는데, 국 방부 소속으로 되어있는 국립서울현충원에 국군 용사와 독립유공자 를 함께 안장하지 말고, 국가보훈처 소속의 국립대전현충원에 독립유 공자들을 따로 안장하여 모셨으면 문제가 없었을 텐데. 서로 총부리 겨 눈 동포들을 죽어서도 옆에 있게 했으니 문제가 있을 수밖에 없지요."

"홍범도 장군의 무덤과는 몇백 미터 떨어져 있어, 서로 보이지도 않 아 총부리 겨눌 이유는 없소. '낙엽귀근(落葉歸根)[486]이로구나!' 살아생 전 본적은 없어도 한 번 찾아가 맥수지탄(麥秀之嘆)[487]의 세상을 간도 와 만주 벌판에서 싸우다 결국 조국 땅 대전현충원까지 와서 조우(遭 遇)[488]했으니 술이라도 함께 한잔하고 싶소이다."

---

486 낙엽귀근(落葉歸根): 떨어진 잎사귀는 뿌리로 돌아간다는 의미 (Falling Leaves Return to their Roots). 인간은 결국 자신이 태어나거나 자란 곳으로 돌아가게 됨을 이르는 말.

487 맥수지탄(麥秀之嘆): 조국의 멸망을 한탄함.

488 조우(遭遇): 어렵게 우연히 서로 만남.

34. 잘못을 저지르지 않는 사람은 없다. 잘못을 깨닫지 못하는 것이 잘못이다

홍범도(洪範圖)장군 묘역

대전국립현충원

오호! 천하에 어찌 다른 민족을 위하여 동포를 잔해하는 것이

인생의 본분이며 사명일 것이냐?

우리는 지금 섬 원수를 밖으로 몰아내고

조국을 광복하려고 의병을 일으켰다.

이때를 당하여 너희들이 만일 회개치 않는다면

역시 적과 동일시 할 것이다.

어찌 우리 동포를 해치는 일을 좋아서 할 것인가?

홍범도(1868~1943) 장군은 평양의 한 양반집 머슴에게서 태어났다는 설이 있으나 출신 배경이나 가족관계에 관한 자세한 기록은 전하지 않는다. 다만 그가 아홉 살 되던 해에 부모가 모두 세상을 떠나 자신의 뿌리도 모르는 채 양반 집 머슴살이를 전전하며 불우한 어린 시절을 보내다가 19살 때 평양감영(平壤監營)의 군영에 나팔수로 입대했다고 전한다. 입대한 지 얼마 안 되어 상관을 살해하고 금강산 신계사로 도피해 출가한 승려가 되었으나, 비구니 이옥구(이옥녀) 여사가 임신하면서 둘은 환속하여 이옥구의 친정이 있는 북청으로 가서 살기도 했다. 한때 홍범도는 제지소에서 일하다가 고용주와 임금 체납 문제로 말다툼하다 살해하고 개마고원으로 피신해 산짐승들을 포획하며 1895년 을미사변이 있기까지 10여 년간 평범한 사냥꾼으로 살았다. 1907년 일제가 고종을 강제 퇴위시키고 군대 해산하며 사냥꾼들의 총포 회수 정책으로 생계가 어려워지자, 경남 갑산 일대에서 사냥꾼들을 모아 궐기하다 500명 이상의 인원이 모이자 의병대를 조직해 함경도와 강원도 일대에서 일본 육군과 헌병대와 30여 차례 유격전을 벌였다. 1908년 일제에 붙잡힌 아내 이옥구 여사가 모진 고문 끝에 옥사했으며, 장남 홍양순도 아버지와 함께 일제와 싸우다가 전사했다고 전한다. 1910년 대한제국이 일본에 병합된 후 국내 의병 활동이 어려워지자, 홍범도는 1911년 블라디보스토크를 거점으로 항일 유격전을 계속하는 과정에서 소비에트 적군(赤軍)[489]과 손을 잡고 공산당 사상을 받아들인다. 러시아 혁명과 세력 확장을 저지하는 일제를 공공의 적으로 규정하고 적위군과 함께 1921년 만주에 설치된 친일 단체

---

489 적군(赤軍): 노동자와 농민의 붉은 군대(Red Army)의 약칭이며, 러시아가 멸망하고 소비에트 사회주의 공화국 연맹(蘇聯, CCCP)이 성립되기 전 소비에트 정규군 명칭이고 1946년 이후에 소비에트군(蘇聯軍)으로 이름이 바뀜.

보민회(保民會)와 일본 거류민회, 식민통치 기구 등을 소탕하여 해체하고 계응규(桂應奎) 등 친일 민족반역자들을 처단했다. 북간도의 무장독립운동 단체인 북로군정서(北路軍政署)를 이끄는 총사령관 김좌진 장군과 서간도에서 항일투쟁을 하던 서로군정서(西路軍政署)을 이끄는 홍범도 장군은 1920년 합동작전으로 청산리 전투에서 김좌진 장군과 함께 지휘하며 일본군을 대패시키며 승리했지만, 당시 우파 반공 인사인 김좌진보다 서민 친화적인 좌파 친공 인사인 홍범도가 중국 현지 한인 사회의 민심을 더 얻고 있었다고 전한다. 반공주의자로 초대 총리 겸 국방장관을 지낸 이범석 육군 대장은 자신의 청산리 대첩 회고록인 『우등불』[490]에서 홍범도가 봉오동에서 큰 전공을 세우기는 했으나 청산리전투에서는 일본군에 겁먹고 달아났다고 회고하지만, 그 진실은 알 수 없다. 청산리대첩 후 일본과 소련의 붉은 군대가 자행한 간도참변(間島慘變)[491]과 자유시 참변(自由市慘變)[492]으로 간도(間島)와 자유시(自由市) 지역 한인 이주민과 독립군은 대학살을 당했다. 홍범도 장군은 1922년 모스크바에서 열린 코민테른[493] 국제집회에 참석하고 1927년 볼쉐비키당[494]에 입당했으며, 레닌 주도의 볼셰비키 적군(赤軍)을 지원하여 반 볼셰비키파인 러시아 백위파(白衛派)를 상대

---

490 우등불: 일제에 맞서 게릴라전을 펼치던 빨치산들이 겨울철 추위를 막기 위해 나무토막이나 땔나무를 쌓아놓고 피우는 불, 모닥불의 북한식 표현.

491 간도참변(間島慘變): 1920년 10월부터 1921년 5월까지 청산리전투에서 패전한 일본군이 중국과의 한반도 접경이며 한인들의 주 거주지였던 간도(間島) 지역에서 한인들을 상대로 자행한 학살 사건.

492 자유시 참변(自由市慘變): 1921년 6월 28일 극동 공화국 내 자유시(自由市)에서 붉은 군대(Red Army)가 통수권 접수를 거부한 한인 망명 독립군들을 무차별 학살하며 진압한 사건. 자유시사변(自由市事變), 혹 하사변(黑河事變)으로도 지칭.

493 코민테른: 국제공산당(Communist International)의 약칭으로 세계 각국 공산당 및 대표적 공산주의 단체의 연합체이자 지도 조직.

494 볼쉐비키당: 1903년 공식적 사상과 이념을 '마르크스-레닌주의'로 규정하며 블라디미르 레닌이 주도한 급진적 공산주의 정당. '볼셰비키'는 러시아어로 '다수파'(多數派)를 의미.

로 투쟁했다.

19세기 말부터 러시아 지배 지역인 연해주로 이주한 조선인들은 무국적자로 러시아인들로부터 토지 취득에 차별 받으며 감시와 탄압을 받았다. 두만강 북동부에 위치하고 아무르강(黑龍江)과 인접해 동해와 가까이 있다 하여 '연해주(沿海州)'라 불린 지역은 춥고 토양도 척박해 러시아인들도 오기를 꺼렸기 때문에 러시아는 조선인 이주를 적극적으로 권장했다. 그 결과 19세기 말 연해주 거주민의 절반 이상이 조선인이 될 정도였다. 1917년 레닌의 볼셰비키 세력이 러시아 혁명으로 전제군주 국가를 무너뜨리고, 공산주의 국가인 러시아소비에트공화국을 세운 후 대다수의 연해주 거주 무국적 한인들은 생존을 위해 어쩔 수 없이 공산주의 혁명세력에 동참했다. 일제가 지배하고 있는 조국에 돌아가봤자 먹고 살 수도 없으니 생존을 위해 러시아의 공산주의를 택했을 것이다. 러시아인도 아니고 그렇다고 돌아가야 할 조국의 이름 '조선'은 이미 사라져 버린 지 오랜 상황에, 러시아인들이 그들을 '카레예츠(koreets, 高麗人, 카레이스키)'라 불렀으며, 그들은 노동자 해방과 프롤레타리아 혁명 조직인 '고려인동맹', '고려공산당'을 결성하고, '고려적위군'이라는 친러조직을 운영했다. 홍범도 장군의 독립군 부대도 1918년 상해임시정부의 지원을 받는 대한의용군과 손을 끊고 공산주의 고려혁명군에 가담했다. 백인우월주의와 소수민족 탄압정책을 이어오던 스탈린은 1937년에 연해주 거주 러시아인의 이권 보호, 중앙아시아 집단 농장 운영에 필요한 노동력 수급, 러일전쟁 발발 시 연해주 한인들의 일본 협조 우려 등을 이유로 18만 명의 한인들을 연해주에서 중앙아시아 남부지역 볼셰비키 집단 농장으로 강제로 이주시켰다. 고려인들이 볼셰비키 농장을 잘 일구어 가꿔 놓으니, 러

미래를 찾아 과거 속으로

시아인들은 농장을 빼앗기 위해 고려인들을 다시 우즈베키스탄과 카자흐스탄의 황량한 벌판으로 강제 이주시켰다. 고려인 일부는 해방전 조국이 그리워 귀국했지만, 일제 지배하에 있는 조국에 발붙이지 못하고, 중앙아시아로 되돌아갔다. 홍범도 장군은 1943년 그가 세상을 떠나기 전까지 조국을 방문한 적은 없다. 고려인(高麗人, 카레이스키)에게는 '끝없이 유랑하는 유럽의 보헤미안(Bohemian)496과 같은 낭만과 예술은 없었다. 다만 향수 어린 추억의 아리랑으로 이국땅의 서러움을 삼켰다. 카레이스키는 낭만 잃은 집시(Gypsy)들이었다.' (기려수필 騎驢隨筆, 이도희 저, pg. 148, 대명출판사, 2020)

홍범도 장군은 카자흐스탄 남부지역으로 이주한 후 볼셰비키 혁명 집단 농장을 운영하다 말년에는 고려극장 관리인으로 일했다. 1943년에 76세의 나이로 세상을 떠나 그곳 공동묘지에 묻혔으나 2021년 8월 15일 그의 유해는 대한민국으로 봉환되어 국립대전현충원에 안장되었다.

첨언

1920년대 중국에서 활동하던 항일 무장 독립단체로 대한민국 임시정부의 조직으로 동만주에서 활동했던 군정서(軍政署)라는 관청이 있었다. 서로군정서(西路軍政署)와 북로군정서(北路軍政署)가 있었으며, 총사령관이었던 홍범도, 김좌진 장군의 무기 구입과 군사훈련 등에 필요한 재정은 대부분 한인 이주민의 의무적 헌금으로 충당해왔으나, 재정난에 시달리자 헌금이 강제 징수 형태로 바뀌고, 독립군을 자처하는 불량배들까지 만주에서의 항일투쟁 군자금 조성을 위해서라며 자금을 갈취하고, 뜻대로 안 되면 행패를 부리니, 당시 이주민들은 거세게 저항하며, 독립군을 밀고하여 처단하게 하는 등 갈등이 심했던 것도 사실이다. 독립운동가 김좌진 장군도 일제강점 때 국내에서 독립운동은 불가능하다고 판단하고 서간도 지역으로 옮겨 독립운동을 할 계획이었지만 문제는 군자금의 확보였다. 김좌진 장군은 군자금 조성을 위해 서울의 부호들 집을 공격하며 여섯 차례 무장강도 행각을 벌이다가 붙잡혀 1911년 6월 2년 형을 선고받고 옥고를 치른 적이 있다. 만주에서의 항일투쟁의 경우에도 자금이 필요했으나 상해임시정부를 포함한 대부분의 독립단체는 자금난에 시달리며 집 임대료도 제때 내지 못하는 처지였으니, 스스로 살아남아 전투를 벌여야 할 군정서와 같은 무장 독립단체는 이주민으로부터 반강제 헌금 징수를 강행할 수밖에 없었던 듯싶다. 국내 거주 한인들이나 만주로 간 이주민의 입장에서 한번 생각해보자. 고종은 무능하고 민씨 왕후는 무당에 푹 빠져 사치와 탐욕에 눈이 멀어 국고를 탕진하며 시아버지 흥선대원군과 세력 다툼을 벌이다 일본 낭인에게 시해당하고, 나라는 망해 신분 상승의 기회는 고사하고 먹고 사는 일조차 망막한 미래가 없는 조선 땅에서 빈곤에 허덕이며 계속 살 필요가 있었겠는가? 일본이 1910년 조선을 합병하며 식민지화한 후 미국의 윌슨 대통령이 '민족자결주의' 선언하자, 세계열강들의 눈치를 보며 1933년 괴뢰국인 만주국(滿洲國)을 세운 후 만주국의 행정, 경제, 치안에 필요한 인력의 일본 본토로부터 이주 계획을 세웠으나 일본 본토인들의 냉담한 반응으로 실패했다. 농사에 필요한 어느 정도의 자금지원과 살 곳을 제공해 주는 만주국에 조선인들은 새로운 곳에서 새 삶을 위해 어렵게 이주해 왔는데, 이역만리 만주 땅까지 와서 독립투사라고 자처하는 동포들로부터 시도 때도 없이 군자금 징수에 시달리며 협박을 당하니,

미래를 찾아 과거 속으로

일본 경찰에 구원을 요청했을 것이다. 우리는 이러한 이주민들을 일본 앞잡이 또는 밀정이라 부른다. 만주의 연해주, 블라디보스토크로 이주한 조선인들은 홍범도와 같이 소비에트 적군과 함께 일본 군경과 친일파 세력과 싸우는 독립투사들을 응원하며 자연스럽게 공산주의와 사회주의 이념과 사상을 호의적으로 받아들였다. 춘원 이광수는 일제강점기 때 독립운동을 호의적인 시각으로 보지 않았다.

"무장투쟁은 계란으로 바위를 가격하는 것으로 귀중한 인재를 잃기만 하고 얻는 것이 없다."

(독립신문, 1919. 10. 11 일자 '군사와 외교' 제하에서)

일제강점기 때 독립운동에 참여한 언론인이었으나 이름을 '가야마 미쓰로(香山光郞)'로 바꾸고 일본식 성명 강요인 창씨개명(創氏改名)을 지지하며 변절해 친일파가 된 후 6·25전쟁 때 북한군에 의해 납북된 춘원(春園) 이광수(李光洙)가 독립신문에 기고한 글이다. 동아일보 편집국장과 조선일보 부사장을 지내며 최남선, 홍명희와 더불어 조선의 3대 천재 지식인 중 한 사람인 이광수가 어째서 친일파가 되기를 원했으며, 독립을 위한 무장투쟁에 반대했을까? 기관총과 박격포로 무장한 중국과 만주의 160만 명의 일본군과 3~4천 명의 소총 몇백 자루로 무장한 독립군의 군사력 차이 때문이었을까? 아니면 군정서의 군자금 강제 지수로 힘들어하는 만주의 조선 이주민의 고통을 안타까워해서 그랬을까? 여하튼 1920년 홍범도와 김좌진의 독립군의 청산리대첩 승리 후 일본의 복수 대학살 간도참변(間島慘變) 이후 조선인 무장 독립군 세력은 힘을 잃고 1940년대 초 결국 모두 궤멸했다. 왜 당시 최고의 지성인인 춘원이 독립항쟁을 부정했을까? 한번 뒤돌아 진지하게 고민해봐야 하지 않을까?

이회영, 안중근, 윤봉길, 이준 등 수많은 독립운동가가 있었지만, 만주의 항일독립단체인 군정서(軍政署) 관청의 군자금 강제 징수를 둘러싼 얘기를 우리는 왜 자세히 언급하지 않을까? 김좌진, 홍범도와 같은 항일 독립운동가의 명예를 폄훼하기 때문인가?

以心傳心 인터뷰

"1920년 10월 당신은 서로군정서(西路軍政署) 독립군 군대의 지휘관으로 청산리에서 일제와의 전투가 임박하자 겁을 먹고 도주하였다고 반공주의자로 초대 총리 겸 국방부 장관을 지낸 이범석 육군 대장은 회고했지만, 사실을 왜곡한 주장이라는 얘기도 있습니다. 설사 청산리 전투에서 일제를 소탕한 게 사실이더라도 북로군정서(北路軍政署) 군대의 총사령관인 김좌진 장군이나 이범석 장군과의 합동작전이었으며, 김좌진, 이범석 장군과 합동으로 싸운 봉오동, 청산리 전투를 제외하고는 항일투쟁에 관한 기록은 별로 없지 않습니까? 일제가 청산리전투 참패를 만회하기 위해 자행한 간도참변(間島慘變) 이후 당신은 연해주로 피신해 소비에트 레닌정권을 지원하며 볼셰비키 세력인 적군(赤軍)과 함께하는 이르쿠츠크파 적군세력을 지휘하던 공산주의자로 변신하였습니다. 상해의 대한민국 임시정부의 지원을 받고 간도참변 후에도 계속 무장항쟁하던 대한의용군 상해파 독립군들 포섭에 실패한 후 자행한 자유시사변(自由市事變)[495]으로 동포 의용군들과 反

---

495 자유시사변(自由市事變): 1921년 연해주 하바로브스키市 인근 스보보드니(자유)市에서 일어난 독립군

볼쉐비키 백위파(白衛派) 한인 독립군 집단학살을 자행한 이르쿠추크 적군파를 도운 공산주의자가 아니었습니까? 자유시사변 사후조치에서도 이르쿠츠크 적군세력 편에 서서 대한의용군의 상해파가 북간도로 회귀하게 한 장본인이 아닙니까?"

"내가 러시아 제국의 혁명가 블라디미르 레닌을 직접 만나 '마우저 C96' 권총을 하사받고 공산주의 혁명 사상지도를 받은 건 사실이오. 청산리전투 후 우익인 김좌진 장군이나 상해임시정부와 결별한 것도 나의 공산주의 사상 때문이었던 것도 사실이오. 조선이 왜 망했소? 무능하고 썩어빠져 망한 나라를 다시 찾은들 무슨 희망과 미래가 있겠소? 그렇다고 친일세력에 빌붙어 일신상의 부귀영화나 누리는 건 더욱 말이 안 되지요. 썩고 병들기 마련인 정부나 정치지도자에 의한 나라에 돌아가느니 차라리 지배자의 권위에도 속박당하지 않고 국가가 무산계급의 백성을 속박하지 않는 인민해방국가 소련에서 여생을 보내기로 했소. 1921년 볼셰비키 공산주의적군(赤軍, Red Army) 세력에 동조하며 상해파 우익 대한의용군과 자유시참변을 일으킨 것은 공산주의 혁명 사상에 그들이 반대했기 때문이오. 나를 공산주의자로 불러도 개의치 않소. 조선 말기 3대 천재 지식인이 누군지 아시오? 월북 작가(越北作家)[496]인 춘원(春園)과 벽초(碧初), 그리고 반민족 변절 친일

간의 시가전. 소비에트로부터 지원을 받는 독립군 주체세력이 되기 위한 홍범도의 고려혁명군과 만주 지역의 대한의용군 간에 충돌. 혹하사변(黑河事變)이라고 부름.

496 월북작가(越北作家):
- 춘원 이광수(春園 李光洙, 1892~1950)-『무정(無情)』 『흙』 등의 저자.
- 벽초 홍명희(碧初 洪命憙, 1888~1968)-『임꺽정』의 저자.
  월북한 춘원과 벽초는 서울에서 타계한 육당과 더불어 일제강점기 시대 조선의 3대 천재로 대표되었던 인물.
- 육당 최남선(六堂 崔南善, 1890~1957)-『해(海)에서 소년에게』 『청춘(青春)』 등의 저자.

파 육당(六堂) 같은 최고의 지식인들이 어째서 북으로 갔거나 변절했다고 생각하시오? 1920년까지 나는 항일 빨치산 독립운동가였지만 1921년 자유시 참변(自由市慘變) 사건 이후 나는 공산주의자를 신봉하는 지도자로 인정받기 위해 1927년 소련 공산당에 정식으로 입당했소. 일제강점기 때 간도와 연해주에서 항일투쟁한 나의 독립투사 경력 때문인지, 2021년 광복절날 나의 유해가 카자흐스탄에서 비행기로 봉환될 때 전투기 6대가 엄호비행을 하고 군악대는 올드 랭 사인[497] 곡을 연주하며 TV 방송에서 '영웅의 귀환'이라며 실황중계까지 해주어 고맙소. 1911년 조선을 떠나 연해주로 망명한 이후 한 번도 방문한 적이 없는 대한민국에서 최고의 예우로 맞아주어 고맙기는 하지만, 카자흐스탄의 현지 고려인들이나 북조선인민공화국에서는 불만이 컸을 것이오. 1993년부터 1994년까지 북한이 나의 유해를 북한으로 송환하는 계획을 추진했지만, 카자흐스탄의 고려인 사회로부터의 심한 거부로 실패한 바 있소."

"2019년 대한민국 최고 지도자가 현충일 추념사에서 독립투쟁 경력을 호의적으로 평가한 후 '마음속으로나마 최고급의 독립 유공자 훈장을 달아 드리고 술 한 잔을 바치고 싶다'라고 SNS에 언급한 바도 있는 공산주의자 김원봉(金元鳳)[498]처럼 나도 독립 유공자 예우를 해주어 고맙기는 하지만, 친일 경력의 반공주의자 백선엽 장군과 대전 국립현충원에 함께 누워있는 것을 남한, 북한 사람들이 어떻게 받아들

---

497 올드 랭 사인(Auld Lang Syne): 석별의 정, 작별이라는 곡명으로 애창되는 스코틀랜드 민요. 이 노래 곡조에 애국가 가사를 붙여 '독립군 애국가'로 2012년 하계 올림픽응원가로 리메이크하여 발표한 바 있음.

498 김원봉(金元鳳, 1898~1958): 일제강점기 때 아나키즘 단체인 의열단으로 조선의용대를 창설하여 항일무장투쟁과 광복군 활동을 한 공적이 있지만, 좌익 계통에서 활약하고 북한 정권 창출과 6·25 남침을 주도한 과거로 논란이 많은 인물.

까 걱정되오."

"당신은 사후에 북조선 인민으로 남길 원합니까? 아니면 대한민국 백성으로 기억되길 원합니까? 아니면 단순히 정치적 사상적 이념을 떠난 '한인'으로 기억되길 원합니까?"

"남북한 어디에도 속하지 못한 채, 일본인도 한국인도 아닌 '자이니치'(在日) 거류민 신분과 마찬가지로, 나는 남쪽 한인이나 북쪽 한인이 아닌 '카레이스키(고려인, 高麗人)'[499]라는 별개의 정체성을 지닌 민족인 된 지 이미 오래요. 일제강점기 때 2백여만 명의 조선인이 일본으로 이주했소. 탄광이나 군수업체 동원으로 60만 명의 조선인, 해방 후 본국으로 돌아간 60만 명, 일본으로 귀화한 16만 명을 제외하면 약 64만 명의 '자이니치'가 지금도 남북한으로 귀환하지 않고 있소. 1991년 소련 붕괴한 이후 카자흐스탄, 우즈베키스탄 등 중앙아시아 국가들이 독립하게 되었고 그 지역에 거주하던 50만 명 디아스포라(diaspora)[500]의 민족적 정체성은 예나 지금이나 '고려인(高麗人)'임에 변함이 없으며, 이제 조선말 하는 사람도 보기 힘들어 남북한 나라로 귀환하기는 이미 때가 지난 듯하오."

"나는 '조선인'으로 함경도에 태어나 간도와 연해주에서 젊은 시절을 항일투쟁하며 보낸 '한인'이지만, 1937년 소련의 동아시아 만주지역에 거주하던 한인 약 172,000명을 스탈린이 강제로 중앙아시아 지

---

499 카레이스키(고려인, 高麗人): 러시아를 비롯하여 구소련 영토에 거주하는 한국인 이주민 또는 그 후손들을 지칭하는 말.

500 디아스포라(diaspora): 특정 민족이 스스로 혹은 강제로 조국 땅을 떠나 타국으로 이동하여 이주민 공동체를 형성하는 것, 또는 그러한 공동체.

역으로 이주시킨 이후 나의 '한인'으로서의 국가적 정치적 정체성은 사라졌소. 2021년 나의 유해가 대한민국으로 봉환되었지만 그건 카자흐스탄 고려인연합도 북한도 원한 바가 아니었고, 나의 공산주의 이력으로 대한민국의 현충원 안장에 관한 논란과 비판은 남북한에 계속 남아 있을 것이니, 대한민국의 호국영령으로 영원히 기억되기도 어려울 듯하오."

"1943년 내가 죽기 전 조선 땅에 가본 적도 없고, 대한민국 국민인 적도 없고 북조선 인민인 적도 없소. 64만 명의 '자이니치(在日재일)' 조선인들이 해방 후 지금까지 일본으로 귀화하지도 않고 남한이나 북한으로 귀화하지도 않은 채 참정권도 없는 무국적자로 일본에서 살기를 선택했듯이, 나의 사후 신분도 '자이니치'의 신분과 다를 게 없소."

"나는 소련의 공산당원으로 위성국 '카자흐 소비에트 사회주의 공화국' 인민으로 살다 1943년에 죽어, 조선의 독립을 본 적도 없고, 대한민국이나 조선민주주의인민공화국이 어떤 나라인지도 모르오."

"카자흐스탄 고려인의 상징인 나의 유해 송환 때 현지 고려인들의 사회적 합의도 없었고 불만이 많았소. 카자흐스탄 디아스포라들을 위해 고려인 영웅과 상징으로 살다 죽은 나는 그들을 영원히 사랑합니다."

"나의 사후 민족적 정체성은 '카레이스키(고려인, 高麗人)'임에 변함 없소!"

"정치적 정체성이 공산주의건 소비에트 고려인이건, 대한해협 건너와 주인 행세하던 섬나라 하이에나 무리를 두만강 강가 봉오동 계곡에서 단칼에 베어버린 해동청(海東靑)[501] 보라매였음을 잊지 말길 바라오."

---

501 해동청(海東靑): 황해도 해주 바닷가 인근에서 서식하던 보라매로 청색을 띤 맹금류 매. 송골매라고도 불렀으며 호랑이와 곰과 함께 한반도의 대표 맹수로 여겼음. 보라색은 남색과 자주색이 섞여 청색으로 보이기도 해서 청매(靑鷹)라고도 부름.

35. 수없이 침략을 당해 쓰러져도 변두리 신하국을 계속 일으켜 세워 주네

조종암(朝宗巖)의 암각문

경기도 가평군 하면 대보리

생각에 어긋남이 없네.

수없이 침략을 당해 쓰러져도 변두리 신하국을 계속 일으켜 세워주네.

해는 저물고 갈 길은 먼데 지극한 고통이 마음속에서 떠나질 않네.

思無邪

萬折必東 再造藩邦[502]

日暮途遠至痛在心

경기도 가평에 조종암(朝宗巖)이란 바위에 새겨놓은 암각문(巖刻文)이다. 선조의 숭명배청의 마음과 효종의 북벌계획이 뜻대로 안 됨을 한탄하며 새겨놓은 글이다.

---

502 藩邦(번방): 울타리 밖 나라, 변두리 나라.

미래를 찾아 과거 속으로

주원장이 원(元)나라를 중국에서 몰아내고 세운 마지막 한(漢)족 국가인 명나라(1368~1644)는 건국 초기에 성리학은 비효율적이고 이미 시대에 뒤떨어졌다는 비판이 있어 왕수인(王守仁)과 이탁오(李卓吾)와 같은 주관적 실천 철학인 양명학(陽明學)[503] 사상가가 출현하며 시대 변화와 개혁의 길로 들어섰지만, 조선의 부패한 왕조는 당쟁(黨爭)과 세도가문의 지나친 권력투쟁으로 국가 통치가 불가능할 정도로 혼란하게 되었다. 주원장이 건국한 지 276년 만에 이자성(李自成)의 반란으로 마지막 황제 의종 숭정제가 베이징 인근 메이산(煤山)에서 목을 매 자살하며 명나라는 멸망하고 청나라 시대가 열린다. 중국 역사상 최후의 한(漢)족 왕조인 명나라가 1644년 청에 의해 이미 멸망한 후에도 조선은 계속 청나라는 오랑캐 나라라며 청의 연호(年號) 쓰기를 거부하며 명의 연호에 집착했다. 중국은 조선을 일본, 만주족 나라와 함께 동쪽의 오랑캐 나라, 동이(東夷)라 일컫는데도 말이다. 조선은 청의 앞서가던 실용주의 기술, 과학, 북학(北學)을 거부하며, 변화와 개방을 시도했던 수많은 개혁주의 인물들을 처참하게 제거하거나 배척했다. 허균과 그의 누이 허난설헌, 소현세자와 그의 부인 민회빈 강씨, 다산 정약용 등을 포함해 변화와 개혁을 통해 나라를 구하고자 했던 모든 인물은 시대착오적이고 반개혁적 세력에 의해 능지처참 되거나, 사사(賜死), 유배되었다. 조선의 무능한 왕정과 부패한 양반들은 그들만의 권력 유지를 위해 17세기 급변하는 국제정세를 애써 외면하고 이미 사라진 명나라에 대한 고루한 집착과 충성심을 버리지 못했다. 경기도 가평에 조종암(朝宗巖)이란 바위에 새겨놓은 암각문(巖刻文)이 있다. 조선 숙종 (1684) 때 임진왜란 당시 명나라가 베풀어준 은혜와 병자호

---

503 양명학(陽明學): 중국 명나라의 학자인 왕수인(王守仁, 1472~1528)이 세운 유학의 한 학파로 주관적 실천 철학. 조선에서는 양명학은 구한말까지 이단사설(異端邪說)로 배척받았다.

란 때 청나라로부터 당한 삼전도의 굴욕을 잊지 말자는 각오를 바위에 새겨놓고 제사를 지내던 숭명배청(崇明排淸)의 글귀이다. 가평(加平)의 옛 이름은 조종(朝宗)이며, '朝宗'의 의미는 '종속국(朝鮮)의 군주가 명나라 마지막 황제 의종(毅宗)을 알현하다'라는 의미이다. 조종암(朝宗巖)의 암각 바위 아래에 흐르는 강 이름은 조종천(朝宗川)이다. 지금이라도 이름을 바꿔야 하지 않을까? 명나라 멸망 후 160년이 지난 순조(純祖) 때까지 존재하지도 않는 명나라의 마지막 황제 의종(毅宗)의 기일(忌日)에 조선 땅에서 제사를 지냈다 하니 통탄할 노릇이다. 언젠가 조종암(朝宗巖)에 들렀더니 아직도 누군가 제향(祭享)하는지 향로에는 향이 꽂혀 있어 마음이 착잡했다. 조종암(朝宗巖)에는 다음과 같은 글이 새겨져 있다.

思無邪...사무사
생각함에 사특함이 없어라.

논어(論語)의 위정(爲政)편에 나오는 글로 明나라 마지막 황제 의종(毅宗)의 어필로 바위에 새겼다 함. 여기서 '사(邪)'는 명나라 이외의 모든 나라는 사특하다는 의미임.

萬折必東 再造藩邦...
만절필동 재조번방

수없이 침략당해 쓰러져도 번방 신하국(조선)을 계속 일으켜 세워주네.

충청북도 괴산군 청천면 화양리 화양계곡에 만동묘(萬東廟)라는 사당이 있다. 임진왜란 때 도와준 명나라 마지막 왕인 의종의 신위(神位)를 봉안해놓고 제사를 지내던 곳이다. 만동묘라는 이름도 조종암(朝宗巖)의 암각 글귀 중 선조의 어필 '만절필동(萬折必東)'에서 유래한다. 화양동 계곡 암벽에는 노론의 영수인 송시열(宋時烈)이 전해 받은 명나라 마지막 황제 의종(毅宗) 숭정제(崇禎帝)의 친필 '비례부동(非禮不動)' 글귀가 새겨져 있다. 송시열이 전라북도 정읍에서 유배 생활을 하다 숙종의 사약을 받고 죽기 전 명나라 의종을 기리기 위해 새겨놓은 글귀이고 제사 지내기 위해 지은 사당이 만동묘이다. 임진왜란(1592~1598) 때 명나라 의종(1641~1721)은 태어나지도 않아 도운 일이 있을 수도 없는데 무엇이 그리 사무치게 고마워 그의 글귀를 새겨놓고 제사까지 지냈을까?

힘없고 비굴했던 조선의 성리학적 지배체제의 굴욕적 참모습을 있는 그대로 보는 듯하다. 이런 상황에서 북학(北學) 실학파 천재 문장가 연암은 어떤 삶을 살았을까? 어려서부터 불면증과 우울증으로 시달리던 연암은 종로 거리를 헤매다 글 친구, 술친구, 음악 친구 등을 사귀게 된다. 분뇨 장수, 약장수, 자신이 곧 신선이 될 거라고 주장하는 도사, 건달 등 밑바닥 인생들과의 대화 속에서 연암은 당시 시대 상황적 모순과 부패를 뼛속 깊이 느끼며 썩어빠진 양반특권 사회의 위선과 모순에 환멸을 느낀다. 1780년(正祖 4년) 연암이 44세 되던 해 친척 도움으로 청나라 건륭황제의 칠순 잔치(萬壽節, 만수절)에 축하객 사절단의 일원으로 열하(熱河)를 다녀오며 6개월간 청나라에서 보고 느낀 바를 『열하일기(熱河日記)』라는 기행문을 남겼다. 『열하일기(熱河日記)』

에는 떠돌이 거지, 몰락한 선비, 농부 등 이름 없는 하층민과 나눈 대화 내용이 수록되어 있다. 청나라를 오랑캐라고 무시하던 당시 조정과 선비들의 우물 안 개구리처럼 꽉 막힌 시대사조를 비판하고, 북벌(北伐) 대신 실사구시(實事求是)의 북학(北學)으로 시대를 앞서가던 당시 청의 문명을 이제는 받아들여야 한다고 주장했다. 개혁적이고 실사구시(實事求是)를 추구하는『열하일기(熱河日記)』는 금서가 되고 문체반정의 비판 핵심서적이 되었다. 형식과 틀에 얽매이지 않는 연암의 반성리학적 문체는 고답적 선비들에게 받아들여질 리 만무했다. 연암의『열하일기(熱河日記)』가 불순한 반고문체(反古文體)로 쓰였다며 정조(正祖)는 연암에게 자아비판과 사상검증 형식의 자송문(自訟文)을 쓰라 하였다. 연암은 자송문(自訟文)을 쓸 수 없다고 거부하고 소신을 굽히지 않고 낙향한 후 67세에 중풍을 앓다 쓸쓸히 삶을 내려놓는다. 연암은 김삿갓처럼 훌륭한 가문 출신이었지만 부와 명예를 따르지 않고 평생 사회 하부계층 사람들의 말에 귀를 기울이며 위선과 허위로 가득 찬 선비사회를 통렬히 비판한 글을 남겼다. 풍자(諷刺)와 골계(滑稽)[504]로 역설적 교훈을 주는 그의 한문 단편소설인 허생전(許生傳)과 양반전(兩班傳)은 김삿갓의 풍자 희작시(戲作詩)와 맥을 같이하며 다른 점이 있다면 소설과 시라는 점뿐이다.

비효율적이고 시대에 뒤떨어진 성리학을 버리고 실천적 실사구시를 추구하며 시대를 앞서가는 지식인들을 철저히 외면하면서 중국에서조차 비효율적이고 비생산적이라 이미 폐기처분 된 주자학 논리와 가치에 애처롭게 매달린 조선왕조의 비뚤어진 사조(思潮)를 조종암(朝宗巖) 글귀에서 느끼며 착잡한 마음으로 발길을 돌린다.

---

504 골계(滑稽): 익살스러워 웃음을 자아내는 가운데 어떤 교훈을 주는 말이나 행동.

36. 부귀는 뜬 연기와 같고 명예는 나는 파리와 같다.

며느리 봉화금씨(奉化琴氏)의 묘　　　퇴계이황(退溪 李滉)의 묘

경상북도 안동시 도산면 토계리 산

자기를 버리고 남을 따르지 못하는 것은 배우는 사람의 큰 병이다.

천하의 의리는 다함이 없거늘

어찌 자기만 옳고 남은 그르다고 할 수 있겠는가?

不能舍己從人, 學者之大病

天下之義理無窮

豈可是己而非人

(退溪集, 雜編)

이황(李滉, 502~1571)은 조선 문신이며 대학자로, 자는 경호(景浩). 호는 퇴계(退溪), 본관은 진성(眞城), 시호는 문순(文純)이다. 경상북도 안동(安東) 출신으로 조선을 대표하는 성리학자의 한사람이며 그의 성리학 이론과 학풍은 일본 성리학 발전에도 크게 영향을 미쳤다. 첫째 부인 김해 허씨(金海許氏)는 그가 28세 때 사망해 둘째 부인이 안동 권씨와 재혼했다. 안동 권씨의 친정 할아버지, 권주(權柱)가 갑자사화 때 연산군의 생모 폐비 윤씨의 사사(賜死) 때에 승정원주서(承政院注書)[505]로 사약을 받들고 갔다는 죄목으로 파직. 교살당하고, 할머니는 관노가 되고, 친정아버지 권질(權礩) 또한 연산군의 실정(失政)을 폭로하고 비방한 언문 투서 사건에 연루되어 거제도에 유배되었다. 이황은 처절하고 비참하게 무너지는 가문의 몰락을 직접 겪으며 얻은 충격으로 정신질환과 지적장애에 시달리던 어린 나이의 안동 권씨(安東權氏)와 재혼하여 정신적으로 혼미하고 모자란 권씨 부인이 사망할 때까지 16년간 지극정성으로 보살피며 끝까지 그녀를 아끼고 존중했다. 안동의 대장장이 배순(裵純)을 제자로 그의 문하에서 수학할 기회를 주며, 서자나 상민이라도 실력이 있으면 출신성분의 귀천을 가리지 않고 인재를 등용해야 한다고 주장했다. 평생 불교와 양명학을 이단으로 간주하며 배척하였으며 충청도 단양과 경상북도 영주 풍기에서 군수로 부임한 바 있다. 풍기 군수로 있을 때 명종의 친필 사액(賜額)을 받아 주세붕(周世鵬)[506]이 안향(安珦)[507]을 제사하기 위해 세웠던 사당

---

505 승정원주서(承政院注書): 조선 시대 승정원 소속으로 왕명 출납을 관장하고 승정원일기(承政院日記)를 비롯한 각종 시정(時政)의 기록을 사관(史官)과 함께 담당한 정7품 관직.

506 주세붕(周世鵬, 1495~1554): 서원을 창시한 조선의 학자. 풍기 군수를 지냈으며 풍기 지방 교화와 교육을 위해, 1543년 우리나라 최초의 사액서원(賜額書院)인 소수서원(紹修書院)의 모체인 백운동서원(白雲洞書院)을 건립했음.

507 안향(安珦, 1243~1306): 고려 말기 충렬왕 때 원나라로부터 주자학을 우리나라에 보급한 인물로 우리나라 최초의 주자학자라고 할 수 있다. 전해지는 초상화 가운데 가장 오래된 초상화인 그의 초상화가

인 백운동서원(白雲洞書院)을 우리나라 최초의 사액서원(賜額書院)[508]인 소수서원(紹修書院)으로 바꿔 후학을 양성하며 사림파의 세력이 확장하는 결정적인 계기를 마련했다. 명종과 선조 때 예조판서를 지냈으며, 선조가 이조판서로 봉했으나 병을 이유로 사직상소를 올리고 고향 안동으로 낙향하여 도산서당(陶山書堂)[509]을 짓고 아호를 도옹(陶翁)으로 고친 후 독서, 저술, 후학 양성을 하며 생애 말년을 보내다 1570년 (선조 3년) 그의 나이 향년 70세에 세상을 떠났으며 그의 고향 안동에 안장되었다. 도산서당(陶山書堂)을 모체로 퇴계가 타계한 4년 뒤인 1574년(선조 7)에 건립된 서원이 도산서원(陶山書院)이다. 많은 학자와 정치인들이 배출된 학문적 요람과 성지로 유지되어 오다, 1920년대에 유교 성리학을 부정하던 공산주의자들이 도산서원(陶山書院)을 도산서원(盜産鼠院)이라 하여 도둑들을 생산하는 쥐새끼들의 소굴이라고 노골적으로 비난하기도 했다.

퇴계의 제자들의 정치적 성향은 동인(東人)과 남인(南人)이었지만, 이황 자신은 동서 분당 이전에 죽었기 때문에 정치적으로 어느 당파에도 소속되었다고 볼 수 없다. 율곡 이이(栗谷 李珥)가 서인(西人)들의 정신적 지주라면 퇴계 이황(退溪 李滉)은 동인(東人)들의 정신적 지주라고 할 수 있다. 현재 유통 중인 천 원권 지폐 앞면에 선생의 얼굴이 인쇄되어있다.

현재 소수서원(紹修書院)에 보존돼 있다.

508 사액서원(賜額書院): 조선 시대에 왕의 친필로 된 서원명(書院名) 현판과 노비·서적 등을 받은 서원으로 지방 향촌 유림의 자치적 교육기관.

509 도산서당(陶山書堂): 1560년 이황이 도덕과 예를 갖춘 진정한 선비를 양성하기 위해 세운 교육기구. 이황이 타계한 후 4년 뒤 도산서당을 모체로 도산서원(陶山書院)이 세워짐.

　반 천년 조선의 역사는 주자학(朱子學)[510]의 뿌리 깊은 윤리적 이념과 사상을 바탕으로 이어져 왔다. 조선의 국가 경영과 사회적 정서와 관습을 논할 때 성리학 논리와 규범을 떠나 얘기할 수 없다. 고려 말 부패한 불교, 도교 대신, 조선의 새로운 정치적 사회적 지배이론으로 주자학은 성리학(性理學)으로 발전하였다. 조선의 대표적 성리학자로 퇴계 이황(退溪 李滉)과 율곡 이이(栗谷 李珥)를 꼽는다. 현재 천원권과 오천원권 지폐에 등장하는 역사적 인물로 두 사람 모두 학자로서 존경은 받지만, 나라가 위급할 때 몸을 바쳐 싸운 적은 없는 문인 학자들이다. 율곡의 오천원권은 그렇다 치고 그의 모친 신사임당이 최고액권 오만원권에 등장하는 건 또 뭔가? 신사임당이 여성이니 양성평등차원에서 바람직하고 성공적인 아들 교육 때문이었나? 어째서 이순신과 안중근과 같은 나라를 구하기 위해 싸우며 몸을 바친 충신이나 애국자의 모습은 지폐에서 볼 수 없을까? 이황과 율곡은 조선의 대학자이며 철학자로 평가함에 이론이 있을 수 없겠지만, 비생산적인 형이상학적 성리학 이론에만 집착한 결과 변화와 개혁의 기회가 박탈되어 조선이 망국의 길로 들어서게 된 원인을 제공했다는 비판적 평가를 하면 너무 극단적인 망상인가? 이점에 대해선 독자들의 주관적 이견(異見)이 있을 수 있으니, 여기서는 논외(論外)로 삼길 바란다.

　율곡이 한때 불교에 귀의했다가 훗날 유교 성리학자로 변신해, 윤선도(尹善道)가 그를 학자의 탈을 쓴 스님이라고 공격했던 점을 고려

---

510 주자학(朱子學): 중국 남송(南宋)의 주희(朱熹)에 의해 완성된 학문으로, 인륜의 이치에 대한 형이상학적 유교적 학문체계. 인간의 본성이 곧 우주의 이치인 '이(理)'를 바탕으로 인격의 수양과 실천을 강조했기 때문에 주자학을 성리학이라고도 부름.

하면, 율곡보다 34세 연상인 퇴계는 초지일관 왕권을 중시하는 성리학 학자와 지도자의 길을 걸었다. 성리학의 형이상학적 존재의 근본이 '이(理)'인가 아니면 '기(氣)'인가의 논쟁에서 퇴계는 '이기이원론(理氣二元論)'을 주장했다. 세상의 모든 것은 '이(理)'와 '기(氣)'의 서로 다른 존재로 이루어지며, '기(氣)'는 절대로 상존(常存)하지 않고 생멸하는 것이며 '기(氣)'를 주관하는 주체는 '이(理)'라고 보았다. 한마디로 선비 정신이나 정신무장이 중요하다는 논리로 쉽게 표현하면 '호랑이 굴에 들어가도 정신만 똑바로 차리면 살 수 있다'라고 할 수 있다. 반면에 이이(李珥)는 '이기일원론(理氣一元論)'을 주장했다. 존재 근원을 '기(氣)'로 보며 그것을 주재하는 '이(理)'와 '기(氣)'는 별개로 존재하는 게 아니라 하나의 존재라는 입장이다. 쉽게 표현해서 '사흘 굶어 남의 담 안 넘는 놈 없다.'라고 이해해도 될듯하다. 율곡의 '이기일원론(理氣一元論)'은 이념이나 정신적 무장을 중시하는 퇴계의 '이기이원론(理氣二元論)'의 논리보다 실천과 실사구시의 논리를 펴 조선 중후기 변화와 개혁 사상을 촉발에 일조했다는 평가도 있다. 퇴계의 '이기이원론(理氣二元論)' 학설은 그의 제자 강항(姜沆)에 의해 해외로 전파되어 일본의 성리학 발전에 큰 영향을 주었으며, 실천적 성리학 논리로 율곡은 임진왜란 발발 전 부국강병책과 10만 양병설을 주장했지만 실현된 바는 없다. 명종 때 동인(東人)세력의 분파인 남인(南人)의 영수였던 퇴계와 선조 때 서인(西人) 세력의 영수였던 율곡은 서로 학문적 논쟁을 벌인 적이 없으며 붕당정치로 싸운 적도 없다. 퇴계와 율곡 사후에 그들의 제자들인 사대부들이 정치적 파벌을 형성했다. 그들은 붕당정치 권력투쟁을 하면서 퇴계와 율곡의 성리학 이론을 발판삼아 그들의 세력 다툼을 학문적으로 포장했다고 보는 것이 바람직하겠다.

16세기 초 중국 명나라 때 이미 왕수인(王守仁)과 이탁오(李卓吾) 같은 지행합일(知行合一)의 실천 철학인 양명학(陽明學) 학자의 출현으로 시대에 뒤떨어지고 비효율적인 성리학은 점차 힘을 잃고 폐기 처분되기 시작했다. 이황은 왕수인의『전습록(傳習錄)』[511]을 읽고 전통적 주자학적 입장에서 왕수인의 생각은 옳지 않고, 사람들을 현혹한다며 그의 저술『전습록논변(傳習錄論辯)』에서 양명학에 대해 혹평과 비판을 퍼부었다. 조선의 국가 사회 지배와 통치를 위한 확고한 기틀인 주자학 논리와 질서를 무너뜨리는 양명학을 근본부터 평가절하하며 무시한 시도였으나, 17세기에 중국에서 양명학의 실효성이 확인되고 일본에서도 실천적 양명학이 사무라이들에게 인기가 있게 되자, 이황의 양명학 비판 논리도 17세기 후반에 들어서며 정제두(鄭齊斗)와 같은 조선의 양명학자에 의해 비판받았다. 정제두는 당시 주자학의 권위주의적 학풍에 대해 학문적 진실성이라는 관점에서 비판하면서, "오늘날에 주자의 학문을 말하는 자는 주자를 배우는 것이 아니라, 곧 주자를 핑계 대는 것이오, 주자를 핑계 대는 데에서 나아가 곧 주자를 억지로 끌어다 붙여서 그 뜻을 성취하며, 주자를 끼고 위엄을 지어서 사사로운 계책을 이루려는 것이다. (한국민족문화대백과사전, 정제두鄭齊斗)"라고 지적하였다.

以心傳心 인터뷰

"퇴계, 율곡 두 분 성리학 대가께서 이룬 이론과 철학의 학문적 업적을 부정하는 사람은 없습니다. 두 분께서는 동인·남인·북인 퇴계

---

511 전습록(傳習錄): 양명 왕수인(陽明 王守仁)의 제자들이 선생의 학술에 대한 말씀과 학문을 논한 편지글을 모아 엮은 책.

파(退溪派), 서인·노론·소론 율곡파(栗谷派) 붕당 세력의 영수로 자신을 지칭한 적은 없습니다. 그러나 당신들의 제자 성리학 유림 사대부들의 대거 양성으로 중앙 진출과 집권을 위한 철학적 탁상공론만 일삼고 파벌싸움만 하는 동안 임진왜란으로 나라를 순식간에 일본에 빼앗겼지요. 율곡 선생이 경고한 '십만양병설'을 귀담아듣지 않았다고 징비록을 쓴 류성룡이 뒤늦게 후회했지만, 십만 대군이 아니라 백만대군을 양성했더라도 임진왜란은 대패할 수밖에 없었습니다. 일본이 1592년 5월 23일 부산진을 침략한 지 보름도 안 돼 충주가 함락되었고, 율곡 선생과 충무공의 먼 친척인 이광(李洸) 장수가 장터에서 모아 급조한 오합지졸 조선 관군 8만 대군이 근왕병(勤王兵)이라 으스대며 북상하는 일본군을 충주에서 한양으로 올라가는 길목인 용인의 광교산(光敎山)과 문소산(文小山)에서 막았지만, 일본 장수 와키사카 야스히로(脇坂安治)가 지휘하는 1,600명밖에 안 되는 소수의 일본군에게 처참하게 몰살당한 용인전투(龍仁戰鬪)를 생각하며 회사 출퇴근 길 용인을 지나다 보면 가끔 분하고 억울한 상념(傷念)에 치가 떨리곤 합니다. 일본은 선진 문명을 받아들이며 조총 등 신무기개발과 대량생산을 이미 마친 상황에서, 무로마치 막부(室町幕府, むろまち)[512] 센고쿠(全國) 시대[513]의 혼란을 끝낸 도요토미 히데요시(豊臣秀吉)의 군사들은 수많은 전투 경험과 대량 생산된 조총과 사무라이 정신으로 무장하고 조선을 침략했지요. 명종 때 문정왕후의 섭정과 외척 세력의 부패가 극심한 가운데 퇴계와 율곡 유림 사림파 제자들은 동인, 서인 양대 세력으로 갈라져 다투다, 다시 북인, 남인, 소론, 노론으로 분열을

---

512 무로마치 막부(室町むろまち幕府): 1336년부터 1573년까지 일본을 통치한 사령부. '막부'는 정치적 기능이 있는 '장군의 진영'이라는 의미.

513 센고쿠 시대(戦国時代,せんごく): 무로마치 막부 시대 일본의 사회적, 정치적 혼란 속에 변화가 이루어진 내란의 시기.

거듭하며 학술 논쟁으로 포장된 권력투쟁만 계속했으니, 국가 경제나 국방이 제대로 되었겠습니까? 활과 칼을 위주로 압록강 변에서 여진족 무찌르듯 구식 기마전(騎馬戰) 형식으로 싸우던 조선군은 유효사거리 50~100미터 거리의 조준 사격이 가능한 조총을 든 일본군과 싸우는 건 '계란으로 바위 치기'나 다름없는 참패가 이미 예견된 전투였지요. 주변국들은 개혁과 변화로 시대 흐름에 앞서가며 전술, 전력의 근대화 성과도 이루었지만, 조선은 이기이원론(理氣二元論)이니 이기일원론(理氣一元論)과 같은 형이상학적 논쟁만 되풀이하다가 일본에 참패한 것입니다. '이(理)'와 '기(氣)'가 둘이면 어떻고, 하나면 어떻습니까? 당신과 율곡 같은 성리학자의 유림 사대부 후예들은 사액서원(賜額書院)[514]에서 학문에 집중하며 품위 있게 인격을 도야(陶冶)했지만, 임진왜란이 일어나기 전까지 정치적 붕당 파벌 세력의 양산만 일삼았습니다. 성리학 대가의 학문과 덕행을 추모하기 위해 세운 서원으로 율곡 선생의 파주 자운서원(紫雲書院)과 퇴계 선생의 안동 도산서원(陶山書院) 모두 사액서원으로 국가로부터 토지와 노비를 받고 세금도 면제되었으니 국가의 재정은 악화될 수밖에 없었습니다. 1868년(고종 5) 대원군이 서원을 '망국의 근본'이라 선언하며 미사액서원(未賜額書院)에 대한 철폐를 단행해 국가 재정의 과다한 지출은 막았지만, 지방 교육 인프라 자체를 없앤 무대책 서원 철폐라는 논란도 있지요."

"세종실록에 의하면 세종이 중국의 친영 혼례법을 권장해 고려 때부터 내려오던 '남귀여가(男歸女家)' 전통 혼례방식을 따르지 않고, 소

---

[514] 사액서원(賜額書院): 임금으로부터 서원의 이름이 적힌 현판 액자를 하사받고, 국가로부터 노비와 토지 등 여러 공식적인 지원을 받는 서원. 경상북도 영주의 백운동서원(白雲洞書院)의 전신인 소수서원(紹修書院)이 한국 최초의 사액서원이다.

위 여성들의 혹독한 '시집살이' 시대가 열리게 되었지요. 과부의 재혼은 법적으로 금지돼 남편 사후에도 아내는 청상과부로 살다 죽어야 했지요. 신사임당과 같은 여인은 친정에서 혼례를 치르고 남편과 살다 3년 후에 비로소 시댁을 잠시 방문한 예외적 경우도 있지만, 여성들은 대부분 시댁에서 혼례를 치른 후 허난설헌처럼 삼종지도(三從之道)[515]의 시집살이 삶을 피할 수 없는 숙명(宿命)으로 받아들이며 눈물만 흘리며 살다 세상을 떠났습니다. 선생께서는 아들이 일찍 죽어 청상과부가 된 며느리를 누명을 씌어 매몰차게 집 밖으로 쫓아냄으로 며느리에게 재혼이 가능한 새로운 삶의 기회를 열어주며 여성 인권 신장 운동을 몸소 실천하셨습니다. '열녀는 두 지아비를 섬기지 않는다(烈女不更二夫)'라는 엄격한 유교적 규범을 무시하고 당시 유교의 시대적 사조에 역행한 선생께서는 진정한 페미니스트이자 인본주의자였습니다. 오죽하면 또 다른 며느리 봉화 금씨(奉化琴氏)가 선생의 인덕(仁德)을 존경한 나머지 선생 무덤 발치 아래에 묻혀 '죽어서도 봉양하겠다!'라고 했겠습니까? 안동시 도산면 토계리 산속의 퇴계 선생 묘에서 제향한 후 하산하며 효부(孝婦) 며느님 봉화금씨(奉化琴氏)의 묘에도 들러 상석에 술 한잔 올렸습니다. 첫째 부인이 일찍 죽자 가문의 몰락으로 정신병을 앓고 있는 안동 권씨(安東 權氏)를 둘째 부인으로 맞은 것은 자신을 희생해 인의(仁義)를 이루신 살신성인(殺身成仁)의 처사였습니다. 선생은 이민진 작가의 『PACHINKO』 소설 속에서 다른 남자의 아기를 임신한 후 버려진 '선자'를 기꺼이 아내로 맞은 '백이삭' 목사와도 같은 여성들의 구세주와도 같은 분이었습니다. 그런

---

515 삼종지도(三從之道): 조선 시대 여자의 자유를 구속했던 전근대적 삶의 방식을 지칭. 여자는 결혼하기 전에는 아버지를, 결혼해서는 남편을, 남편이 죽으면 자식을 따라야 한다는 유교적 관습으로 여성은 태어나서 죽을 때까지 남성에게 종속되고 헌신하며 사는 삶을 천륜으로 삼았다.

데 말이외다. 선생께서는 유교의 도덕 학문을 연구하는 성리학의 대학자로 인덕(仁德)과 학식이 이렇듯 높으신데 어찌하여 '낮퇴계 밤토끼'라는 둥, '낮에는 고고한 학자의 풍모로 제자들을 가르치다가 밤만 되면 토끼처럼 색(色)을 밝힌다.'라는 해괴망측한 얘기가 『한국구비문학대계[516]』를 통해 전합니까? '여자의 성기는 음(陰)이라 습기가 많아서 '습'이라고 이름 붙였던 것인데 그것이 '씹'으로 와전되었고, 남자의 성기는 양(陽)이라 건조하기 때문에 조(燥)라 한 것인데, 차차 '좆'으로 와전되었다는 패담(悖談)[517]도 선생님의 말씀 맞습니까? 선생의 '보지자지론(寶之刺之論)' 또한 존경받는 도학자(道學者)의 입에서 나온 말로는 도저히 믿기 힘들지요. 어떤 선비가 선생을 찾아가 여성과 남성의 성기가 무엇이냐고 묻자 선생께서 품위 있고 고상한 언어로 표현했다는 설화가 『기이재상담(紀伊齋常談)[518]』에 전하는데, 그게 다 사실입니까?"

"선생님 보지(寶之)란 무엇입니까?"

"응? 걸어 다닐 때는 숨어 있는 거지. 보배처럼 귀하지만 사고파는 것은 아니네."

선비가 또 물었다.

---

516 한국구비문학대계: 한국정신문화연구원이 15년에 걸쳐 전국 60여 개 시와 군을 현장에서 직접 수집, 채록 조사한 후 출간한 서적. 국사편찬위원회의 한국역사정보시스템에서 음성과 텍스트로 구성된 멀티미디어 자료를 온라인으로 제공하고 있다.

517 패담(悖談): 사리에 어긋나고 비도덕적인 말.

518 기이재상담(紀伊齋常談): 조선 시대의 성 문화를 보여주는 음담패설집

미래를 찾아 과거 속으로

"그럼 자지(刺之)는요?"

"응. 앉아 있을 때는 꼭 숨는 놈이다. 사람을 찌르긴 하지만 죽이진 않네.

步藏之者 而寶而不市者也
坐藏之者 而刺而不兵者也

(조선 후기의 음담패설집인 『기이재상담(紀伊齋常談)』 글 중에서)

주해

寶(보): 보배, 보물.
藏(장): 감추다, 간직하다, 품다.
刺(자): 찌르다, 꾸짖다, 가시.

"거참, 난 그런 말 한 적 없다니까! 율곡 이이의 제자들이 나의 명예를 깎아내리기 위해 지어낸 말이거나, 민초들이 성리학 공부에 전념하는 나를 감히 가까이할 수 없으니, 나를 서민적 육담(肉談)과 음담패설(淫談悖說)의 주인공으로 끌어들여 슬그머니 나와 친근함을 표시하고자 한 말들이니, 나로서도 그리 나쁘다고는 생각하지 않소. 아내와의 육접(肉接)이란 인류 역사의 시작이고 행복의 근원이오. 성욕이란 생리적인 현상으로서 건강한 남녀에게 당연히 있어야 하지요. 말이야 바른 말이지 양반들은 여러 명의 처첩을 거느리면서 밖으로 드러나지 않게 몰래 즐겼지만, 엄격한 유교 사회에서 노골적으로 성생활을 하고 겉으로 거리낌 없이 드러낸 허균(許筠)[519]이야말로 진실하고 솔직한 사람이라 생각하오. 그가 이르길 '남녀의 정욕은 하늘의 가르침이고 윤기(倫紀)[520]의 분별은 성인의 가르침이다. 하늘이 성인보다는 위에 있으니, 나는 하늘의 가르침을 따를지언정 감히 성인의 가르침은 따르지 않겠다'라고 한 말을 택당(澤堂)[521]도 전하고 있으니. 성욕을 죄악시한다면 신이 죄인이 되는 게 아니오? 당치않은 말이오.

男女情欲天也 倫紀分別 聖人之敎也
天且高聖人一等 我則從天而不敢從聖人

다만 부부간의 성생활도 넘어서는 안 된다는 상경여빈(相敬如賓)의 예의범절이 있으니, 부부는 귀한 손님 대하듯 조심스레 공경하며 서로를 대하란 말이오."

"퇴계 선생께서도 허난설헌이 음담패설이나 육담(肉談)의 대가라는 말을 믿소?"

뜻이 있어 허리를 합하였고, 정도 많아 두 다리를 벌렸네.
흔드는 것은 내 마음이지만, 깊고 얕게 하는 것은 그대에게 맡기겠네.

---

519 허균(許筠): 아버지 허엽(許曄), 큰형 허성(許筬), 작은형 허봉(許⊗), 누이 허난설헌(許蘭雪軒)과 함께 조선 五文章家로 불린 천재 문인으로 『홍길동전』의 저자이다. 그가 관직 생활 중 보인 일부 부정적인 행적으로 『조선왕조실록』에서는 그를 부정적으로 기술해 역사적 문학적 비판과 평가에 논란이 있을 수 있겠지만, 시대를 앞서간 개혁·진보 사상가로 비운(悲運)의 삶을 살다간 천재 문장가로도 평가받는다.

520 윤기(倫紀): 윤리(倫理)와 기강(紀綱).

521 택당(澤堂): 조선 광해군 때의 문장가로 이조, 예조판서를 지낸 이식(李植)의 호. (택당의 허균 인용문참고: 澤堂先生別集 卷十五, 雜著, 한국고전 DB)

미래를 찾아 과거 속으로

有意雙腰合 多情兩脚開

動搖在我心 深淺任君裁

"예끼, 이 사람! 헛소리 그만하시게. 27세 젊은 나이에 부모 형제 사별(死別)하고 뭇해줄 자식마저 잃고 떠난 비운(悲運)의 천재 시인 허난설헌을 재미 삼아 음담패설(淫談悖說)의 주인공으로 끌어들이면 천벌 받소. 허난설헌의 동생 허균도 식욕(食慾)과 성욕(性慾)은 하늘로부터 부여받은 신성한 것이니 죄악시하면 안 된다고 설파했듯이 성욕(性慾)은 건강을 위해 절제하며 다루어야 할 대상이지 죄악시해서는 아니 되오. 성욕을 죄악시한다면 성(性)을 창조한 신(神)이 죄인이 된단 말이오."

"남녀상열지사(男女相悅之詞)[522]나 음담패설(淫談悖說)은 동서고금(東西古今)을 막론하고, 웃음을 자아내며 삶에 윤기를 더해주는 양념 역할을 하니, 굳이 마다할 필요는 없겠으나, 허난설헌이나 나에 관한 음담패설론은 당치도 않소. 얘기꾼들이나 골방에서 글 읽다 무료해진 선비들이 함께 웃자고 지어낸 말들이니 귀담아들을 일은 아닌듯하오."

"그런데 왜 그리 음담패설(淫談悖說)[523]에 관한 질문이 많소? 가만 보니 일화(一華) 당신은 남녀관계에 관심이 꽤 많은 것 같구먼. 아니면 관음(觀淫) 장애[524]가 있거나. 한마디로 남녀관계란 음양(陰陽)의 조화일

---

522 남녀상열지사(男女相悅之詞): 남녀가 서로 사랑을 즐기며 부르는 노랫말로 구전(口傳)으로 전승되어오던 '고려가요(高麗歌謠)'를 지칭하며, 사랑을 너무 적나라하고 속되게 노래해 조선 사대부들이 '고려가요'를 외설적이라고 폄하했다.

523 음담패설(淫談悖說): 재미는 있지만 음탕하고 상스러운 이야기.

524 관음(觀淫) 장애: 타인의 알몸이나 성행위를 몰래 보거나 촬영을 하여 성적 흥분을 느끼는 일종의 성도착증 장애.

뿐이오. 음양의 조화를 거부하면 자연의 섭리를 거역하는 것이고, 요철(凹凸)의 오묘한 진리는 음양의 조화를 이루어 결국 하나의 태극(太極)으로 완성되는 것이라 보면 되오. 달도 차면 기울고 영웅호걸도 세월 가면 초파리도 거들떠보지 않는 백골진토(白骨塵土)가 되어 사라지는 것이니, 아무쪼록 남은 인생 음양의 조화에 순응하며 살기 바라오."

"선생님의 말씀 마음 깊이 유념(留念)[525]하고 음양의 조화를 거스르지 않으며 살겠습니다."

"선생의 종택(宗宅)[526]과 도산서원에서 멀지 않은 곳에 선생의 14대손이며 일제강점기 때 독립운동 시인으로 순국하신 이육사(李陸史)[527] 선생의 묘와 문학관이 있습니다."

내 고장 칠월은
청포도가 익어가는 시절
이 마을 전설이 주저리주저리 열리고
먼 데 하늘이 꿈꾸며 알알이 들어와 박혀
하늘 밑 푸른 바다가 가슴을 열고
흰 돛단배가 곱게 밀려서 오면

---

525 유념(留念): 잊거나 소홀히 하지 않도록 마음속 깊이 기억하고 생각함.

526 종택(宗宅): 문중에서 조상 대대로 사용해오던 집. 종가(宗家)와 같은 의미.

527 이육사(李陸史): 대한민국의 독립운동가이며 시인으로 육사(陸史)는 그의 號이며 개명한 후 이름이며, 본명은 이원록(李源祿)이다. 윤동주, 한용운 등과 더불어 일제강점기 때의 저항 시인이다. 1927년 대구 형무소에서 3년간 옥고를 치를 때 수인번호가 264번을 영원히 기억하기 위해 호를 '육사'라 하였으며 1944년 베이징 감옥으로 압송되어 그곳에서 옥사했다. 그는 청포도'를 비롯하여 광야(曠野), 교목(喬木), 절정(絶頂) 등의 시를 남겼다.

내가 바라던 손님은 고달픈 몸으로

청포를 입고 찾아온다고 했으니

내 그를 맞아 이 포도를 따 먹으면

두 손은 함뿍 적셔도 좋으련

아이야 우리 식탁엔 은쟁반에

하이얀 모시 수건을 마련해 두렴

(청포도, 이육사의 시)

"낙동강이 휘감아 흐르는 안동시 도산면 원천리 산속 이육사 선생의 묘를 향해 옷깃을 여미고 머리를 숙였습니다. 퇴계 선생의 시재(詩才)와 구국을 향한 이육사 선생의 순국절의(殉國節義)를 마음에 새기며 참배 드립니다. 여성에 대한 남존여비(男尊女卑) 신분 차별과 여성 인권의 인식 변화를 위해 몸소 실천하며 일깨워 주신 퇴계 선생에게도 머리 숙여 영모(永慕)의 올립니다."

"고이 잠드소서."

37. 지상의 평등한 인간 생활을 유린하고 있는 권력이라는 악마의 대표는 천황이며 황태자다

(가네코 후미코金子文子재판기록 61쪽)

가네코 후미코의 사진(윗줄 첫 번째)

2018년 추서된 대한민국 건국훈장 애국장(윗줄 두 번째)

박열과 가네코 후미코 사형선고문(윗줄 세 번째)

가네코 후미코(金子文子)의 묘(아랫줄, 경상북도 문경시 마성면 샘골길)

저는 일본인이기는 하지만 일본인이 너무 증오스러워 화가 치밀곤 합
니다. 저는 동경으로 오자마자 조선인 사회주의자 혹은 민족운동가와
벗이 되었습니다. (가네코 후미코의 옥중수기 중에서)

紅い腰紐こしひもを鐵窓に, 金子文子 縊死いしす
木とちぎ刑務所の獨房で, 二十二日, 憂鬱症が嵩こうじてか

(東京日日新聞, 大正15年7月31日)

붉은 허리띠로 창살에, 가네코 후미코 목매어 죽다.
도치키 형무소 감방에서, 22일, 우울증이 심했던가?

1903년 1월 25일 일본 가나가와현 요코하마(神奈川県 横浜市)시에서
출생한 가네코 후미코(金子文子)는 일제강점기 때 일본의 천황제를 부
정한 독립투사 박열(朴烈)과 아나키스트 단체 비밀결사 조직인 '불령
사(不逞社)[528]'를 1923년 4월에 결성해 반일제와 조선독립을 위한 아나
키스트로 활동하다 1923년 9월 1일 관동대지진이 일어난 지 이틀 만
에 박열과 함께 체포되었다. 이후 일본 황태자 히로히토(裕仁) 황태자
의 암살을 계획했다는 이유로 기소된 1926년 2월 26일 첫 공개 재판
장에서 흰 저고리와 검정 치마를 입고 법정 출두해 자신은 '박문자'라
외쳤다. 1926년 3월 26일에 열린 최종 대심원판결에서 사형이 선고되

---

528 불령사(不逞社): 박열(朴烈)과 가네코 후미코(金子文子)가 1923년 4월경 한인 14명과 일본인 5명 등을 규
       합해 만든 비밀결사 단체로 그해 9월 일제는 불령사를 대역(大逆) 사건을 일으킨 비밀결사로 지목하여
       이들을 모두 체포해 가뒀다. '불령사(不逞社)'라는 단체 이름은 '불령선인(不逞鮮人)'이라는 일제가 한국
       사람을 비하해 이르던 말에 항거를 암시하는 의도로 지은 이름. 불령선인(不逞鮮人): 일제강점기 때 '불
       온하고 불량한 조선 사람'이라는 의미.

자 후미코는 '만세'를 외쳤다. 3.1만세운동 이후 조선의 전국적 저항과 반발을 우려한 일본은 가네코를 무기징역으로 감형하였지만, 박열과 후미코는 옥중결혼을 하고 후미코는 '박문자(朴文子)'라는 성명으로 박열의 호적에 등재됐다. 후미코는 이치가야(市谷) 형무소에 4년간 복역 중 그녀의 삶의 마지막 고백이며 세상에 작별을 고하는 옥중수기(獄中手記)『何が私をこうさせたか(무엇이 나를 이렇게 만들었는가?)』를 집필했다. 후미코는 우쓰노미야(宇都宮) 형무소로 이감되어 복역 중 같은 해 7월 22일에 향년 23세의 젊은 나이에 자살했다. 타살이라는 의혹은 있었지만, 확증은 없었다. 형무소 기록에는 액사(縊死)[529]로 되어있지만, '사형에서 무기징역으로 감형된 마당에 굳이 자살할 이유가 있었겠냐?'는 의혹과 '후미코를 향한 조선인들과 일본인들의 지지 열풍이 두려워 살해하지 않았나?' 하는 의문을 남겼다. 7월 31일 새벽 박열의 형 박정식은 후세 다쓰지(布施辰治)[530] 변호사의 입회하에 죄수들의 시신 공동묘지인 갓센바(合 場) 묘지에서 이미 부패해 형체를 알아보기도 힘든 후미코의 시신을 은밀히 찾아내 화장한 후 일제의 비협조로 어려움을 겪다 우여곡절 끝에 그녀의 유해를 박열의 고향으로 봉환했다. 그녀의 유해를 경상북도 문경시에 있는 박열 집안의 선산에 안장했다가 2003년 박열의 생가 인근에 박열 기념관을 세우면서 후미코의 묘도 기념관 경내로 이장했다. 박열은 1923년 9월부터 22년 2개월 동안 독립운동가 중 최장기 복역수로 지내다 해방 후 1945년 10월 27일 석방되었으며 재일거류민단 단장으로 활동했다. 이승만의 남한 단독정부 수립 노선을 지지했으며 1948년 대한민국 정부 수립 직후

---

529 액사(縊死): 목을 매어 죽음.

530 후세 다쓰지(布施辰治); 가네코 후미코의 구명(救命)에 모든 힘을 다한 일본의 인권변호사이자 사회운동가. 2004년 일본인으로는 최초로 대한민국 건국훈장 애족장이 추서되었음.

미래를 찾아 과거 속으로

귀국하여 장학사업에 종사하던 중 6·25 때 납북되었다. 자진 월북인지 납북인지에 관한 의문은 있어도 해방 후 5년 동안 반공 우익 활동을 했기 때문에 자진해 월북한 게 아니라 북한 당국에 의해 강제로 납북되었다는 인식이 정설이다. 박열의 유해는 북한 평양시 신미리 형제산구역에 있는 남한 출신 인사들의 특설묘역에 안장돼있다. 박열과 가네코 후미코에게는 1990년, 2018에 각각 대한민국 건국훈장 애국장이 추서되었다. 문경시와 박열 의사 기념사업회는 훗날 북에 있는 박열 의사의 유해가 봉환되면 가네코 후미코 묘역의 현 위치에 함께 안장해 두 분의 자유·독립 정신을 후세에 길이 전할 계획이다. 후미코의 건국훈장은 2022년 10월 현재 박열 기념관 수장고(收藏庫)에 보관되어 있다.

첨언

필자가 1970년대 말 일본 출장길에 '하나미(花見はなみ)[531]' 벚꽃구경을 위해 우에노(上野) 공원에 가본 적이 있다. 2차 대전 참전 일본 병사들의 전우회 60대 남자들이 국방색 군복을 입고 군화 위엔 무릎까지 올라오는 흰색 각반(脚絆)[532]을 두르고 군데군데 몇 중대 몇 소대라 적힌 일제 욱일기 깃발 아래 모여 앉아 일본 군가를 부르는 모습을 흔히 봤다. 우에노는 주로 노동 층 서민들이 모여 사는 곳이라 일제강점기 때부터 이주해 온 조선인 거류민이 많이 모여 살아 민단(民團)[533]계

---

531 하나미(花見はなみ): 역사적으로 고대 귀족이 즐기는 매화를 감상하는 행사였지만, 훗날 주로 벚꽃 구경을 지칭하는 말로 변했다.

532 각반(脚絆): 걸음을 가뿐히 하기 위해 발목부터 무릎 아래까지 돌려 감아 두르는 헝겊 띠.

533 민단(民團): 재일본대한민국민단(在日本大韓民國民團)의 약칭으로 대한민국을 지지하는 재일동포로 1946년에 구성된 민족단체.

조총련(朝總聯)[534]계 학생들도 쉽게 볼 수 있었다. 흰 저고리에 까만 치마 조총련계 여학생들도 눈에 자주 띄었고, 조선 옷감, 평양랭면, 가게 간판만 봐도 어느 쪽인지 쉽게 구분할 수 있었다. 혼잡하기가 마치 서울의 동대문 혹은 남대문 시장 모습과 유사했다. 이곳에서 도쿄역 방면으로 가다 보면 유라쿠초(有樂町ゆうらくちょう)라는 일제강점기 때 영화관, 방송국, 신문사 등이 있어 젊은이들이 즐겨 찾는 지역이 있었다. 가네코는 유라쿠초의 스키야바시(數寄屋橋) 인근에 있던 이와사키(岩崎) 오뎅집에서 종업원으로 일하며 세이소쿠(正則)이라는 영어학원에 다녔다. 1922년 2월경 『朝鮮靑年(조선청년)』이라는 잡지에 실려 있던 박열의 「개새끼」라는 시를 보고 가네코는 크게 감동했다. 자신의 아나키즘 사상을 구현하기 위한 정신을 박열이 모두 가지고 있다고 판단하고 사상적 동지로서 연인으로서 그해 3월경 동거를 시작했다. 그녀는 박열이 조직한 사회주의자 모임인 흑도회(黑濤會)[535]에 가입했으며, 흑도회가 사회주의와 아나키스트 분파로 갈라지자, 박열과 함께 불령사(不逞社)를 조직하여 조선인과 일본인 아나키스트들을 규합하던 중 1923년 9월 1일에 관동대지진이 일어났다. 흉흉한 민심 진압을 위해 '우물에 독을 탔다'라는 거짓 정보로 일제는 민간 우익단체인 자경단(自警團)[536]이 죽창·일본도·곤봉·철봉 등으로 6,000명 이상의 조선인을 무차별 학살하는 것을 묵인했다. 9월 3일에 경찰에 연행된 박열과 가네코 후미코는 대역죄로 두 사람 모두 기소되었으며, 후미코는 '히로

---

534 조총련(朝總聯): 조선민주주의인민공화국을 조국으로 여기며, 북한에서처럼 북한을 공화국, 남한을 남조선으로 칭함.

535 흑도회(黑濤會): 1921년 일본 동경에서 조직되었던 사회주의운동단체. 설립 취지는 한국의 현실을 양심적인 일본인에게 전달하고, 국가적 편견과 민족적 증오가 없는 세계융합을 실현하는 것이었다.

536 자경단(自警團): 1923년 관동대지진 당시 일제가 묵인한 한인 학살 일본인 민간단체.

히토 황태자 폭살(爆殺)을 위해 박열 의사를 도와 폭탄 반입을 도왔다'
라는 죄목이었지만, 실행을 위한 구체적인 계획은 밝혀지지 않았다.
후미코는 우츠노미야 형무소로 이감되어 복역하던 중 7월 23일 향년
23세에 젊은 나이에 옥사(獄死)했다.

以心傳心 인터뷰

"이름이 뭐지요?"

"박문자요."

"1926년 2월 26일 도쿄지방재판소에서 열린 첫 공판에서 재판장이
내 이름을 물었을 때도 그렇게 대답했소. 히로히토 황태자에게 던질
폭탄 입수 과정을 부풀려 재판 전에 대역죄 사형 선고 각본을 미리 짜
놓고 형식적으로 진행한 웃기는 재판이었소. 폭탄이 입수되어 사용된
증거도 없으니 기껏해야 10년 정도 징역형의 살인미수죄라면 모를까,
재판 과정과 판결이 완전히 코미디였소. 한 달 후 3월 26일 열린 최종
판결에서 '아니나 다를까?' 각본대로 박열과 내게 사형 선고를 내리더
군요. 백성을 노예로 세뇌하는 미친 일제 지배 권력의 폭거에 맞서 목
숨을 버린다면 그건 패배가 아니라 가시밭길 속에서 쟁취한 완벽한
승리입니다. 나는 사형이 선고되는 순간 승리를 선포하는 '만세'를 외
칠 수밖에 없었습니다. 일본인인 나의 이름은 '가네코 후미코'였지만,
박열과 옥중결혼도 하고 박열 집안 호적에도 올랐으니, 이제는 조선
관습대로 '박문자'라는 한국 명칭이 내 이름이오."

"박열과는 젊은 청춘의 일시적 감정으로 동거부터 시작한 건 아닌 지요?"

"지배자의 권력과 획일주의를 부정하며 개인의 주체의식을 중시하는 박열과 나와 같은 아나키스트들에게 사랑의 감정과 사상적 이념은 서로 다르지 않고 같은 개념이오."

"박열과 내가 사형 선고를 받기 전 나는 다음과 같이 법정 최후 진술을 했습니다."

"나는 박열을 사랑한다. 재판관에게 말해 둔다. 우리 둘을 함께 단두대에 세워 달라. 둘이 함께 죽는다면 나는 만족할 것이다. 박열에게 말해 둔다. 혹시 판결이 어긋나서 당신만 사형 선고를 받는 일이 있더라도 나는 반드시 같이 죽을 것이오, 당신 홀로 죽게 만들지는 않을 것이다."

"박열은 언제 처음 만났으며 동거와 옥중결혼 프러포즈는 누가 먼저 했나요?"

월간 시집 『青年朝鮮(청년조선)』에 실린 박열의 시 한 수를 읽고 그는 생사(生死)를 끝까지 함께 할 수 있는 내 인생의 동반자임을 확신했습니다. 동거는 내가 먼저 프러포즈했소.

私は犬コロでございます
空を見てほえる

미래를 찾아 과거 속으로

月を見てほえる

しがない私は犬コロでございます

位の高い両班の股から

熱いものがこぼれ落ちて私の体を濡らせば

私は彼の足に 勢いよく熱い小便を垂れる

私は犬コロでございます

(犬ころ개새끼, 朴烈, 月刊『青年朝鮮』)

나는 개새끼로소이다

하늘을 보고 짖는

달을 보고 짖는

보잘것없는 나는 개새끼로소이다

높은 양반의 가랑이에서 뜨거운 것이 쏟아져 내가 목욕을 할 때

나도 그의 다리에다 뜨거운 줄기를 뿜어대는

나는 개새끼로소이다

주해

犬コロ(いぬころ이누고로): 개새끼, コロ(고로): 새끼, 강아지.

ほえる(호에루): (개·짐승 등이) 짖다, 으르렁거리다.

しがない(시가나이): 초라한, 보잘것없는.

股(고こ): 넓적다리, 가랑이.

こぼれ落ち(こぼれおちご보래오치): 넘쳐흘러 떨어짐(쏟아짐).

濡らせば(ぬらせば누라세바): 적시면.

垂れる(たれる다레루): 떨어지다, 내리다.

"옥중결혼은 부모에게 버림받은 내가 죽은 후 눈물 흘리며 묻어 줄 자식도 없는 나의 유해를 자신의 집안 선산에 묻어주려고 박열이 먼

저 프러포즈했소."

"박열과 동거하며 조선과 일본이라는 자기 나라에 대한 막연한 애국심으로 생각이 달라 다툰 적은 없었나요?"

"사랑에는 국경이 없습니다. 아나키스트에겐 나라나 애국심보다는 개인의 주체의식이 우선입니다. 유라쿠초 거리에서 『犬ころ개새끼』의 저자 박열을 처음 만났을 때 그는 거지꼴이었지만, 내 눈엔 그가 평생 함께하고 싶은 주관이 뚜렷하고 속이 깊은 왕자와도 같았지요. 길거리 행상으로 하루하루 어렵게 살아가는 빈민이었지만 우리는 행복했습니다. 그의 잘못이나 실수도 모두 내 사랑의 일부였으니 다툴 일은 없었소. 박열과의 사랑은 이승의 인연 때문이 아니라 나의 운명이었소.

"당신은 죽음은 자살 때문이었소? 아니면 타살 때문이었소?"

"이미 죽었는데 자살인지 타살인지 그게 뭐 그리 중요하겠소? 허난 설헌은 남존여비 사상과 자기들만을 위한 비뚤어진 성리학 윤리적 가 치로 백성을 노예 취급한 조선 왕조와 양반들을 거침없이 비판하다 죽었고, 나는 일본 천황이 '아라히토가미(あらひとがみ)[537]'라는 유치한 말로 백성을 노예나 전쟁터 총알받이로 취급한 히로히토 새끼를 죽이 지 못하고 죽었소. 허난설헌과 나는 시대를 잘 못 선택해 조선과 일본 에 태어나 어차피 죽을 수밖에 없었소. 굳이 자살인지 타살인지가 궁 금하면 내가 남긴 옥중수기 마지막 글을 보면 알 수 있을 것이오."

---

537 아라히토가미(あらひとがみ): 현인신(現人神), '인간의 모습으로 세상에 나타난 신'이라는 의미.

미래를 찾아 과거 속으로

'얼마 안 있어 이 세상에서 나의 존재가 없어지겠지. 하지만, 모든 현상은 현상으로서는 소멸되지만 영원의 실제 속에 존속하는 것이라고 나는 생각한다. 나는 지금 냉정한 마음으로 이 조잡한 기록의 붓을 놓는다. 내가 사랑하는 모든 것 위에 축복 있으리.'

(가네코 후미코의 「獄中手記(옥중수기)」 중 '수기를 쓴 후에' 맺음말)

"이치가야(市谷) 형무소는 한 번 들어오면 살아서 나갈 수 없는 사망 대기 장소요. 조선의 이봉창 의사(義士)도 훗날 이곳에서 교수형에 의해 순국했소. 이렇게 잔혹한 형무소에서 옥중결혼한 내가 형무소 감방 안에서 아이라도 출산하게 된다면 일본 사법부가 혐한·우익세력으로부터의 공격과 비난을 받게 돼, 그게 두려워 나를 죽였다는 얘기도 있지만 그건 사실이 아니오. 3.1만세운동 이후 거세진 반일감정이더 악화되는 것을 막기 위해 박열 동지와 나를 무기징역으로 감형했지만, 사형이건 무기징역이건 어차피 한 번은 죽어야 하는 인간에게 죽음의 방식을 주체적으로 선택할 수 있는 권리라도 있어야 하지 않겠소? 천주교 신자였던 임진왜란 때 일본 무장 고니시 유키나가(小西行長소서행장)도 세키가하라(関ヶ原) 전투에서 도쿠가와 이에야스(德川家康)에게 패배한 후 종교적 이유로 할복자살 요구를 거절하고 참수를 선택하지 않았소? 천황이든 국가든 종교든 죽을 수 있는 자유를 통제하는 모든 지배자의 명령을 거부할 권리가 나에게 있소. 평등해야 할 인간 세상에 악마적 권력으로 백성을 노예로 만든 천황과 황태자는 이 세상에서 영원히 사라져야 할 기생충이고 미친놈 같은 존재요. 히로히토 어렸을 때 죽었을 때 이름인 궁호(宮號)와 휘(諱) 모두 '미친놈이야(迪宮미치노미야)'이지 않소? 관동대지진으로 야기된 민심 혼란을 막기 위해 조선인들을 대량학살하고, 박열과 나에게 대역죄 사형 선고를 한 일본은 야만 국가이며 국제사회의 지탄받아 마땅하오. 그런 미친 천황제를 부정한 내게 천황이 무슨 자격으로 사형 선고를 내리고 무기징역으로 감형을 할 수 있단 말이오? 절대로 받아들일 수 없었소. 삶의 방향이 죽음 문턱에서 조금 떨어진 곳을 향한다고 변하는 건 없소. 산다는 것은 단지 숨이나 쉬며 움직이는 것만을 뜻하지 않습니다. 인간은 살아 있을 때나 죽을 때나 자신의 의지에 따라 움직여야 한다는 확신이 있었기에 그저 숨만 쉬며 히로히토가 가라는 대로 가지 않고, 나는 나의 의지대로 따라갔을 뿐이오."

후미코의 무덤 상석 앞에 무릎 꿇고 술 한 잔 올리며, 추모의 예를 올리며 작별 인사를 드린다.

"후미코, 당신은 일본인이었지만 조선과 일본을 위해 23세 젊은 나이에 가시면류관을 쓰고 피 흘리며 산화(散花)하셨습니다. 당신은 조선인과 일본인의 삶을 망쳐놓은 역사와 화해하며 미래의 꿈과 희망을 연 선각자였으며 당신의 혼은 죽어서도 영원 속에 불을 밝히고 있습니다. 훗날 박열 선생과 함께 합장(合葬)되어 두 분 천상에서 웃음 지으며 영생하는 그 날이 어서 오길 두 손 모아 기도드립니다."

"고이 잠드소서."

미래를 찾아 과거 속으로

에필로그

"빈둥빈둥 세월만 보내다 언젠가는 내가 이 꼴 날 줄 알았지."

I knew if I stayed around long enough, something like this would happen.

나이가 들며 이따금 머릿속을 스치는 글귀이다. 성철 스님도 좋아했다는 1925년 노벨 문학상 수상자인 아일랜드의 극작가 버나드 쇼의 묘비에 적혀있는 글이다.

'메멘토 모리(Memento mori)', '너는 언젠가는 죽는다'라는 의미의 라틴어 옛 경구이며 우리가 모두 받아들일 수밖에 없는 만고불변(萬古不變)의 진리다. 인간은 언제 어디서 죽을지는 모르지만, 언제 어디선가 분명히 죽는다. 버나드 쇼도 성철 스님도 이 진리를 숙명(宿命)으로 받아들이고 떠났다.

우리나라 역사 속에서 언제 어디선가 죽은 인물들의 무덤가를 찾아 헤매며 시간을 보내다 보니 또 한 해가 저물어 간다. 나도 언젠가 삶의 무게를 내려놓고 언제 어디선가 무덤에 묻힐 때 묘비, 아니면 유골

함에 버나드 쇼의 묘비명 같은 시간과의 작별인사가 남겨져 있을까? 아직 죽어 본 적이 없으니 그런 유언을 실제로 보는 건 불가능하다. 선현(先賢)들의 무덤을 망연히 바라보고 있으면 '과거로 돌아가서 미래를 보면 왠지 마음이 편하다.'라는 故 이어령 선생님의 마지막 인터뷰 말씀이 되뇌어진다. 죽는다는 것은 태어난 과거로 되돌아가는 것이니 마음 편히 죽음을 맞을 수 있다는 말씀인 듯하다. 죽음과 탄생은 같은 의미라고 말씀하셨다. 죽음 없는 탄생은 존재할 수 없다. 단지 죽음과 탄생 사이에 시간적 공백이 있을 뿐이다.

"시간은 실제로 존재하지 않는다. 현재만이 우리가 가진 유일한 시간이다." 필자가 존경하는 행복 전도사이자 만화작가인 앤드류 매튜스(Andrew Matthews)의 시간에 관한 철학적 정의이다. 시간이란 도대체 무엇일까? 시각과의 관계를 과학적으로 명쾌하게 구분하고 정의할 수 있을까? 시간의 공간적 영역에는 과거, 현재, 미래가 존재하며 시각도 그 영역 어디엔가 존재하지만, 과학적, 수학적, 논리적 그 어떤 방식으로도 우리는 시간이나 시각의 정확한 공간적 위치를 알 수가 없어 편의상 구분해놓은 불확실한 가상공간 개념이다. 과거와 미래는 추상적 개념이며 경험할 수도 없다. 현재는 곧 과거나 미래가 되는 게 아니라 과거 속의 현재로 남고 미래 속의 현재가 되며 영원히 이어가는 현재의 실체만 존재할 뿐이다. 시간이란 직선을 따라 흐르는 개념이 아니라 꼬리를 삼키는 그리스 신화의 '우로보로스' 뱀처럼 원형을 이루어 시작이 다시 끝으로 연결되는 개념이 아닐까? 이렇듯 시간의 연속성으로 인한 과거와 현재, 미래에 대한 정확한 구분이 불가능하니 차라리 지금 우리는 과거와 미래 속 현재에 동시에 존재한다고 볼 수도 있지 않은가?

미래를 찾아 과거 속으로

언젠가 '현재는 아름다워'라는 제목의 TV 드라마를 보니 현재는 정말 아름답고 우리가 지금 온전히 소유하고 관리할 수만 있다면 과거도 치유할 수 있고 미래도 품어줄 수 있다는 생각이 든다. 드라마에서 '현재'라는 이름의 사위가 자신의 간을 이식해 간암에 걸린 장모(과거)를 살리고, '미래'라는 이름의 아내의 눈물을 닦아 준다. 맞다. 현재는 무불통달(無不通達), 과거, 미래, 죽음, 탄생, 통하고 닿지 않는 곳이 없다. 이렇게 아름답고 소중한 현재가 내 손안에 있는데 무엇이 더 필요하리오?

그러나 도시에 살며 호미와 낫 한 번 만져 본 적이 없고 국가 공복(公僕)인 적도 없는 필자가 다산(茶山) 정약용의 묘에 참배 한 번 갔다 왔다고, 그의 경세(經世) 애민(愛民) 사상을 담은『목민심서(牧民心書)』나『경세유표(經世遺表)』서문 한 줄이라도 제대로 이해하는 데 도움이 될 수 있다고 할 수 있을까? 선조들의 묘역을 참배 다니며 미사여구와 그럴듯한 글을 남긴들 필자 자신과 타인을 위해 무슨 도움이 될 수 있나? 노안(老眼)으로 희미해져 가는 시력으로 출판 전 마지막 탈고 교정을 보며 페이지 넘길 때마다 마치 못 먹는 종이 떡이나 한번 쓰고 버릴 화장실 휴지처럼 보이니 버나드 쇼의 묘비 경구가 절로 떠오른다.

"빈둥빈둥 세월만 보내다 언젠가는 내가 이 꼴 날 줄 알았지."

10여 년 전 망막질환으로 오른쪽 눈 시력을 잃고 남은 왼쪽 눈 하나에 의지하며 살아왔는데, 두려워하며 원치 않던 그것이 마침내 왔다. 올 것이 왔다. 왼쪽 눈 시력마저 희미해져 안과에 갔더니 삼출성 황반변성이라는 진단이 나왔다. 인터넷 검색을 해보니 안구주사 치료 시기를 놓치면 3개월 이내 실명확률이 90%라는 의사의 협박성 경고도 있다. 남은 한쪽 눈마저 실명해 이 아름다운 세상과 인연들을 다시 볼수 없게 된다는 상상을 하니 밤잠이 안 온다. 어떻게 해서든 실명이라는 최악의 상황은 피해야 할 텐데. 옆에 잠들어 있는 아내 얼굴을 망연(茫然)히 바라보니 마음이 무척 아프다.

안혼(眼昏)으로 흐려져 가는 한쪽 눈 시력으로 허구한 날 음산한 무덤가만 헤매고 다니다 밤늦게 돌아온다며 흰 눈으로 잔소리 퍼붓는 마누라지만, 그래도 밉지가 않다. 잔소리가 싫지 않다. 마누라 잔소리 들으면 기분이 좋고 마음도 열 받아 따듯해지는 것 같다. 나이가 들면 들수록 늙으면 늙을수록 더 안아주고 싶다.

"나 하고 싶은 대로 내 버려두어 고맙소. 무덤가 서성이는 사람도 없어 코로나 시대에 사회적 거리 두기 걱정 없고, 묏자리는 대개 풍수지리상 길지(吉地)에 해당하니, 산수 좋고 공기 맑은 곳 헤매며 칠순 넘은 철없는 남편이 잠시 무덤가에서 눈감고 마음공부 하고 온 셈 치고 눈 감아 주어 고맙소, 마누라! 마지막 남은 눈 한쪽 자네를 위해 내 반드시 지켜내리다."

미래를 찾아 과거 속으로

아름다운 꽃 본 미친 나비처럼 훨훨 날아 예까지 찾아왔소.

말 못할 절박한 이유가 무어 그리 많아 30여 년 긴 세월을

결식 유랑하며

조부, 부친, 모친에 대한 孝마저 외면하며 살다가

客死할 수밖에 없었소?

(김삿갓 묘에서, 강원도 영월, 2021년 늦가을 지난 어느 날)

"과거와 미래는 존재하지 않는다.
시작과 끝을 영원히 이어가는 현재만 있을 뿐이다."

(脫稿 즈음 해, 2022년 늦가을, 一華 문세화)

미래를 찾아 과거 속으로